现代路线工程测量

主　编　杨鹏源　牛全福

中国矿业大学出版社

内容简介

本书共分十四章，内容包括：绪论、高程控制测量、角度测量、直线定向与距离测量、平面控制测量、GPS技术在路线测量中的应用、大比例尺数字化地形图测绘、路线工程施工放样基本方法、路线中线测量、路线断面测量、道路施工测量、桥涵施工测量、管线工程测量、输电线路测量。

全书既立足于测量学基础知识、基本原理、基本技术与基本方法，以理论为基础，以路线工程从勘测设计到施工验收为主线，又增加了现代测绘技术，如GPS技术和数字化测绘技术以及全站仪测量技术在路线工程测量中的应用。

本书可作为高等学校土木工程、道路桥梁与渡河工程、给水排水科学工程、工程管理、建筑学、城市规划等专业的教材，也可供相关工程技术人员参考。

图书在版编目(CIP)数据

现代路线工程测量 / 杨鹏源，牛全福主编. —徐州：中国矿业大学出版社，2016.10

ISBN 978-7-5646-3073-7

Ⅰ.①现… Ⅱ.①杨…②牛… Ⅲ.①线形设计—工程测量 Ⅳ.①U412.3

中国版本图书馆CIP数据核字(2016)第080029号

书　　名　现代路线工程测量
主　　编　杨鹏源　牛全福
责任编辑　潘俊成
出版发行　中国矿业大学出版社有限责任公司
(江苏省徐州市解放南路　邮编221008)
营销热线　(0516)83885307　83884995
出版服务　(0516)83885767　83884920
网　　址　http://www.cumtp.com　**E-mail**：cumtpvip@cumtp.com
印　　刷　徐州中矿大印发科技有限公司
开　　本　787×1092　1/16　**印张** 16　**字数** 420千字
版次印次　2016年10月第1版　2016年10月第1次印刷
定　　价　28.00元

前　言

本书按照高等学校交通类各专业测量学课程教学基本要求而编写。

随着我国以公路、铁路为代表的路线工程建设的迅猛发展，路线工程测量技术在其中起着非常重要的作用，测量技术也朝着智能化、自动化方向发展。笔者在总结多年实践教学经验的基础上，结合当今测绘技术的进展，增加了全站仪、电子水准仪、GPS技术和数字化测绘技术等在路线工程建设中的应用内容而编写了本教材。全书既立足于测量学基础知识、基本原理、基本技术与基本方法，以理论为基础，以路线工程从勘测设计到施工验收为主线，又增加了现代测绘技术的应用。

参加本教材编写的人员及分工如下：

杨鹏源（兰州理工大学），第1、2、3、4、5、7、9章

牛全福（兰州理工大学），第13、14章

杨育丽（兰州理工大学），第8、10章

张秀霞（兰州理工大学），第11、12章

孔令杰（兰州理工大学），第6章

全书由杨鹏源和牛全福担任主编，最后由杨鹏源统稿和定稿；党星海教授主审，在此致以诚挚的谢意！

本书在编写过程中汲取了有关教材、专著和期刊论文的成果，谨向有关作者表示诚挚的敬意和真诚的感谢！

由于编者水平所限，书中可能存在谬误之处，敬请读者批评指正，并将意见和建议发至yangpy@lut.cn，以便笔者修订完善。

作　者

2016年1月

目　录

第一章 绪 论

【本章要点】：本章主要介绍测绘学的基本概念、发展简史及有关学科分类；路线工程测量的概念、基本技术内容，路线测量的基本过程以及路线测量的基本特点。

第一节 测绘学概述

测绘学是研究地球的形状和大小、地球重力场以及确定地球表面(包括空中、地表、地下和海洋)物体的空间位置，并对于这些空间位置信息进行处理、储存和管理的科学。它包括测量和制图两项主要内容。

测绘学的应用范围很广。在城乡建设规划、国土资源的合理利用、农林牧渔业的发展、环境保护以及地籍管理等工作中，必须进行土地测量和测绘各种类型、各种比例尺的地图，以供规划和管理部门使用。在地质勘探、矿产开发、水利、交通等国民经济建设中，则必须进行控制测量、矿山测量和路线测量，并测绘大比例尺地图，以供地质普查和各种建筑物设计施工使用。在国防建设中，除了为军事行动提供军用地图外，还要为保证火炮射击的迅速定位和导弹等武器发射的准确性，提供精确的地心坐标和精确的地球重力场数据。在研究地球运动状态方面，测绘学提供大地构造运动和地球动力学的几何信息，结合地球物理的研究成果，解决地球内部运动机制问题。

测绘学的主要研究对象是地球及其表面的各种形态。为此，首先要研究和测定地球的形状、大小及其重力场，并在此基础上建立一个统一的坐标系统，用以表示地表任一点在地球上的准确几何位置。

一、学科分类

测绘学按照研究对象及采用技术的不同，又可分为下列学科。

(1) 大地测量学

大地测量学是研究和测定地球形状、大小和地球重力场，以及测定地面点几何位置的学科。大地测量学中测定地球的大小，是指测定地球椭球的大小；研究地球的形状，是指研究大地水准面的形状；测定地面点的几何位置，是指测定以地球椭球面为参考的地面点的位置。将地面点沿法线方向投影于地球椭球面上，用投影点在椭球面上的大地纬度和大地经度表示该点的位置，用地面点至投影点的法线距离表示该点的大地高程。点的几何位置也可以用一个以地球质心为原点的空间直角坐标系中的三维坐标来表示。大地测量工作为大规模测制地形图提供地面的水平位置控制网和高程控制网，为用重力勘探地下矿藏提供重力控制点，同时也为发射人造地球卫星、导弹和各种航天器提供地面站的精确坐标和地球重力场资料。

(2) 摄影测量与遥感学

摄影测量与遥感学是研究利用摄影或遥感的手段获取被测物体的信息(影像的或数字式的),进行分析和处理,以确定被测物体的形状、大小和位置,并判断其性质的一门学科。摄影测量学包括航空摄影测量、地面立体摄影测量等。航空摄影测量是摄影测量学的主要内容。摄影测量的特点是通过图像对被摄目标进行间接量测,无需接触被摄物体本身。摄影测量主要用于测制地形图,但它的原理和基本技术也适用于非地形测量。自从出现了影像的数字化技术以后,被测对象可以是固体、液体,也可以是气体;可以是微小的也可以是巨大的;可以是瞬时的也可以是变化缓慢的。这些特性使摄影测量方法得到广泛的应用。

摄影测量与遥感学作为基于影像的空间信息科学，是地球空间信息学(Geomatics)的核心。地球空间信息学是空间数据采集、量测、分析、存储、管理、显示和应用的集成科学与技术,属于现代空间信息科学与技术的范畴。2004 年美国劳工部把地球空间信息技术与纳米和生物技术一起列为当今最具发展潜力的三大技术。

(3) 工程测量学

工程测量学是研究工程建设和自然资源开发中各个阶段进行的控制和地形测绘、施工放样、变形监测的理论和技术的学科。它是测绘学在国民经济和国防建设中的直接应用。工程测量学的主要任务是为各种工程建设提供测绘保障,满足工程所提出的各种要求。工程测量学所研究的内容,按工程测量所服务的工程种类,分为建筑工程测量、路线测量(如铁路测量、公路测量、输电线路测量和输油管道测量等)、桥梁测量、隧道测量、矿山测量、城市测量、水利工程测量、海洋工程测量、3 维工业测量等。按工程建设进行的程序,又可分为规划设计阶段的测量,施工兴建阶段的测量和竣工后的运营管理阶段的测量,每个阶段测量工作的重点和要求各不相同。

(4) 海洋测量学

海洋测量学以海洋水体和海底为对象所进行的测量和海图编制工作,主要包括海道测量、海洋大地测量、海底地形测量、海洋专题测量以及航海图、海底地形图、各种海洋专题图和海洋图集等的编制。海洋测绘是海洋事业的一项基础性工作,其成果广泛应用于经济建设、国防建设和科学研究的各个领域。例如,海上交通、海洋地质勘探、海洋资源开发、海洋工程建设、海底电缆和管道的敷设、海洋疆界的勘定、海洋环境保护和地壳变迁、板块构造等理论的研究,都离不开海洋测绘。海洋测量的基本理论、技术方法和测量仪器设备等,同陆地测量相比,有它自己的许多特点,主要是测量内容综合性强,需多种仪器配合施测,同时完成多种观测项目;测区条件比较复杂,海面受潮汐、气象等影响起伏不定;大多为动态作业,精确测量难度较大。

(5) 地图制图学与地理信息工程

地图制图学与地理信息工程是研究地球空间信息存储、处理、分析、管理、分发及应用的科学与技术,它能够提供一种科学的手段来提高工作效率与工程质量,以完善、丰富、强大的数据信息为科技人员和各级管理人员提供良好的决策基础和决策环境,为社会广大民众提供各种咨询和信息服务,促进社会经济与城市建设的迅猛发展。地图制图学同许多学科都有联系,尤其同测量学、地理学和数学的联系更为密切。

二、测绘学发展简史与我国测绘事业的发展

测绘学有着悠久的历史,古代的测绘技术起源于水利和农业。古埃及尼罗河每年洪水泛滥,淹没了土地界线,水退以后需要重新划界,从而开始了测量工作。公元前 2 世纪,我国史学家司马迁在《史记·夏本纪》中叙述了禹受命治理洪水的情况:"左准绳,右规矩,载四时,以开九州、通九道、陂九泽、度九山"。说明在公元前很久,中国人为了治水,已经会使用简单的测量工具了。

人类对地球形状的科学认识,是从公元前6世纪古希腊的数学家毕达哥拉斯(Pythagoras)最早提出地球是球形的概念开始的。两个世纪后,亚里士多德(Aristotle)作了进一步论证,支持这一学说,称为地圆说。又过了一个世纪,埃拉托色尼(Eratosthenēs)采用在两地观测日影的办法,首次推算出地球子午圈的周长,以此证实了地圆说。世界上有记载的实测弧度测量,最早是中国唐代开元十二年(724)南宫说在张遂(一行)的指导下在今河南省境内进行的,根据测量结果推算出了纬度1°的子午弧长。17世纪末,英国牛顿(I. Newton)和荷兰的惠更斯(C. Huygens)首次从力学的观点探讨地球形状,提出地球是两极略扁的椭球体,称为地扁说。1743年法国A. C.克莱洛证明了地球椭球的几何扁率同重力扁率之间存在着简单的关系。19世纪初,随着测量精度的提高,通过对各处弧度测量结果的研究,发现测量所依据的垂线方向同地球椭球面的法线方向之间的差异不能忽略。1849年Sir G. G.斯托克斯提出利用地面重力观测资料确定地球形状的理论。1873年,利斯廷(J. B. Listing)创用"大地水准面"一词,以该面代表地球形状。自那时起,弧度测量的任务,不仅是确定地球椭球的大小,而且还包括求出各处垂线方向相对于地球椭球面法线的偏差,用以研究大地水准面的形状。

地图的出现可追溯到上古时代,那时由于人类从事生产和军事等活动,就产生了对地图的需要。据文字记载,中国春秋战国时期地图已用于地政、军事和墓葬等方面。公元前3世纪,埃拉托色尼最先在地图上绘制经纬线。1973年,在中国湖南省长沙市马王堆汉墓中发现的绘制在帛上的地图,是公元前168年之前制作的。公元2世纪,古希腊的C.托勒密所著《地理学指南》一书,提出了地图投影问题。100多年后,中国西晋的裴秀总结出"制图六体"的制图原则,从此地图制图有了标准,提高了地图的可靠程度。16世纪,地图制图进入了一个新的发展时期。中国明代的罗洪先和德国的墨卡托都以编制地图集的形式,分别总结了16世纪之前中国和西方在地图制图方面的成就。从16世纪起,随着测量技术的发展,尤其是三角测量方法的创立,西方一些国家纷纷进行大地测量工作,并根据实地测量结果绘制图家规模的地形图,这样测绘的地形图,不仅有准确的方位和比例尺,具有较高的精度,而且能在地图上描绘出地表形态的细节,还可按不同的用途,将实测地形图缩制编绘成各种比例尺的地图。现代地图制图的方法有了巨大的变革,地图制图的理论也不断得到丰富,特别是20世纪60年代以来,又朝着计算机辅助地图制图的方向发展,使成图的精度和速度都有很大的提高。17世纪之前,人们使用简单的工具进行测量。这些测量工具都是机械式的,而且以用于量测距离为主。17世纪初发明了望远镜。1617年,荷兰的斯涅耳(W. Snell)为了进行弧度测量而首创三角测量法,以代替在地面上直接测量弧长,从此测绘工作不仅量测距离,而且开始了角度测量。约于1640年,英国的加斯科因(W. Gascoigne)在两片透镜之间设置十字丝,使望远镜能用于精确瞄准,用以改进测量仪器,这可算光学测绘仪器的开端。约于1730年,英国的西森(Sisson)制成测角用的第一架经纬仪,大大促进了三角测量的发展,使它成为建立各种等级测量控制网的主要方法。

19世纪初,随着测量方法和仪器的不断改进,测量数据的精度也不断提高,精确的测量计算就成为研究的中心问题。1806年和1809年法国的勒让德(A. M. Legendre)和德国的高斯(C. F. Gauss)分别发表了最小二乘准则,这为测量平差计算奠定了科学基础。19 世纪 50 年代初,法国的洛斯达(A. Laussedat)首创摄影测量方法。随后,相继出现立体坐标量测仪、地面立体测图仪等。到 20 世纪初,形成了比较完备的地面立体摄影测量法。可以说,从 17 世纪末到 20 世纪中叶,测绘仪器主要在光学领域内发展,测绘学的传统理论和方法也已发展成熟。

20 世纪中叶,新的科学技术得到了快速发展,特别是电子学、信息学、电子计算机科学和空间科学等在自身发展的同时,给测绘科学的发展开拓了广阔的道路,创造了发展的条件,推动着测绘技术和仪器的变革与进步。测绘科学的发展很大部分是从测绘仪器发展开始的,然后使测绘技术发生重大的变革。如 1947 年,光波测距仪的问世;20 世纪 60 年代激光器作为光源用于电磁波测距,使长期以来艰苦的手工业生产方式的测距工作发生了根本性的变革,氦氖激光光源的应用使测程达到 60 km 以上,精度达到±(5 mm+5 ppm×D)。固体激光器的应用使测程更加增大,使测月、测卫工作得以实现;80 年代开始,多波段(多色)载波测距的出现,抵偿减弱了大气条件的影响,使测距精度大大提高,ME5000 测距仪达到±(0.2+0.1ppm×D)的标称精度。除了光波测距以外,微波测距也有很大发展,80 年代之后,全自动化的微波测距仪 CA－100、WM－20 等已用于军事部门。随着光源和微处理机的问世和应用,测距工作向着自动化方向发展。与此同时,砷化镓发光管和激光光源的使用使测距仪的体积大大减小,质量减轻,向着小型化迈出了一步,同时也使大地测量工作中以测角为主的面貌得到了彻底改变,除用三角测量外,还可用导线测量和三边测量,这些均在工程中得到广泛应用。

测角仪器的发展也十分迅速,它和其他仪器一样,随着科学技术进步而发展,从金属度盘发展为光学度盘。近 20 年来,伴随着电子技术、微处理机技术的广泛应用,经纬仪已使用电子度盘和电子读数,生产出电子经纬仪,并得到广泛应用。电子经纬仪能自动显示读数、自动记录。同时,电子经纬仪与测距仪结合,构成了电子速测仪(全站仪),其体积小,质量轻,功能全,自动化程度高,为在一个测站上直接测得三维坐标和为数字测图开拓了广阔前景。近年来,厂家又推出了智能全站仪,连瞄准目标、测量也可自动化,这将结束测角、测距手工业生产方式的漫长历史,实现使用测量机器人的梦想。

20 世纪 40 年代,自动安平水准仪的问世,标志着水准测量自动化的开始。之后,又发展了激光水准仪、激光扫平仪,为提高水准测量的精度和开拓广泛的用途创造了条件。近年来,数字水准仪的诞生也使水准测量自动记录、自动传输、存储和处理数据成为现实。它和经纬仪一样,也可选取目标后自动进行观测,实现了水准测量的全自动化。

20 世纪 80 年代,全球定位系统(Global Positioning System,简称 GPS)问世,并用于测量工作,对此广大测绘工作者给予了很大关注。GPS 在短时间内可以进行空间点的三维定位,况且不受局部气象条件的影响,无需通视,使测绘工作发生了极大变革。GPS 原是美国为军事服务的导航系统,以后被用于民用。从 70 年代开始,世界上很多国家为了使用 GPS 信号,迅速进行了接收机的研制,其体积小,功能全,质量轻,使用方便。

除了美国研制 GPS 外,前苏联研制了 GLONASS 定位系统,于 1995 年投入运营。目前欧盟委员会正在加紧建设伽利略(Galileo)全球卫星导航系统。我国除了进行 GPS 定位理论及应用研究外,于 2003 年利用自主研发的地球同步卫星,建立了第一代北斗卫星导航定位系统。该系统具有导航定位、精密授时、短报文通信等功能,可用于我国领土和相邻周边地区导航定位、授时、数据传输、通信和移动目标监控等方面。2012年年初，已发射11颗卫星的北斗卫星导航系统建成了基本系统，开始正式提供试运行服务，范围覆盖我国及周边地区。2016年6月12日，第23颗北斗导航卫星升空，计划在2020年前发射35颗卫星，形成全球性的定位导航系统。

20世纪70年代，除了用飞机进行航空摄影测量外，还可通过人造地球卫星使用遥感(Remote Sensing，简称RS)技术拍摄地球照片，监测自然现象的变化，并且利用这些卫星照片进行地图的测绘，其精度逐步提高。近年来，伴随着数字摄影技术的发展，改变了过去模拟摄影测量的方式，用数字摄影技术进行测量工作，其成果稳定、可靠，并且自动化程度高，还可与计算机组成一个系统，使地图的生产、使用、修改、更新易于完成。

地面的测图系统，也由于测绘仪器的飞速发展和技术的广泛应用，由过去的传统测绘方式发展为数字测图，所得地形图是由数字表示的，用计算机进行绘制和管理，既便捷，又迅速，精度可靠。

为了满足国民经济飞速发展的需要，在计算机科学、信息学和测绘学的支持下，地理信息系统(Geographic Information System，简称GIS)应运而生，它能为地球科学、环境科学和工程设计，以及对政府行政职能和企业经营管理提供必需而重要的信息，因而发展很快，并与GPS、RS集成为“3S”技术。在“3S”技术的促进和支持下，测绘工作和测绘技术正向着自动化、数字化、网络化、可视化和信息化的方向发展，使测绘学科进入了一个信息化测绘学全新的发展阶段。

由于以上这些先进测量仪器的生产和应用，使测量工作向着自动化、电子化方向发展，减轻了劳动强度，提高了工作效率，并且使野外工作大大减少，向着内外业一体化的方向发展，同时大大改善了测绘工作艰苦的情况。

自1950年起，中国的测绘事业有了很大的发展。1956年成立了国家测绘总局(现为国家测绘地理信息局)；建立了测绘研究机构，组建了专门培养测绘人才的院校，目前测绘专业硕士、博士的培养学校也有几十所；各业务部门也纷纷成立测绘机构和科研机构，党和国家对测绘工作给予很大的关怀和重视。主要成就有：在全国范围内建立了国家大地网、国家水准网、国家基本重力网和卫星多普勒网，并对国家大地网进行了整体平差；全国GPS大地控制网业已完成，完成了国家基本图的测绘工作；进行了两次(1975年和2005年)珠峰测量、南极长城站的地理位置和高程的测量；各种工程建设的测量工作也取得显著成绩，如长江大桥、葛洲坝水电站、宝山钢铁厂、三峡水利枢纽、正负电子对撞机和同步辐射加速器、核电站等大型和特殊工程的测量工作。近年来，又完成了大型工程和特殊工程建设的测量工作，诸如30多千米的杭州湾大桥，山西42.6 km的引黄工程隧洞，大伙房水库85.5 km工程隧洞，以及上海磁悬浮铁路、北京中国大剧院、奥运体育场馆等特殊工程的施工测量；还建立了中国内地地壳水平、垂直运动速度场，出版发行了地图1 600多种。为了发展卫星大地测量技术，相继研制了卫星摄影仪、卫星激光测距仪和卫星定位接收机，并已投入实际应用。在摄影测量技术上已普遍应用电子计算机进行解析空中三角测量，并研制解析测图仪、正射投影仪，研究自动测图系统和航天遥感资料在测绘上的应用。在海洋测绘方面，采用了新的海洋定位系统。这些新技术和新仪器的使用，进一步推动了中国测绘事业的发展。

三、路线工程测量学的任务

路线工程测量学属于工程测量学的范畴，它主要是面向土木建筑、环境、道路、桥梁、水利等学科，其主要任务如下。

(1) 研究测绘地形图的理论和方法

地形图是路线工程勘察、规划、设计的依据。测量学是研究确定地球表面局部区域建筑物、构筑物和地貌、地面高低起伏形态的空间三维坐标的原理和方法，研究局部地区地图投影理论，以及将测量资料按比例绘制成地形图或电子地图的原理和方法。

(2) 研究在地形图上规划、设计的基本原理和方法

地形图的应用十分广泛，在路线工程建设过程中，常常遇到区域规划、道路选线、场地平整等问题，本课程将对其中的主要问题进行研究讨论。

(3) 研究路线工程施工放样、质量检验的技术和方法

施工放样是路线工程施工测量的主要工作，它的主要任务是将设计好的建筑物、构筑物位置在实地上标定出来。另外，在施工过程中，为保证工程的施工质量，必须对施工结果分阶段进行检查验收。

(4) 研究变形监测的基本理论和方法

在路线工程施工过程中或竣工后，为确保工程的安全，应进行工程的变形监测。

第二节　地面上点位的确定

一、地球的形状和大小

测量工作是在地球表面进行的，要确定地面点之间的相互关系，将地球表面测绘成地形图，需了解地球的形状和大小。对地球形状的研究是大地测量学和地球物理学的一个共同课题，其目的是运用几何方法、重力方法和空间技术，确定地球的形状、大小、地面点的位置和重力场的精细结构。

地球的自然表面高低起伏，是一个复杂的不规则曲面。海洋面积约占地球表面积的71%，而陆地约占29%。世界上最高的珠穆朗玛峰高出海平面 8 844.43 m，最低的马里亚纳海沟低于海平面 11 022 m，由于地球的半径约为 6 371 km，因此地表起伏相对于庞大的地球来说是微不足道的。由于地球表面大部分是海洋，所以海水所包围的形体基本表示了地球的形状。假想有一个静止的海水面，向陆地延伸形成一个封闭的曲面，这个曲面称为水准面。水准面上每一个点的铅垂线均与该点的重力方向重合。由于海水面受潮汐的影响而不断变化，所以水准面有无数个，为此，人们在海滨设立验潮站，通过长期观测，求出平均高度的海水面，称为大地水准面。大地水准面所包围的形体称为大地体，它代表地球的一般形状。

由于地球表面起伏不平和地球内部质量分布不均匀，地面上各点的铅垂线方向产生不规则的变化，大地水准面仍然是一个复杂的不规则曲面，不是一个简单的数学曲面，不能用一个数学模型表达，因此也就无法在这样的面上直接进行测量和数据处理。于是，人们进一步设想用一个合适的旋转椭球面来逼近大地水准面，旋转椭球面所包含的形体称为旋转椭球体，同大地水准面最为接近的椭球面称为平均地球椭球面。旋转椭球体是由椭球面NWSE 绕其短轴 NS 旋转而成的形体(图 1-1)，其形状和大小取决于长半轴 a、短半轴 b 和扁率 $\alpha=(a-b)/a$。

为了将观测成果准确地化算到椭球面，各国都根据本国的实际情况，采用与大地体非常接近自己国家的椭球体，并选择地面上一点或多点使椭球定位。如图 1-1 所示，地面上选一

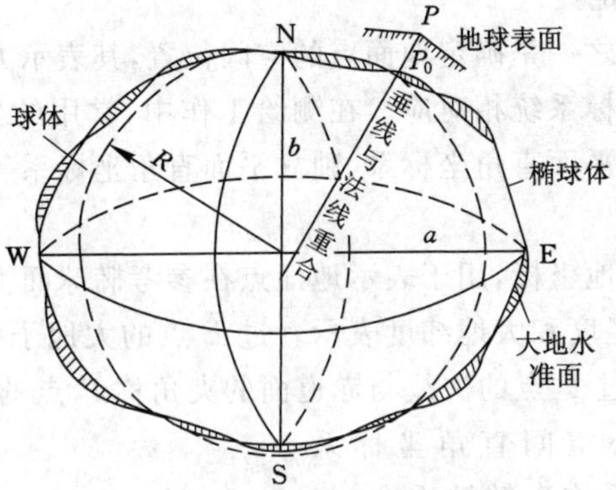

图 1-1 大地水准面和参考椭球面

点 P，令 P 点的铅垂线和椭球面上相应点 P_0 的法线重合，并使 P_0 点的椭球面与大地水准面相切。这里的 P 点称为大地原点，旋转后的椭球面称为参考椭球面，其包围的形体称为参考椭球体。

大地水准面和铅垂线是测量外业所依据的基准面和基准线，参考椭球面及其法线是测量计算所依据的基准面和基准线。

人类对地球形状的认识经历了很长的时间。初期认为天圆地方，以后逐渐认识到地球是个圆球。17 世纪法国人发现地球不是正圆而是扁的，牛顿等根据力学原理提出地球是扁球的理论，这一理论直到 1739 年才为南美和北欧的弧度测量所证实。其实，在此之前中国为编绘《皇舆全图》，就曾进行了大规模的弧度测量，并发现纬度愈高，经线的弧长愈长的事实。这同地球两极略扁，赤道隆起的理论相符。1849 年英国的 Sir G. G. 斯托克斯提出利用地面重力观测确定地球形状的理论。经过 100 多年的努力，特别是人造卫星等先进技术的应用，使地球形状的测定越来越精确。

利用地面观测来研究地球形状的经典方法是弧度测量，即根据地面上丈量的子午线弧长，推算出地球椭球的扁率。以后，人们广泛地用建立天文大地网的方法确定同局部大地水准面最相吻合的参考椭球。但是这些纯几何测量的方法都由于不能遍及整个地球而有很大的局限性。近代空间技术的发展为研究地球形状提供了新手段，如干涉测量、激光测距和多普勒测量等。

表 1-1 给出了有代表性的几个参考椭球元素。

表 1-1 地球椭球参数

椭球名称	长半轴 a/m	短半轴 b/m	扁率 α	推算年代和国家
白塞尔	6 377 397	6 356 564	1：299.2	1841 年德国
克拉克	6 378 249	6 356 515	1：293.5	1880 年英国
德福特	6 378 388	6 356 912	1：297.0	1909 年美国
克拉索夫斯基	6 378 245	6 356 863	1：298.3	1940 年苏联
IUGG－75	6 378 140	6 356 755.3	1：298.257	1979 年国际大地测量与地球物理联合会
WGS－84	6 378 137	6 356 752	1：298.257 223 563	1984 年美国

二、地面点位置的确定

测绘工作的主要任务之一是确定地面点的空间位置，其表示方法为坐标和高程，而地面点的空间位置与一定的坐标系统相对应。在测绘工作中，常用的坐标系统有空间直角坐标系、大地坐标系、高斯投影平面直角坐标系、独立平面直角坐标系等。

1. 大地坐标系

大地地理坐标又称大地坐标，用于表示地面点在参考椭球面上的位置，它的基准是参考椭球面及其法线，用大地经度和大地纬度表示。过 P 点的大地子午面和首子午面所夹的两面角称 P 点的大地经度；过 P 点的法线与赤道面的夹角称 P 点的大地纬度。

如图 1-2 所示，地心空间直角坐标系 (X,Y,Z) 的 Z 轴与地球平均自转轴重合，与 Z 轴垂直的平赤道面构成 XY 平面；XZ 平面是包含平均自转轴和格林尼治平均天文台的平面；Y 轴的指向使该坐标系成为右手坐标系。椭球的短轴与地心空间直角坐标系的 Z 轴重合，起始子午面和赤道面分别与该坐标系的 XZ 平面和 XY 平面重合。P 点沿椭球面法线到椭球面上的投影是 Q，$PQ=H$，称为 P 点的大地高程，L 和 B 是 P 点的大地经度和大地纬度。P 点的大地坐标 (L,B,H) 和地心空间直角坐标 (X,Y,Z) 之间存在着严密的数字关系，可以互相换算。

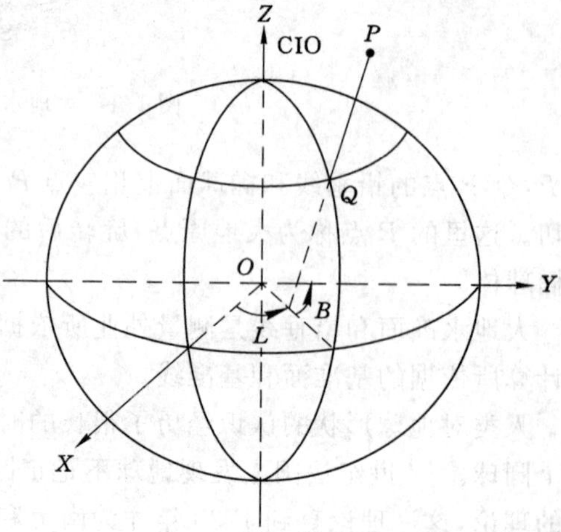

图 1-2　大地坐标系

20 世纪 50 年代之前，一个国家或一个地区都是在使所选择的参考椭球与其所在地区的大地水准面最佳拟合的条件下，按弧度测量方法来建立各自的局部大地坐标系的。由于当时除海洋上只有稀疏的重力测量外，大地测量工作只能在各个大陆上进行，而各大陆的局部大地坐标系间几乎没有联系。不过在当时的科学发展水平上，局部大地坐标系已能基本满足各国大地测量和制图工作的要求。

目前，我国常用的大地坐标系统有以下几种。

(1) 1954 年北京坐标系

我国建国初期采用克拉索夫斯基椭球建立的坐标系。由于该坐标系的大地原点在前苏联，便利用我国东北边境的三个大地点与前苏联大地网联测后的坐标作为我国天文大地网的起算数据，通过天文大地网坐标计算，推算出北京一点的坐标，故命名为 1954 年北京坐标系。该坐标系在我国的经济建设和国防建设中发挥了重要作用，但也存在点位精度不高等许多问题。

(2) 1980 年国家大地坐标系

为了克服 1954 年北京坐标系存在的问题，我国于 20 世纪 70 年代末对原大地网重新进行了平差。该坐标系采用 IUGG－75 地球椭球，大地原点选在陕西省永乐镇，椭球面与我国境内的大地水准面密合最佳，平差后的精度明显提高。

(3) 2000 国家大地坐标系

我国当前最新的国家大地坐标系，英文名称为 China Geodetic Coordinate System

2000,英文缩写为 CGCS 2000。国家大地坐标系的定义包括坐标系的原点、三个坐标轴的指向、尺度以及地球椭球的 4 个基本参数的定义。2000 国家大地坐标系的原点为包括海洋和大气的整个地球的质量中心;Z 轴由原点指向历元 2000.0 的地球参考极的方向,X 轴由原点指向格林尼治参考子午线与地球赤道面(历元 2000.0)的交点,Y 轴与 Z 轴、X 轴构成右手正交坐标系。采用广义相对论意义下的尺度。

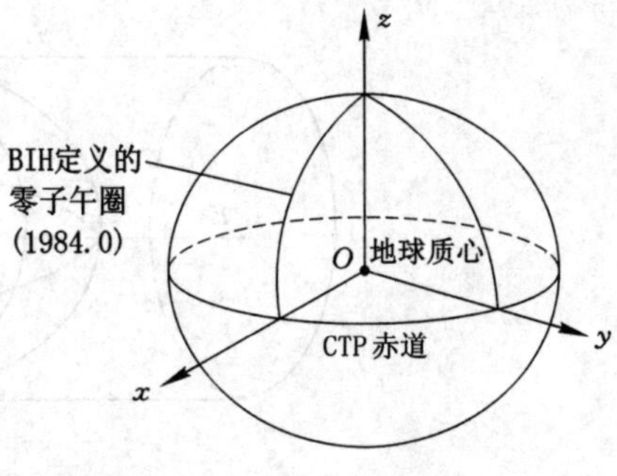

图 1-3　WGS－84 坐标系

(4) WGS－84 坐标系

WGS 英文意义是"World Geodetic System"(世界大地坐标系),它是美国国防局为进行 GPS 导航定位于 1984 年建立的地心坐标系,1985 年投入使用。WGS－84 坐标系的几何意义是:坐标系的原点位于地球质心,Z 轴指向 BIH1984.0 定义的协议地球极(CTP)方向,X 轴指向 BIH1984.0 的零度子午面和 CTP 赤道的交点,Y 轴通过右手规则确定(图 1-3)。

2. 高斯平面直角坐标系

由于用大地经度和纬度表示的大地坐标是一种椭球面上的坐标,不能直接应用于测图。因此,需要将它们按一定的数学规律转换为平面直角坐标。

根据高斯—克吕格投影所建立的平面坐标系称高斯平面直角坐标系。它是大地测量、城市测量、普通测量、各种工程测量和地图制图中广泛采用的一种平面坐标系。

高斯—克吕格投影理论是德国的 C. F. 高斯于 1822 年提出的,后经德国的克吕格于 1912 年加以扩充而完善。

高斯—克吕格投影的投影函数是根据以下两个条件确定的:第一,投影是正形的,即椭球面上无穷小的图形和它在平面上的表象相似,故又称保角投影或保形投影;投影面上任一点的长度比(该点在椭球面上的微分距离与其在平面上相应的微分距离之比)同方位无关。第二,椭球面上某一子午线在投影平面上的表象是一直线,而且长度保持不变,即长度比等于 1。该子午线称为中央子午线或称轴子午线。这两个条件体现了高斯—克吕格投影的特性。

高斯—克吕格投影属于横轴切圆柱正形投影。可以设想将截面为椭圆的一个圆柱体面套在地球椭球的外面(图 1-4),圆柱的中心轴 EE_1 在赤道面内,圆柱面同椭球面相切在中央子午线上。按正形条件将中央子午线东、西各一定经度范围内的地区投影到圆柱面上,然后将该圆柱面展开成一平面,就得出中央子午线两侧的一部分地区在平面上的投影(图 1-5)。地球椭球赤道的投影也是直线,且与中央子午线正交,以前者为横轴,即 y 轴,东向为正;后者为纵轴,即 x 轴,北向为正;两者的交点 O 为原点,这就形成了高斯平面直角坐标系。

高斯—克吕格投影是将一个不可平展的地球椭球面变换成平面。这种变换不可避免地会产生投影变形,其中长度变形随着离中央子午线的距离增大而增大。投影变形过大,对应用和计算都会带来许多不便。为了限制这种投影变形,克吕格提出将地球椭球面按子午线划分成适当个数的投影带,带宽一般分为 6°、3°和 1.5°等 3 种。每一投影带采用各自独立的高斯平面坐标系(图 1-6),并规定 y 坐标加上 500 km,以避免出现负值。为了表示任一点所

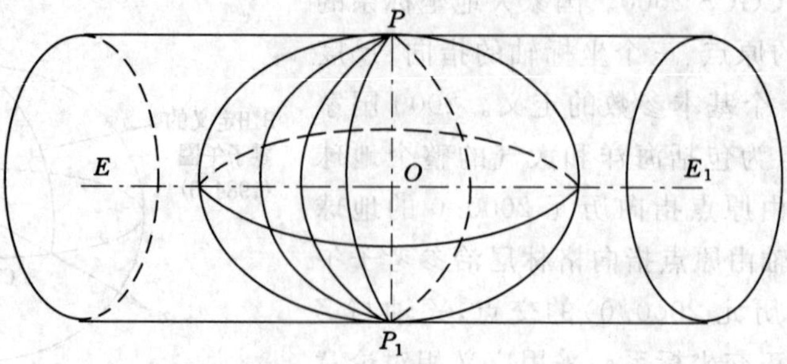

图 1-4　高斯—克吕格投影

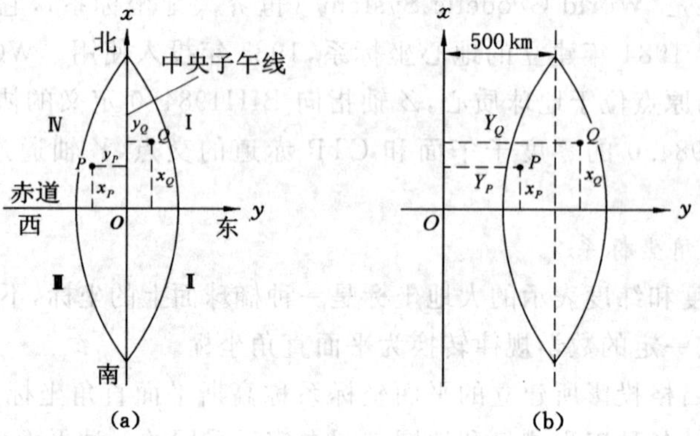

图 1-5　高斯—克吕格投影展开

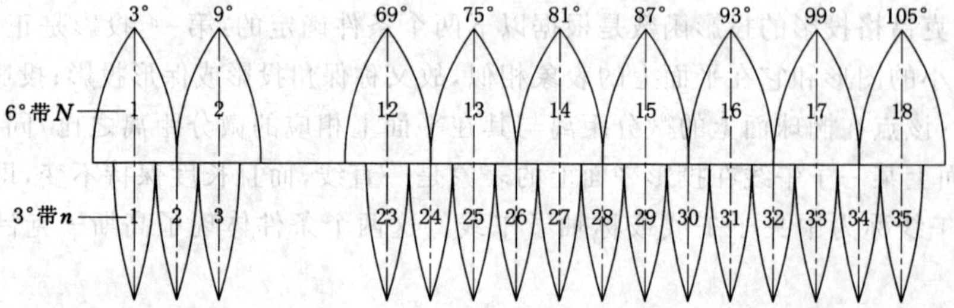

图 1-6　高斯—克吕格投影分带

在的投影带，又规定 y 坐标值前加上二位数，以表示投影带号。x 坐标值无论在哪一投影带内都是由赤道起算的实际值。

对中央子午线位置的选取办法是：对于 6°带，取经度 3°为第一带的中央子午线，以下各带便可类推；3°带亦取经度 3°为第一带的中央子午线，这样第二带的中央子午线便是经度 6°，以下各带可依此类推。这种规定可使整个地球 3°带的中央子午线有一半与 6°带的中央子午线重合，其优点是对两种分带间进行点的坐标相互换算较为方便，即全球内有一半区域的点的坐标不需要进行换算。

地球表面上一点所在分带的中央子午线的经度值可用下式计算：

6°分带：

$$L_{6^\circ} = \mathrm{Fix}\left(\frac{L}{6}\right) \times 6 + 3 \tag{1-1}$$

3°分带：

$$L_{3^\circ} = \mathrm{Cint}\left(\frac{L}{3}\right) \times 3 \tag{1-2}$$

以上两式中的符号："Fix"表示只取除商的整数部分，舍去小数部分；"Cint"表示对除商的小数部分四舍五入取整数。

中国于 20 世纪 50 年代正式决定在大地测量和国家地形图中采用高斯—克吕格平面直角坐标系。中国除了天文大地网平差采用椭球面上的大地坐标之外，高斯平面直角坐标系被广泛应用于其他各等大地控制网的平差和计算中。为此，一般先将椭球面上的方向、角度、长度等观测元素经方向改化和距离改化，归化为相应的平面观测值，然后在平面上进行平差和计算，这要比直接在地球椭球面上进行计算简单得多。

3. 高程系统

地面点到某一高程基准面的垂直距离称为地面点的高程（图 1-7）。由于高程基准面选择的不同，有不同的高程系统。测绘工作中常用的高程基准面有参考椭球体面和大地水准面，其相应的高称为大地高和海拔高。地面上任意两点之间的高程之差称为高差。

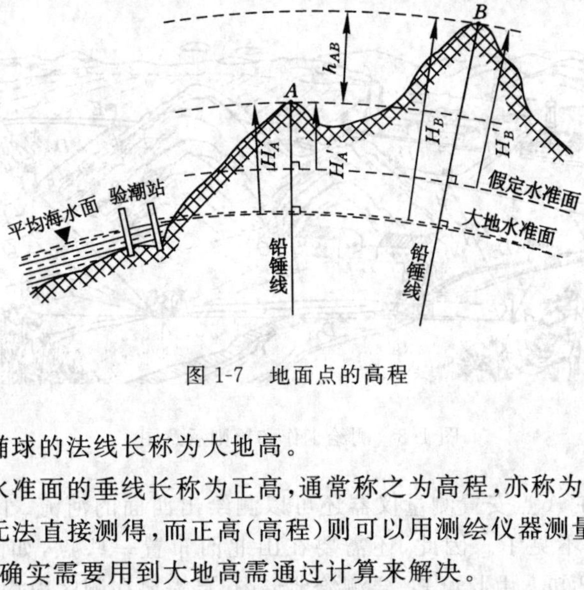

图 1-7　地面点的高程

地面点到参考椭球的法线长称为大地高。

地面点到大地水准面的垂线长称为正高，通常称之为高程，亦称为海拔。

实际上大地高无法直接测得，而正高（高程）则可以用测绘仪器测量后获得，所以测绘工作只能得到高程，若确实需要用到大地高需通过计算来解决。

我国大地水准面的确定方法是在青岛市的黄海边设立测定海水高低起落的验潮站，通过长期观测，求得平均海水面，并作为高程基准面，此基准面的高程为零，再用测绘的方法由验潮站引测至陆地上一个有固定位置的点，求得此点的高程值，并称此点为高程原点。全国各地的高程均由此高程原点为起算点测得。

1980 年以前，我国主要采用"1956 年黄海高程系"，它利用青岛验潮站 1950～1956 年观测的潮位成果求得的黄海平均海水面作为高程的零点，因观测时间短，准确性较差。后改用 1953～1979 年的观测资料重新进行计算，并将计算结果命名为"1985 年国家高程系统"（1987 年 5 月 26 日正式公布使用）。由于高程基准面发生了变化，因此这两个高程系统存在一定的差异，它们的关系如下：

$$H_{85} = H_{56} - 0.029 \tag{1-3}$$

我国在解放前曾采用过许多高程系统，如坎门高程系统、吴淞口高程系统等，有的高程系统现在还在沿用。由于高程基准面不同，其实际代表的高程也不一样，因此，在使用高程资料时，应注意水准点所在的高程系统，以避免发生错误。

第三节　测绘工作的基本原则

一、测绘的基本工作

测绘工作的主要任务是确定点的平面位置和高程，也可分成测定和测设两大部分。测定是将地物和地貌按一定的比例尺缩小绘制成地形图，测设是将在图纸上设计好的建筑物和构筑物的位置在实地标定出来。

如图 1-8 所示，测区内有山丘、房屋、河流、小桥、公路等，测绘地形图的过程是先测量出这些地物、地貌特征点的坐标，然后按一定的比例尺、规定的符号缩小展绘在图纸上。例如要在图纸上绘出一幢房屋，就需要在这幢房屋附近、与房屋通视且坐标已知的点(如图中的 A 点)上安置测量仪器，选择另一个坐标已知的点(如图中的 F 点或 B 点)作为定向方向，才能测量出这幢房屋角点的坐标。

图 1-8　测绘工作和原则示意图

由图 1-8 可知，在 A 点安置测量仪器还可以测绘出西面的河流、小桥，北面的山丘，但山北面的工厂区就看不见了。因此，还需要在山北面布置一些点，如图 1-8 中的 C、D、E 点，这些点的坐标应已知。由此可知，要测绘地形图，首先要在测区内均匀布置一些点，并测量计算出它们的$(x、y、H)$三维坐标。测量上将这些点称为控制点，测量与计算控制点坐标的方法与过程称为控制测量。

在上述测量工作中，确定房屋角点的平面位置可通过测定水平角和水平距离来实现。另外，通过高差测量可确定房屋角点的高程。因此，水平角、水平距离和高差是确定地面点位置关系的三个基本几何要素，测量地面点的水平角、水平距离和高差是测量的基本工作。

二、测绘的基本原则

无论哪一种测量工作，其目的都是为了能准确地测定或测设出未知点的平面位置和高程，这就需要已知坐标(x,y,H)的控制点。由于一般测量工作的范围都比较大，因此，测量工作在一个控制点上通常是难以完成的，如图 1-8 中工厂区在控制点 A 上就无法测到。对于测绘地形图来说，需要将一个范围较大的测区划分为同样大小的若干图幅，在精度一致的前提下同时平行作业，并要求分开测绘的各图幅能拼接成一个整体。

设图 1-9 是图 1-8 已经测绘出来的地形图。根据需要，设计人员已经在图纸上设计出了 P、Q、R 三幢建筑物，现在需要用一定的方法将它们的位置标定到实地上。由于需要测量的建筑物较多，另外受通视条件等影响，在控制点 A 上一般不能完成所有的测量工作，还需要增加一些控制点，这就要求在不同的控制点测设要有相同的结果。

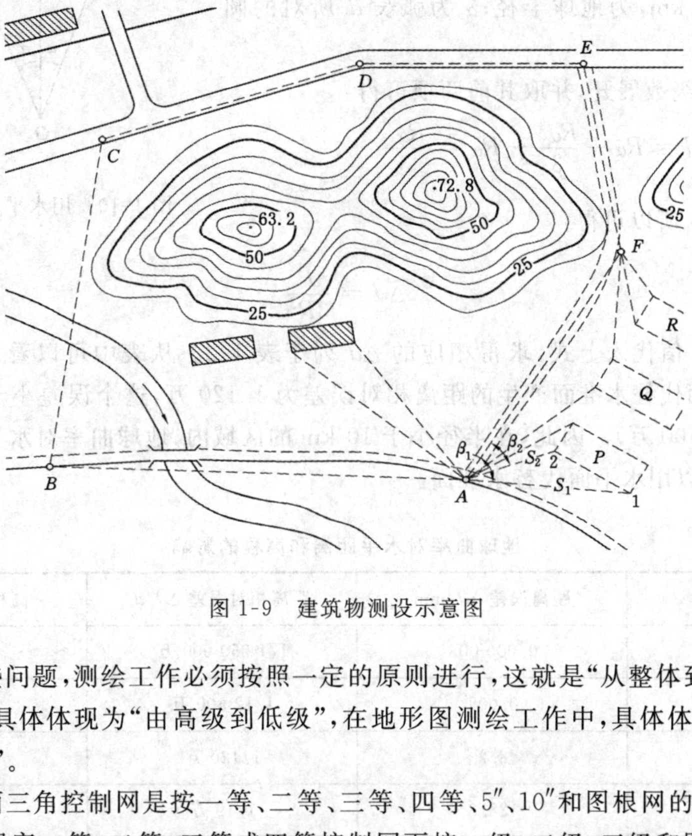

图 1-9　建筑物测设示意图

要解决这些问题，测绘工作必须按照一定的原则进行，这就是“从整体到局部”的原则。在控制测量中，具体体现为“由高级到低级”，在地形图测绘工作中，具体体现为“先控制测量，后碎部测量”。

我国的平面三角控制网是按一等、二等、三等、四等、5″、10″和图根网的级别布设，而城市导线网是在国家一等、二等、三等或四等控制网下按一级、二级、三级和图根网的级别布设。一等网的精度最高，图根网的精度最低。控制网的等级越高，网点之间的距离就越大、点的密度也越稀、控制的范围就越大；控制网的等级越低，网点之间的距离就越小、点的密度也越密、控制的范围就越小。如国家一等三角网的平均边长为 20～25 km，而城市一级导线网的平均边长为 300 m。由此可知，控制测量是先布设能控制大范围的高级网，再逐级布设次级网加密。

第四节　用水平面代替水准面的限度

在工程测量中，一般在测区的范围较小或者工程对测量精度要求较低时，为了简化计算，常常将椭球面视为球面，甚至视为平面。这是一种近似的做法，存在一定的误差。因此，应设置一个限度，即在该限度内，将椭球面作为平面所产生的误差不能超过工程地形图和施工放样的精度要求。

一、地球曲率对水平距离的影响

如图 1-10 所示，设地面上有 A'、B'两点，在水准面上的投影分别为 A、B，在水平面上的投影位为 A、C。若以平面上的距离 AC(设为 t)代替水准面上的距离(设为 d)，其误差为：

$$\Delta d = t - d = R\tan\alpha - R\alpha \tag{1-4}$$

式中，$R=6\ 371$ km，为地球半径；α 为弧长 d 所对的圆心角。

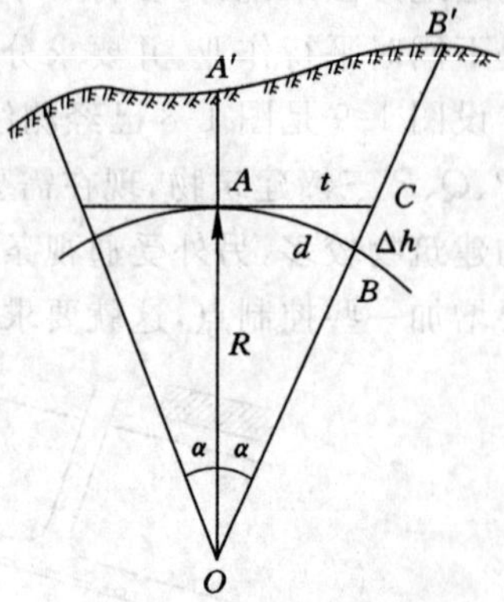

图 1-10　用水平面代替水准面

将 $\tan\alpha$ 用级数展开，并取其前两项可得：

$$\Delta d = R\alpha + \frac{R\alpha^3}{3} - R\alpha = \frac{R\alpha^3}{3}$$

因为 $\alpha=\dfrac{d}{R}$，所以可得：

$$\Delta d = \frac{d^3}{3R^2} \tag{1-5}$$

以不同的 d 值代入上式，求得相应的 Δd 列于表 1-2。从表中可以看出，当距离为 10 km 时，用水平面代替水准面产生的距离相对误差为 1/120 万，这个误差小于目前精密量距的允许误差(1/100 万)。因此，在半径小于 10 km 的区域内，地球曲率对水平距离的影响可以忽略不计，可以用水平面代替水准面。

表 1-2　　地球曲率对水平距离和高程的影响

距离 d	距离误差 Δd/mm	距离相对误差 $\Delta d/d$	高程误差 Δh/mm
100 m	0.000 008	1/1 250 000 万	0.8
1 km	0.008	1/12 500 万	78.5
10 km	8.2	1/120 万	7 850.0
25 km	128.3	1/19 万	49 050.0

二、地球曲率对高程的影响

如图 1-10 所示，地面点 B'在球面和水平面上的投影分别为 B 和 C，并设这两点的高差为 Δh，从图中可以看出，$\angle CAB=\alpha/2$，因该角很小，若以弧度表示，则有：

$$\Delta h = d\cdot\frac{\alpha}{2}$$

因为 $\alpha=d/R$，所以得：

$$\Delta h = \frac{d^2}{2R} \tag{1-6}$$

以不同的 d 值代入上式，算得相应的 Δh 列于表 1-2 中。由表中数据可知，对高程测量来说，即使距离很短，也不能忽视地球曲率对高程的影响。

三、对水平角测量的影响

如图 1-11 所示，A、B、C 三点为球面上的点。A 点对 B、C 两点的水平角为过 A 点的切平面上的角度，同样，B、C 两点上的水平角亦为过 B、C 两点的切平面上的角度。平面上角度的两条射线为 AB、AC、BC 大圆弧的切线。由于此三个平面并不相互平行或重合，它们的和就不是 180°。

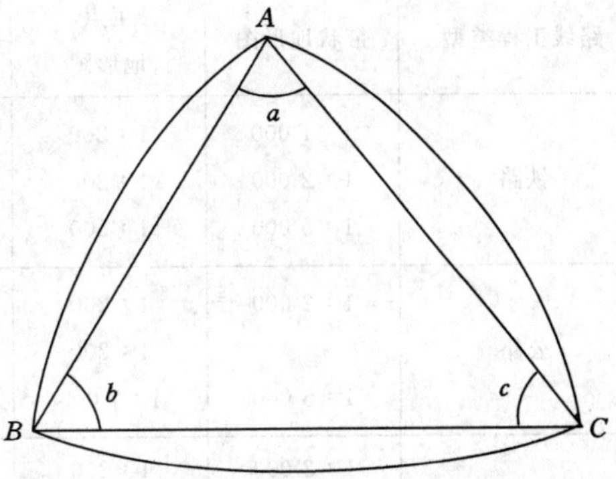

图 1-11 球面三角形和平面三角形

按球面三角学的理论，此三个角的和将大于 180°，其值等于 $180°+\varepsilon$，此处的 ε 是由于三点在球面上而产生的，故称为球面角超。ε 的大小与多边形在圆球面上的面积 P 和圆球的半径 R 有关，其计算式如下：

$$\varepsilon = \frac{P}{R^2} \tag{1-7}$$

可见，ε 就是用水平面代替水准面时对水平角的影响。对于球面上的任意多边形，其球面角超即是此多边形各角和的总影响。将地球的半径 6 371 km 代入，对不同的面积 P 所计算得到的数据列于表 1-3 中。由表中数据可知，多边形面积在 100 km^2 以内时，ε 不超过 0.51″，因此，一般的测量工作可以忽略球面角超误差的影响。

表 1-3 球 面 角 超

P/km^2	10	100	400	2 500
ε''	0.05	0.51	2.03	12.7

第五节 路线测量概述

路线工程通常是指公路、铁路、输电线、输油线、给排水以及各种地下管线等工程的总称。各种路线工程在勘测设计、施工建设和竣工验收及运营管理等各阶段的测量工作被称为路线工程测量。其基本技术内容有：

① 根据规划设计要求，在选用的中小比例尺地形图上确定规划路线的走向及相应的大概点位。

② 根据图上的设计在实地标出路线工程的基本走向，沿着基本走向进行必要的控制测量（平面控制测量和高程控制测量）。

③ 结合路线工程的需要，沿着路线工程的基本走向进行带状地形图的测绘。比例尺根据不同路线工程实际按表 1-4 的要求选定。

④ 根据规划设计的路线把路线点位测设到实地中。

⑤ 测量路线工程基本走向的地面点位高程，绘制路线基本走向的纵断面图。

⑥ 根据路线工程的需要测绘横断面图，比例尺按表 1-4 的要求选定。

表 1-4　　路线工程测图比例尺

路线工程类型	带状地形图	工点地形图	纵断面图		横断面图	
			水平	垂直	水平	垂直
铁路	1∶1 000 1∶2 000 1∶5 000	1∶200 1∶200 1∶500	1∶1 000 1∶2 000 1∶10 000	1∶100 1∶200 1∶1 000	1∶100 1∶200	1∶100 1∶200
公路	1∶2 000 1∶5 000	1∶200 1∶200 1∶1 000	1∶2 000 1∶5 000	1∶200 1∶500	1∶100 1∶200	1∶100 1∶200
架空索道	1∶2 000 1∶5 000	1∶200 1∶500	1∶2 000 1∶5 000	1∶200 1∶500		
自流管线	1∶1 000 1∶2 000	1∶500	1∶1 000 1∶2 000	1∶100 1∶200		
压力管线	1∶2 000 1∶5 000	1∶500	1∶2 000 1∶5 000	1∶200 1∶500		
架空送电线路		1∶200 1∶500	1∶2 000 1∶5 000	1∶200 1∶500		

⑦ 按路线工程详细设计进行施工测量。

公路、铁路是社会经济发展的重要路线，大型供水工程等是社会经济发展的重要渠道。路线测量贯穿于路线工程从规划、勘测设计、施工到营运管理的各阶段，是与工程建设紧密结合的专业测量技术。本书以交通路线工程为基础，重点叙述路线测量的技术原理和方法，同时兼顾其他线性工程测量技术方法。

一、路线测量的基本过程

1. 路线规划

这是交通路线建设的初始设计工作，一般的工作内容有：

(1) 图上选线

根据有关主管部门提出的某一交通路线(或某一交通网络)建设的基本思想，利用中比例尺(1∶5 000～1∶50 000)的地形图，在图上选取路线方案。选择一张现势性比较好的地形图作为规划选线的重要图件，为交通路线初始设计反映出公路线走向的地形状态，提供有比较多的地质、水文、植被、居民点、原有交通网络、原有管线网络以及经济建设等现状。图上选线，可以在这些现有资料基础上初步确定多种交通路线的走向，估计路线的距离、桥梁涵洞的座数、隧道长度、车站位置等项目，测算各种图上选线方案的建设投资费用等。

(2) 实地考察

根据图上选线的多种方案，进行野外实地视察、踏勘、调查，收集路线沿途的实际情况，进一步掌握路线沿线的实际资料。其中注意搜集有关的控制点，了解沿途的工程地质情况，查清规划路线所经过的新建筑物、交通交叉、管线位置，了解有关土石建筑材料情况。

地形图的现势性往往跟不上经济建设的速度，实际地形与地形图有可能存在差异。因此，实地考察获得的实际资料是初始图上选线设计的重要补充资料。

(3) 方案论证比较

根据图上选线和实地考察的全部资料，结合主管部门的意见进行方案论证，确定规划路线的基本方案。

2. 勘测设计

勘测设计是在规划路线上进行路线勘测与设计整个技术过程，有二阶段和一阶段两种形式。二阶段勘测设计的形式包括初测与定测两个基本内容。

(1) 初测

即在所定的规划路线上进行的勘测工作，主要技术工作内容有：控制测量和带状地形图的测绘，目的是为交通路线工程提供完整的控制基准及详细的地形资料。

控制测量：即平面控制测量和高程控制测量。在中比例尺地形图上已经有了交通规划路线，在实地也有了规划路线的基本走向。平面控制测量和高程控制测量在实地相应的规划路线上进行。在规划路线沿线及桥梁、隧道工程规划地段进行控制测量，为交通路线勘测设计建立满足要求的测量控制点，提供准确可靠的定位信息。

平面控制测量可以是导线测量，也可以是三角测量或GPS测量。

带状地形测量：在已经建立的平面控制和高程控制基础上沿规划中线进行的地形勘测，按一般地形图测绘的技术要求测绘带状地形图，带状宽度100～300 m。此外，应注意测绘各种管线和原有的路桥与规划路线的关系，加测穿越规划路线的管线悬空或负高。规划公路沿线的桥梁隧道应测绘大比例尺工点地形图。初测得到的规划路线大比例尺带状地形图是定线设计最重要的基础图件。定线设计主要技术内容是：在带状地形图上确定路线中线直线段及交点位置，标明路线中线直线段连接曲线的有关参数。

(2) 定测

主要的技术工作内容有：

① 将定线设计的公路中线(直线段及曲线)放样于实地。

② 路线的纵、横断面测量。为路线竖向设计、路基路面设计提供详细高程资料。中线设计和竖向设计、路基路面设计是伴随初测和定测的两阶段技术过程实现的，故称为二阶段设计。一般的公路、铁路及大桥、隧道采用二阶段设计；修建任务紧急、方案明确、工程简易的低等级公路可采用一阶段设计的技术过程。一阶段设计，一般是一次性提供公路施工的整套设计方案。作为与之相配合的勘测工作是一次性定测，亦即上述的初测、定测的连续性测量过程。

3. 路线工程的施工放样测量

根据设计的图纸及有关数据放样公路的中桩、边桩、边坡、路面及其他的有关点位，保证交通路线工程建设的顺利进行。

二、路线测量的基本特点

① 全线性：路线测量技术工作贯穿于整个交通路线工程的性质，称为全线性。以公路工程测量为例，从上述规划到施工的过程可见，公路工程建设过程处处离不开测量技术工作。

② 阶段性：这种阶段性既是测量技术本身的特点，也是路线设计过程的需要。图1-12表示公路设计与公路测量的先后关系，体现了公路测量的阶段性，反映了实地考察、平面设计、路面设计与初测、定测、放样的各阶段呼应关系。这种阶段性关系包含了测绘与放样的

反复程序，反映了公路建设与测量技术的密切关系。

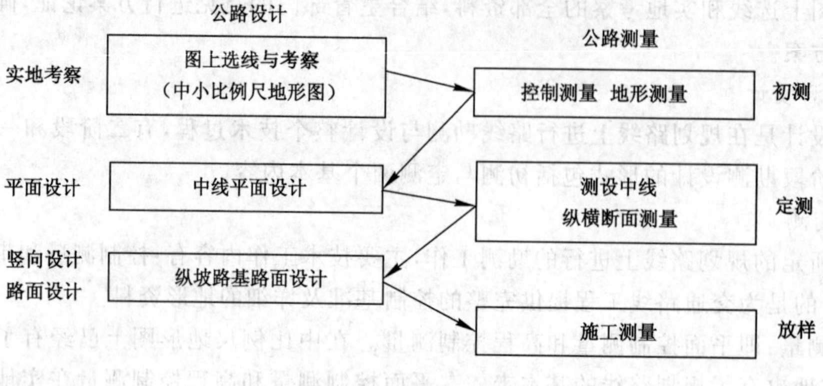

图 1-12 路线工程设计与测量的关系

③ 渐进性：不论是一阶段设计还是二阶段设计，交通路线设计从规划设计到兴建完工经历一个从粗到精的过程。图 1-12 表示公路建设与公路测量的关系流程，从图中可见，公路的完美设计是在“从实践中来，到实践中去”过程中逐步实现的。公路的完美设计需要公路勘测与设计的完美结合，公路设计技术人员懂测量，会测量；公路测量技术人员懂设计，明了公路的设计思路。完美结合的结果便是公路测量使公路工程建设在越测越像的过程中实现。

思考题与习题

1. 测绘学的主要研究内容有哪些？
2. 测绘学有哪些分支学科？
3. 什么叫大地水准面？它有哪些特点？在测绘工作中起什么作用？
4. 测量工作的基准面和基准线是什么？
5. 测绘工作常用的坐标系统由哪几种？
6. 确定地面点位置的常用方法有哪些？
7. 已知某点的地理坐标为 $L=118°54'$，$B=32°07'$，试求该点所在 6°带和 3°带的中央子午线经度和投影带带号。
8. 测量工作应遵循的基本原则是什么？
9. 用水平面代替水准面进行测量工作有什么影响？
10. 测得两点之间的水平距离为 2.3 km，试求地球曲率对水平距离和高程的影响。
11. 路线勘测设计的“初测”主要技术内容有哪些？其目的是什么？
12. 路线勘测设计的“定测”主要技术内容有哪些？
13. 路线工程测量有何特点？

第二章　高程控制测量

【本章要点】：本章主要介绍路线工程高程控制测量的仪器、原理、方法等，其中含水准测量的原理、水准测量仪器工具及使用、水准测量的施测方法及数据处理理论、三、四等水准测量、自动安平水准仪与精密水准仪以及数字水准仪、三角高程测量。

测定控制点高程的工作，称为高程控制测量，高程测量是测量的基本工作之一。按所使用的仪器和施测方法的不同，可以分为水准测量、三角高程测量、GPS 高程测量和气压高程测量。水准测量是目前精度最高的一种高程控制测量方法，它广泛应用于国家高程控制测量、路线工程勘测和施工测量中。

第一节　水准测量原理

水准测量的原理是利用水准仪提供的水平视线，读取竖立于两个点上的水准尺上的读数，来测定两点间的高差，再根据已知点高程计算待定点高程。

如图 2-1 所示，在地面上有 A、B 两点，设 A 点的高程为 H_A 已知。为求 B 点的高程 H_B，在 A、B 两点之间安置水准仪，A、B 两点上各竖立一把水准尺，通过水准仪的望远镜读取水平视线分别在 A、B 两点水准尺上截取的读数为 a 和 b，可以求出 A 点至 B 点的高差为：

$$h_{AB} = a - b \tag{2-1}$$

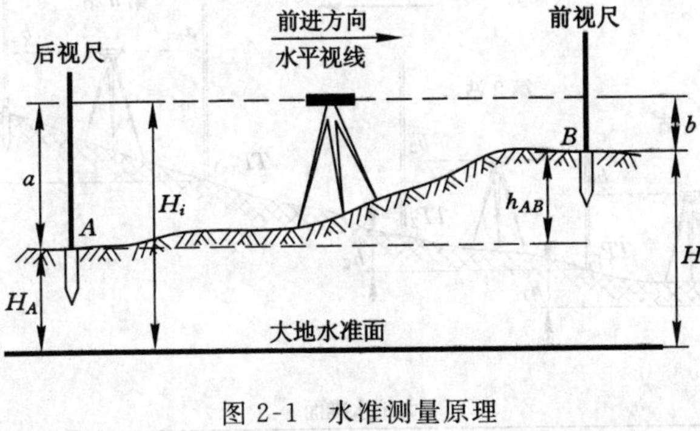

图 2-1　水准测量原理

设水准测量的前进方向为 A 点至 B 点，则称 A 点为后视点，其水准尺读数 a 为后视读数；称 B 点为前视点，其水准尺读数 b 为前视读数。因此，两点间的高差等于：

$$h_{AB} = 后视读数 - 前视读数$$

此计算高差顺序不能颠倒，否则将与实际地形高低情况不符。如果后视读数大于前视读数，则高差为正，表示 B 点比 A 点高，$h_{AB}>0$；如果后视读数小于前视读数，则高差为负，表示 B 点比 A 点低，$h_{AB}<0$。

如果 A、B 两点相距不远，且高差不大，则安置一次水准仪，就可以测得高差 h_{AB}。此时 B 点高程的计算公式为：

$$H_B = H_A + h_{AB} \tag{2-2}$$

B 点高程也可以通过水准仪的视线高程 H_i 计算，即：

$$H_i = H_A + a \tag{2-3}$$

$$H_B = H_i - b \tag{2-4}$$

当架设一次水准仪需要测量出多个前视点 B_1、B_2、…、B_n 点的高程时，采用视线高程计算这些点的高程就非常方便。设水准仪对竖立在 B_1、B_2、…、B_n 点上的水准尺读取的读数分别为 b_1、b_2、…、b_n 时，则有高程计算公式为：

$$\left.\begin{aligned} H_i &= H_A + a \\ H_{B_1} &= H_i - b_1 \\ H_{B_2} &= H_i - b_2 \\ &\cdots\cdots \\ H_{B_n} &= H_i - b_n \end{aligned}\right\} \tag{2-5}$$

如果 A、B 两点相距较远或高差较大，安置一次仪器无法测得其高差时，就需要在两点间增设若干个作为传递高程的临时立尺点，称为转点（简称 TP 点），如图 2-2 中的 TP_1、TP_2…，并依次连续设站观测，设测出的各站高差为：

$$h_{A-TP_1} = h_1 = a_1 - b_1$$

$$h_{TP_1-TP_2} = h_2 = a_2 - b_2$$

$$\cdots\cdots$$

$$h_{TP_{(n-1)}-B} = h_n = a_n - b_n$$

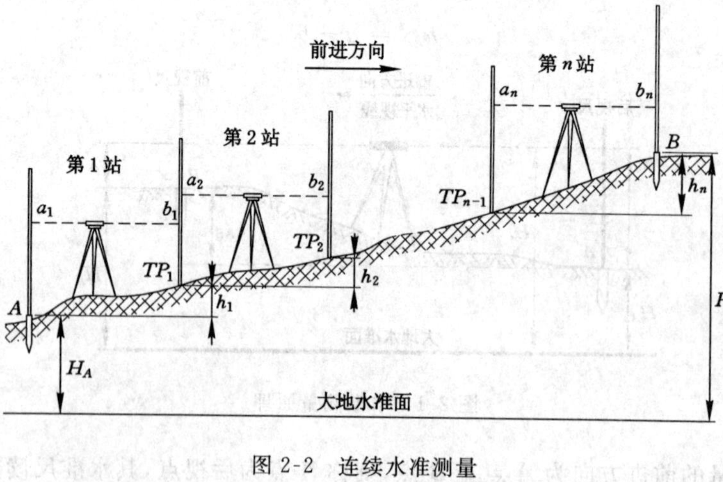

图 2-2　连续水准测量

则 A、B 两点间高差计算公式为：

$$h_{AB} = \sum_{i=1}^{n} h_i = \sum_{i=1}^{n} a_i - \sum_{i=1}^{n} b_i \tag{2-6}$$

B 点高程为：

$$H_B = H_A + h_{AB}$$

式(2-6)表明，A、B 两点间的高差等于各测站后视读数之和减去前视读数之和，此式仅用来检核高差计算的正确性。

第二节　水准测量仪器及使用

在水准测量中，提供水平视线的仪器称为水准仪，与之配合使用的工具有水准尺和尺垫。

水准仪按仪器的精度可分为 DS_{05}、DS_1、DS_3、DS_{10} 等等级，见表 2-1。“D”和“S”分别为“大地测量”和“水准仪”汉语拼音的第一个字母；数字代表仪器的标称测量精度，即每千米往返测高差中数的偶然中误差分别为±0.5 mm，±1 mm，±3 mm，±10 mm。DS_{05} 和 DS_1 为精密水准仪，在路线工程测量中，最常用的是 DS_3 微倾式水准仪。

表 2-1　水准仪系列分级及主要技术参数

水准仪系列型号		DS_{05}	DS_1	DS_3	DS_{10}
每千米往返测高差中数偶然中误差		≤0.5 mm	≤1 mm	≤3 mm	≤10 mm
望远镜	物镜有效孔径不小于/mm	42	38	28	20
	放大倍数不小于(倍)	55	47	38	28
水准管分划值		10″/2 mm	10″/2 mm	20″/2 mm	10″/2 mm
主要用途		国家一等水准测量及地震监测	国家二等水准测量及其他精密水准测量	国家三、四等水准测量及一般工程水准测量	一般工程水准测量

一、微倾式水准仪的构造

水准仪的主要作用是提供一条水平视线，能照准离水准仪一定距离处的水准尺并读取尺上的读数。通过调整水准仪管水准器气泡居中获得水平视线的水准仪称为微倾式水准仪，通过补偿器获得水平视线读数的水准仪称为自动安平水准仪，本节将着重介绍微倾式水准仪的构造。

如图 2-3 所示是国产的 DS_3 微倾式水准仪，它主要由望远镜、水准器、基座三部分组成。

(1) 望远镜

望远镜是用来照准远处竖立的水准尺并读取水准尺上的读数，要求望远镜能看清水准尺上的分划和注记并有读数标志。根据在目镜端观察到的物体成像情况，望远镜可以分为正像望远镜和倒像望远镜。如图 2-4 所示是倒像望远镜的结构图，它由物镜、调焦透镜、十字丝分划板和目镜组成。

望远镜的成像原理如图 2-5 所示。设远处目标 AB 发出的光线经物镜及调焦透镜折射

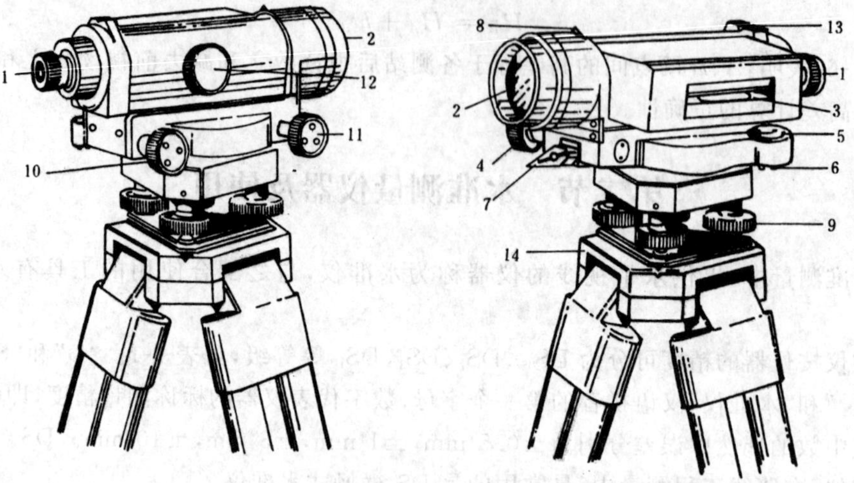

图 2-3 DS_3 微倾式水准仪

1——目镜；2——物镜；3——水准管；4,11——微动螺旋；5——圆水准器；
6——圆水准器校正螺丝；7——制动扳钮；8——准星；9——脚螺旋；
10——微倾螺旋；12——对光螺旋；13——缺口；14——三脚架

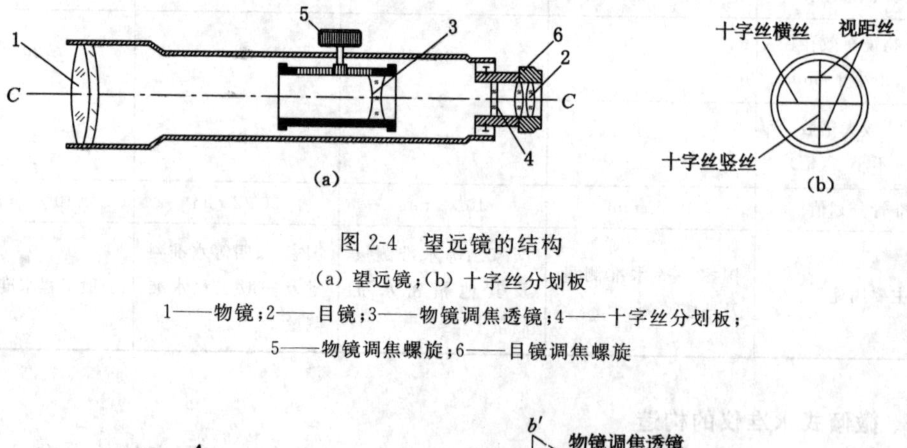

图 2-4 望远镜的结构

(a) 望远镜；(b) 十字丝分划板

1——物镜；2——目镜；3——物镜调焦透镜；4——十字丝分划板；
5——物镜调焦螺旋；6——目镜调焦螺旋

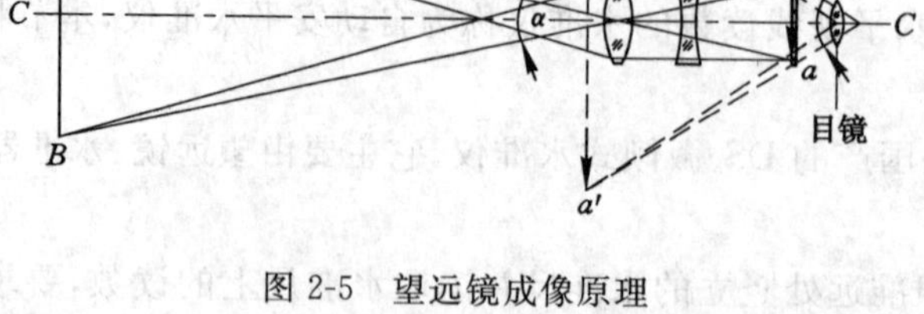

图 2-5 望远镜成像原理

后，在十字丝分划板上成一倒立的实像 ab；通过目镜的放大而成虚像 $a'b'$，十字丝分划板也同时放大。

由图 2-5 可知，观测者通过望远镜观察虚像 $a'b'$ 的视角为 β，而直接观察目标 AB 的视角为α，β显然大于α。由于视角放大了，观测者就感到远处的目标移近了，目标看得更清楚了，从而提高了瞄准和读数精度。通常定义β与α之比为望远镜的放大倍数V，即$V=\beta/\alpha$。《城市测量规范》要求，DS_3水准仪望远镜的放大倍数不得小于28。

① 成像透镜：在望远镜中，朝向目标的固定透镜称为物镜；位于物镜与十字丝分划板之间的透镜称为调焦透镜，和物镜一起常被称为望远镜物镜组；靠近眼睛一端的透镜称为目镜。物镜、调焦透镜和目镜一般由两块以上的厚透镜组合而成，称为复合透镜组。三者组成望远镜的成像系统。

物镜安装在金属的物镜框内，通过固紧螺丝与望远镜镜筒连接。调焦透镜固定在一金属圆筒内，而与圆筒相连的水平齿条与调焦螺旋圆形齿轮连接，因此，转动调焦螺旋可使调焦透镜沿光轴在镜筒内前后移动，从而使不同远近的目标成像于十字丝板的焦平面上。目镜安装在金属圆框内，通过螺纹与目镜筒连接，它的作用是把十字丝及其面上的目标影像同时进行放大，供人眼观察。旋转目镜调焦螺旋，可使目镜沿光轴移动，从而使不同视力的人均能清晰地观察十字丝和目标。

② 十字丝分划板：十字丝分划板的结构如图2-4(b)所示。它是在一直径约为10 mm的光学玻璃圆片上刻出三根横丝和一根垂直于横丝的纵丝，中间的长横丝称为中丝，用于读取水准尺上分划的读数，上、下两根较短的横丝称为上丝和下丝，上、下丝总称为视距丝，用来测定水准仪至水准尺的距离。用视距丝测量出的距离称为视距。

十字丝分划板安装在一金属圆环上，用四颗校正螺丝固定在望远镜筒上。望远镜物镜光心与十字丝交点的连线称为望远镜的视准轴（主光轴），通常用CC表示。望远镜物镜光心的位置是固定的，调整固定十字丝分划板的四颗校正螺丝，在较小的范围内移动十字丝分划板可以调整望远镜的视准轴。

物镜与十字丝分划板之间的距离是固定不变的，而望远镜所瞄准的目标有远有近。目标发出的光线通过物镜后，在望远镜内所成实像的位置随着目标的远近而改变，要旋转物镜调焦螺旋使目标像与十字丝分划板平面重合才可以读数。此时，观测者的眼睛在目镜端上下微微移动时，目标像与十字丝没有相对移动，如图2-6(a)所示。如果目标像与十字丝分划板平面不重合，观测者的眼睛在目镜端上下微微移动时，目标像与十字丝之间就会有相对移动，这种现象称为视差，如图2-6(b)所示。

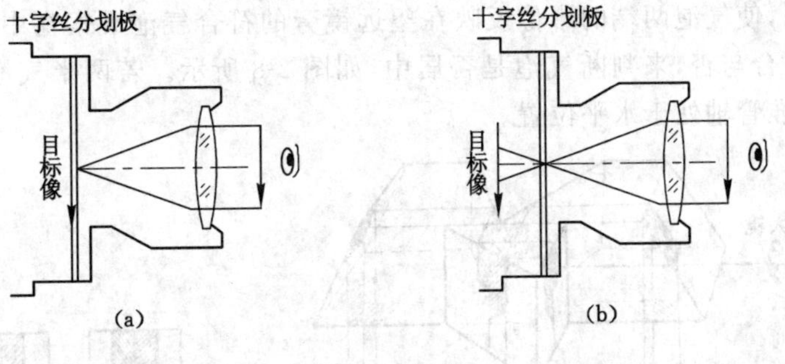

图2-6　视差

(a) 没有视差现象；(b) 有视差现象

视差会影响读数的正确性，读数之前必须消除它。消除视差的方法是：用手暂时遮住物镜(或将望远镜对准天空),旋转目镜调焦螺旋,使十字丝十分清晰;瞄准标尺,旋转物镜调焦螺旋使目标像十分清晰。

(2) 水准器

水准器是一种整平装置,水准器有管水准器和圆水准器两种。管水准器用来指示视准轴是否水平,圆水准器用来指示仪器竖轴是否竖直。管水准器又称水准管,是一个内装液体并留有气泡的密封玻璃管。其纵向内壁磨成圆弧形,外表面刻有 2 mm 间隔的分划线,2 mm 所对的圆心角 τ 称为水准管分划值,如图 2-7(b)所示,通过分划线的对称中心(即水准管零点)作水准管圆弧的纵切线,称为水准管轴,如图 2-7(a)所示。

$$\tau = \frac{2}{R}\rho'' \tag{2-7}$$

式中 τ——2 mm 所对应的圆心角;

ρ''——$\rho''=206\ 265''$;

R——水准管圆弧半径,mm。

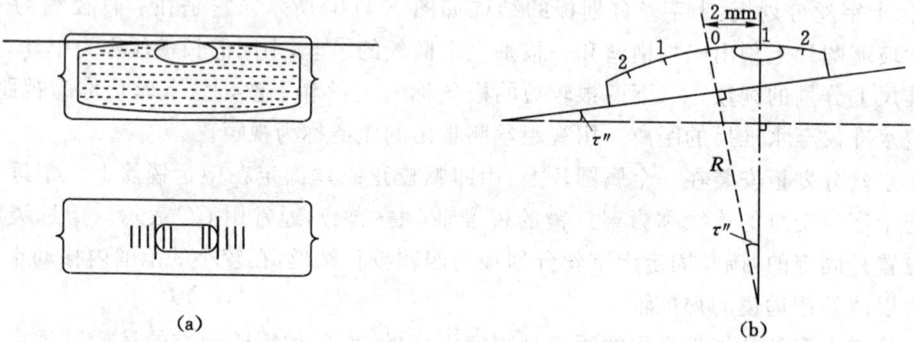

图 2-7 管水准器

(a) 管水准器;(b) 管水准器分划值

水准管圆弧半径愈大,分划值就越小,则水准管灵敏度就越高,也就是仪器置平的精度越高。DS_3 水准仪的水准管分划值要求不大于 20″/2 mm。

为了提高水准管气泡居中的精度,DS_3 微倾式水准仪多采用符合水准管系统,通过符合棱镜的反射作用,使气泡两端的影像反映在望远镜旁的符合气泡观察窗中。由观察窗看气泡两端的半像吻合与否,来判断气泡是否居中,如图 2-8 所示。若两半气泡相吻合,说明气泡居中,此时水准管轴处于水平位置。

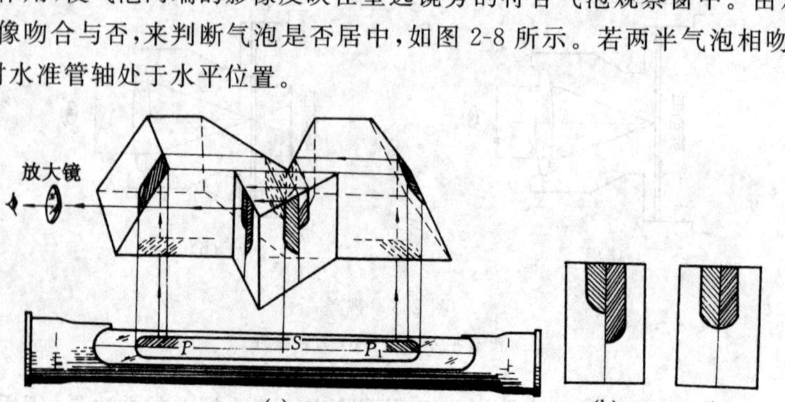

图 2-8 符合水准器

因管水准器灵敏度较高，且用于调节气泡居中的微倾螺旋范围有限，在使用时，应首先使仪器的旋转轴(即竖轴)处于竖直状态。因此，水准仪上还装有一个圆水准器，如图 2-9 所示，其顶面的内壁被磨成球面，刻有圆分划圈。通过分划圈的中心(即零点)作球面的法线，称为圆水准器轴。圆水准器分划值约为 8′。当气泡居中时，圆水准器轴竖直，则仪器竖轴处于竖直位置。

(3) 基座

基座用于支承仪器的上部并通过连接螺旋使仪器与三脚架相连。调节基座上的三个脚螺旋可使圆水准器气泡居中。

由上述主要部件可知微倾式水准仪有四条主要轴线，即视准轴 CC、水准管轴 LL、圆水准器轴 $L'L'$ 和仪器竖轴 VV，如图 2-10 所示。

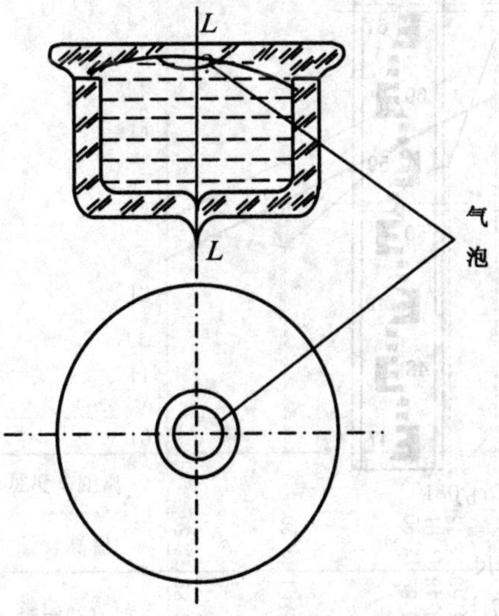

图 2-9 圆水准器

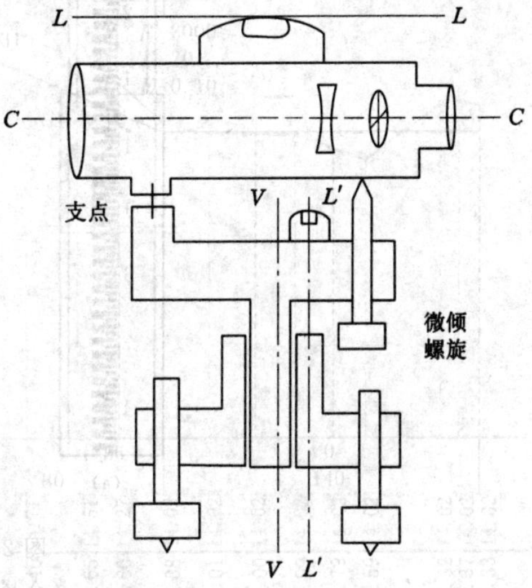

图 2-10 水准仪的主要轴线

水准仪之所以能提供一条水平视线，取决于仪器本身的构造特点，主要表现在轴线间应满足的几何条件，即：

① 圆水准器轴平行于竖轴；

② 十字丝横丝垂直于竖轴；

③ 水准管轴平行于视准轴。

视线的水平，由调节微倾螺旋使水准管气泡居中来实现，所以第三个条件 $LL /\!/ CC$ 是主要条件。由图 2-1 可知，若水准仪的主要条件不满足，必将给观测数据带来误差，但该项误差的大小与观测距离成正比，在误差理论中称为系统误差。若观测时保持前后视距离相等，则可消除该项误差对所测高差的影响。为了保证能够使用微倾螺旋使管水准器气泡居中，并加快精确整平的过程，首先要使圆水准器气泡居中，保证仪器竖轴 VV 竖直(粗平)。而第二个条件的满足，则可以保证当竖轴竖直时，十字丝横丝水平，以提高读数的精度和速度。

(4) 水准尺和尺垫

水准尺是水准测量中用于读数的标尺。常用的水准尺有塔尺和双面尺两种。通常，双面水准尺用干燥的优质木材制成;塔尺用铝合金或玻璃钢材料制成。

如图 2-11(a)所示,塔尺由两节或三节套接而成,可以伸缩,长度有 3 m 和 5 m 两种。塔尺一般为双面刻划,尺底为零刻划,尺面刻划为黑白格相间,每格宽度为 1 cm 或 0.5 cm,分米处有数字注记,数字上方加红点表示米数,如 5 表示 1.5 m,6 表示 2.6 m。由于塔尺接头处存在误差,因此,塔尺仅用于等外水准测量和一般工程施工测量中。

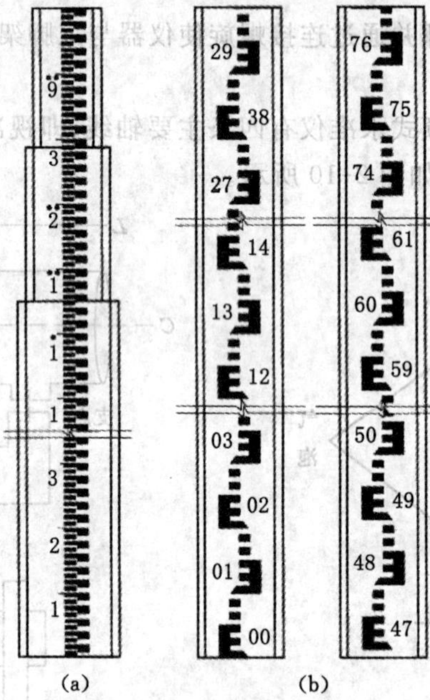

图 2-11 水准尺

(a) 塔尺;(b) 双面尺

如图 2-11(b)所示,双面水准尺长度为 3 m,双面均有刻划,分划值为 1 cm,分米处有数字注记。其中一面为黑白格相间刻划(称为黑面尺),尺底为零刻划;另一面为红白相间(称为红面尺),尺底不为零,而是一常数。双面尺一般成对生产和使用,一根尺常数为 4.687 m,另一根尺为 4.787 m。利用红黑面尺的零点差可对水准测量中的读数进行检核。双面水准尺用于三、四等水准测量中。

尺垫由生铁铸造而成,一般为三角形,上部中央有一凸起的半圆球体,下部有三个支脚,如图 2-12 所示。尺垫在转点处立尺时使用,且只用于转点处。使用时,将尺垫踩实,水准尺立于半球顶上,以保证尺底高度唯一。

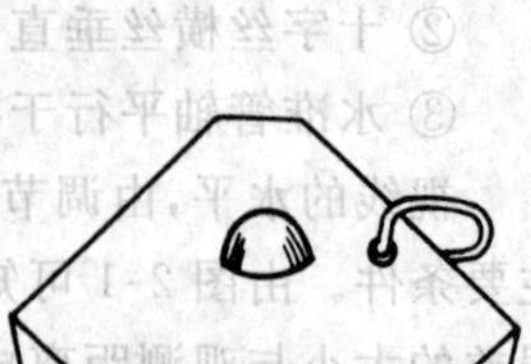

图 2-12 尺垫

二、水准仪的使用

DS_3 微倾式水准仪的使用包括安置仪器、粗略整平、瞄准水准尺、精确整平和读数。

(1) 安置仪器

根据水准测量的要求,应选择合适的地方安置仪器。首先,松开三脚架腿的伸缩螺旋,如图 2-13 所示,将架头提升到与自己身高相适应的高度,然后拧紧伸缩螺旋。再张开三脚架，目估使架头大致放平，最后用中心螺旋将水准仪安置在三脚架头上。安置时应用手握住仪器基座，以防仪器从架头上滑落。

（2）粗略整平

粗平是通过调节脚螺旋的高低使圆水准器气泡居中，从而使仪器竖轴大致铅垂，视准轴粗略水平。操作方法是：先固定两个架腿，略提起另一个架腿左右摆动和前后移动，使圆气泡大致居中，然后将该架腿踩实。再调节脚螺旋使圆气泡准确居中，其调节方法如图2-14所示。调节时应注意，脚螺旋顺时针方向旋转，脚螺旋升高，则气泡向该脚螺旋方向移动。

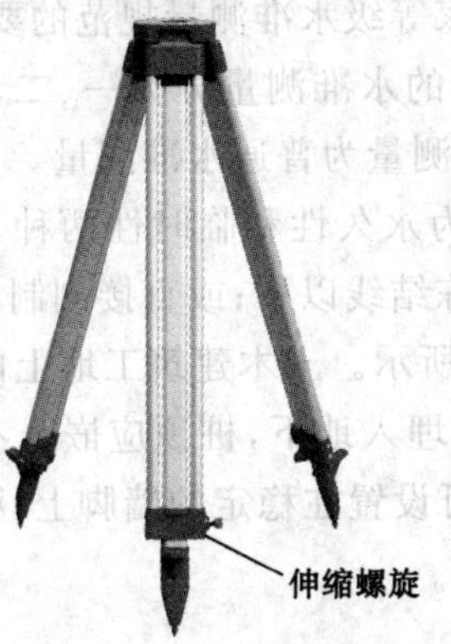

图 2-13　三脚架

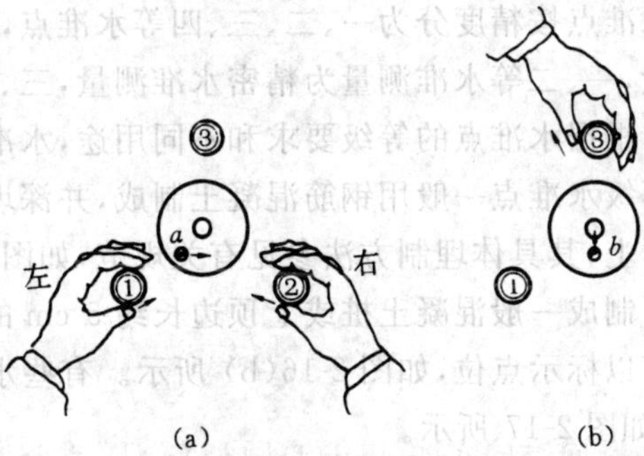

图 2-14　圆水准气泡

（3）瞄准水准尺

① 目镜调焦：将望远镜对着明亮的背景或物镜调焦至无穷远，旋转目镜调焦螺旋，使十字丝成像清晰。

② 粗略瞄准：转动望远镜，使照门和准星的连线对准水准尺，旋紧制动螺旋。

③ 精确瞄准：在目镜前观察目标，同时旋转物镜调焦螺旋，使水准尺成像清晰。然后转动水平微动螺旋，使十字丝纵丝对准水准尺中央或稍偏一点。

④ 消除视差：精确瞄准后，眼睛在目镜前上下微动，若发现十字丝横丝在水准尺上的位置也随之移动，这种现象称为视差。产生视差的原因是水准尺通过物镜组所成的影像与十字丝平面不重合。视差的存在将会影响读数的准确性，应予以消除。消除视差的方法是再仔细地进行物镜调焦、目镜调焦，直到眼睛上下移动时读数不变为止。

（4）精确整平和读数

通过望远镜左边的符合水准器观察窗观察气泡影像（若看不到影像，则说明气泡偏差较大），同时用右手转动微倾螺旋，使符合气泡吻合（图 2-8）。一旦吻合，则立刻从望远镜内读取中丝在水准尺上的读数。米、分米和厘米可直接读出，但一定要弄清注记与刻划的对应关系，否则会出现读数错误；毫米为估读值。如图 2-15 中，中丝读数为 1.536；为了避免读听错误，报读数时，一般不带小数点，即读做“1536”。

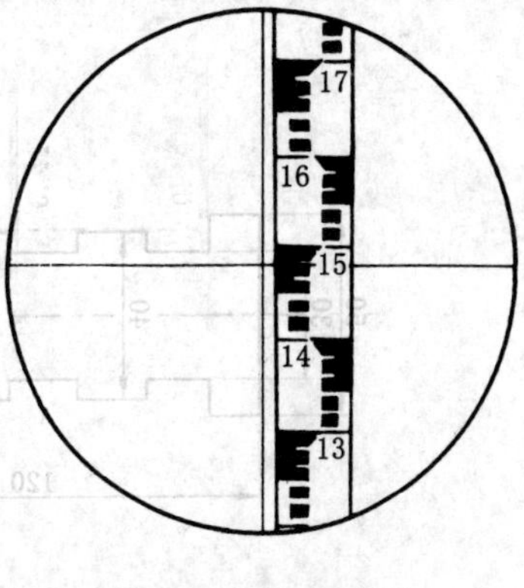

图 2-15　水准尺读数

第三节　水准测量的施测方法及计算

一、水准测量的外业实施

1. 水准点

水准测量工作主要是依据已知高程点来引测其他待定点的高程。事先埋设标志在地面上，用水准测量方法建立的高程控制点称为水准点(Bench Mark)，常以 BM 表示。水准点的高程是由测绘部门采用国家统一高程系统，依据国家等级水准测量规范的要求测定的，国家水准点按精度分为一、二、三、四等水准点，与之相应的水准测量分为一、二、三、四等水准测量，一、二等水准测量为精密水准测量，三、四等水准测量为普通水准测量。

根据水准点的等级要求和不同用途，水准点可分为永久性和临时性两种。永久性的国家等级水准点一般用钢筋混凝土制成，并深埋到地面冻结线以下；或直接刻制在不受破坏的基岩上，其具体埋制方法参见有关规范，如图 2-16(a) 所示。土木建筑工地上的临时性水准点可制成一般混凝土桩或上顶边长约 5 cm 的方木桩，埋入地下，桩顶应嵌入有圆球表面的铁钉以标示点位，如图 2-16(b) 所示。有些水准点也可设置在稳定的墙脚上，称为墙上水准点，如图 2-17 所示。

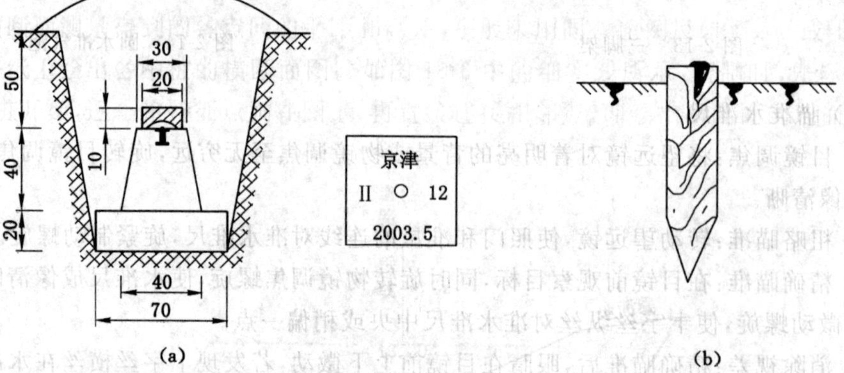

图 2-16　水准点标石

(a) 永久性水准点；(b) 临时性水准点

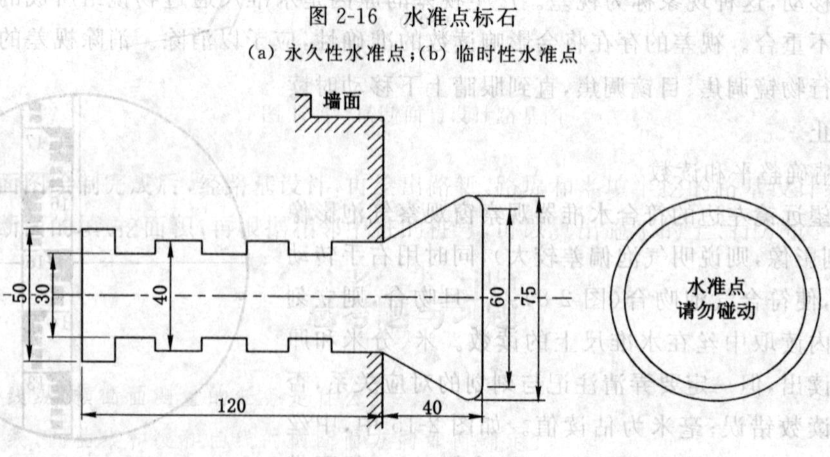

图 2-17　墙上水准点(单位：mm)

在大比例尺地形图测绘中，常用图根水准测量来测量图根点的高程，这时的图根点也称图根水准点。

2. 水准路线

在实际测量工作中，往往需要由已知高程点测定若干个待测高程点的高程。为了进一步检核在观测、记录及计算中是否存在错误，同时避免测量误差的积累，保证测量成果的精度，必须将已知点和待定点组成某种形式的水准路线，利用一定的检核条件来检核测量成果的准确性。在普通水准测量中，水准路线有以下三种形式：

(1) 闭合水准路线

如图 2-18(a)所示，从一已知水准点 BM. A 出发，沿待定点 B、C、D、E 进行水准测量，最后测回到 BM. A，这种形式称为闭合水准路线。相邻两点称为一个测段，各测段高差的代数和应等于零，即理论值为零。但在测量过程中，不可避免地存在误差，使得实测高差之和往往不为零，从而产生高差闭合差。所谓闭合差，就是测量值与理论值(或已知值)之差，用 f_h 表示。因此，闭合水准路线的高差闭合差为：

$$f_h = \sum h_{测} - \sum h_{理} = \sum h_{测} \tag{2-8}$$

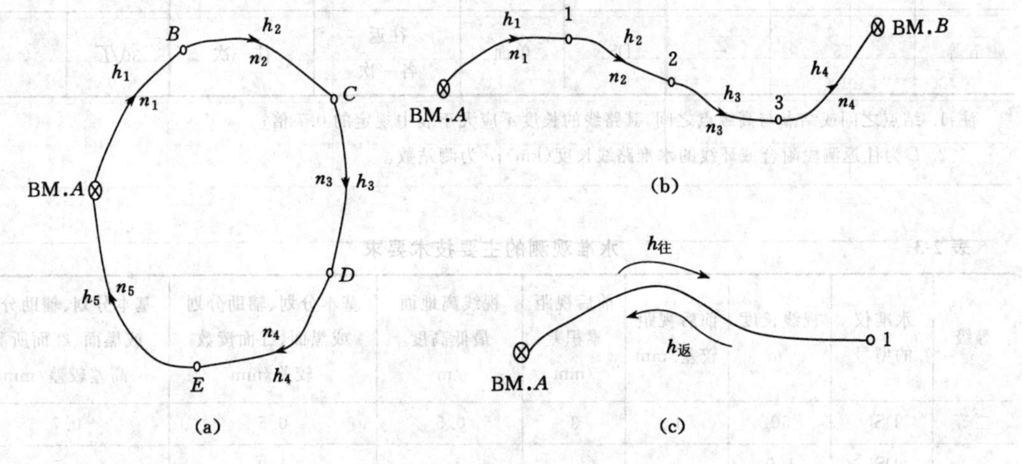

图 2-18 水准路线

(a) 闭合水准路线；(b) 附合水准路线；(c) 支线水准路线

(2) 附合水准路线

如图 2-18(b)所示，从一已知水准点 BM. A 出发，沿待定点 1、2、3 进行水准测量，最后测到另一个已知水准点 BM. B，这种形式称为附合水准路线。各测段高差的代数和应等于两个已知点之间的高差(已知值)，则附合水准路线的高差闭合差为：

$$f_h = \sum h_{测} - \sum h_{已知} = \sum h_{测} - (H_{终} - H_{始}) \tag{2-9}$$

(3) 支水准路线

如图 2-18(c)所示，从一已知水准点 BM. A 出发，沿待定点进行水准测量，这样既不闭合又不附合的水准路线，称为支水准路线。支水准路线必须进行往、返测量。往测高差总和与返测高差总和应大小相等，符号相反。则支水准路线的高差闭合差为：

$$f_h = \sum h_{往} + \sum h_{返} \tag{2-10}$$

二、水准测量方法

1. 水准测量的主要技术要求(见表 2-2、表 2-3 的规定)

表 2-2　　水准测量的主要技术要求

等级	每千米高差全中误差/mm	路线长度/km	水准仪的型号	水准尺	观测次数		往返较差、附合或环线闭合差	
					与已知点联测	附合或环线	平地/mm	山地/mm
二等	2	—	DS_1	因瓦	往返各一次	往返各一次	$4\sqrt{L}$	—
三等	6	≤50	DS_1	因瓦	往返各一次	往一次	$12\sqrt{L}$	$4\sqrt{n}$
			DS_3	双面		往返各一次		
四等	10	≤16	DS_3	双面	往返各一次	往一次	$20\sqrt{L}$	$6\sqrt{n}$
五等	15	—	DS_3	单面	往返各一次	往一次	$30\sqrt{L}$	—

注:1. 结点之间或结点与高级点之间,其路线的长度不应大于表中规定的 0.7 倍;

2. L 为往返测段附合或环线的水准路线长度(km);n 为测站数。

表 2-3　　水准观测的主要技术要求

等级	水准仪的型号	视线长度/m	前后视距较差/mm	前后视距累积差/mm	视线离地面最低高度/m	基本分划、辅助分划或黑面、红面读数较差/mm	基本分划、辅助分划或黑面、红面所测高差较差/mm
二等	DS_1	50	1	3	0.5	0.5	0.7
三等	DS_1	100	3	6	0.3	1.0	1.5
	DS_3	75				2.0	3.0
四等	DS_3	100	5	10	0.2	3.0	5.0
五等	DS_3	100	大致相等	—	—	—	—

注:1. 二等水准视线长度小于 20 m 时,其视线高度不应低于 0.3 m;

2. 三、四等水准采用变动仪器高度观测单面水准尺时,所测两次高差较差,应与黑面、红面所测高差之差的要求相同。

2. 一测站水准测量基本操作

根据水准测量的基本原理公式(2-1),一测站的基本操作的目的是获得后视读数 a 和前视读数 b,以便按式(2-1)计算高差 h。基本操作如下。

(1) 安置仪器

① 水准仪的安置:水准仪必须安置在三脚架上。要求三脚架高度适当,架头面大致水平,三脚架脚腿稳固,仪器连接可靠。从仪器箱取出水准仪安放在三脚架上(不放手)并用中

心螺旋扭紧使仪器与三脚架头连接起来。

② 竖立标尺:要求竖直、稳当。一般说来,竖立的标尺处于悬垂位置时,则比较竖直,而且易于扶稳。标尺应竖立于水准点上,或竖立于待测的高程点上,或竖立于转点位置的尺垫上。

(2) 粗略整平

转动水准仪基座的三个脚螺旋,使圆水准气泡居中实现粗略整平。粗略整平基本步骤:

① 相对转动两个脚螺旋,使圆水准气泡移向两脚螺旋的中间位置。中间位置,即两脚螺旋中心连线的垂直平分线的位置。如图 2-14 所示,在转动脚螺旋时气泡移动的方向与左手大拇指旋转脚螺旋方向一致。

② 转动第三个脚螺旋,使气泡移到圆水准器的中心。操作熟练以后,可在相对转动两个脚螺旋的同时转动第三个脚螺旋,使圆水准气泡居中。

(3) 瞄准后视标尺

开始的瞄准工作要经历粗瞄、调焦、精瞄的过程。

① 粗瞄:松开水平制动,转动瞄准部,利用水准仪的准星对准标尺,水平制动旋钮固紧。

② 调焦:先转目镜调焦旋钮使十字丝像清楚,后转动望远调焦旋钮使标尺像清楚。在对光中应注意消除视差。

③ 精瞄:转动水平微动旋钮,使望远镜十字丝纵丝对准标尺的中央,如图 2-15 所示。

(4) 精确整平

从水准仪轴系结构可知,望远镜视准轴(CC)平行于符合水准器的管水准轴(LL)。但是,由于圆水准器的整平精确度不高,故粗略整平时符合水准器的管水准轴 LL 和望远镜的视准轴(CC)不可能处于严格的水平状态。为了保证水准仪视准轴处于水平状态,精确整平是一项重要工作。方法:转动微倾旋钮,观察符合气泡影像吻合,如图 2-8 所示,实现望远镜视准轴(CC)精确整平。

(5) 读数和记录

根据望远镜视场中十字丝横丝所截取的标尺刻划,读取该刻划的数字。读数的方法:先估读 mm,后读 m、dm、cm 位。当望远镜视场的影像是倒像时,标尺刻画数字是自上而下增大的,读数时应注意这种成像特点,反之则相反。如图 2-15 所示,先估读不足一厘米的 6 mm,后读 1.53 m,整个读数为 1.536 m。记录,则按读数的先后顺序回报,回报无异议及时记录,见表 2-4。

表 2-4　　水准测量手簿

测站	点号	后视读数/mm	前视读数/mm	高差/mm	备注
1	A	1928		1099	已知水准点 $H_A=54.206$ m
	TP_1		0829		
2	TP_1	2372		1693	
	TP_2		0679		
3	TP_2	2268		1150	
	TP_3		1118		

续表 2-4

测站	点号	后视读数/mm	前视读数/mm	高差/mm	备注
4	TP_3	1437		−0895	
	TP_4		2332		
5	TP_4	1435		−0973	
	B		2408		
	Σ	9440	7366	2 074	$h_{AB}=2.074$ m
	$\sum a-\sum b=9440-7366=2074$				$H_B=56.280$ m

(6) 瞄准前视标尺

水准仪完成观测后视尺的操作之后，松开水平制动旋钮，转动水准仪的瞄准部粗瞄前视标尺，接着旋紧水平制动旋钮，转动水平微动旋钮精瞄前视标尺（此时圆水准器气泡可能有少许偏移，但不能旋转脚螺旋使圆气泡重新居中）。

(7) 精确整平

方法同步骤(4)。

(8) 读数和记录

方法同步骤(5)。

3. 一测段连续水准测量基本操作

如图 2-2 所示，已知水准点 A 的高程为 54.206 m，现拟测定 B 点的高程，其施测步骤如下：

水准测量一般由 4 人组成一个测量小组，观测员、记录员各 1 人，扶尺员 2 人。首先，一扶尺员在水准点 A 上竖立水准尺（后视尺），观测员沿测量方向，选择一合适的地方安置仪器，同时另一扶尺员在适当的位置（即前后视距大致相等）放置并踩实尺垫，作为转点 TP_1，然后在尺垫上竖立水准尺（前视尺），接着进行一测站的观测。仪器至前、后视尺的水平距离分别称为前视距和后视距，要求尽可能相等，但并不一定在一条直线上且不得超过 100 m。

① 第一测站的观测，操作步骤同一测站水准测量。

② 当第一测站的工作完成后，转点 TP_1 上水准尺不动，将尺面转向第二测站，作为第二测站的后视尺，仪器则移至第二测站处，A 点的水准尺移至转点 TP_2 上作为前视尺，同法进行第二测站的观测，依次进行直至终点 B。则 A，B 两点的高差为：

$$h_{AB}=\sum_{i=1}^{n}h_i$$

B 点的高程为：

$$H_B=H_A+h_{AB}$$

为了保证计算高差的正确性，必须按下式进行计算检核（注意：此检核只能检核高差计算的正确性，不能检核野外测量是否正确）：

$$\sum_{i=1}^{n}h_i=\sum_{i=1}^{n}a_i-\sum_{i=1}^{n}b_i$$

如表 2-4 中，$\sum a-\sum b=9440-7366=2074=\sum h$，这说明计算正确。

4. 测站检核

如图 2-2 所示，从一已知高程的水准点 A 出发，一般要用连续水准测量的方法，才能测算出另一待定水准点 B 的高程。在进行连续水准测量时，如果任何一测站的后视读数或前视读数有错误，都将影响所测高差的正确性。因此在每一测站的水准测量中，为了能及时发现观测中的错误，通常采用双仪器高法或双面尺法进行观测，以检核高差测量中可能发生的错误，这种检核称测站检核。

(1) 双仪器高法

在每一测站上，用两次不同仪器高度的水平视线（改变仪器高度应在 10 cm 以上）来测定相邻两点间的高差，理论上两次测得的高差应相等。如果两次高差观测值不相等，对图根水准测量，其差的绝对值应小于 6 mm，否则应重测。表 2-5 给出了一段水准路线用双仪器高法进行水准测量的记录格式，表中圆括弧内的数值为两次高差之差。

表 2-5　　水准测量记录（双仪器高法）

测站	点号	水准尺读数/mm		高差/m	平均高差/m	高程/m	备　注
		后 视	前 视				
1	BM. A	1134				56.020	
		1011					
	TP_1		1677	−0.543	(0.000)		
			1554	−0.543	−0.543		
2	TP_1	1444					
		1624					
	TP_2		1324	+0.120	(0.004)		
			1508	+0.116	+0.118		
3	TP_2	1822					
		1710					
	TP_3		0876	+0.946	(0.000)		
			0764	+0.946	+0.946		
4	TP_3	1820					
		1923					
	TP_4		1435	+0.385	(0.002)		
			1540	+0.383	+0.384		
5	TP_4	1422					
		1604					
	BM. B		1308	+0.114	(0.002)	57.040	
			1488	+0.116	+0.115		
计算检核	$\sum$	15.514	13.474	2.040	1.020		

(2) 双面尺法

用双面尺法进行水准测量就是同时读取每一把水准尺的黑面和红面分划读数，然后由前、后视尺的黑面读数计算出一个高差，前、后视尺的红面读数计算出另一个高差，以这两个高差之差是否小于某一限值来进行检核。由于在每一测站上仪器高度不变，这样可加快观测的速度。立尺点和水准仪的安置同双仪器高法。在每一测站上，仪器经过粗平后，其观测程序为：

① 瞄准后视点水准尺黑面分划→精平→读数；

② 瞄准前视点水准尺黑面分划→精平→读数；

③ 瞄准前视点水准尺红面分划→精平→读数；

④ 瞄准后视点水准尺红面分划→精平→读数。

其观测顺序简称为"后→前→前→后"，对于尺面分划来说，顺序为"黑→黑→红→红"。表 2-6 给出了一段水准路线用双面尺进行水准测量的记录、计算格式。

由于在一对双面水准尺中，两把尺子的红面零点注记分别为 4.687 m 和 4.787 m，零点差为 100 mm，所以在表 2-6 每站观测高差的计算中，当 4.787 m 水准尺位于后视点而4.687 m 水准尺位于前视点时，采用红面尺读数计算出的高差比采用黑面尺读数计算出的高差大 100 mm；当 4.687 m 水准尺位于后视点而 4.787 m 水准尺位于前视点时，采用红面尺读数计算出的高差比采用黑面尺读数计算出的高差小 100 mm。

表 2-6　　水准测量记录(双面尺法)

测站	点号	水准尺读数/mm		高差/m	平均高差/m	高程/m	备注
		后视	前视				
1	BM.A	1211				1000.000	
		5998					
	TP_1		0586	+0.625	(0.000)		
			5273	+0.725	+0.625		
2	TP_1	1554					
		6241					
	TP_2		0311				
			5079	+1.243	(+0.001)		
3	TP_2	0398		+1.144	+1.2435		
		5186					
	TP_3		1523	−1.125	(+0.001)		
			6210	−1.024	−1.1245		
4	TP_3	1708					
		6395					
	BM.B		0574	+1.134	(0.000)		
			5361	+1.034	+1.134	1001.878	
计算检核	$\sum$	28.691	24.935	+3.756	+1.878		

因此，每站高差计算中，要先将红面尺读数计算出的高差加或减 100 mm 后才能与黑面尺读数计算出的高差比较检核，合格后取平均。

5. 基本概念

① 测站：如图 2-1 所示，水准仪及水准标尺所摆设的位置称为测站，这种在测站所进行

的水准测量工作，称为测站观测。式(2-1)中的 h_{AB} 是一次测站观测的高差观测值。

② 水准路线：连续若干测站水准测量工作构成的高差观测路线，称为水准路线，如图 2-18 所示。

③ 后视：一测站中与水准路线前进方向相反的水平观测视线，称为后视。后视所瞄的尺子称为后视尺，从后视尺面上得到的观测数据称为后视读数，用 a 表示。

④ 前视：一测站中与水准路线前进方向相同的水平观测视线，称为前视。前视所瞄的尺子称为前视尺，从前视尺面上得到的观测数据称为前视读数，用 b 表示。

⑤ 视线高程：后视尺立尺点的高程与后视读数之和，称为水准仪的视线高程。

⑥ 视距：水准仪到立尺点的水平距离，称为视距。视距按视距测量方法测得。水准仪到后视尺的视距称后视距，水准仪到前视尺的视距称前视距。一测站视距长度指的是前后视距之和。

⑦ 水准点：用于水准测量而设有固定标志的高程基准点。如图 2-16、图 2-17 所示，在水准测量中通常的水准点是：(a) 已知水准点，即具有确切可靠高程值的水准点；(b) 未知水准点，即没有高程值的待测水准点。水准点固定标志通常固埋在混凝土桩顶面中心，这种混凝土桩称为水准标石。水准点设置在地面下，或露设地面，或设于建筑墙边。水准点的高程指的是固定标志顶面的高程。

⑧ 高程转点：水准测量的转点指的是具有高程传递作用的立尺点，如图 2-2 中的 TP_1、TP_2…是水准路线中各测站传递高程的转点，为临时点，目的是为测得 B 点的高程。在水准测量中，尺垫安置于所设转点位置上，标尺被扶立在尺垫的半球状体顶面上，尺垫应保证坚实稳固。

⑨ 测段：两个水准点之间构成的水准路线，称为测段。如图 2-2 中 A 到 B 经过若干个测站连成一个测段。

三、水准测量的内业成果计算

通过对外业原始记录、测站检核和高差计算数据的严格检查，并经水准线路的检核，外业测量成果已满足了有关规范的精度要求，但高差闭合差仍存在。所以，在计算各待求点高程时，必须首先按一定的原则把高差闭合差分配到各实测高差中去，确保经改正后的高差严格满足检核条件，最后用改正后的高差值计算各待求点高程。上述工作称为水准测量的内业。

高差闭合差的允许值视水准测量的精度等级而定。对于图根水准测量而言，高差闭合差的允许值 $f_{h允}$ 规定为：

$$\left.\begin{aligned} &\text{山地} \quad f_{h允}=\pm 12\sqrt{n}\ \text{mm} \\ &\text{平地} \quad f_{h允}=\pm 40\sqrt{L}\ \text{mm} \end{aligned}\right\} \tag{2-11}$$

式中　L——水准路线长度，以千米计；

n——测站数。

国家四等水准测量高差闭合差的允许值为：

$$\left.\begin{aligned} &\text{山地} \quad f_{h允}=\pm 6\sqrt{n}\ \text{mm} \\ &\text{平地} \quad f_{h允}=\pm 20\sqrt{L}\ \text{mm} \end{aligned}\right\} \tag{2-12}$$

(1) 闭合水准路线成果计算

图 2-19 是成果计算略图，图中观测数据是根据水准测量手簿整理而得，已知水准点 BM.A 得高程为 50.674 m，B、C、D 为待测水准点。列表 2-7 进行水准测量成果计算。

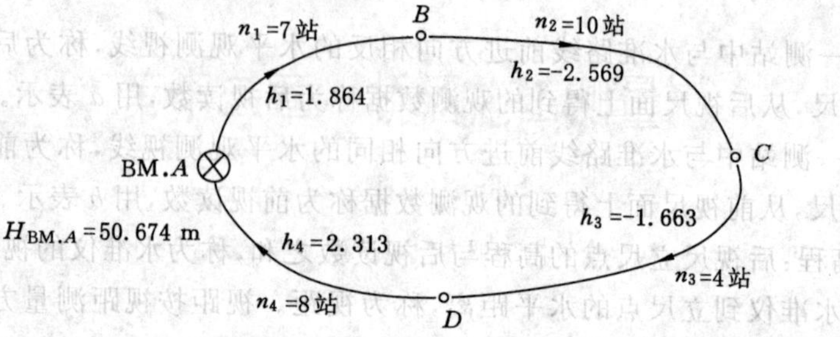

图 2-19　闭合水准路线计算

表 2-7　**闭合水准路线成果计算表**

点名	测站数	实测高差/m	改正数/mm	改正后高差/m	高程/m	点名	备注
BM.A					50.674	BM.A	已知点
	7	1.864	13	1.877			
B					52.551	B	
	10	−2.569	19	−2.550			
C					50.001	C	
	4	−1.663	8	−1.655			
D					48.346	D	
	8	2.313	15	2.328			
BM.A					50.674	BM.A	已知点
$\sum$	29	−0.055	55	0			
计算检核	$f_h=\sum h=-0.055$ mm $=-55$ mm $f_{h允}=\pm 12\sqrt{29}$ mm $=\pm 65$ mm $\vert f_h \vert<\vert f_{h允}\vert$，符合图根水准测量的要求						

① 填写已知数据和观测数据，按计算路线依次将点名、测站数、实测高差和已知高程填入计算表中。

② 计算高差闭合差及其允许值，按式(2-8)计算得：

$$f_h=\sum h_{测}=-0.055\ \text{m}=-55\ \text{mm}$$

按式(2-11)计算得：　　$f_{h允}\pm 12\sqrt{29}\ \text{mm}=\pm 65\ \text{mm}$

$|f_h|<|f_{h允}|$，满足规范要求，则可进行下一步计算，若超限，则需检查原因，甚至重测。

③ 高差闭合差调整：高差闭合差的调整是按边长或测站数成正比且反符号计算各测段的高差改正数，然后计算各测段的改正后高差。高差改正数的计算公式为：

$$v_i=-\frac{f_h}{n}\times n_i \quad 或 \quad v_i=-\frac{f_h}{L}\times L_i \tag{2-13}$$

式中　n——测站总数；

n_i——第 i 测段的测站数；

L——路线长度；

L_i——第 i 测段的路线长度。

例如，第一测段的高差改正数为：

$$v_1 = -\frac{-55}{29} \times 7\ \text{mm} = +13\ \text{mm}$$

其余测段的高差改正数按式(2-13)计算，并将其填入表中。然后将各段改正数求和，其总和应与闭合差绝对值大小相等，符号相反。各测段实测高差加相应的改正数即可得改正后高差，改正后高差的代数和应等于零。

④ 计算各点高程：从已知点(BM. A)高程开始，依次加各测段的改正后高差，即可得各待测点高程。最后推算出已知点的高程，若与已知点高程相等，则说明计算正确，计算完毕。

(2) 附合水准路线成果计算

附合水准路线的高差闭合差按式(2-9)计算，计算见表 2-8。

$$f_h = \sum h_{测} - (H_{终} - H_{始}) = 0.657 - (59.485 - 58.63) = 35\ \text{mm}$$

其计算步骤、闭合差的允许值及调整、各点的高程计算与闭合水准路线相同。如图 2-20为一附合水准路线成果计算略图，成果计算见表 2-8。

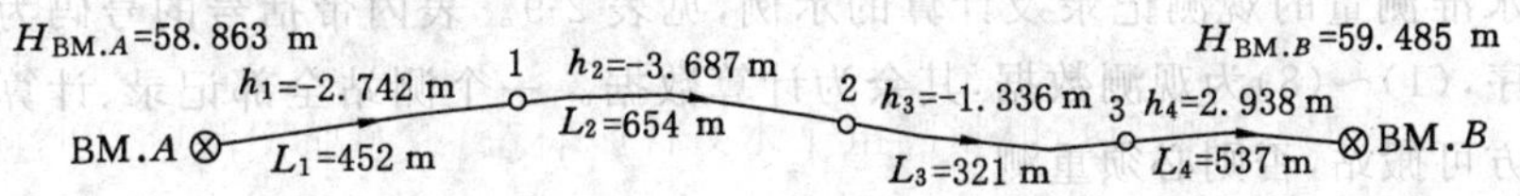

图 2-20 附合水准路线计算

表 2-8 附合水准路线成果计算表

点名	水准路线长度/m	实测高差/m	改正数 mm	改正后高差/m	高程/m	点名	备注
BM. A					58.836	BM. A	已知点
	452	2.742	−8	2.734			
1					61.597	1	
	654	−3.687	−12	−3.699			
2					57.898	2	
	321	−1.336	−6	−1.342			
3					56.556	3	
	537	2.938	−9	2.929			
BM. B					59.485	BM. B	
$\sum$	1964	0.657	−35	0.622			
计算检核	$f_h = \sum h_{测} - (H_{终} - H_{始}) = 0.657 - (59.485 - 58.863) = 35$ mm $f_{h允} = \pm 40\sqrt{1.964}$ mm $= \pm 56$ mm $\mid f_h \mid < \mid f_{h允} \mid$，符合图根水准测量的要求						

(3) 支水准路线成果计算

首先按式(2-10)和式(2-11)计算高差闭合差和允许值。若满足要求，则取各测段往返测高差的平均值(符号以往测为准)作为该测段的观测结果，然后依次计算各点高程。

第四节　三、四等水准测量

国家三、四等水准测量的精度要求较普通水准测量的精度高，其技术指标见表 2-2、表 2-3。四等水准测量的水准尺，通常采用木质的两面有分划的红黑面双面标尺，表 2-3 中的黑红面读数差，即指一根标尺的两面读数去掉常数之后所允许的差数。

一、观测程序

三、四等水准测量在一测站上水准仪照准双面水准标尺的观测顺序为：

① 照准后视标尺黑面，按下、上、中丝读数；

② 照准前视标尺黑面，按中、下、上丝读数；

③ 照准前视标尺红面，按中丝读数；

④ 照准后视标尺红面，按中丝读数。

这样的顺序简称为“后→前→前→后”或“黑→黑→红→红”。

四等水准测量每站观测顺序也可为“后→后→前→前”或“黑→红→黑→红”。

无论何种顺序，视距丝和中丝的读数均应在水准管气泡居中时读取。

四等水准测量的观测记录及计算的示例，见表 2-9。表内带括号的号码为观测读数和计算的顺序，(1)～(8)为观测数据，其余为计算数据。一个测站全部记录、计算与校核完成并合格后方可搬站，否则必须重测。

表 2-9　　三、四等水准测量观测手簿

测站编号	后尺 下丝 / 上丝	前尺 下丝 / 上丝	方向及尺号	标尺读数		K＋黑－红	高差中数	备注
	后视距 / 视距差 d	前视距 / $\sum d$		黑面	红面			
	(1)	(5)	后	(3)	(8)	(10)		
	(2)	(6)	前	(4)	(7)	(9)		
	(12)	(13)	后－前	(16)	(17)	(11)		
	(14)	(15)						
1	1914	2055	后 5	1726	6513	0		
	1539	1678	前 6	1866	6554	－1		
	375	377	后－前	－0140	－0041	＋1	－0140.5	
	－0.2	－0.2						
2	2121	2196	后 6	1934	6621	0		
	1747	1821	前 5	2008	6796	－1		
	374	375	后－前	－0074	－0175	＋1	－0074.5	
	－0.1	－0.3						

二、测站的计算与校核

(1)视距部分：(12)＝{(1)－(2)}×100；(13)＝{(5)－(6)}×100

$$(14)=(12)-(13);(15)=\text{本站的}(14)+\text{前站的}(15)$$

(12)为后视距离，(13)为前视距离，(14)为前后视距离差，(15)为前后视距累积差。

(2)高差部分：$(9)=(4)+K-(7)$；$(10)=(3)+K-(8)$；$(11)=(10)-(9)$

(10)及(9)分别为后、前视标尺的黑红面读数之差，(11)为黑红面所测高差之差。K 为后、前视标尺所对应的尺常数；表 2-9 的示例中，5 号尺之 $K=4787$，6 号尺之 $K=4687$。

$(16)=(3)-(4)$；$(17)=(8)-(7)$

(16)为黑面所算得的高差，(17)为红面所算得的高差。由于两根尺子红黑面零点差不同，所以(16)并不等于(17)[表 2-9 的示例(16)与(17)应相差 100]，在此(11)可作一次检核计算，即：$(11)=(16)\pm 100-(17)$

(3) 观测结束后的计算校核：

$$\sum(3)-\sum(4)=\sum(16)=\sum h_{黑}$$

$$\sum\{(3)+K\}-\sum(8)=\sum(10)$$

高差部分：

$$\sum(8)-\sum(7)=\sum(17)=\sum h_{红}$$

$$\sum\{(4)+K\}-\sum(7)=\sum(9)$$

$$h_{中}=\frac{1}{2}(h_{黑}+h_{红})$$

$h_{黑}$、$h_{红}$ 分别为一测站黑面、红面所得高差；$h_{中}$ 为高差中数。

视距部分：末站(15)$\sum(12)-\sum(13)$；总视距 $=\sum(12)+\sum(13)$

若测站上有关观测限差超限，在本站检查发现后可立即重测。若迁站后才检查发现，则应从水准点或间歇点起，重新观测。

第五节　自动安平水准仪与精密水准仪

一、自动安平水准仪

使用由水准管气泡居中来实现视线水平的水准仪，每次读数前都要调节微倾螺旋，使符合气泡吻合，这样就会影响水准测量的作业速度。此外，由于观测时间长，外界条件的变化，如温度、尺垫和仪器的下沉等，会影响测量成果的精度。人们在长期的工作实践中，根据光的折、反射定律和物体受重力作用的平衡原理，创造出一种新的安平部件——补偿器，来取代古老的水准器。这种补偿器安装在望远镜中，能使视准轴快速、准确、可靠、自动地处于水平位置。因此，现代各等级的水准仪，大多数采用自动安平补偿器。

(1) 自动安平原理

如图 2-21 所示，当视准轴水平时，十字丝交点位于 Z_0 处，在尺上的读数为 a_0。当视准轴倾斜一个小角度 α 时，十字丝交点由 Z_0 转至 Z 处，其位移量 $ZZ_0=f\cdot\alpha$，在尺上的读数为 a，显然不是水准测量所需要的读数。为了在视准轴倾斜时，仍能读得视线水平时的读数，可在望远镜成像光路中安装一个光学补偿器，使水平视线经过补偿器偏转一个小角度 β 后，恰好通过十字丝交点，从而达到了自动安平的目的。这时，$s\cdot\beta=Z_0Z$，因此，补偿器应满足的条件是：

$$f \cdot \alpha = s \cdot \beta \tag{2-14}$$

式中，f 为物镜等效焦距；s 为补偿器到十字丝交点的距离。

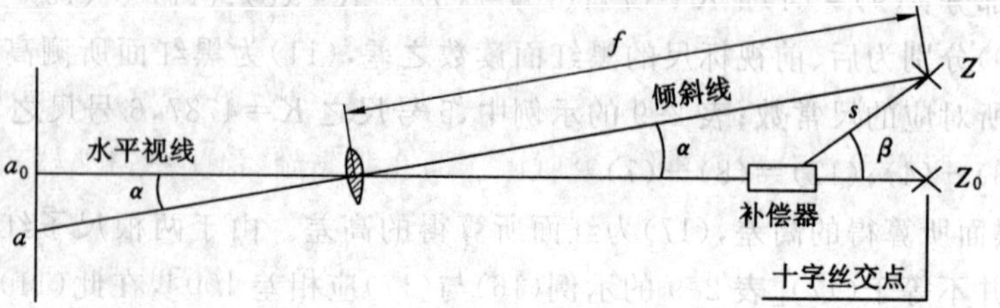

图 2-21　自动安平原理

（2）自动安平补偿器

自动安平补偿器的种类较多，按补偿器的活动部件可分为吊丝式、簧片式、液体式等，其中以吊丝式精度较高且稳定，故应用广泛。吊丝式补偿器是采用悬吊光学零件（如棱镜组）的方法，借助于重力作用实现自动安平补偿的目的。

图 2-22(a)所示是我国生产的 DSZ_3 自动安平水准仪，采用的是悬吊式补偿器。补偿器安装在调焦透镜与十字丝分划板之间，其构造如图 2-22(b)所示。屋脊棱镜固定在补偿器支架上，支架通过固紧螺丝与望远镜镜筒相连；起补偿作用的两个直角棱镜，通过两对交叉金属丝悬吊在支架上，可在一定的范围内摆动。在其下方设有空气阻力器，作用是让摆动的补偿棱镜迅速地稳定下来。

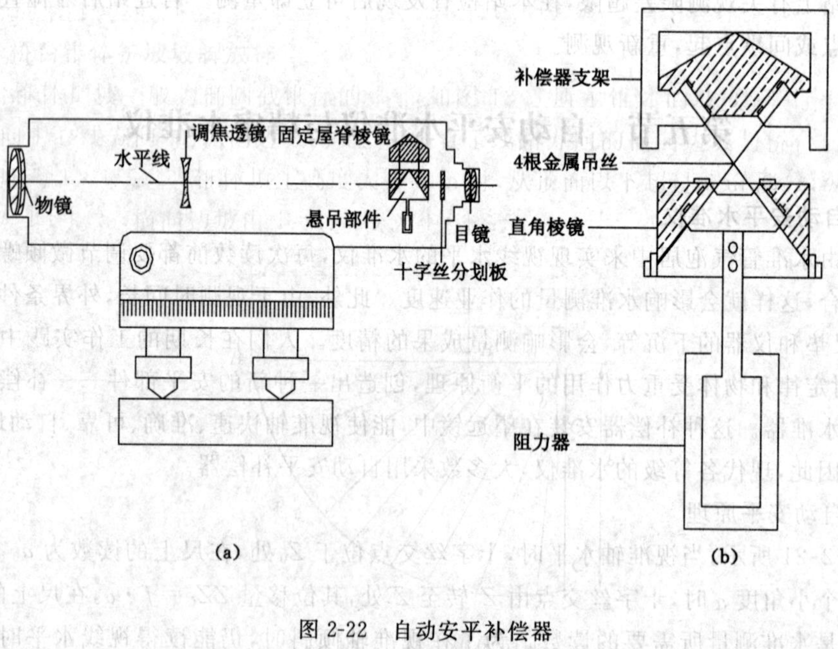

图 2-22　自动安平补偿器

(a) 自动安平水准仪；(b) 补偿器

如图 2-23 所示，当望远镜倾斜一个小角度 α 时，十字丝和屋脊棱镜随之倾斜。而悬吊的补偿棱镜在重力的作用下，与望远镜作相反的偏转，其偏转角为 α。根据光的全反射定律（图 2-24）可知，在入射光线的方向不变时，若反射面偏转一个角，则反射光线偏转 2α 角。因此，水平视线经过第一个直角棱镜反射后，产生 2α 角的偏转。再经过屋脊棱镜的三次反射，使目标影像变为正像。最后经过第二个直角棱镜反射后，水平视线的总偏转角为 $\beta=4\alpha$。要使偏转后的水平视线恰好通过十字丝的交点，则必须满足补偿器自动安平的条件。即将 $\beta=4\alpha$ 代入式(2-14)得：

$$s=\frac{f}{4} \tag{2-15}$$

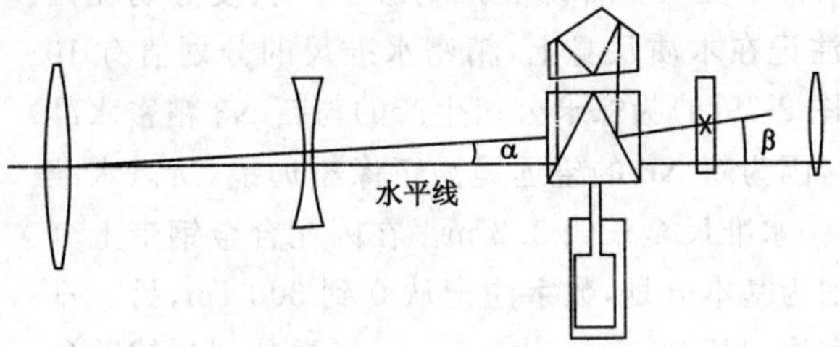

图 2-23　补偿过程图

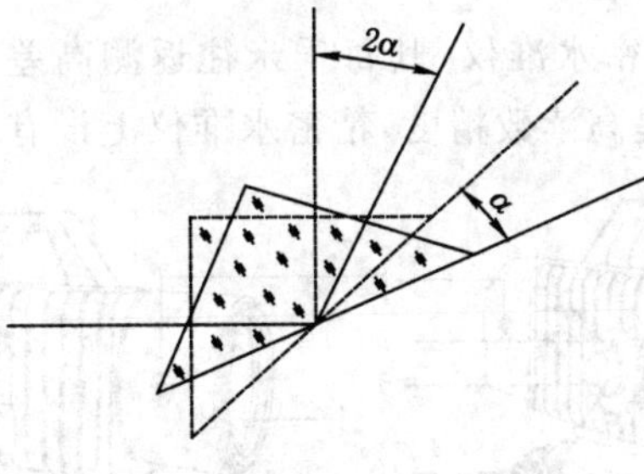

图 2-24　全反射定律

自动安平水准仪的使用步骤为：安置仪器→粗略整平→瞄准水准尺→读数。

二、精密水准仪和精密水准尺

精密水准仪主要用于国家一、二等水准测量和高精度的工程测量中，例如建构筑物的沉降观测、大型桥梁工程的施工测量和大型精密设备安装的水平基准测量等。

1. 精密水准仪的特点

与 DS_3 普通水准仪比较，精密水准仪的特点如下：

① 望远镜的放大倍数大，分辨率高，如规范要求 DS_1 不小于 38 倍，DS_{05} 不小于 40 倍。

② 管水准器分划值为 10″/2 mm，自动安平式水准仪的补偿器安平精度可达到0.3″，精平精度高。

③ 望远镜的物镜有效孔径大，亮度好。

④ 望远镜外表材料一般采用受温度变化小的因瓦合金钢，以减小环境温度变化的

影响。

⑤ 采用平板玻璃测微器读数，可直接读取水准尺一个分格(1 cm或 0.5 cm)的$\frac{1}{100}$单位(0.1 mm 或 0.05 mm)，读数误差小。

⑥ 配备精密水准尺。

2. 精密水准尺(因瓦水准尺)

精密水准尺是在木质尺身的凹槽内引张一根因瓦合金钢带，其中零点端固定在尺身上，另一端用弹簧以一定的拉力将其引张在尺身上，以使因瓦合金钢带不受尺身伸缩变形的影响。长度分划在因瓦合金钢带上，数字注记在木质尺身上，精密水准尺的分划值有 10 mm 和 5 mm 两种。图 2-25(a)为徕卡公司生产的与新 N3 精密水准仪配套的精密水准尺，因为新 N3 的望远镜为正像望远镜，所以水准尺上的注记是正立的。水准尺全长约 3.2 m。在因瓦合金钢带上刻有两排分划，一排分划为基本分划，数字注记从 0 到 300 cm，另一排分划为辅助分划，数字注记从 300 cm 到 600 cm，基本分划与辅助分划的零点相差一个常数 301.55 cm，称为基辅差或尺常数。水准测量作业时，用以检查读数是否存在粗差。

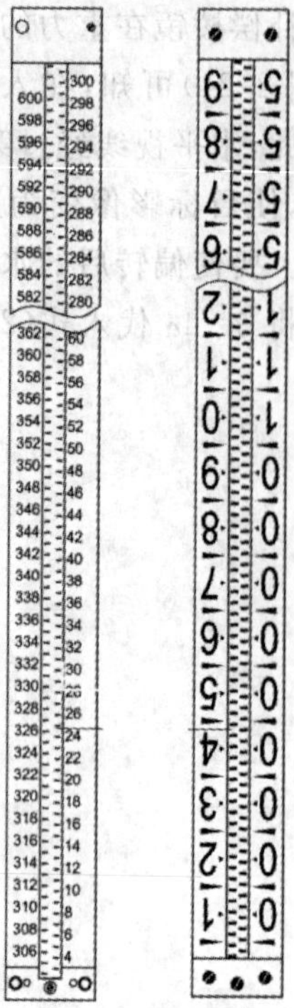

(a)　　(b)

图 2-25　精密水准尺

3. 精密水准仪及其读数原理

图 2-26 是新 N3 微倾式精密水准仪，其每千米往返测高差中数的中误差为±0.3 mm。为了提高读数精度，精密水准仪上设有平行

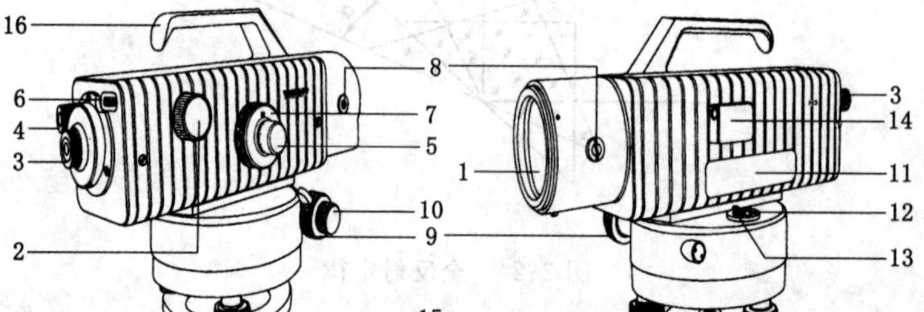

图 2-26　徕卡新 N3 精密水准仪

1——物镜；2——物镜调焦螺旋；3——目镜；4——测微与管水准气泡观察窗；5——微倾螺旋；6——微倾螺旋行程指示器；7——平行玻璃板测微螺旋；8——平行玻璃板旋转轴；9——制动螺旋；10——微动螺旋；11——管水准器照明窗口；12——圆水准器；13——圆水准器校正螺丝；14——圆水准器观察装置；15——脚螺旋；16——手柄

玻璃板测微器，N3 的平行玻璃板测微器的结构见图 2-27 所示。它由平行玻璃板、测微尺、传动杆和测微螺旋等构件组成。平行玻璃板安装在物镜前，它与测微尺之间用带有齿条的传动杆连接，当旋转测微螺旋时，传动杆带动平行玻璃板绕其旋转轴作俯仰倾斜。视线经过倾斜的平行玻璃板时，产生上下平行移动，可以使原来并不对准尺上某一分划的视线能够精确对准某一分划，从而读到一个整分划读数(图 2-28 中的 148 cm 分划)，而视线在尺上的平行移动量则由测微尺记录下来，测微尺的读数通过光路成像在测微尺读数窗内。

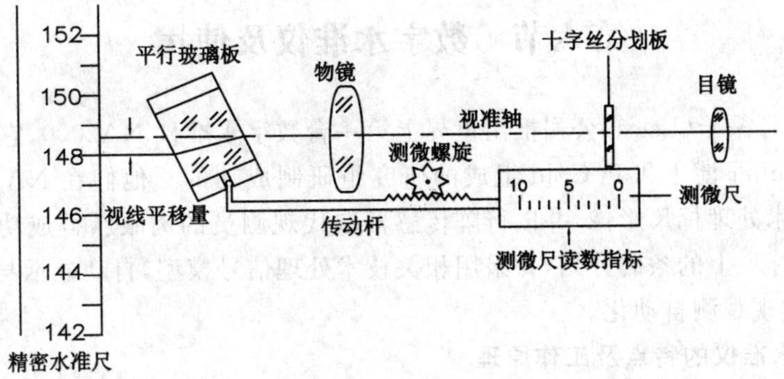

图 2-27 N3 的平行玻璃板测微器结构

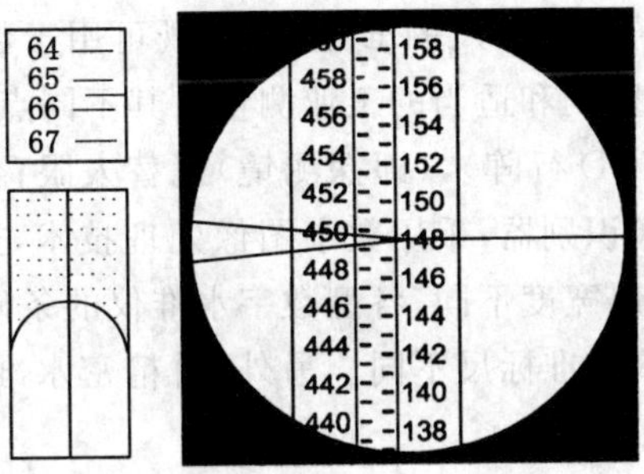

图 2-28 精密水准仪读数视场

旋转 N3 的平行玻璃板，可以产生的最大视线平移量为 10 mm，它对应测微尺的 100 个分格，因此测微尺上 1 个分格等于 0.1 mm，如在测微尺上估读到 0.1 分格，则可以估读到 0.01 mm。将标尺上的读数加上测微尺上的读数，就等于标尺的实际读数。如图 2-28 的读数为 148＋0.655＝148.655 cm＝1.486 55 m。

图 2-25(b)是与国产 DS_1 精密水准仪配套的精密水准尺，其分划值为 0.5 cm，只有基本分划而无辅助分划。左边一排分划为奇数值，右边一排分划为偶数值；右边注记为米(m)数，左边注记为分米(dm)数；小三角形表示半分米(dm)数，长三角形表示分米起始线。因该尺 1 cm 分划的实际间隔仅为 5 mm，所以尺面注记值为实际长度的两倍，故用此水准尺观测的高差需除以 2 才等于实际高差值，其读数原理与 N3 相同。

4. 精密水准仪的使用

精密水准仪的使用方法与一般水准仪基本相同，其操作同样分为 4 个步骤，即：粗略整平→瞄准标尺→精确整平→读数。不同之处是需用光学测微器测出不足一个分划的数值，即在仪器精确整平(旋转微倾螺旋，使目镜视场左面符合水准气泡的两个半像吻合)后，十字丝横丝往往不恰好对准水准尺上某一整分划线，此时需要转动测微轮使视线上、下平移，让十字丝的楔形丝正好夹住一条整分划线(仅能夹住一条)，然后读数。

第六节　数字水准仪及使用

1990年3月徕卡(Leica)公司推出世界上第一台数字水准仪NA2000,它是由Gachter, Braunecker,Muller博士和P. Gold组成的研究组研制成功的。他们在NA2000上首次采用数字图像技术处理标尺影像,并以行阵传感器取代观测员的肉眼获得成功。这种传感器可以识别水准标尺上的条码分划,并采用相关技术处理信号模型,自动显示与记录标尺读数和视距,从而实现观测自动化。

一、数字水准仪的特点及工作原理

1. 数字水准仪的特点

数字水准仪和传统水准仪相比较,其相同点是:数字水准仪具有与传统水准仪基本相同的光学、机械和补偿器结构;光学系统也是沿用光学水准仪的;水准标尺一面具有用于电子读数的条码,另一面具有传统水准标尺的E型分划;既可用于数字水准测量,也可用于传统水准测量、摩托化测量、形变监测和适当的工业测量。其不同点是:传统水准仪用人眼观测,数字水准仪用光电传感器(CCD行阵),(即探测镜)代替人眼;数字水准仪与其相应条码水准标尺配用,仪器内装有图像识别器;采用数字图像处理技术,这些都是传统水准仪所没有的。同一根编码标尺上的条码宽度不同,各型数字水准仪的条码尺有自己的编码规律,但均含有黑白两种条块,这与传统水准标尺不同。另外,对精密水准仪而言,传统的利用测微器读数,而数字水准仪没有测微器。

2. 数字水准仪的基本原理

水准标尺上宽度不同的条码通过望远镜成像到像平面上的CCD传感器上,CCD传感器将黑白相间的条码图像转换成模拟视频信号,再经仪器内部的数字图像处理,可获得望远镜中丝在条码标尺上的读数。此数据一方面显示在屏幕上,另一方面可存储在仪器内的存储器中。数字水准测量目前有三种测量原理,即相关法、几何法、相位法,下面以NA2000数字水准仪为例介绍相关法。

数字水准仪NA2000利用电子工程学原理自动进行观测、信息处理和获取并自动记录每一个观测值,它是世界上第一台数字水准仪。使用时,作业员只要粗略整平仪器,将望远镜对准标尺和调焦,然后按一下有关按键,仪器就能自动地精确测定视距和水平标尺读数。

数字水准仪NA2000具有与传统水准仪基本相同的光学和机械结构,实际上就是采用Wild NA24自动安平水准仪的光学机械部分(图2-29),与数字水准仪配套的水准标尺一面具有用于电子读数的条码尺,另一面复制有用于目视观测的常规E型分划线,如图2-30示。

在数字水准仪中,标尺条码的像经光学系统成像在仪器的行阵探测器上。长约6.5 mm的行阵探测器是由256个间距为25 μm的光敏二极管(像素)组成。光敏二极管的口径为25 μm,由于Wild NA24的视场角约为2°,因此在1.8 m的最短视距上,标尺截距有70 mm;视距为100 m时,标尺截距有3.5 m成像到行阵探测器上,行阵探测器将接收到的图像转换成模拟视频信号,读数电子部件将视频信号进行放大和数字化。电子水准仪的数值处理是以相关技术为基础,将仪器内存的“已知”代码(参考信号)与行阵探测器上的成像所

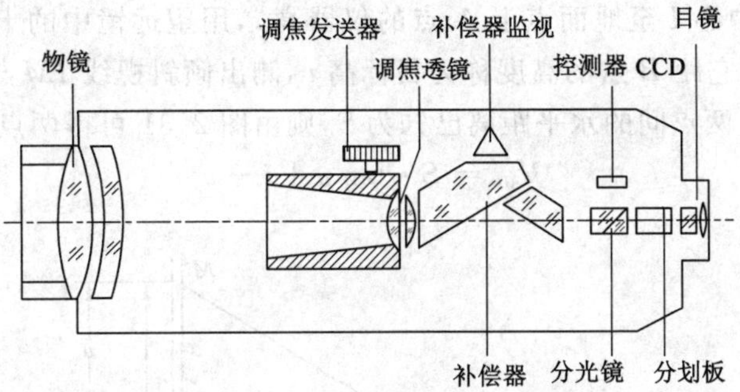

图 2-29　电子水准仪的光学机械部分

构成的信号(测量信号)按相关方法进行比较,直至两个信号最佳符合,由此获得标尺读数和视距。

图 2-30　条码尺

目前,数字水准仪一般都带有随机水准测量软件,如 NA2002 和 NA3003 随机附徕卡水准测量软件 LevelPak,这是基于 Windows 的水准测量及平差计算、高程数据管理软件。LevelPak 软件含有数字水准仪的数据传输模块,具有如下功能:点位和高程管理、平差计算、报表输出、导入观测文件与高程、手工输入观测数据、水准数据检验、上载数据以供放样、数据传输等。

二、数字水准仪的使用方法

数字水准仪的使用方法与一般水准测量大体相似,也包括以下几步:

① 安置仪器;

② 粗略整平;

③ 瞄准目标;

④ 观测。

值得一提的是,第四步只需按一下测量键即可,我们便可从数字水准仪的显示屏上看到读数。

第七节　三角高程测量

用水准测量的方法测定点与点之间的高差,即可由已知高程点求得另一点的高程。应用这种方法求地面点的高程其精度较高,普遍用于建立高程控制点的高程。对于地面高低起伏较大地区,用这种方法测定地面点的高程进程缓慢,有的甚至非常困难。这时在地面高低起伏较大或不便于水准测量的地区,常采用三角高程测量方法测量高程。三角高程测量的基本思想是根据由测站点向照准点所观测的竖角(或天顶距)和它们之间的水平距离,计算测站点与照准点之间的高差。这种方法简便灵活,受地形条件的限制较少。

一、三角高程测量原理

如图 2-31 所示,在地面上 A、B 两点间测定高差 h_{AB},A 点安置仪器,在 B 点竖立标尺。

量取望远镜旋转轴中心 I 至地面点上 A 点的仪器高 i，用望远镜中的十字丝的横丝照准 B 点标尺上的一点 M，它距 B 点的高度称为目标高 v，测出倾斜视线 IM 与水平视线 IN 间所夹的竖角 α，若 A、B 两点间的水平距离已知为 S，则由图 2-31 可得两点间高差 h_{AB} 为：

$$h_{AB} = S \cdot \tan\alpha + i - v \tag{2-16}$$

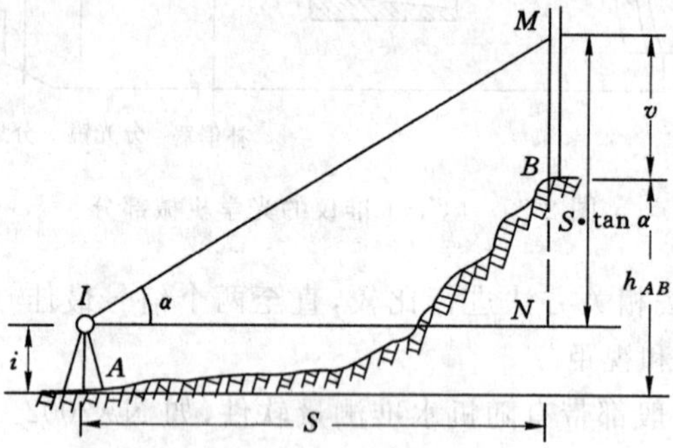

图 2-31　三角高程测量原理

若 A 点的高程已知为 H_A，则 B 点高程为：

$$H_B = H_A + h_{AB} = H_A + S \cdot \tan\alpha + i - v \tag{2-17}$$

具体应用上式时要注意竖角的正负号，当 α 为仰角时取正号，相应的 $S \cdot \tan\alpha$ 也为正值；当 α 为俯角时取负号，相应的 $S \cdot \tan\alpha$ 也为负值。

若在 A 点安置全站仪(或经纬仪＋光电测距仪)，在 B 点安置棱镜，并分别量取仪器高 i 和棱镜高 v，测得两点间斜距 D 与竖角 α 以计算两点间的高差，称为光电测距三角高程测量。A、B 两点间的高差可按下式计算：

$$h_{AB} = D \cdot \sin\alpha + i - v \tag{2-18}$$

凡仪器设置在已知高程点，观测该点与未知高程点之间的高差称为直觇；反之，仪器设在未知高程点，测定该点与已知高程点之间的高差称为反觇。

二、三角高程测量基本公式

在上述三角高程测量的计算中，没有考虑地球曲率与大气折光对所测高差的影响，在 A、B 两点相距较远时，则必须顾及地球曲率和大气折光的影响，二者对高差的影响称为球气差。由于空气密度随着所在位置的高程而变化，越到高空其密度越稀，当光线通过由下而上密度均匀变化着的大气层时，光线产生折射，形成一凹向地面的连续曲线，这称为大气折射(亦称大气折光)。

如图 2-32 所示，设 S_0 为 A、B 两点间的实测水平距离。仪器置于 A 点，仪器高度为 i。B 为照准点，觇标高度为 v，R 为参考椭球面上$\overset{\frown}{A'B'}$的曲率半径。$\overset{\frown}{PE}$、$\overset{\frown}{AF}$分别为过 P 点和 A 点的水准面。$\overline{PC}$是$\overset{\frown}{PE}$在 P 点的切线，$\overset{\frown}{PN}$为光程曲线。当位于 P 点的望远镜指向与$\overset{\frown}{PN}$相切的 PM 方向时，由于大气折光的影响，由 N 点出射的光线正好落在望远镜的横丝上。这就是说，仪器置于 A 点测得 P 与 N 间的垂直角为 α。

由图 2-32 可明显地看出，A、B 两点间的高差为：

$$h_{AB} = BF = MC + CE + EF - MN - NB \tag{2-19}$$

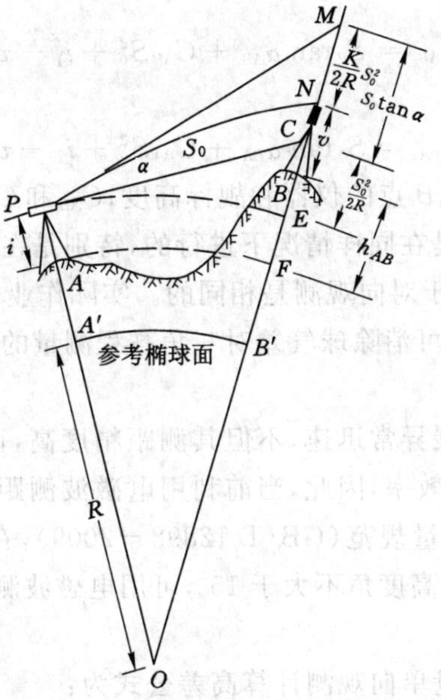

图 2-32　地球曲率和大气折光的影响

式中，EF 为仪器高 i；NB 为照准点的觇标高度 v；而 CE 和 MN 为地球曲率和大气折光的影响，可表示为：

$$CE=\frac{1}{2R}S_0^2\quad MN=\frac{1}{2R'}S_0^2$$

式中，R' 为光程曲线 $\widehat{PN}$ 在 N 点的曲率半径。设 $\frac{R}{R'}=K$，则：

$$MN=\frac{K}{2R}S_0^2$$

式中，K 称为大气垂直折光系数。

由于 A、B 两点之间的水平距离 S_0 与曲率半径 R 之比值很小（当 $S_0=10$ km 时，S_0 所对的圆心角仅 5′多），故可认为 PC 近似垂直于 OM，即认为 $\angle PCM\approx 90°$，这样 $\triangle PCM$ 可视为直角三角形。则式(2-19)中的 MC 为：

$$MC=S_0\tan\alpha$$

将各项代入式(2-19)，则 A、B 两地面点的高差为：

$$h_{AB}=S_0\tan\alpha+\frac{1}{2R}S_0^2+i-\frac{K}{2R}S_0^2-v=S_0\tan\alpha+\frac{1-K}{2R}S_0^2+i-v$$

令式中 $\frac{1-K}{2R}=C$（C 一般称为球气差系数），则上式可写成：

$$h_{AB}=S_0\tan\alpha+CS_0^2+i-v \tag{2-20}$$

式(2-20)就是单向观测计算高差的基本公式。式中，竖角 α、仪器高 i 和觇标高或棱镜高 v，均可由外业观测得到，S_0 为水平距离。

一般要求三角高程测量进行对向观测，也就是在测站 A 上向 B 点观测竖角 α_{AB}，而在测站 B 上也向 A 点观测竖角 α_{BA}。按式(2-20)有下列两个计算高差的式子：

由测站 A 观测 B 点：

$$h_{AB} = S_0 \tan \alpha_{AB} + C_{AB} S_0^2 + i_1 - v_2$$

则测站 B 观测 A 点：

$$h_{BA} = S_0 \tan \alpha_{BA} + C_{BA} S_0^2 + i_2 - v_1$$

式中 i_1、v_1 和 i_2、v_2 分别为 A、B 点的仪器和觇标高度；C_{AB} 和 C_{BA} 为由 A 观测 B 和 B 观测 A 时的球气差系数。如果观测是在同样情况下进行的，特别是在同一时间作对向观测，则可以近似地假定折光系数 K 值对于对向观测是相同的。实际作业中，常按对向观测的单向观测高差取平均值进行计算，这样可消除球气差对三角高程测量的影响，并同时求得往返观测的闭合差，以检核观测的精度。

由于电磁波测距仪的发展异常迅速，不但其测距精度高，而且使用十分方便，可以同时测定边长和竖角，提高了作业效率，因此，当前利用电磁波测距仪作三角高程测量已相当普遍。根据国家三、四等水准测量规范（GB/T 12898－2009），在山岳地带以及沼泽、水网地区，测量距离不大于 1 000 m，高度角不大于 15°，可用电磁波测距三角高程测量进行四等水准测量。

电磁波测距三角高程测量单向观测计算高差公式为：

$$h = D\sin \alpha + (1-K)\frac{D^2}{2R}\cos^2 \alpha + i - v \tag{2-21}$$

式中，h 为测站与测镜之间的高差；α 为竖角；D 为经气象改正后的斜距；K 为大气折光系数；i 为经纬仪水平轴到地面点的高度；v 为反光镜瞄准中心到地面点的高度。

随着高精度全站仪的出现，使竖角和测距的精度有显著的提高，采用对向观测，则可大大削弱大气折光影响。因此，利用高精度全站仪作三角高程测量有很好的应用前景。

三、三角高程测量计算

三角高程测量一般是在平面控制网的基础上布设，分为独立交会高程点、附合或闭合三角高程路线和三角高程网，用于测定平面控制点的高程，其高程计算方法与相应的水准网的计算方法基本相同，所不同的是其定权方法不同。

三角高程单向观测边的高差的权为：

$$P = \frac{C}{2S^2}$$

而双向观测边的高差的权为：

$$P = \frac{C}{S^2}$$

式中，S 为边长，以千米为单位；C 为常数。

思考题与习题

1. 何谓视准轴？何谓管水准器轴？
2. 水准仪上有哪几条轴线？各轴线间应满足什么条件？
3. 水准测量时为什么要求前、后视距相等？
4. 何谓高差？何谓视线高程？前视读数和后视读数与高差、视线高程各有什么关系？
5. 水准测量中测站检核的作用是什么？有哪几种方法？

6. 与普通水准仪比较，精密水准仪有何特点？

7. 设 A 点为后视点，B 点为前视点，已知 A 点高程为 67.563 m。当后视读数为 0876，前视读数为 1456 时，问 A、B 两点的高差是多少？B 点的高程是多少？请绘图说明。

8. 将图 2-33 中的观测数据填入水准测量手簿，并进行必要的计算和计算检核。

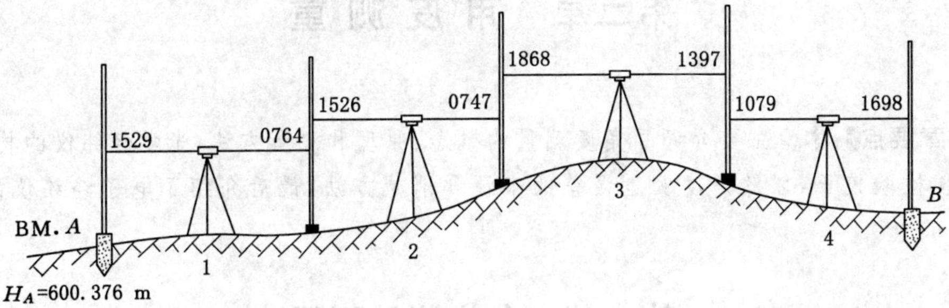

图 2-33　题 8 图

第三章 角度测量

【本章要点】：本章主要介绍了角度测量的概念、原理和测量方法，光学经纬仪的构造、使用方法和检验校正，以及角度测量误差的来源和消减方法，最后介绍了电子经纬仪的测量方法。

第一节 角度测量原理

角度测量包括水平角测量和竖直角测量。

一、水平角测量原理

水平角是指地面上一点到两个目标点的方向线垂直投影到水平面上的夹角，也是过两条方向线的铅垂面所夹的二面角。如图 3-1 所示，A、B、C 为地面上三点，过 BA、BC 直线的铅垂面在水平面上的交线 B_1A_1、B_1C_1 所夹的角度 β，就是 BA 和 BC 两方向之间的水平角。

若在过 B 点的铅垂线上，水平地安置一个有角度刻划的圆盘，称为水平度盘（一般水平度盘是顺时针刻划），度盘中心在 O 点，过 BA 和 BC 的铅垂面与水平度盘相交，在水平度盘上读数为 a、c。则水平角为：

$$\beta = c - a \tag{3-1}$$

由水平角概念可知，水平角取值为 0°～360°。

二、竖直角测量原理

竖直角是指在同一铅垂面内，某一方向线与水平线的夹角，测量上又称为高度角或竖角，用 α 表示。如图 3-2 所示，视线在水平线之上为仰角，角值为正；视线在水平线之下为俯角，角值为负。竖直角取值为 0°～±90°。

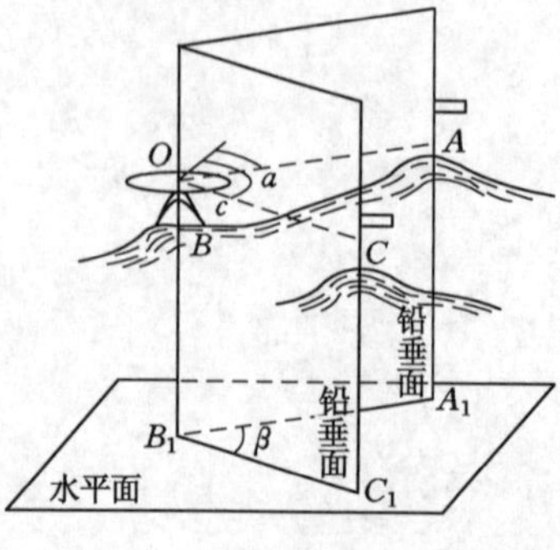

图 3-1 水平角测量原理

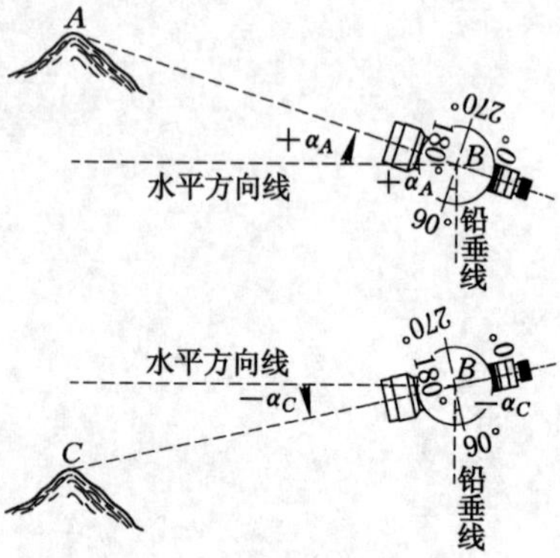

图 3-2 竖直角测量原理

如果在过 B 点的铅垂面上，安置一个有角度刻划的垂直度盘，并令其中心过 B 点，这个度盘称为竖直度盘。由此可见，竖直角也是两个方向在度盘上的读数之差，与水平角不同的是，其中有一个是水平方向。经纬仪设计时，一般使视线水平时的竖盘读数为 90°或 270°，这样，测量竖直角时，只要瞄准目标，读出竖盘读数并减去仪器视线水平时的竖盘读数就可以计算出视线方向的竖直角。

第二节 光学经纬仪

根据角度测量原理，能同时完成水平角和竖直角测量的仪器称为经纬仪。经纬仪按不同测角精度又分成多种等级，如 DJ_1、DJ_2、DJ_6、DJ_{10} 等，见表 3-1。"D"和"J"分别为"大地测量"和"经纬仪"的汉语拼音第一个拼音字母，后面的数字代表该等级仪器的测量精度。如 DJ_6 表示一测回方向观测中误差不超过±6″。不同厂家生产的经纬仪其构造有区别，但是基本原理一样。

表 3-1 光学经纬仪系列技术参数

光学经纬仪系列型号		DJ_{07}	DJ_1	DJ_2	DJ_6
一测回水平方向中误差不大于/(″)		±0.7	±1	±2	±6
望远镜	物镜有效孔径不小于/mm	65	60	40	40
	放大倍数	45	30	28	20
水准管分划值	照准部水准管(″/2 mm)	4	6	20	30
	圆水准器/(′)	8	8	8	8
主要用途		国家一等平面控制测量	国家二等平面控制测量、精密工程测量	三、四等平面控制测量、一般工程测量	图根控制测量、一般工程测量

一、DJ_6 级光学经纬仪

DJ_6 级光学经纬仪适用于各种比例尺的地形图测绘和工程施工放样。图 3-3 是我国北京光学仪器厂生产的 DJ_6 级光学经纬仪。

1. DJ_6 级光学经纬仪的结构

DJ_6 级光学经纬仪主要由基座、照准部、度盘三部分组成，见图 3-4 所示。

基座上有三个脚螺旋，一个圆水准气泡，用来粗平仪器。水平度盘旋转轴套套在竖轴轴套外围，拧紧轴套固定螺旋，可将仪器固定在基座上；旋松该螺旋，可将经纬仪照准部从基座中拔出，以便置换觇牌。平时要注意将该螺旋拧紧。

水平度盘是一个圆环形的光学玻璃盘片，盘片边缘刻划并按顺时针注记有 0°～360°的角度数值。

照准部是指水平度盘之上，能绕其旋转轴旋转的部件，它包括竖轴、U 形支架、望远镜、横轴、竖直度盘、管水准器、竖盘指标管水准器和读数装置等。照准部的旋转轴称为仪器竖轴，竖轴插入基座内的竖轴轴套中旋转；照准部在水平方向的转动，由水平制动、水平微动螺旋控制；望远镜在纵向的转动，由望远镜制动、望远镜微动螺旋控制；竖盘指标管水准器的微

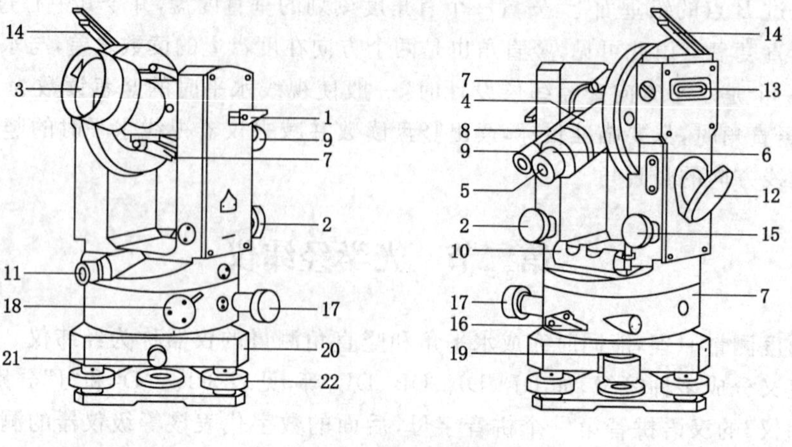

图 3-3 DJ_6 型光学经纬仪

1——望远镜制动螺旋；2——望远镜微动螺旋；3——物镜；4——物镜调焦螺旋；5——目镜；
6——目镜调焦螺旋；7——光学瞄准器；8——度盘读数显微镜；9——度盘读数显微镜调焦螺旋；
10——照准部管水准器；11——光学对中器；12——度盘照明反光镜；13——竖盘指标管水准器；
14——竖盘指标管水准器观察反射镜；15——竖盘指标管水准器微动螺旋；16——水平方向制动螺旋；
17——水平方向微动螺旋；18——水平度盘变换螺旋与保护卡；19——基座圆水准器；
20——基座；21——轴套固定螺旋；22——脚螺旋

倾运动由竖盘指标管水准器微动螺旋控制；照准部上的管水准器，用于精平仪器。

在水平角测角过程中，水平度盘固定不动，不随照准部转动。为了改变水平度盘位置，仪器设有水平度盘转动装置。这种装置有两种结构：

一种是采用水平度盘位置变换手轮，或称转盘手轮。使用时，将手轮推压进去，转动手轮，此时水平度盘随着转动。待转到所需位置时，将手松开，手轮退出，水平度盘位置即安置好。

另一种结构是复测装置。水平度盘与照准部的关系依靠复测装置控制。如图 3-5 所示，复测装置的底座固定在照准部外壳 6 上，随照准部一起转动。当复测扳手拔下时，由于偏心轮的作用，使顶轴 4 向外移，在簧片 2 的作用下，使两滚珠之间距离变小，簧片与铆钉的间距缩小，从而把外轴上的复测盘 1 夹紧。此时，照准部转动将带动水平度盘一起转动，度盘读数不变。若将复测扳手拨上时，顶轴往里移，使簧片与铆钉的间距扩大，复测盘与复测装置相互脱离，照准部转动不会带动水平度盘，读数窗中的读数随之改变。在测角过程中，复测扳钮应始终保持在向上的位置。

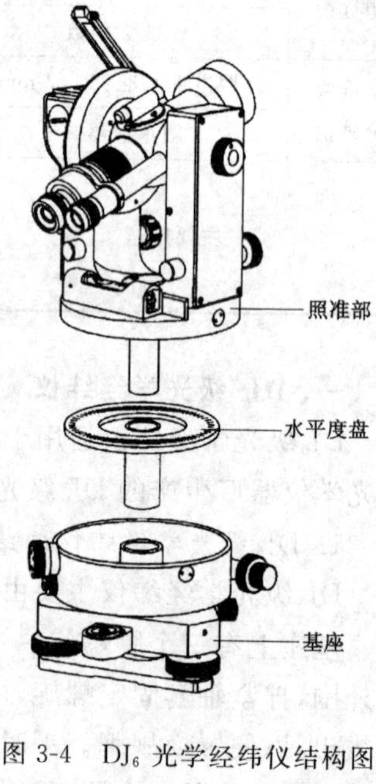

图 3-4 DJ_6 光学经纬仪结构图

2. DJ_6级光学经纬仪的读数装置

光学经纬仪的水平度盘和竖直度盘的分划线是通过一系列的棱镜和透镜成像在望远镜目镜边的读数显微镜内。由于度盘尺寸有限，最小分划间隔难以直接刻划到秒。为了实现

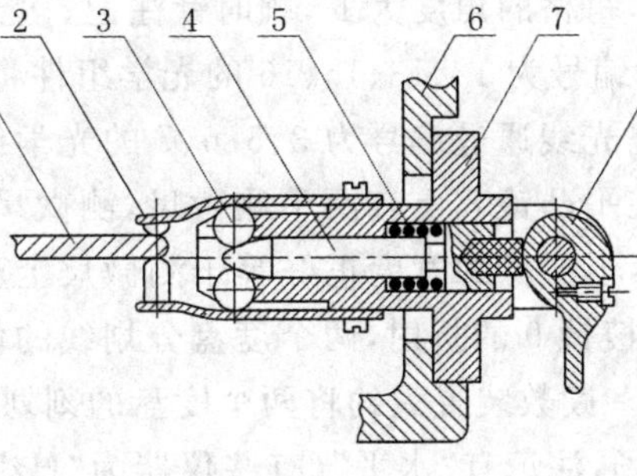

图 3-5 复测装置

1——复测盘；2——簧片；3——偏心轮；4——顶轴；

5——滚珠；6——照准部；7——复测扳手底座；8——离合扳钮

精密测角，要借助光学测微技术。不同的测微技术读数方法也不同，DJ_6 级光学经纬仪常用测微尺测微器和单平板玻璃测微器两种方法。

(1) 测微尺读数方法

图 3-6 为 DJ_6 级光学经纬仪测微尺测微器读数系统的光路图。将水平玻璃度盘和竖直

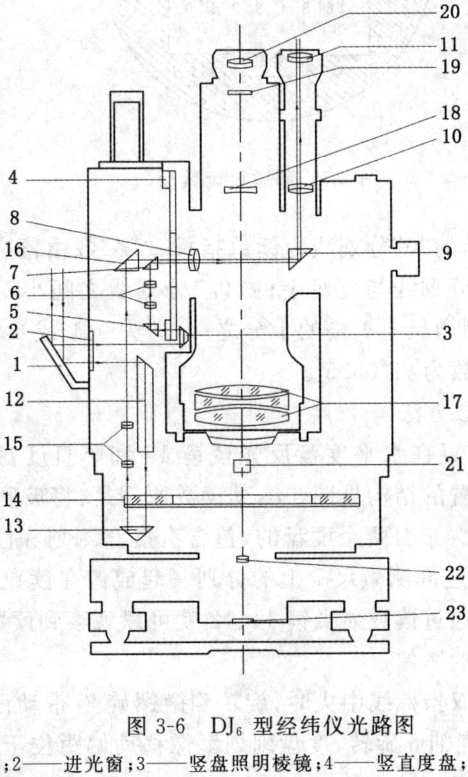

图 3-6 DJ_6 型经纬仪光路图

1——反光镜；2——进光窗；3——竖盘照明棱镜；4——竖直度盘；5——竖盘照准棱镜；

6——竖盘显微镜；7——竖盘反光棱镜；8——测微尺；9——度盘度数反光棱镜；

10——读数物镜；11——读数目镜；12——水平度盘照明棱镜；13——水平度盘照准棱镜；

14——水平度盘；15——水平度盘显微镜；16——水平度盘反光棱镜；17——望远镜物镜；

18——望远镜调焦透镜；19——十字丝分划板；20——望远镜目镜；21——光学对点器反光棱镜；

22——光学对中器物镜；23——光学对中器保护玻璃

玻璃度盘均匀刻划为360格,每格的角度为1°,顺时针注记。光线通过反光镜1的反射进入进光窗2,其中一路光线通过编号为12、13、15、16的光学组件将水平度盘14上的刻划和注记成像在平凸镜8上;另一路光线通过编号为3、5、6、7的光学组件将竖直度盘4上的刻划和注记成像在平凸镜8上;在平凸镜8上有两个测微尺,测微尺上刻划有60格。仪器制造时,使度盘上一格在平凸镜8上成像的宽度正好等于测微尺上刻划的60格的宽度,因此测微尺上一小格代表1′。通过棱镜9的折射,两个度盘分划线的像连同测微尺上的刻划和注记可以被读数显微镜观察到。读数装置大约将两个度盘的刻划和注记放大了65倍。

图3-7为读数显微镜视场,注记有"水平"(有些仪器为"Hz"或"—")字样的窗口是水平度盘分划线及其测微尺窗口,注记有"竖直"(有些仪器为"V"或"⊥")字样的窗口是竖直度盘分划线及其测微尺的窗口。

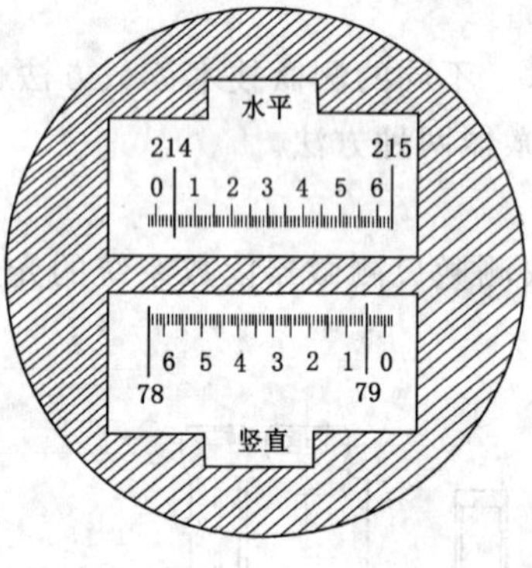

图3-7　测微尺读数窗

读数方法为:以测微尺上的"0"分划线为读数指标,"度"数由落在测微器上的度盘分划线的注记读出,测微尺的"0"分划线与度盘上的"度"分划线之间小于1°的角度在测微尺上读出;最小读数可以估读到测微尺上1格的十分之一,即为0.1′或6″。图3-7的水平度盘读数为214°54.7′,竖直度盘读数为79°05.5′。

(2) 平板玻璃测微尺读数方法

在图3-6中,平板玻璃安置在水平度盘反光棱镜16和竖直度盘反光棱镜7之前的位置。平板玻璃测微尺读数装置的结构见图3-8,其读数原理是:将玻璃度盘刻划为720格,每格的角度为30′,顺时针注记。来自两个度盘的、包含有度盘刻划和注记的光线1通过平板玻璃5,经反光棱镜9转向后连同测微尺7上的分划一起成像在读数指标面板8上,再经反光棱镜10进入读数显微镜,通过读数显微镜11、12就可以观察到读数指标面上的度盘刻划和注记及测微尺刻划和注记的影像。

当度盘刻划影像不位于双指标线中央时,旋转测微螺旋2,带动齿轮3进而带动扇形齿4使平板玻璃5和测微尺7绕轴6旋转,度盘刻划影像移动偏距位于双指标线中央位置,所移偏距则在测微尺上记录下来。

仪器制造时,使度盘刻划影像移动1格也即0.5°或30′时,对应于测微尺上移动90格,则测微尺上1格所代表的角度值为30×60÷90=20″,按估读到测微尺1格的十分之一,即为2″。

平板玻璃测微尺读数装置的读数窗视场见图3-9所示。它有3个读数窗口,其中下窗

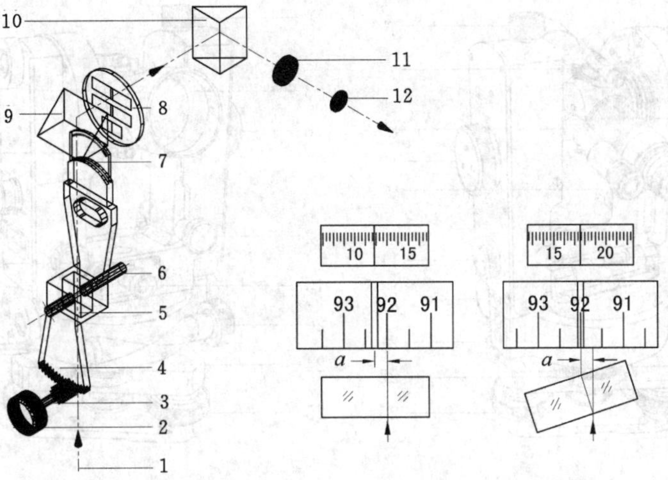

图 3-8 平板玻璃测微尺的结构与原理

1——光线；2——测微螺旋；3——齿轮；4——扇形齿；5——平板玻璃；

6——轴；7——测微尺；8——读数指标面板；9、10——反光棱镜

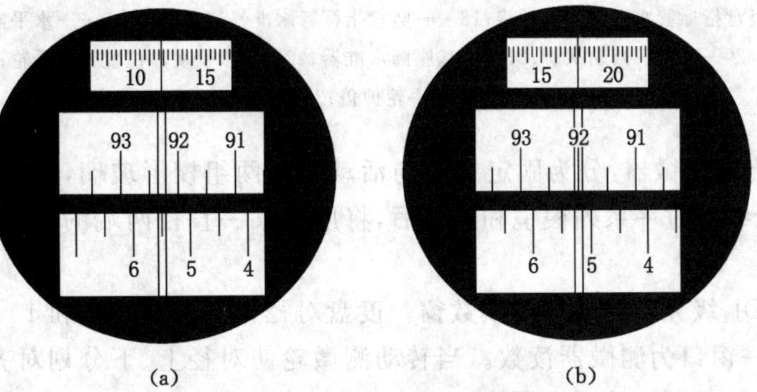

图 3-9 平板玻璃测微尺读数窗

(a) 水平度盘讯数 5°41′50″；(b) 竖直度盘读数 92°17′34″

口为水平度盘窗口，中间窗口为竖直盘度窗口，上窗口为测微尺窗口。

读数时，先旋转测微螺旋，使两个度盘分划线中的某一个分划线精确地位于双指标线的中央，0.5°整倍数的读数根据分划线注记读出，小于 0.5°的读数从测微尺上读出，两个读数相加即为度盘的读数。图 3-9 中水平度盘读数为 5°41′50″，竖直度盘读数为 92°17′34″。

二、DJ_2级光学经纬仪

图 3-10 为苏州第一光学仪器厂生产的 DJ_2级光学经纬仪。

DJ_2级光学经纬仪的构造与 DJ_6级基本相同，只在度盘读数方面存在下面的差异：

① DJ_2级光学经纬仪采用重合读数法，相当于取度盘对径（直径两端）相差 180°处的两个读数的平均值，由此可以消除度盘偏心误差的影响，以提高读数精度。

② 在度盘读数显微镜中，只能选择观察水平度盘或垂直度盘中的一种影像，通过旋转“水平度盘与竖直度盘换像手轮”来实现。

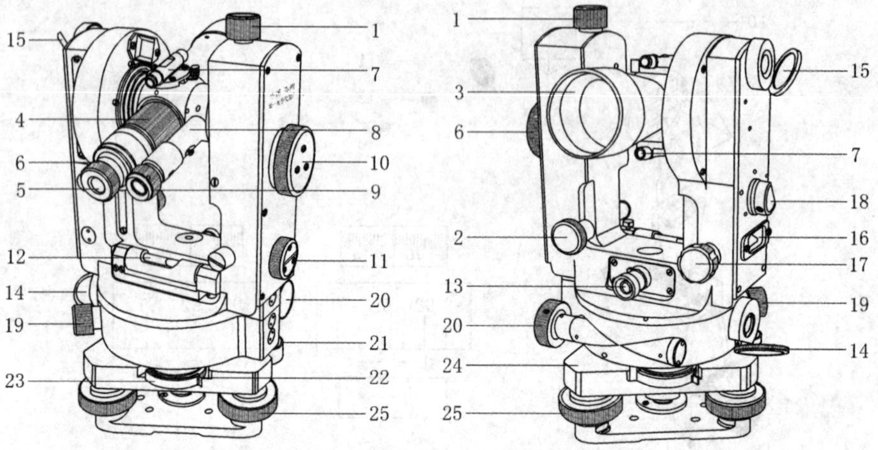

图 3-10　DJ₂ 级光学经纬仪

1——望远镜制动螺旋；2——望远镜微动螺旋；3——物镜；4——物镜调焦螺旋；5——目镜；6——目镜调焦螺旋；7——光学瞄准器；8——度盘读数显微镜；9——度盘读数显微镜调焦螺旋；10——测微轮；11——水平度盘与竖直度盘换像手轮；12——照准部管水准器；13——光学对中器；14——水平度盘照明镜；15——垂直度盘照明镜；16——竖盘指标管水准器进光窗口；17——竖盘指标管水准器微动螺旋；18——竖盘指标管水准气泡观察窗；19——水平制动螺旋；20——水平微动螺旋；21——基座圆水准器；22——水平度盘位置变换手轮；23——水平度盘位置变换手轮护盖；24——基座；25——脚螺旋

③ 设置双光楔测微器，分为固定光楔与活动光楔两组楔形玻璃，活动光楔与测微分划板相连。入射光线经过一系列棱镜和透镜后，将度盘某一直径两端的分划同时成像到读数显微镜内。

图 3-11 为 DJ_2 级光学经纬仪的读数窗。度盘对径分划像及度数和 10′的影像分别出现于两个窗口，另一窗口为测微器读数。当转动测微轮使对径上、下分划对齐以后，从度盘读数窗读取度数和整 10′数，从测微器窗口读取小于 10′分数和秒数，两者相加得观测方向的水平度盘读数。

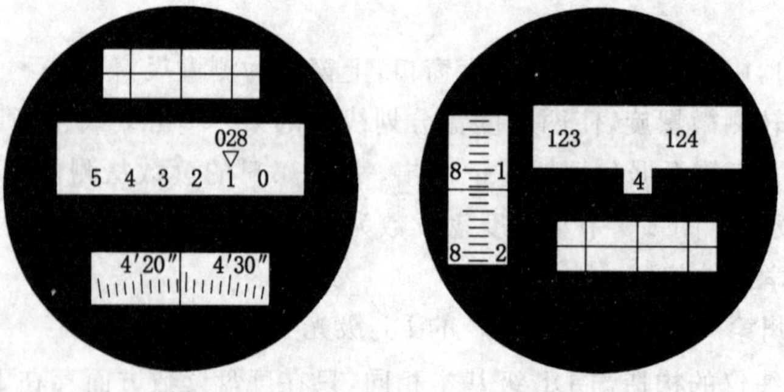

(a)　　(b)

图 3-11　DJ_2 级光学经纬仪读数窗

(a) 度盘读数 28°14′24.3″；(b) 度盘读数 123°48′12.4″

第三节 水平角测量

一、经纬仪的操作

经纬仪的操作包括对中、整平、照准和读数四个步骤。

1. 对中

对中的目的是把仪器的竖轴安置到测站点的铅垂线上，对中可利用垂球或光学对中器。

垂球对中是把垂球挂在连接螺旋中心的挂钩上，调整垂球线长度，使垂球尖离地面点的高差为1～2 mm。如果偏差较大，可平移三脚架，使垂球尖大约对准地面点，将三脚架的脚尖踩入土中，使三脚架稳定。当垂球尖与地面点偏差不大时，可稍旋松连接螺旋，在三脚架头上移动仪器，使垂球尖准确对准测站点，再将连接螺旋转紧。用垂球对中的误差一般应小于2 mm。

光学对中器是装在照准部的一个小望远镜，它由保护玻璃1、反光棱镜2、物镜3、物镜调焦镜4、对中标志分划板5和目镜6组成，如图3-12所示。

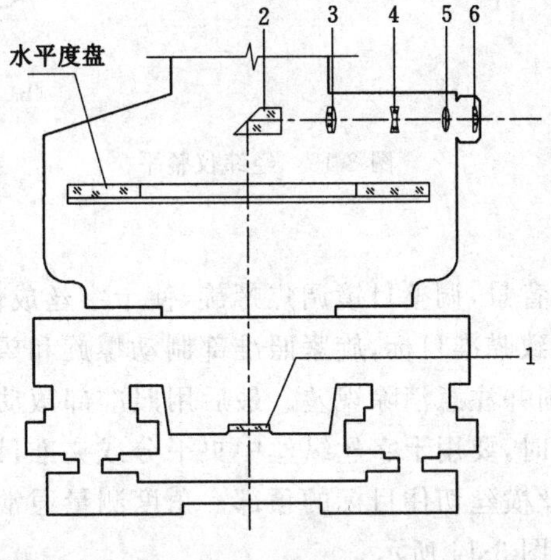

图3-12 光学对中器对中

1——保护玻璃；2——反光棱镜；3——物镜；4——物镜调焦镜；5——分划板；6——目镜

光学对中的步骤如下：

① 使三脚架头大致水平，目估初步对中。

② 转动光学对中器目镜调焦螺旋，使对中标志（小圆圈或十字丝）清晰，转动物镜调焦螺旋（对某些仪器为伸缩目镜），使地面点清晰。

③ 旋转脚螺旋，使对中标志中心与地面点重合，此时，基座上的圆水准器气泡已不居中。

④ 伸缩三脚架的相应架腿，使圆水准器气泡居中，再旋转脚螺旋，使照准部水准管在相互垂直的两个方向气泡都居中。

⑤ 从光学对中器中检查对中标志中心与地面点的对中情况，可略松连接螺旋，作微小的平移，使对中误差小于1 mm。

2. 整平

整平的目的是使经纬仪的竖轴铅垂，从而使水平度盘和横轴处于水平位置，竖直度盘位于铅垂平面内。整平利用基座上的三个脚螺旋，使照准部水准管在相互垂直的两个方向上气泡都居中，具体操作如下：

① 松开水平制动螺旋，转动照准部，使水准管大致平行于任意两个脚螺旋，如图 3-13(a)所示，两手同时向内(或向外)转动脚螺旋使气泡居中。气泡移动方向与左手大拇指方向一致。

② 将照准部旋转 90°，如图 3-13(b)所示，旋转另一个脚螺旋，使气泡居中。

整平需反复进行，直到气泡在任何方向上都居中为止。

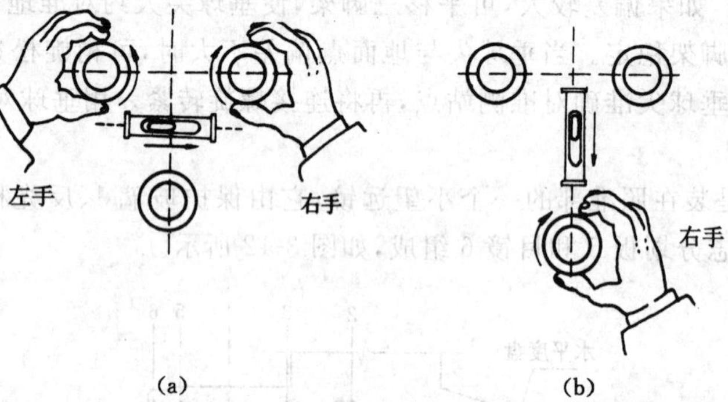

图 3-13　经纬仪整平

3. 照准目标

将望远镜对向明亮的背景，调整目镜调焦螺旋，使十字丝成像清晰。然后转动照准部，用望远镜上的瞄准器先大致瞄准目标，旋紧照准部制动螺旋和望远镜制动螺旋。调整物镜调焦螺旋，使目标成像清晰并注意消除视差。最后用照准部微动螺旋和望远镜微动螺旋精确照准目标。观测水平角时，要用十字丝纵丝中央平分或夹准目标，并尽量瞄准目标底部。观测竖直角时，要用十字丝横丝切住目标的顶部。角度测量通常采用的目标有觇牌、标杆、测钎、悬挂的垂球线等，如图 3-14 所示。

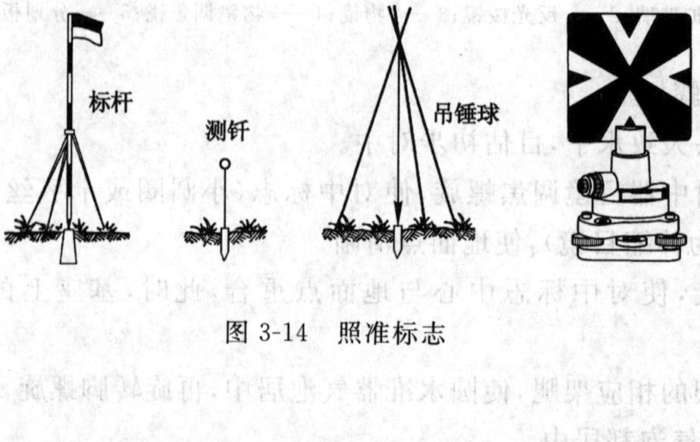

图 3-14　照准标志

4. 读数

打开照准部支架上的反光镜并调整其位置，调节读数显微镜目镜的调焦螺旋，使读数窗内的度盘影像明亮、清晰，然后读数。

二、水平角观测

水平角测量主要有测回法和方向观测法两种。

1. 测回法

测回法常用于测量两个方向之间的单角，如图 3-15 所示。

图 3-15　测回法水平角观测

测回法操作步骤如下：

① 在 B 点安置经纬仪，对中、整平。将经纬仪安放在盘左位置（竖盘在望远镜的左侧，也称正镜）。转动照准部，用望远镜瞄准器初步瞄准 A 目标，调节目镜和望远镜调焦螺旋，使十字丝和目标成像清晰，消除视差。再用水平微动螺旋和竖直微动螺旋，使十字丝交点或纵丝照准目标。读数 α_L 并记入记录手簿，见表 3-2。

表 3-2　　**水平角观测手簿（测回法）**

测站	目标	竖盘位置	水平度盘读数 /(° ′ ″)	半测回角值 /(° ′ ″)	一测回平均角值 /(° ′ ″)	各测回平均值 /(° ′ ″)
一测回 B	A	左	0 06 24	111 39 54	111 39 51	111 39 52
	C		111 46 18			
	A	右	180 06 48	111 39 48		
	C		291 46 36			
二测回 B	A	左	90 06 18	111 39 48	111 39 54	
	C		201 46 06			
	A	右	270 06 30	111 40 00		
	C		21 46 30			

② 松开水平制动和望远镜制动，顺时针转动照准部，照准 C 目标，读数 c_L，记入手簿。盘左所测水平角为 $\beta_L = c_L - a_L$，称为上半测回。

③ 松开水平制动和望远镜制动，倒转望远镜成盘右位置（竖盘在望远镜右侧，或称倒镜）。先照准 C 目标，再照准 A 目标，测得 $\beta_R = c_R - a_R$，称为下半测回。

上、下半测回合称一测回。最后计算一测回角值 β 为：

$$\beta = \frac{\beta_L + \beta_R}{2} \tag{3-2}$$

测回法用盘左、盘右观测（即正、倒镜观测），可以消除仪器某些系统误差对测角的影响，校核观测结果和提高观测成果精度。测回法测角盘左、盘右观测值之差不得超过限差（DJ_6光学经纬仪为±40″）。若超过规定的限差应重新观测。

当测角精度要求较高时，可以观测多个测回，取其平均值作为水平角测量的最后结果。为了减少度盘刻划不均匀误差，各测回应利用经纬仪的水平度盘变换装置配置度盘。每个测回应按 180°/n 的角度间隔变换水平度盘位置。如测三个测回，则各测回起始方向读数分别设置成略大于 0°、60°和 120°。

2. 方向观测法

当一个测站上需测量的方向数多于 2 个时，应采用方向观测法。当方向数多于 3 个时，每半个测回都从一个选定的起始方向（称为零方向）开始观测，在依次观测所需的各个目标之后，再观测起始方向，称为归零。此法也称为全圆方向观测法或全圆测回法，现以图 3-16 为例加以说明。

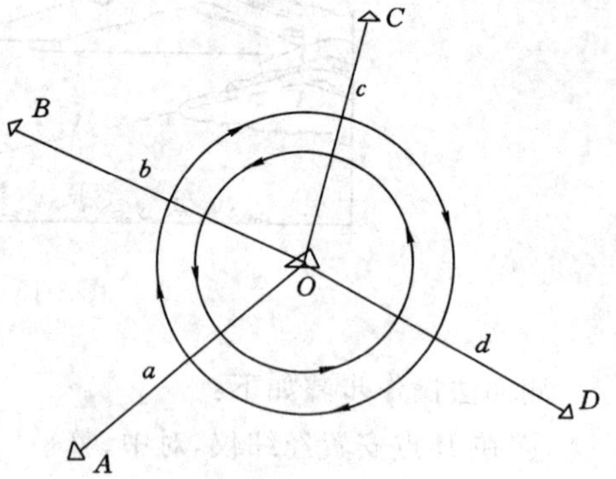

图 3-16　方向观测法

① 首先安置（即对中整平）经纬仪于 O 点成盘左位置，将度盘设置成略大于 0°。选择一个明显目标为起始方向 A，读水平度盘读数，记入表 3-3。

表 3-3　水平角观测手簿（方向观测法）

测站	测回数	目标	读数 盘左 /(° ′ ″)	读数 盘右 /(° ′ ″)	2c /(″)	平均读数 /(° ′ ″)	归零后方向值 /(° ′ ″)	各测回归零方向值的平均值 /(° ′ ″)
1	2	3	4	5	6	7	8	9
O	1					(0 02 06)		
		A	0 02 06	180 02 00	+6	0 02 03	0 00 00	
		B	51 15 42	231 15 30	+12	51 15 36	51 13 30	
		C	131 54 12	311 54 00	+12	131 54 06	131 52 00	
		D	182 02 24	2 02 24	0	182 02 24	182 00 18	
		A	0 02 12	180 02 06	+6	0 02 09		
	2					(90 03 32)		
		A	90 03 30	270 03 24	+6	90 03 27	0 00 00	0 00 00
		B	141 17 00	321 16 54	+6	141 16 57	51 13 25	51 13 28
		C	221 55 42	41 55 30	+12	221 55 36	131 52 04	131 52 02
		D	272 04 00	92 03 54	+6	272 03 57	182 00 25	182 00 22
		A	90 03 36	270 03 36	0	90 03 36		

② 顺时针方向依次精确瞄准 B、C、D 各点，分别读数、记录。为了校核，应再次照准目标 A 读数。A 方向两次读数差称为半测回归零差。DJ_6 经纬仪半测回归零差不应超过

$\pm 18''$，DJ_2经纬仪半测回归零差不应超过$\pm 12''$，否则说明观测过程中仪器度盘位置有变动，应重新观测。上述观测称为上半测回。

③ 倒转望远镜成盘右位置，逆时针方向依次精确瞄准A、D、C、B，最后回到A点，该操作称为下半测回。如要提高测角精度，需观测多个测回。各测回仍按$180°/n$的角度间隔变换水平度盘的起始位置。

方向观测法的计算步骤为：

① 首先对同一方向盘左、盘右值求差，该值称为两倍照准误差$2c$，即：

$$2c = \text{盘左读数} - (\text{盘右读数} \pm 180°) \tag{3-3}$$

通常，由同一台仪器测得的各等高目标的$2c$值应为常数，因此$2c$的大小可作为衡量观测质量的标准之一。对于DJ_2型经纬仪，当竖直角小于3°时，$2c$变化值不应超过$\pm 18''$。对于DJ_6级经纬仪没有限差规定。

② 计算各方向的平均读数，公式为：

$$\text{各方向平均读数} = \frac{1}{2}[\text{盘左读数} + (\text{盘右读数} \pm 180°)] \tag{3-4}$$

由于存在归零读数，则起始方向有两个平均值。将这两个值再取平均，所得结果为起始方向的方向值(表3-3中括号内数字)。

③ 计算归零后的方向值。将各方向的平均读数减去括号内的起始方向平均值，即得各方向归零后的方向值。同一方向各测回互差，对于DJ_6级经纬仪不应大于$24''$，DJ_2级经纬仪不应大于$9''$。

④ 计算各测回归零后方向值的平均值。

⑤ 计算各目标间的水平角。

三、水平角观测注意事项

① 仪器高度要和观测者的身高相适应；三脚架要踩实，仪器与脚架连接要牢固，操作仪器时不要用手扶三脚架；转动照准部和望远镜之前，应先松开制动螺旋，使用各种螺旋时用力要轻。

② 精确对中，特别是对短边测角，对中要求应更严格。

③ 当观测目标间高低相差较大时，更应注意仪器整平。

④ 照准标志要竖直，尽可能用十字丝交点瞄准标杆或测钎底部。

⑤ 记录要清楚，应当场计算，发现错误，立即重测。

⑥ 一测回水平角观测过程中，不得再调整照准部管水准气泡，如气泡偏离中央超过2格时，应重新整平与对中仪器，重新观测。

第四节 竖直角测量

竖直角主要用于将观测的倾斜距离化算为水平距离或计算三角高程。

一、竖盘构造

经纬仪竖盘包括竖直度盘、竖盘指标水准管和竖盘指标水准管微动螺旋，有些经纬仪的竖盘利用重摆补偿原理，设计制成竖盘指标自动归零装置而不设竖盘指标水准管。竖直度盘固定在横轴一端，可随望远镜在竖直面内转动。测微尺的零刻划线是竖盘读数的指标线，它与竖盘指标水准管固连在一起，指标水准管气泡居中时，指标就处于正确位置。如果望远镜视线水平，竖盘读数应为 90°或 270°。当望远镜上下转动瞄准不同高度的目标时，竖盘随着转动，而指标线不动，因而可读得不同位置的竖盘读数，从而计算不同高度目标的竖直角，见图 3-17 所示。

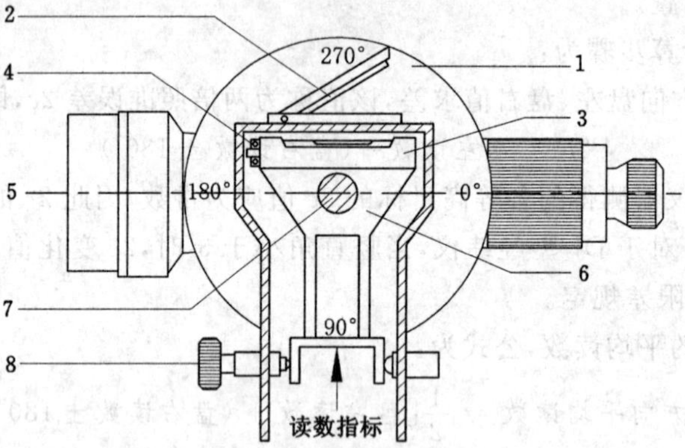

图 3-17　竖直度盘结构

1——竖直度盘；2——水准管反射镜；3——竖盘水准管；4——竖盘水准管校正螺丝；5——望远镜视准轴；6——支架；7——横轴；8——竖盘水准管微动螺旋

竖盘是由光学玻璃制成的，其刻划有顺时针方向和逆时针方向两种。盘左望远镜抬高时，若竖盘读数减小，该度盘为顺时针刻划，反之为逆时针刻划。

二、竖直角计算和观测(顺时针刻划)

如图 3-18(a)所示，望远镜位于盘左，当视准轴水平、竖盘指标水准管气泡居中时，竖盘读数为 90°；当望远镜抬高照准目标、竖盘指标水准管气泡居中时，竖盘读数为 L，则盘左观测的竖直角为：

$$\alpha_L = 90° - L \tag{3-5}$$

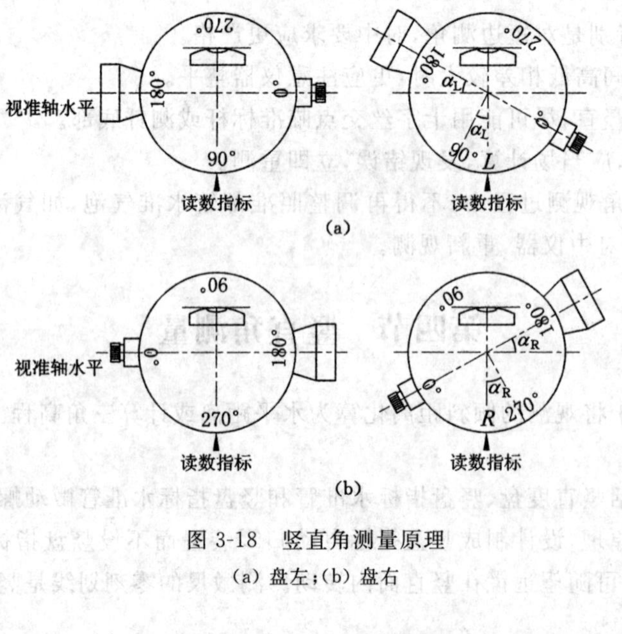

图 3-18　竖直角测量原理

(a) 盘左；(b) 盘右

如图 3-18(b)所示，纵转望远镜位于盘右，当视准轴水平、竖盘指标水准管气泡居中时，竖盘读数为 270°；当望远镜抬高照准目标、竖盘指标水准管气泡居中时，竖盘读数为 R，则盘右观测的竖直角为：

$$\alpha_R = R - 270° \tag{3-6}$$

取盘左、盘右竖直角平均值作为所测竖直角，即：

$$\alpha = \frac{1}{2}(\alpha_L + \alpha_R) \tag{3-7}$$

竖直角观测应用横丝瞄准目标的特定位置，例如标杆的顶部或标尺上的某一位置。竖直角观测的操作程序如下，竖直角的记录计算见表 3-4。

表 3-4　竖直角观测手簿

测站	目标	竖盘位置	竖盘读数 /(° ′ ″)	半测回竖直角 /(° ′ ″)	指标差 /(″)	一测回竖直角 /(° ′ ″)
A	B	左	81　18　42	+8　41　18	+6	+8　41　24
		右	278　41　30	+8　41　30		
	C	左	124　03　30	−34　03　30	+12	−34　03　18
		右	235　56　54	−34　03　06		

① 在测站点上安置好经纬仪，对中、整平。

② 盘左瞄准目标，使十字丝横丝切于目标某一位置，旋转竖盘指标管水准器微动螺旋使竖盘指标管水准气泡居中，读取竖直度盘读数。

③ 盘右瞄准目标，使十字丝横丝切于目标同一位置，旋转竖盘指标管水准器微动螺旋使竖盘指标管水准气泡居中，读取竖直度盘读数。

三、竖盘指标差

经纬仪由于长期使用及运输，会使望远镜视线水平、竖盘水准管气泡居中时，竖盘读数与正确读数 90°或 270°相差一个小角度 x，称为竖盘指标差，见图 3-19 所示。则考虑指标差

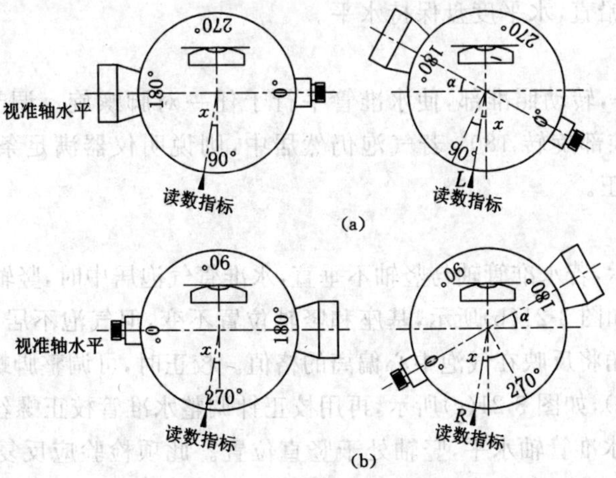

图 3-19　竖盘指标差

(a) 盘左；(b) 盘右

x 时的竖直角计算公式应为：

盘左竖直角：

$$\alpha = (90^\circ + x) - L = \alpha_L + x \tag{3-8}$$

盘右竖直角：

$$\alpha = R - (270^\circ + x) = \alpha_R - x \tag{3-9}$$

将式(3-9)与式(3-8)联立解，可以求出指标差 x 为：

$$x = \frac{1}{2}(R + L - 360^\circ) = \frac{1}{2}(\alpha_R - \alpha_L) \tag{3-10}$$

取盘左、盘右所测竖直角的平均值可以消除指标差 x 对竖直角的影响。

第五节　经纬仪的检验与校正

一、经纬仪的主要轴线及其相互关系

如图 3-20 所示，经纬仪的主要轴线有水准管轴(LL)、竖轴(VV)、望远镜视准轴 (CC)、横轴(HH)。为使经纬仪正常工作，这些轴线应满足以下条件：

① 水准管轴垂直于竖轴($CC \perp VV$)；

② 望远镜视准轴垂直于横轴($CC \perp HH$)；

③ 横轴垂直于竖轴($HH \perp VV$)；

④ 十字丝纵丝垂直于横轴。

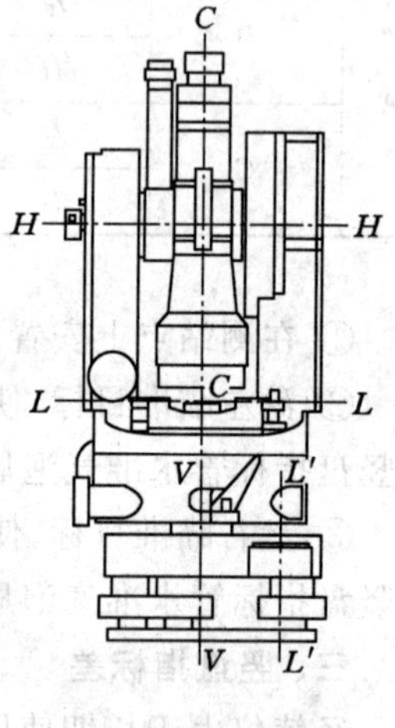

图 3-20　经纬仪的轴线

由于仪器长期在野外使用，其轴线关系可能被破坏，从而产生测量误差。因此，测量规范要求，正式作业前应对经纬仪进行检验。必要时需对调节部件加以校正，使之满足要求。

二、经纬仪的检验与校正

1. 照准部水准管轴垂直于竖轴的检校

检验目的是使仪器的照准部水准管轴垂直于仪器竖轴，使仪器整平后，保证竖轴铅直，水平度盘保持水平。

(1) 检验

将仪器大致整平，转动照准部，使水准管平行于任一对脚螺旋。调节两脚螺旋，使水准管气泡居中。将照准部旋转 180°，若气泡仍然居中，则说明仪器满足条件。若气泡偏离量超过一格，应进行校正。

(2) 校正

如图 3-21(a)所示，若水准管轴与竖轴不垂直，水准管气泡居中时，竖轴与铅垂线夹角为 α。当照准部旋转 180°，如图 3-21(b)所示，基座和竖轴位置不变，但气泡不居中，水准管轴与水平面夹角为 2α，这个夹角将反映在气泡中心偏离的格值。校正时，可调整脚螺旋使水准管气泡退回偏移量的一半(即 α)，如图 3-21(c)所示，再用校正针调整水准管校正螺丝，使气泡居中，如图 3-21(d)所示。这时，水准管轴水平，竖轴处于竖直位置。此项检验应反复进行直到满足要求为止。

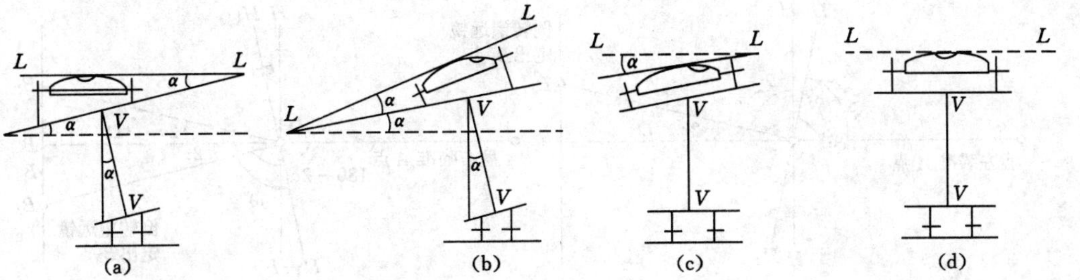

图 3-21 照准部水准管轴检校

2. 十字丝纵丝垂直于横轴的检校

(1) 检验

用十字丝中点精确瞄准一个清晰目标点 P，然后锁紧照准部和望远镜制动螺旋。慢慢转动望远镜微动螺旋，使望远镜上、下转动。如 P 点移动时始终不离开纵丝，则满足条件，否则需校正，见图 3-22 所示。

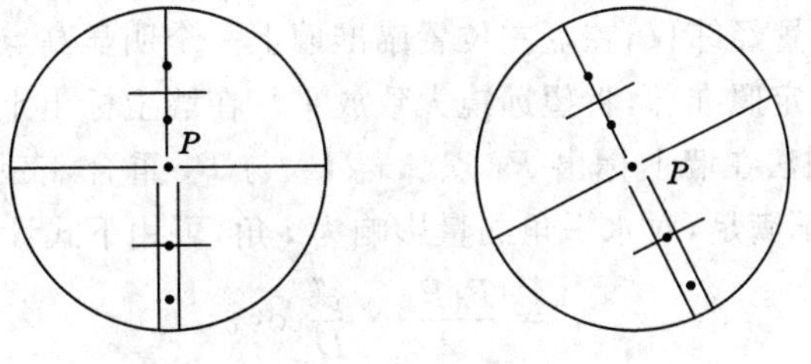

图 3-22 十字丝纵丝检验

(2) 校正

其校正方法类似于水准仪十字丝横丝的校正。

3. 视准轴垂直于横轴的检校

(1) 检验

若视准轴与横轴不垂直，望远镜旋转时视准轴的旋转面是一个圆锥面。用该仪器测量同一铅垂面内不同高度的目标时，所测水平度盘读数不一样，产生测角误差。水平角测量时，对水平方向目标，正倒镜读数所求 c 即为这项误差。仪器检验常用四分之一法。如图 3-23 所示，在平坦地区选择距离 60 m 的 A、B 两点，在其中点 O 安置经纬仪。A 点设标志，B 点横放一根刻有毫米分划的直尺。尺与 OB 垂直，并使 A 点、B 尺和仪器大致同高。盘左瞄准 A 点，固定照准部，纵转望远镜，在 B 尺上读数为 B_1。然后盘右照准 A 点，再纵转望远镜，在 B 尺上读数为 B_2。若 B_1 和 B_2 重合，表示视准轴垂直于横轴，否则条件不满足。$\angle B_1OB_2=4c$，为 4 倍照准差。由此算得：

$$c=\frac{B_1B_2}{4D}\rho'' \tag{3-11}$$

式中，D 为 O 点到 B 尺之间的水平距离。对于 DJ_6 级经纬仪，当 $c>60''$ 时必须校正。

(2) 校正

在盘右位置，保持 B 尺不动，在 B 尺上定出 B_3 点，使 $B_2B_3=\frac{1}{4}B_1B_2$，OB_3 便与横轴垂

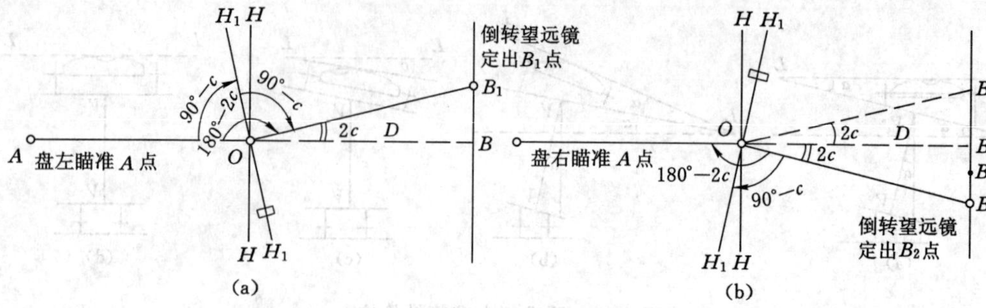

图 3-23 视准轴检验

(a) 盘左;(b) 盘右

直。用校正针转动十字丝校正螺旋,见图 3-24 所示,螺旋 3、4 一松一紧,使十字丝分划板平移,直到十字丝交点与 B_3 点重合,最后旋紧螺丝。

4. 横轴垂直于竖轴的检校

(1) 检验

在距墙 30 m 处安置经纬仪,在盘左位置瞄准墙上一个明显高点 P,见图 3-25 所示。要求仰角应大于 30°。固定照准部,将望远镜大致放平。在墙上标出十字丝中点所对位置 P_1。再用盘右瞄准 P 点,同法在墙上标出 P_2 点。若 P_1 与 P_2 重合,表示横轴垂直于竖轴。P_1 与 P_2 不重合,则条件不满足,对水平角测量影响为 i 角,可用下式计算:

$$i = \frac{P_1P_2}{2} \times \frac{\rho''}{D}\cot\alpha \tag{3-12}$$

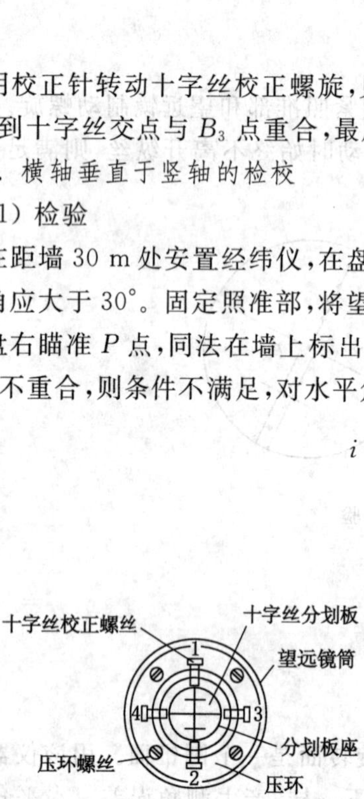

图 3-24 十字丝分划板校正螺丝

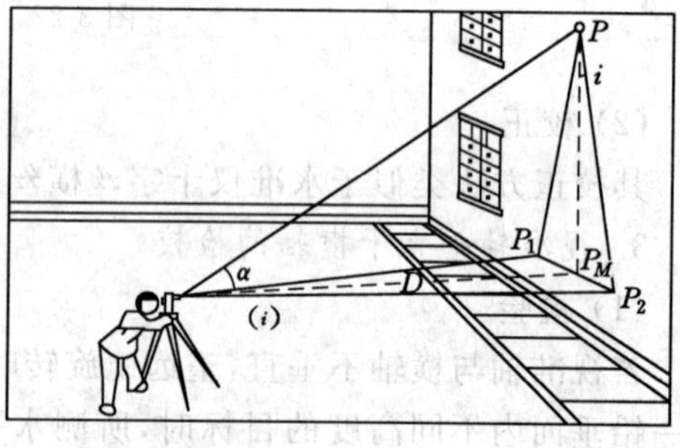

图 3-25 横轴检验

对于 DJ_6 级经纬仪,若 $i > 20''$则需校正。

(2) 校正

用望远镜瞄准 P_1、P_2 直线的中点 P_M,固定照准部。然后抬高望远镜使十字丝交点移到 P'点。由于 i 角的影响,P'与 P 不重合。校正时应打开支架护盖,放松支架内的校正螺丝,使横轴一端升高或降低,直到十字丝交点对准 P 点。注意,由于经纬仪横轴密封在支架内,该项校正应由专业维修人员进行。

5. 竖盘指标差的检校

由式(3-7)可知,用盘左、盘右观测值计算竖直角可以消除竖盘指标差 x 的影响。但当 $|x| > 1'$时需要进行校正。

(1) 检验

安置好仪器，用盘左、盘右观测某个清晰目标的竖直角，依式(3-10)计算出竖盘指标差 x。

(2) 校正

根据图 3-19，消除 x 的盘右竖盘读数应为 $R-x$，旋转竖盘指标水准管微动螺旋，使竖盘读数为 $R-x$，此时竖盘指标水准管气泡不再居中，用校正针拨动竖盘指标水准管校正螺丝，使气泡居中。重新观测检验，直至 $|x|\leqslant 1'$ 为止。

6. 光学对中器的检校

(1) 检验

先架好仪器，整平后在仪器正下方地面上安置一块白色纸板。将光学对点器分划圈中心(或十字丝中心)投影到纸板上，见图 3-26(a)所示，并绘制对中点 P。然后将照准部旋转 180°，绘出对中点 P''，若 P 与 P'' 重合，表示条件满足；如果 P 与 P'' 的距离大于 2 mm，则应校正。

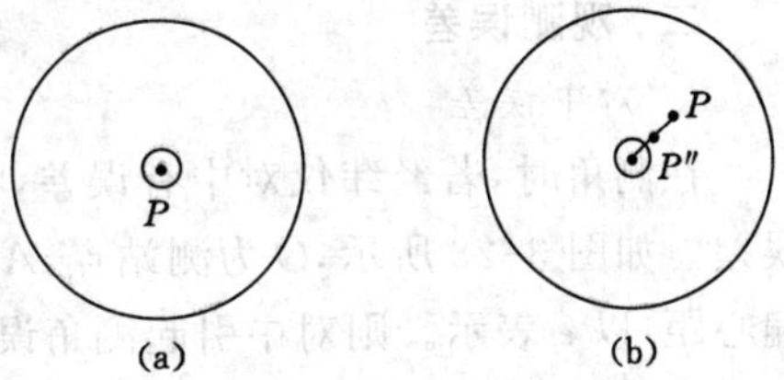

图 3-26 光学对中器检校

(2) 校正

在纸板上画出分划圈中心与 P 点之间连线中点 P''。调节光学对点器校正螺钉，使 P 点移至 P'' 点，如图 3-26(b)所示。

第六节 角度测量误差分析

角度测量误差来源有仪器误差、观测误差和外界环境造成的误差。研究这些误差是为了找出消除和减少这些误差的方法。

一、仪器误差

仪器误差包括仪器校正之后的残余误差及仪器加工不完善引起的误差。

① 视准轴误差是由视准轴不垂直于横轴引起的，对水平方向观测值的影响为 $2c$。由于盘左、盘右观测时符号相反，故水平角测量时，可采用盘左、盘右取平均的方法对其加以消除。

② 横轴误差是由于横轴的两端支架不等高，造成横轴与竖轴不垂直。观测时对水平角的影响为 i 角误差，并且对盘左、盘右观测值影响的符号相反。所以，采用盘左、盘右观测值取平均的方法可以消除横轴误差。

③ 竖轴倾斜误差是由于水准管轴不垂直于竖轴，或者是观测时水准管气泡不居中引起的误差。这时，竖轴偏离竖直方向一个小角度，从而引起横轴倾斜及度盘倾斜，造成测角误差。这种误差对盘左、盘右观测值的影响大小相等、符号相同，所以不能用正、倒镜取平均的方法消除。因此，测量前应严格检校仪器，观测时仔细整平，并始终保持照准部水准管气泡居中，气泡偏离不应超过一格。

④ 度盘偏心差主要是度盘加工及安装不完善引起的。如图 3-27 所示，照准部旋转中心 C_1 与水平度盘圆心 C 不重合引起读数误差。若 C 和 C_1 重合，瞄准 A、B 目标时正确读数为 a_L、b_L、a_R、b_R。若不重合，其读数为 a'_L、b'_L、a'_R、b'_R，比正确读数变了 x_a、x_b。从图中

可见，在正、倒镜时，指标线在水平度盘上的读数具有对称性，而符号相反，因此可用盘左、盘右读数取平均的方法予以削减。

⑤ 度盘刻划不均匀误差是由于仪器加工不完善引起的，这项误差一般很小。在高精度测量时，为了提高测角精度，可利用各测回间变换度盘位置的方法，减小这项误差的影响。

⑥ 竖盘指标差可以用盘左、盘右取平均的方法消除。

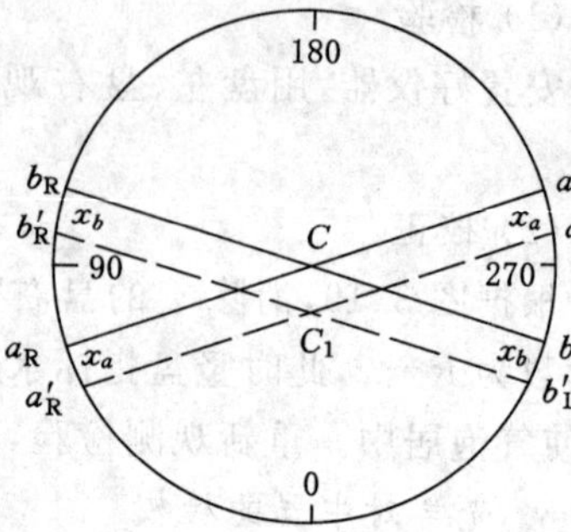

图 3-27　度盘偏心差

二、观测误差

1. 对中误差

在测角时，若经纬仪对中有误差，将使仪器中心与测站点不在同一铅垂线上，造成测角误差。如图 3-28 所示，O 为测站点，A、B 为目标点，O'为仪器中心在地面上的投影。OO'为偏心距，以 e 表示。则对中引起测角误差为：

$$\beta = \beta' + (\varepsilon_1 + \varepsilon_2) \tag{3-13}$$

$$\varepsilon_1 \approx \frac{\rho''}{D} e \sin\theta \quad \varepsilon_2 \approx \frac{\rho''}{D} e \sin(\beta' - \theta) \tag{3-14}$$

$$\varepsilon = \varepsilon_1 + \varepsilon_2 = \rho'' e \left[\frac{\sin\theta}{D_1} + \frac{\sin(\beta' - \theta)}{D_2}\right] \tag{3-15}$$

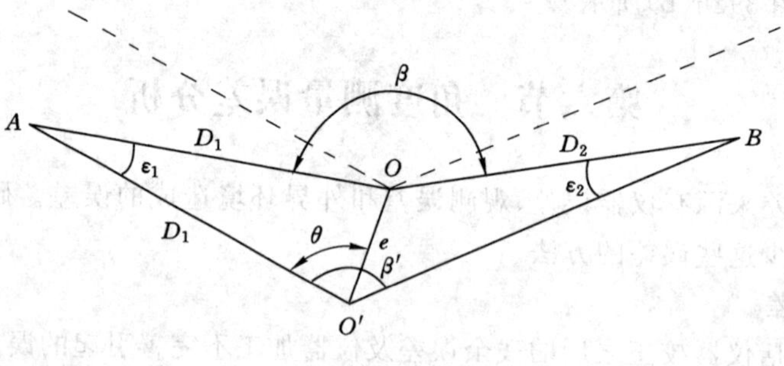

图 3-28　仪器对中误差

由上式可见，对中误差的影响 ε 与偏心距成正比，与边长成反比。当 $\beta' = 180°$，$\theta = 90°$ 时，ε 角值最大。当 $e = 3$ mm，$D_1 = D_2 = 60$ m 时，对中误差为：$\varepsilon = \rho e\left[\frac{1}{D_1} + \frac{1}{D_2}\right] = 20.6''$。

这项误差不能通过观测方法消除，所以观测水平角时要仔细对中，在短边测量时更要严格对中。

2. 目标偏心误差

目标偏心是由于觇标倾斜引起的。如觇标倾斜，观测时没有照准底部，则产生目标偏心误差。如图 3-29 所示，O 为测站，A 为地面目标点，AA'为觇标，觇标高为 d，觇标倾角 α。目标偏心差为：

$$e = d \sin\alpha \tag{3-16}$$

目标偏斜对观测方向影响为：

$$\varepsilon = \frac{e}{D}\rho = \frac{d\sin\alpha}{D}\rho \tag{3-17}$$

从上式可见，目标偏心误差对水平方向影响与 e 成正比，与边长成反比。为了减少这项误差，测角时觇标应竖直，并尽可能照准其底部。

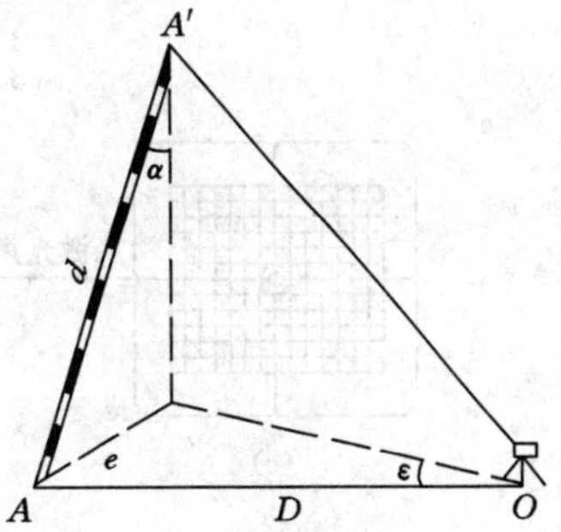

图 3-29　目标偏心误差

3. 照准误差

测角时由人眼通过望远镜照准目标产生的误差称为照准误差。影响照准的因素很多，如望远镜放大倍数、人眼分辨率、十字丝的粗细、标志形状和大小、目标影像亮度、颜色等，通常以人眼最小分辨视角(60″)和望远镜放大率 v 来衡量仪器的照准精度，为：

$$m_v = \pm \frac{60''}{v} \tag{3-18}$$

对于 DJ_6 型经纬仪，$v=28$，$m_v=\pm 2.2''$。

4. 读数误差

读数误差主要取决于仪器读数设备。对于采用测微尺读数系统的经纬仪，读数中误差为测微器最小分划值的 1/10，即 $0.1'=6''$。

三、外界条件的影响

角度观测是在一定外界条件下进行的。外界环境对测角精度有直接影响，如风力、日晒、土质情况对仪器稳定性的影响及对气泡居中都影响。大气热辐射、大气折光等对瞄准目标产生影响，所以应在空气清晰度好、大气较稳定的条件下观测。

第七节　激光经纬仪与电子经纬仪

一、激光经纬仪

激光经纬仪主要用于准直测量。准直测量就是定出一条标准的直线，作为土建安装等施工放样的基准线。图 3-30 是苏州一光仪器有限公司生产的 J_2－JDB 激光经纬仪。

激光经纬仪除具有光学经纬仪的全部功能外，还可以提供一条可见的激光光束，广泛应用于高层建筑的轴线投测、隧道施工、大型管线的铺设、桥梁工程、大型船舶制造、飞机形架安装等测量工作。当用于倾斜角很大的测量作业时，可以安装上随机附件——弯管目镜，见图 3-30(a)所示；为了使目标处的激光光斑更加清晰，以提高测量精度，可以使用随机附件——激光觇牌，见图 3-30(c)所示。

J_2－JDB 激光经纬仪是在 DJ_2 光学经纬仪上设置了一个半导体激光发射装置，将发射的激光导入望远镜的视准轴方向，从望远镜物镜端发射，见图 3-31 所示。激光光束与望远镜视准轴保持同轴、同焦。J_2－JDB 激光经纬仪发射激光的波长为 0.635，在 100 m 处的光斑直径为 5 mm，白天的有效射程为 200 m，仪器使用两节 5 号碱性电池供电，一对新的 5 号电池可供使用一个工作日。

二、电子经纬仪

世界上第一台电子经纬仪于 1968 年研制成功，20 世纪 80 年代初生产出商品化的电子经纬仪。与光学经纬仪比较，电子经纬仪是利用光电转换原理和微处理器自动测量度盘的读数并将测量结果显示在仪器显示窗上，如将其与电子手簿连接，可以自动储存测量结果。

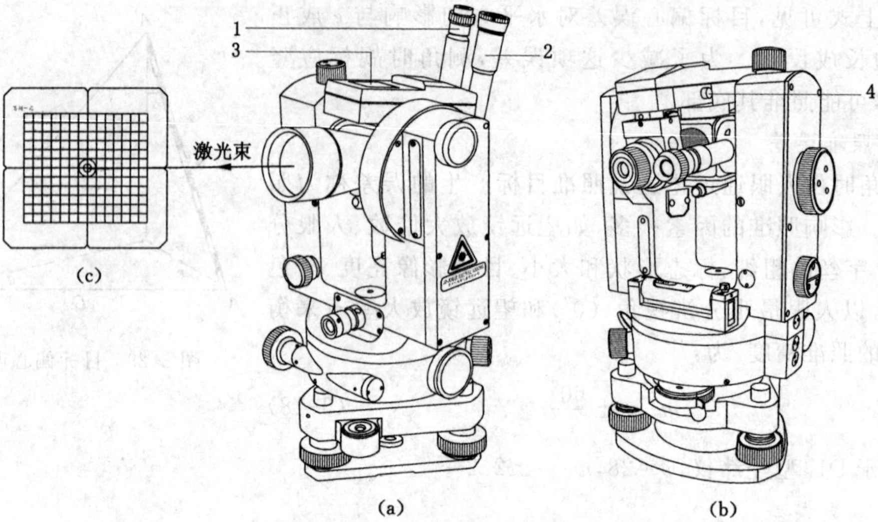

图 3-30　J_2－JDB 激光经纬仪

(a) 安装了弯管目镜；(b) 没有安装弯管目镜；(c) 激光觇牌

1——读数显微镜弯管目镜；2——望远镜弯管目镜；3——电池盒盖；4——激光电源开关

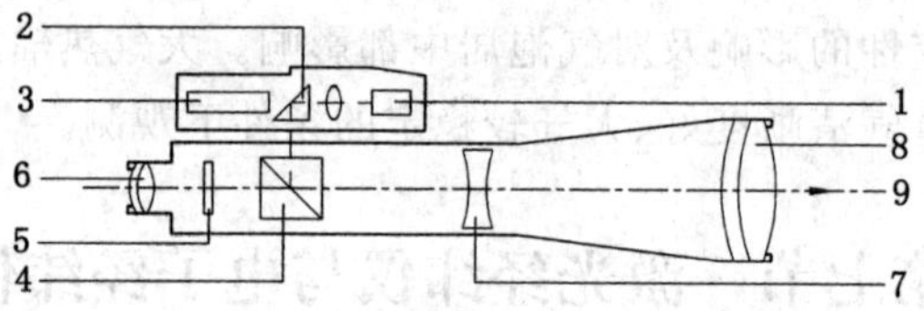

图 3-31　J_2－JDB 激光经纬仪的发射光路

1——半导体激光器；2——直角棱镜；3——两节 5 号电池；4——分光棱镜；

5——十字丝分划板；6——目镜；7——调焦透镜；8——物镜；9——激光束

电子经纬仪的测角系统有三种：编码度盘测角系统、光栅度盘测角系统和动态测角系统，本节主要介绍光栅度盘的测角原理。如图 3-32(a)所示，在玻璃圆盘的径向，均匀地按一定的密度刻划有交替的透明与不透明的辐射状条纹，条纹与间隙的宽度均为 a，这就构成了

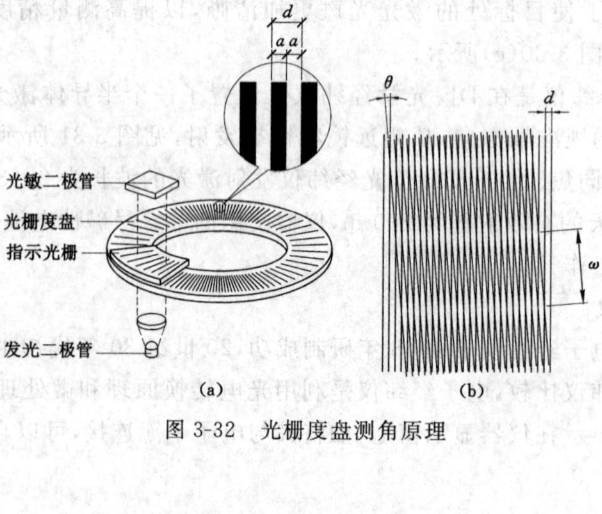

图 3-32　光栅度盘测角原理

光栅度盘。如图 3-32(b)所示，如果将两块密度相同的光栅重叠，并使它们的刻线相互倾斜一个很小的角度 θ，就会出现明暗相间的条纹，这种条纹称莫尔条纹。

莫尔条纹的特性是：两光栅的倾角 θ 越小，相邻明、暗条纹间的间距 ω（简称纹距）就越大，其关系为

$$\omega = \frac{d}{\theta}\rho' \tag{3-19}$$

式中，$\rho'=3\,438$。例如，当 $\theta=20'$ 时，$\omega=172d$，即纹距 ω 比栅距 d 大 172 倍。这样，就可以对纹距进一步细分，以达到提高测角精度的目的。

当两光栅在与其刻线垂直的方向相对移动时，莫尔条纹将作上下移动。当相对移动一条刻线距离时，莫尔条纹则上下移动一周期，即明条纹正好移到原来邻近的一条明条纹的位置上。

如图 3-32(a)所示，为了在转动度盘时形成莫尔条纹，在光栅度盘上安装有固定的指示光栅。指示光栅与度盘下面的发光管和上面的光敏二极管固连在一起，不随照准部转动。光栅度盘与经纬仪的照准部固连在一起，当光栅度盘与经纬仪照准部一起转动时，即形成莫尔条纹。随着莫尔条纹的移动，光敏二极管将产生按正弦规律变化的电信号，将此电信号整形，可变为矩形脉冲信号，对矩形脉冲信号计数，即可求得度盘旋转的角值。测角时，在望远镜瞄准起始方向后，可使仪器中心的计数器为 0°（度盘置零）。在度盘随望远镜瞄准第二个目标的过程中，对产生的脉冲进行计数，并通过译码器化算为度、分、秒在显示窗口显示。

图 3-33 所示为南方测绘仪器公司生产的 ET－02 电子经纬仪。该仪器一测回方向观测中误差为±2″，角度最小显示到 1″，竖盘指标自动归零补偿采用液体电子传感补偿

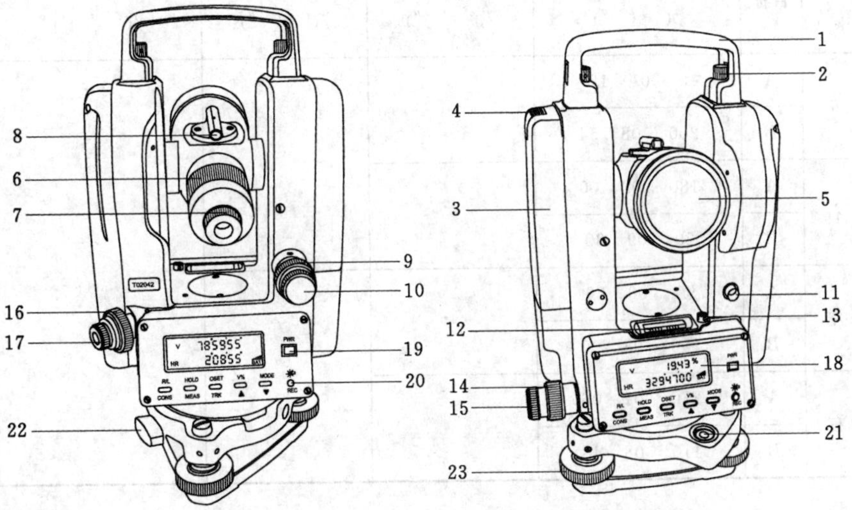

图 3-33 ET－02 电子经纬仪

1——手柄；2——手柄固定螺丝；3——电池盒；4——电池盒按钮；5——物镜；6——物镜调焦螺旋；7——目镜调焦螺旋；8——光学瞄准器；9——望远镜制动螺旋；10——望远镜微动螺旋；11——光电测距仪数据接口；12——管水准器；13——管水准器校正螺丝；14——水平制动螺旋；15——水平微动螺旋；16——光学对中器物镜调焦螺旋；17——光学对中器目镜调焦螺旋；18——显示窗；19——电源开关键；20——显示窗照明开关键；21——圆水准器；22——轴套锁定钮；23——脚螺旋

器。它可以与南方测绘公司生产的光电测距仪和电子手簿连接，组成速测全站仪，完成野外数据的自动采集。仪器使用 NiMH 高能可充电电池供电，充满后电池可供仪器连续使用 8～10 小时；仪器设有双操作面板，每个操作面板都有完全相同的显示窗和功能键，便于正、倒镜观测；望远镜的十字丝分划板和显示窗均有照明光源，以便于在黑暗环境中观测。

思考题与习题

1. 什么是水平角？什么是竖直角？

2. 经纬仪主要由哪几部分组成？经纬仪上有哪些制动螺旋和微动螺旋？各起什么作用？

3. 观测水平角时，对中和整平的目的是什么？试述光学经纬仪对中和整平的方法。

4. 分别叙述用测回法与方向观测法测量水平角的操作步骤。

5. 经纬仪有哪些主要轴线？各轴线之间应满足什么几何条件？

6. 水平角测量的误差来源有哪些？在观测中应如何消除或减弱这些误差的影响？采用盘左、盘右观测水平角，能消除哪些仪器误差？

7. 电子经纬仪的主要特点是什么？它与光学经纬仪的根本区别是什么？

8. 整理表 3-5 中测回法观测水平角的记录。

表 3-5　　测回法观测手簿

测站	竖盘位置	目标	水平度盘读数 /(° ′ ″)	半测回角值 /(° ′ ″)	一测回角值 /(° ′ ″)	各测回平均角值 /(° ′ ″)	备注
第一测回 *O*	左	*A*	0　01　12				
		B	200　08　54				
	右	*A*	180　02　00				
		B	20　09　30				
第一测回 *O*	左	*A*	90　00　36				
		B	290　08　00				
	右	*A*	270　01　06				
		B	110　08　48				

9. 整理表 3-6 中方向观测法观测水平角的记录。

表 3-6 **方向观测法观测手簿**

测站	测回	目标	水平度盘读数 盘左 /(° ′ ″)	水平度盘读数 盘右 /(° ′ ″)	2c ″	平均读数 /(° ′ ″)	一测回归零方向值 /(° ′ ″)	各测回归零方向值的平均值 /(° ′ ″)
O	1	A	0 02 36	180 02 36				
		B	70 23 36	250 23 42				
		C	228 19 24	48 19 30				
		D	254 17 54	74 17 54				
		A	0 02 30	180 02 36				
O	2	A	90 03 12	270 03 12				
		B	160 24 06	340 23 54				
		C	318 20 00	138 19 54				
		D	344 18 30	164 18 24				
		A	90 03 18	270 03 12				

10．整理表 3-7 中竖直角观测的记录。

表 3-7 **竖直角观测手簿**

测站	目标	竖盘位置	竖直度盘读数 /(° ′ ″)	半测回角值 /(° ′ ″)	指标差 /(″)	一测回竖直角 /(° ′ ″)	备注
O	A	左	63 27 18				竖盘顺时针注记
		右	296 32 24				
	B	左	97 12 48				
		右	262 47 24				

第四章　直线定向及距离测量

【本章要点】：本章共分5节。第一节主要介绍有关直线定向的内容，包括真方位角、磁方位角、坐标方位角的定义和相互间的换算关系，正反坐标方位角的关系及坐标方位角的计算，坐标方位角与坐标象限角的关系；余后三节主要介绍工程中常见距离测量的三种方式：距离丈量、视距测量、光电测距，内容包括钢尺一般量距、精密量距，视距测量原理、观测和计算，光电测距原理、成果计算及注意事项；最后介绍有关全站仪的内容。

第一节　直线定向

一、直线定向的概念

为了确定地面上两点间平面位置的相对关系，除了测定两点间的水平距离外，还必须确定这条直线的方向。确定地面直线与标准方向间的水平夹角称为直线定向。进行直线定向，首先要选定一个标准方向作为定向基准，然后用直线与标准方向的水平夹角来表示该直线的方向。

1. 标准方向

测量工作中常用的标准方向有以下三种。

(1) 真子午线方向

如图4-1所示，地表任一点 P 与地球旋转轴所组成的平面与地球表面的交线称为 P 点的真子午线，真子午线在 P 点的切线方向称为 P 点的真子午线方向。可以应用天文测量方法或者陀螺经纬仪来测定地表任一点的真子午线方向。

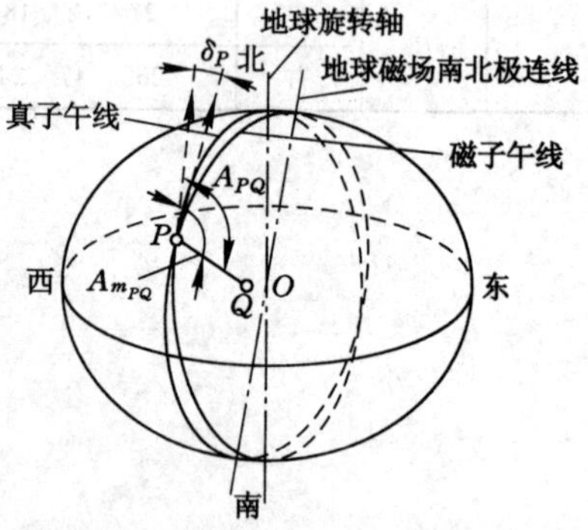

图4-1　真方位角与磁方位角关系

(2) 磁子午线方向

地表任一点 P 与地球磁场南北极连线所组成的平面与地球表面交线称为 P 点的磁子午线，磁子午线在 P 点的切线方向称为 P 点的磁子午线方向。可以应用罗盘仪来测定，在 P 点安置罗盘，磁针自由静止时其轴线所指的方向即为 P 点的磁子午线方向。

(3) 坐标纵轴方向

过地表任一点 P 且与其所在的高斯平面直坐标系或者假定坐标系的坐标纵轴平行的直线称为 P 点的坐标纵轴方向，在同一投影带中，各点的坐标纵轴方向是相互平行的。

2. 直线定向的方法

测量工作中，常采用方位角或象限角表示直线的方向。

定义：从直线起始点的标准方向的北端起，顺时针到直线的水平夹角。方位角的取值范围是 0°～360°。不同的标准方向所对应的方位角分别称为真方位角(用 A 表示)、磁方位角(用 A_m 表示)和坐标方位角(用 α 表示)。利用上述介绍的三个标准方向,可以对地表任一直线 PQ 定义三个方位角。

① 真方位角:由过 P 点的真子午线方向的北端起,顺时针到 PQ 的水平夹角,称 PQ 的真子午线方位角,用 A_{PQ} 表示。

② 磁方位角:由过 P 点的磁子午线方向的北端起,顺时针到 PQ 的水平夹角,称 PQ 的磁子午线方位角,用 $A_{m_{PQ}}$ 表示。

③ 坐标方位角:由过 P 点的坐标纵轴方向的北端起,顺时针到 PQ 的水平夹角,称 PQ 的坐标方位角,用 α_{PQ}。

3. 三种方位角之间的关系

讨论任一直线 PQ 的三种方位角之间的关系实际上就是讨论过 P 点三种标准方向之间的关系。

(1) 真方位角 A_{PQ} 与磁方位角 $A_{m_{PQ}}$ 的关系

由于地球的南北极与地球磁场的南北极不重合,过地表任一点 P 的真子午线方向与磁子午线方向也不重合,两者间的水平夹角称为磁偏角,用 δ_P 表示,其正负的定义为:以真子午线方向北端为基准,磁子午线方向北端偏东时 $\delta_P>0$,偏西时 $\delta_P<0$。图 4-1 中的 $\delta_P>0$,由图可得:

$$A_{PQ}=A_{m_{PQ}}+\delta_P \tag{4-1}$$

我国磁偏角的变化大约在于 $+6°\sim-10°$ 之间。

(2) 真方位角 A_{PQ} 与坐标方位角 α_{PQ} 的关系

如图 4-2 所示,在高斯平面直角坐标系中,过其内任一点 P 的真子午线是收敛于地球旋转轴南北两极的曲线。所以,只要 P 点不在赤道上,其真子午线方向与坐标纵轴方向就不重合,两者间的水平夹角称为子午线收敛角,用 γ_P 表示,其正负的定义为:以真子午线方向北端为基准,坐标纵轴方向北端偏东时 $\gamma_P>0$,偏西时 $\gamma_P<0$。图 4-2 中的 $\gamma_P>0$,由图可得:

$$A_{PQ}=\alpha_{PQ}+\gamma_P \tag{4-2}$$

其中,P 点的子午线收敛角可以按下列公式计算:

$$\gamma_P=(L_P-L_0)\sin B_P \tag{4-3}$$

式中　L_0——P 点所在中央子午线的经度;

L_P,B_P——P 点的大地经度和纬度。

(3) 坐标方位角与磁方位角的关系

由式(4-1)和式(4-2)可得:

$$\alpha_{PQ}=A_{m_{PQ}}+\delta_P-\gamma_P \tag{4-4}$$

4. 象限角

直线与标准方向线所夹的锐角称为象限角。象限角的取值范围为 0°～±90°,用 R 表示。平面直角坐标系分为四个象限,以Ⅰ、Ⅱ、Ⅲ、Ⅳ表示。由于象限角可以自北端或南端量起,所以表示直线的方向时,不仅要注明其角度大小,而且要注明其所在象限。如图 4-3 所示,直线 OA、OB、OC、OD 分别位于四个象限中,其名称分别为北东(NE)、南东(SE)、南西(SW)北西(NW)。方位角和象限角可以互相换算,换算方法见表 4-1。

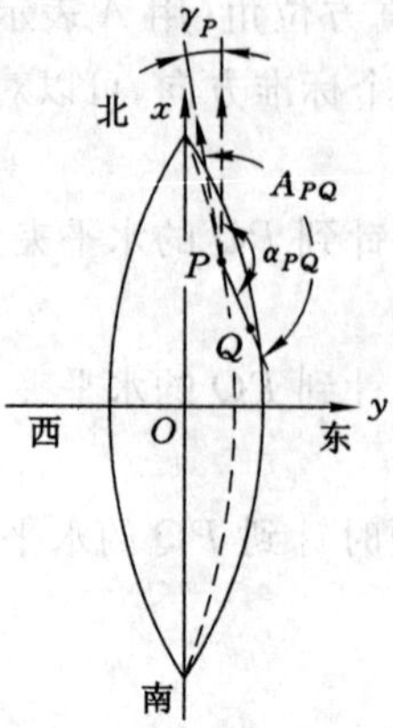

图 4-2　真方位角与坐标方位角

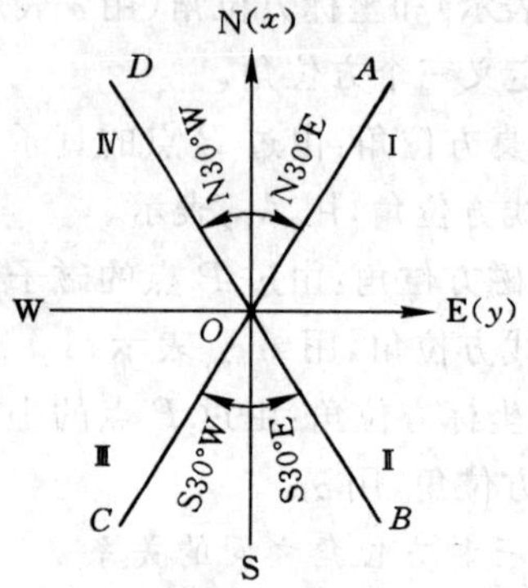

图 4-3　象限角

表 4-1　　　方位角和象限角的关系

象限		由方位角 α 求象限角 R	由方位角 R 求象限角 α
编号	名称		
Ⅰ	北东(NE)	$R=\alpha$	$\alpha=R$
Ⅱ	南东(SE)	$R=180°-\alpha$	$\alpha=180°-R$
Ⅲ	南西(SW)	$R=\alpha-180°$	$\alpha=180°+R$
Ⅳ	北西(NW)	$R=360°-\alpha$	$\alpha=360°-R$

二、坐标方位角的计算

普通测量中，应用最多的是坐标方位角，在以后的讨论中，除非特别声明，所提及的方位角均指坐标方位角。

1. 由已知点的坐标反算坐标方位角

由图 4-4 所示的坐标增量三角形可得：

$$R_{AB}=\arctan\frac{\Delta y_{AB}}{\Delta x_{AB}} \tag{4-5}$$

式中，$\Delta x_{AB}=x_B-x_A$ 为边长 $A\to B$ 的纵坐标增量；$\Delta y_{AB}=y_B-y_A$ 为边长 $A\to B$ 的横坐标增量；R_{AB} 为 $A\to B$ 的象限角。

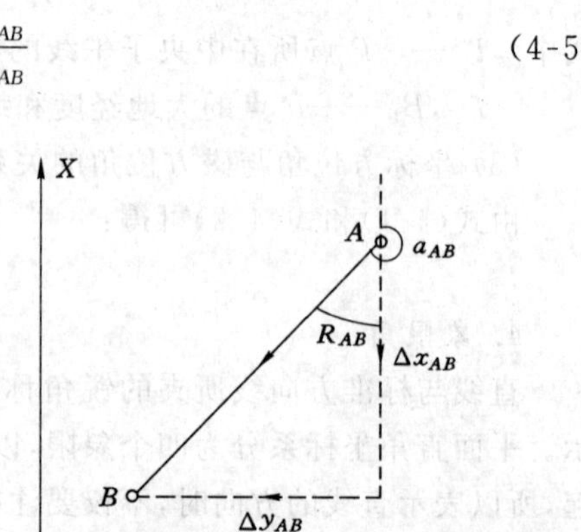

图 4-4　由坐标反算坐标方位角原理

如果将边长 AB 看成一个矢量，则它的 x,y 坐标增量就是边长矢量在 X,Y 轴方向上的投影分量。根据力学的三角形法则，标出边长 $A\to B$ 的 x,y 坐标增量的方向如图 4-4 所示。可以根据边长的坐标增量方向与对应坐标轴方向的关系来判别坐标增量的正负，当坐标增量方向与对应坐标轴方向相同时，坐标增量为正；相反为负。图 4-4

中的 Δx_{AB}、Δy_{AB} 均为负，所以象限角 R_{AB} 位于第三象限，由式(4-5)求得的象眼角 $R_{AB}>0$。根据坐标方位角的定义，由图 4-4 可以求得坐标方位角与象限角的关系为：

$$\alpha_{AB} = 180° + R_{AB} \tag{4-6}$$

图 4-5 以坐标增量 Δx_{AB}、Δy_{AB} 为纵、横轴画出了当象限角 R_{AB} 分别位于一、二、三、四象限时坐标方位角与象限角的关系(见表 4-1)。由图可以总结出坐标方位角与坐标增量正负关系，见表 4-2。

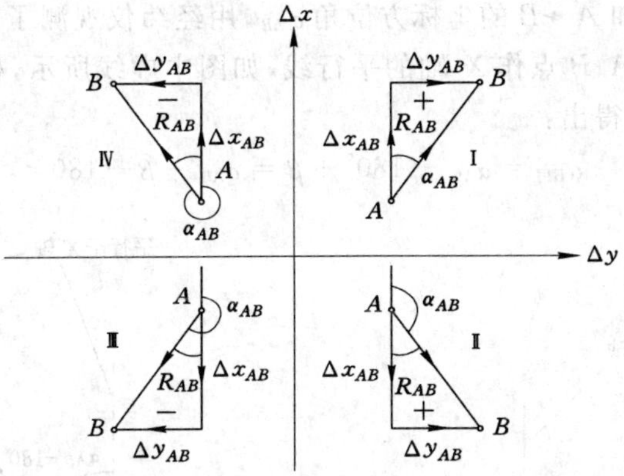

图 4-5　象限角与方位角的关系

表 4-2　坐标增量正负号

象限	坐标方位角	cos α	sin α	Δx	Δy
Ⅰ	0°～90°	+	+	+	+
Ⅱ	90°～180°	−	+	−	+
Ⅲ	180°～270°	−	−	−	−
Ⅳ	270°～360°	+	−	+	−

例 4-1　如图 4-4 中 A、B 两点的坐标分别为：$x_A=512.652$ m，$y_A=847.389$ m，$x_B=315.645$ m，$y_B=694.021$ m，计算 AB 坐标方位角 α_{AB}。

解：

$$\Delta x_{AB} = x_B - x_A = 315.645 - 512.652 = -197.007 \text{ m}$$

$$\Delta y_{AB} = y_B - y_A = 694.021 - 847.389 = -153.368 \text{ m}$$

$R_{AB}=\arctan\dfrac{\Delta y_{AB}}{\Delta x_{AB}}=37°54'01''$，因 $\Delta x_{AB}<0$，$\Delta y_{AB}<0$，所以象限角位于第三象限，故坐标方位角为：

$$\alpha_{AB} = R_{AB} + 180° = 217°54'01''$$

2. 正、反坐标方位角

正、反坐标方位角是一个相对概念，如果称 α_{AB} 为正方位角，则 α_{BA} 就是 α_{AB} 的反方位角，反之亦然。由图 4-6 容易看出正、反坐标方位角的关系为：

$$\alpha_{BA} = \alpha_{AB} + 180°$$

通用关系应该为：

$$\alpha_{BA} = \alpha_{AB} \pm 180^\circ \tag{4-7}$$

上式等号右边第二项 180°前的正负号的取号规律为：当 $\alpha_{AB} < 180^\circ$ 时取正号，$\alpha_{AB} > 180^\circ$ 时取负号。这样就可以确保求得的反坐标方位角一定满足方位角的取值范围（0°～ 360°）。

3. 坐标方位角的推算

在实际工作中并不需要测定每条直线坐标方位角，而是通过与已知坐标方位角的直线联测后，推算出各条直线的坐标方位角。

如图 4-7 所示，已知 $A \to B$ 的坐标方位角 α_{AB}，用经纬仪观测了水平角 β，求 $B \to 1$ 的坐标方位角 α_{B1}。分别过 A、B 点作 X 轴的平行线，如图中虚线所示，根据坐标方位角的定义及图中的几何关系容易得出：

$$\alpha_{B1} = \alpha_{AB} - 180^\circ + \beta = \alpha_{AB} + \beta - 180^\circ \tag{4-8}$$

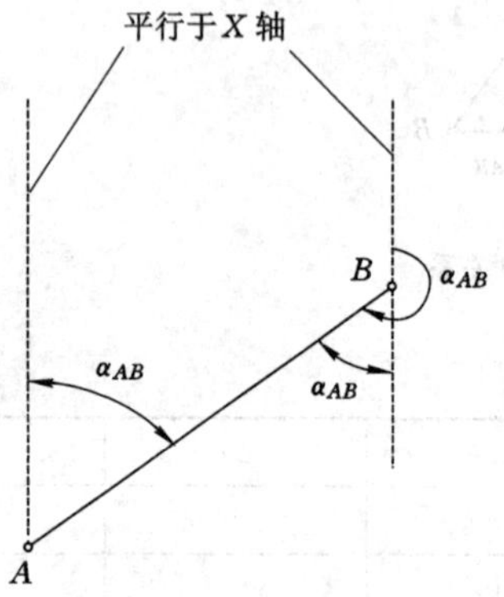

图 4-6　正反坐标方位角

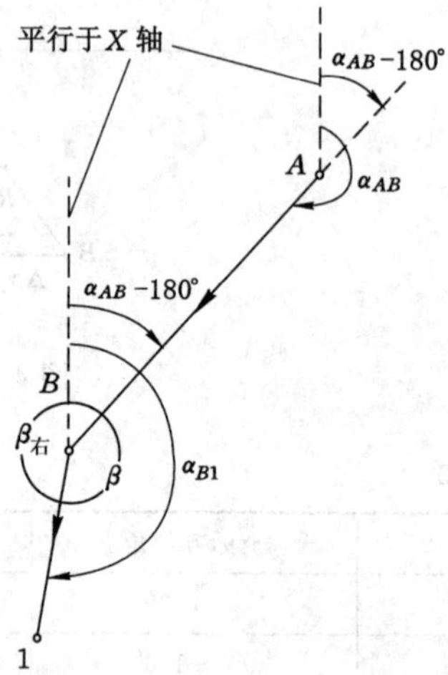

图 4-7　坐标方位角推算

由于观测的水平角 β 位于坐标方位角推算路线 $A \to B \to 1$ 的左边，所以称 β 角相对于上述推算路线为左角。如果观测的是右角 $\beta_{右}$，则有 $\beta = 360^\circ - \beta_{右}$，将其代入式(4-8)得：

$$\alpha_{B1} = \alpha_{AB} - \beta_{右} + 180^\circ \tag{4-9}$$

式(4-8)和式(4-9)就是坐标方位角的推算公式，由此可以写出推算坐标方位角的一般公式为：

$$\alpha_{前} = \alpha_{后} + \left\{\begin{matrix} +\beta_{左} \\ -\beta_{右} \end{matrix}\right\} \pm 180^\circ \tag{4-10}$$

式中，用 $\beta_{左}$ 推算时是加 $\beta_{左}$，用 $\beta_{右}$ 推算时是减 $\beta_{右}$，简称“左加右减”；等号右边最后一项 180°前正负号的取号规律是：当等号右边前两项的计算结果小于 180°时取正号，大于 180°时取负号。若计算的前进边坐标方位角在 0°～ 360°之间，则就是正确的坐标方位角；若按此顺序计算的坐标方位角大于 360°，再减 360°；若小于 0°，再加 360°，这样就可以确保求得的坐标方位角一定满足方位角的取值范围（0°～ 360°）。

例 4-2　如图 4-8 所示，已知起始边 AB 的坐标方位角为 40°48′00″，观测角如图所示，试求 BC，CD，DA 的坐标方位角。

解：由题意知，计算坐标方位角的路线为 $ABCDA$，因此观测角度变成前进方向的右角，

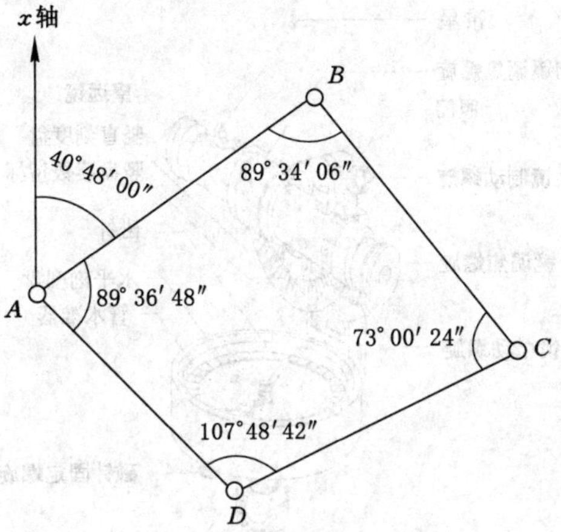

图 4-8　例 4-2 图

由公式(4-10)可得：

$$\alpha_{BC} = 40°48'00'' - 89°34'06'' + 180° = 131°13'54''$$
$$\alpha_{CD} = 131°13'54'' - 73°00'24'' + 180° = 238°13'30''$$
$$\alpha_{DA} = 238°13'30'' - 107°48'42'' + 180° = 310°24'48''$$

检核：$\alpha_{BC} = 310°24'48'' - 89°36'48'' - 180° = 40°48'00''$

例 4-3　如图 4-9 所示，已知 $\alpha_{AB} = 143°26'38''$，观测所得的左角为 $\beta_B = 260°13'24''$，$\beta_1 = 333°42'35''$，$\beta_2 = 107°48'27''$，试计算各边的坐标方位角。

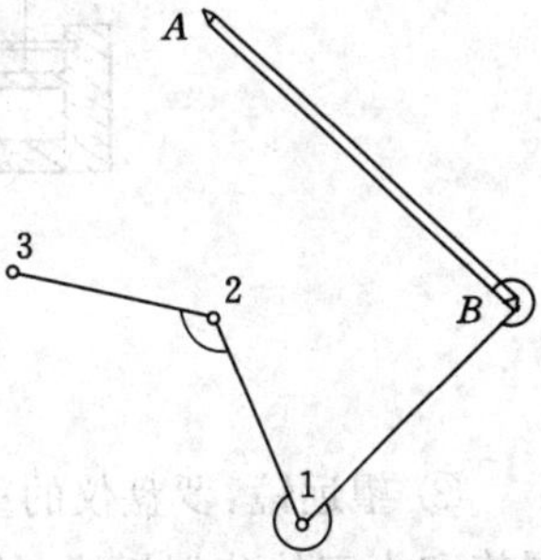

图 4-9　例 4-3 图

解：由题意知，观测角度为前进方向的左角，由公式(4-10)可得：

$\alpha_{B1} = 143°26'38'' + 260°13'24'' - 180° = 223°40'02''$

$\alpha_{12} = (223°40'02'' + 333°42'35'' - 180°) - 360° = 17°22'37''$

$\alpha_{23} = 17°22'37'' + 107°48'27'' + 180° = 305°11'04''$

三、用罗盘仪测定磁方位角

1. 罗盘仪的构造

罗盘仪是测量直线磁方位角的仪器，如图 4-10 所示。该仪器构造简单，使用方便，但精度不高，外界环境对仪器的影响较大，如钢铁建筑和高压电线都会影响其精度。当测区内没有国家控制点可用而需要在小范围内建立假定坐标系的平面控制网时，可用罗盘仪测量磁方位角，作为该控制网起始边的坐标方位角。

罗盘仪的主要部件有磁针、刻度盘、望远镜和基座。

① 磁针：磁针用人造磁铁制成，磁针在度盘中心的顶针尖上可自由转动。为了减轻顶针尖的磨损，在不用时，可用位于底部的固定螺旋升高杠杆，将磁针固定在玻璃盖上，如图 4-11 所示。

② 刻度盘：用钢或铝制成的圆环，随望远镜一起转动，每隔 10°有一注记，按逆时针方向从 0°注记到 360°，最小分划为 1°或 30′。刻度盘内装有一个圆水准器或者两个相互垂直的管水准器，用手控制气泡居中，使罗盘仪水平。

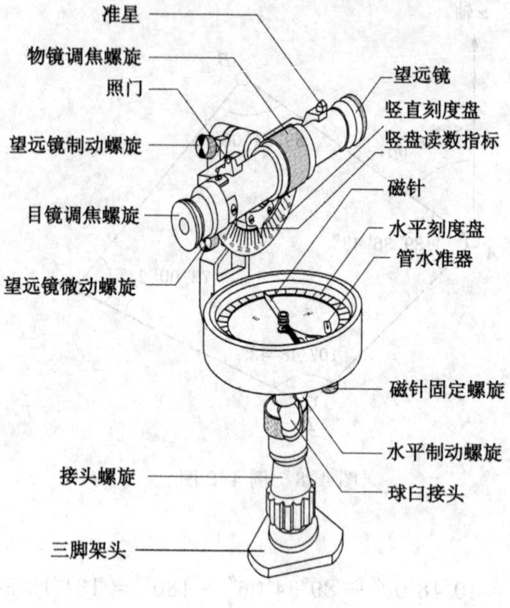

图 4-10 罗盘仪

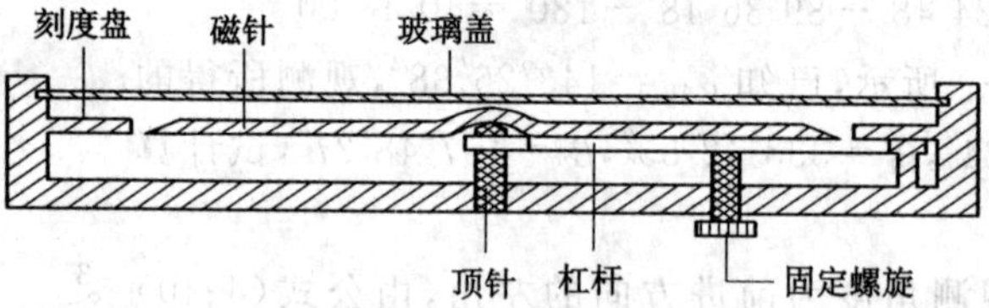

图 4-11 罗盘结构图

③ 望远镜：罗盘仪的望远镜与经纬仪的望远镜结构基本相似，也有物镜对光、目镜对光螺旋和十字的分划板等，其望远镜的视准轴与刻度盘的 0°分划线共面，如图 4-12 所示。

④ 基座：采用球臼结构，松开球臼接头螺旋，可摆动刻度盘，使水准气泡居中，度盘处于水平位置，然后拧紧接头螺旋。

2. 用罗盘仪测定直线磁方位角的方法

① 将罗盘仪安置在直线起点 A，挂上垂球对中后，松开球臼接头螺旋，用手前、后、左、右转动刻度盘，使水准器气泡居中，拧紧球臼接头螺旋，使仪器处于对中和整平状态，在直线的另一端 B 点竖立标志。

② 松开罗盘盒制动螺旋，转动望远镜，照准直线另一端 B 点的标志。

③ 松开磁针固定螺旋，让它自由转动，然后转动罗盘，用望远镜照准 B 点标志，待磁针静止后，按磁针北端所指的度盘分划值读数即为 AB 边的磁方位角角值。如图 4-12 所示，直线 AB 的磁方位角 $A_m=307°$，如果测量时使用象限罗盘，那么磁针北端所指示的刻度盘读数即为磁象限角。

3. 注意事项

① 罗盘仪使用时，要避开高压电线和避免铁质物体接近罗盘，以免影响磁针指北的

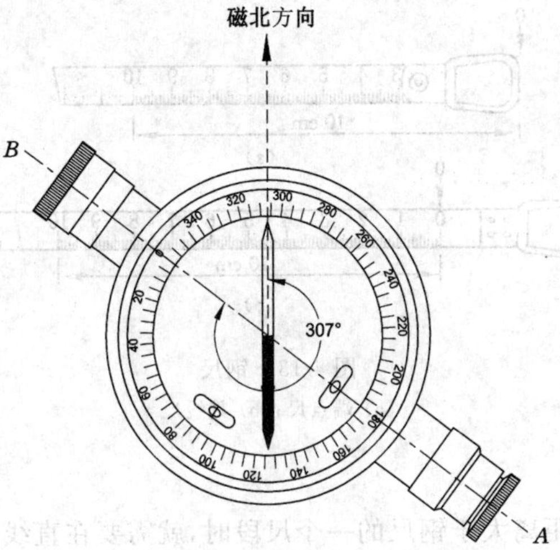

图 4-12　罗盘仪测定磁方位角

精度。

② 在测量结束后，要旋紧固定螺旋将磁针固定，防止磨损顶针，以保护磁针灵活自由地转动。

第二节　钢尺量距

地面点沿铅垂线方向投影到水平面上，投影点之间的距离，称为水平距离。距离测量是测量的三项基本工作之一，其目的是测量地面点之间的水平距离。直线定向是确定地面上两点垂直投影到水平面上的直线方向。距离测量方法有钢尺量距、视距测量、电磁波测距和 GPS 测量等。钢尺量距是用钢卷尺沿地面直接丈量距离；视距测量是利用经纬仪或水准仪望远镜中的视距丝及视距标尺按几何光学原理进行测距；电磁波测距是用仪器发射并接收电磁波，通过测量电磁波在待测距离上往返传播的时间解算出距离；GPS 测量是利用两台 GPS 接收机接收空间轨道上 4 颗卫星发射的精密测距信号，通过距离空间交会的方法解算出两台 GPS 接收机之间的距离。本章重点介绍前三种距离测量方法。

钢尺量距是利用钢尺以及辅助工具直接量测地面上两点间的水平距离，又称为距离丈量，通常在短距离测量中使用。精度要求较高的距离测量，应采用电磁波测距。因此，本节主要讲述钢尺量距的一般方法。

一、量距工具

钢尺量距的主要工具是钢尺，又称钢卷尺。常用的钢尺长度有 20 m、30 m 和 50 m，其基本分划有厘米(cm)和毫米(mm)两种。以厘米分划的钢尺在起始的 10 cm 内为毫米分划。

根据零点位置的不同，钢尺有端点尺和刻线尺两种。端点尺是以尺的最外端作为尺的零点。刻线尺是以尺前端的一刻线作为尺的零点，如图 4-13 所示。钢尺量距的辅助工具有测钎、标杆、垂球，精密量距时，还需要弹簧秤、温度计等。

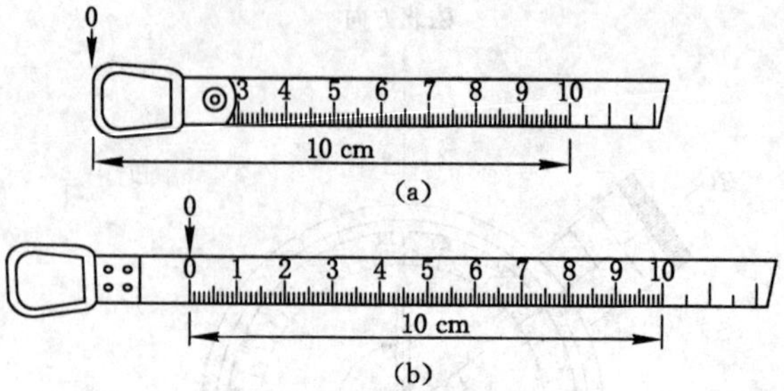

图 4-13 钢尺

(a) 端点尺；(b) 刻线尺

二、直线定线

当地面两点之间的距离大于钢尺的一个尺段时，就需要在直线方向上标定若干分段点，以便于用钢尺分段丈量。直线定线的目的是使这些分段点在待量直线端点的连线上，方法有以下两种。

1. 目测定线

目测定线适用于钢尺量距的一般方法。如图 4-14 所示，设 A、B 两点互相通视，要在 A、B 两点的直线上标出分段点 1、2 点。先在 A、B 点上竖立标杆，甲站在 A 点标杆后约 1 m 处，指挥乙左右移动标杆，直到甲在 A 点沿标杆的同一侧看到 A、2、B 三支标杆成一条线为止。同法可以定出直线上的其他点。两点间定线，一般应由远到近，即先定 1 点，再定 2 点。定线时，乙所持标杆应竖直，利用食指和拇指夹住标杆的上部，稍微提起，利用重心使标杆自然竖直。此外，为了不挡住甲的视线，乙应持标杆站立在直线方向的左侧或右侧。

图 4-14 目测定线

2. 经纬仪定线

经纬仪定线适用于钢尺量距的精密方法。设 A、B 两点互相通视，将经纬仪安置在 A 点(对中、整平)，用望远镜纵丝瞄准 B 点，制动照准部，望远镜上下转动，指挥在两点间某一点上的助手，左右移动标杆，直至标杆像为纵丝所平分。为了减小照准误差，精密定线时，可以用直径更细的测钎或垂球线代替标杆。

三、量距方法

1. 钢尺量距的一般方法

(1) 平坦地面的距离丈量

丈量工作一般由两人进行。如图 4-15 所示，清除待量直线上的障碍物后，在直线两端点 A、B 竖立标杆，后尺手持钢尺的零端位于 A 点，前尺手持钢尺的末端和一组测钎沿 AB 方向前进，行至一个尺段处停下。后尺手用手势指挥前尺手将钢尺拉在 AB 直线上，后尺手将钢尺的零点对准 A 点，当两人同时把钢尺拉紧后，前尺手在钢尺末端的整尺段长分划处竖直插下一根测钎（如果在水泥地面上丈量插不下测钎时，也可以用笔在地面上划线做记号）得到 1 点，即量完一个尺段。前、后尺手抬尺前进，当后尺手到达插测钎或划记号处时停住，再重复上述操作，量完第二尺段。后尺手拔起地上的测钎，依次前进，直到量完 AB 直线的最后一段为止。

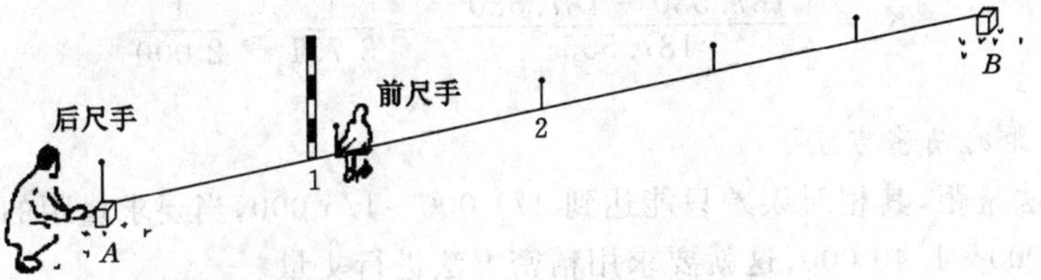

图 4-15　平坦地面的距离丈量

最后一段距离一般不会刚好是整尺段的长度，称为余长。丈量余长时，前尺手在钢尺上读取余长值，则最后 A、B 两点间的水平距离为：

$$D_{AB}=n\times\text{尺段长}+\text{余长} \tag{4-11}$$

式中，n 为整尺段数。

在平坦地面，钢尺沿地面丈量的结果就是水平距离。为了防止丈量中发生错误和提高量距的精度，需要往、返丈量，返测时，要重新定线。往、返丈量距离较差的相对误差 K 的定义为：

$$K=\frac{|D_{AB}-D_{BA}|}{\overline{D}_{AB}} \tag{4-12}$$

式中，$\overline{D}_{AB}$ 为往、返丈量距离的平均值。在计算距离较差的相对误差时，一般化成分子为 1 的分式，相对误差的分母越大，说明量距的精度越高。对图根钢尺量距导线，钢尺量距往返丈量较差的相对误差一般不应大于 1/3 000，如果量距的相对较差没有超过规定，可取距离往、返丈量的平均值 $\overline{D}_{AB}$ 作为两点间的水平距离。

（2）倾斜地面的距离丈量

① 平量法：沿倾斜地面丈量距离，当地势起伏不大时，可将钢尺拉平丈量。如图4-16所示，丈量由 A 点向 B 点进行，甲立于 A 点，指挥乙将尺拉在 AB 方向线上。甲将尺的零端对准 A 点，乙将钢尺抬高，并且目估使钢尺水平，然后用垂球尖将尺段的末端投影到地面上，插上测钎。若地面倾斜较大，将钢尺抬平有困难时，可将一个尺段分成几个小段来平量。

② 斜量法：当倾斜地面的坡度比较均匀时（图 4-17），可以沿着斜坡丈量出 A、B 的斜距

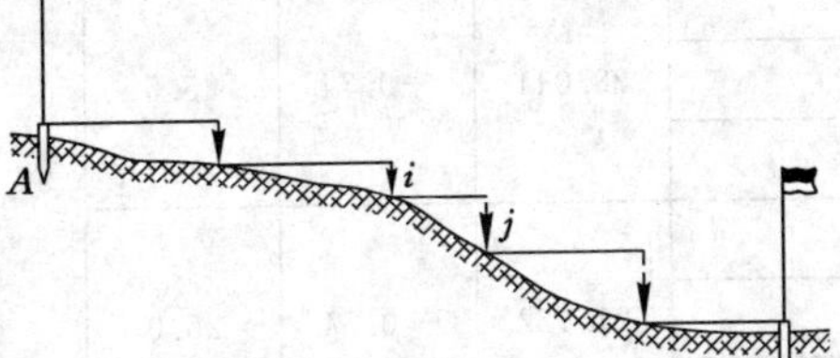

图 4-16　平量法示意图

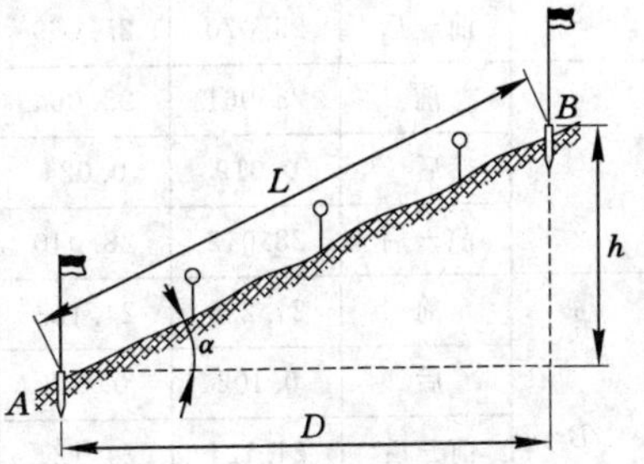

图 4-17　斜量法示意图

L,测出地面倾斜角 α 或两端点的高差 h,然后按下式计算 A、B 的水平距离 D:

$$D = L\cos\alpha = \sqrt{L^2 - h^2} \tag{4-13}$$

例 4-4 A、B 的往测距离为 187.530 m,返测距离为 187.580 m,往返平均数为187.555 m,则测量 AB 的相对误差 K 为:

$$K = \frac{|187.530 - 187.580|}{187.555} = \frac{1}{3\ 751} < \frac{1}{2\ 000}$$

2. 钢尺量距的精密方法

用一般方法量距,其相对误差只能达到 1/1 000~1/5 000,当要求量距的相对误差更小时,例如 1/10 000~1/40 000,这就要求用精密方法进行丈量。

精密方法量距的主要工具为钢尺、弹簧秤、温度计等。其中,钢尺必须经过检验,并得到其检定的尺长方程式。精密量距前要先清理场地,将经纬仪安置在测线端点 A,瞄准 B 点,先用钢尺进行概量。在视线上依次定出比钢尺一整尺略短的尺段,并打下木桩,木桩要高出地面 2~3 cm,桩上钉一白铁皮。若不打木桩则安置三脚架,三脚架上安放带有基座的轴杆头。利用经纬仪进行定线,在白铁皮上划一条线,使其与 AB 方向重合。并在其垂直方向上划一线,形成十字,作为丈量标志。量距是用经过检定的钢尺或因瓦尺,丈量组由 5 人组成,2 人拉尺,两人读数,1 人指挥并读温度和记录。丈量时后尺手要用弹簧秤控制施加给钢尺的拉力。这个力应是钢尺检定时施加的标准力(30 m 钢尺,一般施加 100 N)。前后司尺手应同时在钢尺上读数,估读到 0.5 mm。每尺段主要移动钢尺前后位置三次。三次测得距离之差不应超过 2~3 mm,同时记录现场温度,估读到 0.5 ℃。用水准仪测尺段木桩顶间高差。往返高差不应超过±10 mm。这种量距法称为串尺法量距,记录手簿见表 4-3。

表 4-3　钢尺精密量距记录手簿

线段	尺段号	读数/m					中数/m	高差/m	温度/℃	备注
			第一次	第二次	第三次	第四次				
	A	前	29.510	29.530	29.568					
A		后	0.023	0.045	0.082		29.486	+1.12	26.0	
	1	前一后	29.487	29.485	29.486					
	1	前	25.308	25.161	25.835					
		后	0.238	0.092	0.764		25.070	+0.73	26.0	
	2	前一后	25.070	25.069	25.071					
	2	前	28.061	28.064	28.075					
		后	0.019	0.024	0.034		28.041	+0.74	25.5	
	3	前一后	28.042	28.040	28.041					
B	3	前	24.226	24.153	24.233					
		后	0.102	0.032	0.112		24.122	−0.54	25.0	
	B	前一后	24.124	24.121	24.121					

四、钢尺精密量距成果整理

钢尺量距时，由于钢尺长度有误差并受量距时的环境影响，对量距结果应进行以下几项改正才能保证距离测量精度。尺面上注记的名义长度与实际长度不相等，从而使得丈量的结果是名义距离而不是实际距离。为了保证距离丈量的精度，量距结果应进行改正计算。

1. 尺长方程式

钢尺经过专门检定部门检定，得出钢尺在标准温度和标准拉力（一般为 100 N）下的实际长度，并给出钢尺的尺长方程式。其表达式为：

$$l_t = l_0 + \Delta l + \alpha(t - t_0)l_0 \tag{4-14}$$

式中　l_t——钢尺在温度 t 时的实际长度，m；

l_0——钢尺的名义长度，m；

Δl——整尺段在检定温度 t_0 时的尺长改正数，m；

α——钢尺的线膨胀系数，一般为 1.25×10^{-5} m/m·℃；

t_0——钢尺检定时的温度（或标准温度，一般为 20 ℃）；

t——距离丈量时的温度，℃。

2. 尺长改正

钢尺名义长度 l_0，一般和实际长度不相等，每量一段都需加入尺长改正。在标准拉力、标准温度下经过检定实际长度为 l'，其差值 Δl 为整尺段的尺长改正：

$$\Delta l = l' - l_0$$

任一长度 l 尺长改正公式为：

$$\Delta l_d = \frac{\Delta l}{l_0} l \tag{4-15}$$

3. 温度改正

钢尺长度受温度影响会伸缩。当野外量距时温度 t 与检定钢尺时温度 t_0 不一致时，要进行温度改正，其改正公式为：

$$\Delta l_t = \alpha(t - t_0)l \tag{4-16}$$

4. 倾斜改正

设沿地面量斜距为 l，测得高差为 h，换成平距 D 时要进行倾斜改正 Δl_h：

$$\Delta h_h = D - l = \sqrt{(l^2 - h^2)} - l = l\left[\left(1 - \frac{h^2}{l^2}\right)^{1/2} - 1\right]$$

上式用级数展开：

$$\Delta h_h = l\left[\left(1 - \frac{h^2}{2l^2} - \frac{h^4}{8l^4} - \cdots\right) - 1\right]$$

当高差不大时，h 与 l 的比值很小，取第二项得：

$$\Delta l_h = -\frac{h^2}{2l} \tag{4-17}$$

综上所述，每一尺段改正后的水平距离为：$D = l + \Delta l_d + \Delta l_t + \Delta l_h$

钢尺精密量距计算手簿见表 4-4。

表 4-4　　钢尺精密量距计算手簿

钢尺号：No.01　钢尺线膨胀系数：0.000 0125 m/℃　检定温度：20 ℃　计算者：李强

名义尺长：30 m　钢尺检定长度：30.001 5 m　检定拉力：100 N　日期：2016.05.18

尺段	尺段长度 /m	温度 /℃	高差 /m	温度改正 /mm	高差改正 /mm	尺长改正 /mm	改正后尺段长 /m
1	2	3	4	5	6	7	8
$A-1$	29.921 8	25.5	−0.152	+2.0	−0.4	+1.5	29.924 9
1−2	29.819 5	25.4	−0.071	+1.9	−0.08	+1.5	29.822 8
$2-B$	24.110 2	25.7	−0.210	+1.6	−0.9	+1.2	24.112 1
总和							83.859 8

例 4-5　使用尺长方程式为 $l_t=30\ \text{m}+0.005\ \text{m}+1.25\times10^{-5}\times30\times(t-20)$ 的钢尺，沿倾斜地面丈量 M、N 两点的距离，测得距离为 98.257 m，丈量时的平均温度为 30 ℃，用水准仪测得两点的高差为 1.58 m，求 MN 的水平距离。

解：(1) 整尺段实长 l_t

$$l_t=[30+0.005+1.25\times10^{-5}\times30\times(30-20)]=30.008\ 75\ (\text{m})$$

(2) 倾斜实长 D

$$D=D'\frac{l_t}{l_0}=98.257\times\frac{30.008\ 75}{30}98.286\ (\text{m})$$

(3) MN 的水平距离 D_{MN}

$$D_{MN}=\sqrt{D^2-h_{MN}^2}=\sqrt{98.286^2-1.58^2}=98.273\ (\text{m})$$

例 4-6　丈量 $A-1$ 尺段，设所使用的钢尺名义长度 $l_0=30$ m，实际长度 $l'=29.995\ 0$ m，检定时的温度 $t_0=20$ ℃，用此钢尺量得 $A-1$ 的尺段长 $l=23.586\ 7$ m，丈量时的温度 $t=26$ ℃，两端点高差 $h=0.449$ m，求该尺段的水平距离 D_{A-1}。

解：(1) 尺长改正 Δl_d

由式(4-15)得：

$$\Delta l_d=\frac{-0.005}{30}\times23.568\ 7\approx-0.003\ 9\ (\text{m})$$

(2) 温度改正 Δl_t

由式(4-16)得：

$$\Delta l_t=1.25\times10^{-5}\times(26-20)\times23.586\ 7\approx+0.001\ 8\ (\text{m})$$

(3) 倾斜改正 Δl_h

由式(4-17)得：

$$\Delta l_h=-\frac{0.449^2}{2\times23.586\ 7}=-0.004\ 3\ (\text{m})$$

改正后的水平距离为：

$$D_{A-1}=23.587\ 6-0.003\ 9+0.001\ 8-0.004\ 3=23.580\ 3\ (\text{m})$$

五、钢尺量距的误差分析及注意事项

1. 量距误差分析

影响钢尺量距精度的因素很多，主要有定线误差、尺长误差、温度测定误差、钢尺倾斜误差、拉力不均误差、钢尺对准误差、读数误差等。现分析各项误差对量距的影响，要求各项误差对测距影响在 1/30 000 以内。

（1）定线误差

在量距时由于钢尺没有准确地安放在待量距离的直线方向上，所量的是折线，不是直线，造成量距结果偏大，如图 4-18 所示。设定线误差为 ε，一尺段的量距误差为 Δε：

$$\Delta\varepsilon = 2\left(\sqrt{\left(\frac{l}{2}\right)^2 - \varepsilon^2} - \frac{l}{2}\right) = -\frac{2\varepsilon^2}{l}$$

当$\frac{\Delta\varepsilon}{l} \leqslant \frac{1}{30\ 000}$，$l=30$ m 时，$\varepsilon \leqslant 0.12$ m，所以用目估定线即可达到此精度。

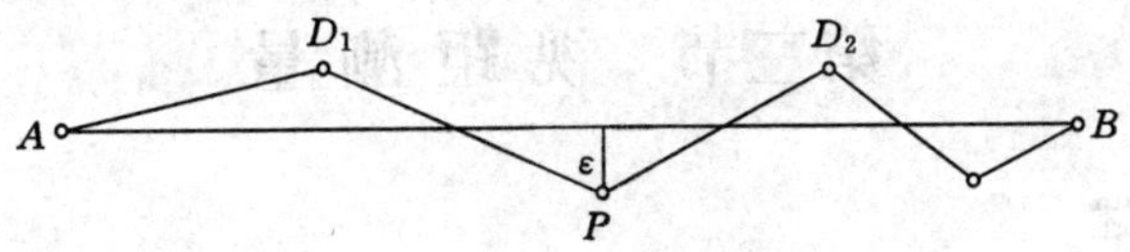

图 4-18　定线误差

（2）尺长误差

钢尺名义长度与实际长度之差产生的尺长误差对量距的影响，是随着距离的增加而增加的。在高精度量距时应加尺长改正，并要求钢尺尺长检定误差小于 1 mm。

（3）温度误差

根据钢尺温度改正公式 $\Delta l_t = \alpha(t - t_0)l$，当温度变化 ±3 ℃时，由此引起的距离误差为 1/30 000。另外在测试时温度计显示的是空气环境温度，不是钢尺本身的温度。在阳光曝晒下，钢尺温度与环境温度可相差 5 ℃，则量距误差大于 1/30 000。所以量距宜在阴天进行，最好用半导体温度计测量钢尺自身温度。

（4）拉力误差

钢尺具有弹性，受拉会伸长。钢尺弹性模量 $E = 2\times10^6$ kg/cm²，设钢尺断面积 $A = 0.04$ cm²，钢尺拉力误差为 ΔP，根据虎克定律，钢尺伸长误差为：

$$\Delta\lambda_P = \frac{\Delta P \cdot l}{EA} \tag{4-18}$$

当 $\Delta P = 3$ kg，$l = 30$ m 时，钢尺拉力误差为 1 mm，所以在精密量距时应用弹簧秤控制拉力。

（5）钢尺倾斜误差

钢尺量距时若钢尺不水平或测量距离时两端高差测定有误差，对量距会产生误差，使距离测量值偏大。倾斜改正公式为：

$$\Delta l_h = -\frac{h^2}{2l} \tag{4-19}$$

从上式可见，高差大小和测定误差对测距精度有影响。对于 $l = 30$ m 的钢尺，当 $h = 1$ m，高差误差为 5 mm 时，产生测距误差为 0.17 mm。所以在精密量距时，用普通水准仪测定高差即可。

（6）钢尺对准及读数误差

在量距时，钢尺对点误差、测钎安置误差及读数误差都会对量距产生误差。这些误差是偶然误差,所以量距时应仔细认真,可采用多次丈量取平均值以提高量距精度。另外钢尺基本分划为 1 mm,一般读数也到毫米,若不仔细会产生较大误差,所以测量时要认真仔细。

2. 钢尺的维护

① 钢尺易生锈,工作结束后,应用软布擦去尺上的泥和水,涂上机油,以防生锈。

② 钢尺易折断,如果钢尺出现卷曲,切不可用力硬拉。

③ 在行人和车辆多的地区量距时,中间要有专人保护,严防尺被车辆压过而折断。

④ 不准将尺子沿地面拖拉,以免磨损尺面刻划。

⑤ 收卷钢尺时,应按顺时针方向转动钢尺摇柄,切不可逆转,以免折断钢尺。

第三节 视距测量

一、视距测量概述

视距测量是一种根据几何光学原理,用简便的操作方法即能迅速测出两点间距离的方法。

视距测量是一种间接测距方法,普通视距测量所用的视距装置是测量仪器望远镜内十字丝分划板上的视距丝,视距丝是与十字丝横丝平行、间距相等的上、下两根短丝。普通视距测量是利用十字丝分划板上的视距丝和刻有厘米分划的视距尺(可用普通水准尺代替),根据几何光学原理,测定两点间的水平距离。

由于十字丝分划板上、下视距丝的位置固定,因此通过视距丝的视线所形成的夹角(视角)也是不变的,所以这种方法又称为定角视距测量。

视线水平时,视距测量测得的是水平距离。如果视线是倾斜的,为求得水平距离,还应测出竖直角。有了竖直角,也可以求得测站至目标的高差。所以说视距测量也是一种能同时测得两点之间的距离和高差的测量方法。

视距测量测距简单,作业方便,观测速度快,一般不受地形条件的限制。但测程较短,测距精度较低,在比较好的外界条件下测距相对精度仅有 1/200～1/300,低于钢尺量距;测定高差的精度低于水准测量和三角高程测量。视距测量广泛用于地形测量的碎部测量中。

二、视距测量的原理

1. 视准轴水平时的视距计算公式

如图 4-19 所示,AB 为待测距离,在 A 点安置经纬仪,B 点竖立视距尺,设望远镜视线水平(使竖直角为零,即竖直度盘读数为 90°或 270°),瞄准 B 点的视距尺,此时视线与视距尺垂直。

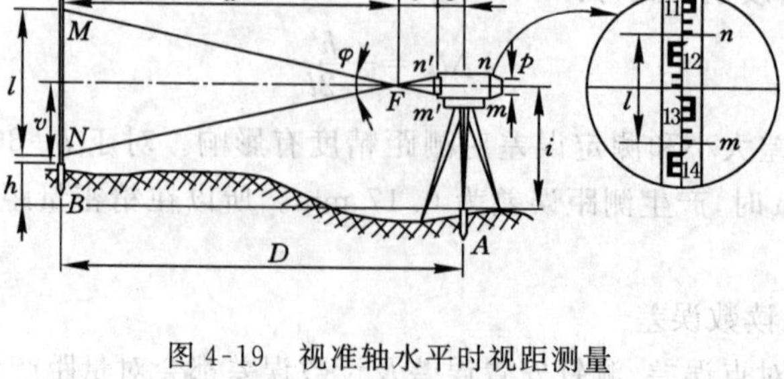

图 4-19 视准轴水平时视距测量

图 4-19 中，$p=\overline{mn}$为望远镜上、下视距丝的间距，$l=\overline{NM}$为视距间隔，f 为望远镜物镜焦距，δ 为物镜中心到仪器中心的距离。

由于望远镜上、下视距丝的间距 p 固定，因此从这两根丝引出去的视线在竖直面内的夹角 φ 也是固定的角度。设由上、下视距丝 n、m 引出去的视线在标尺上的交点分别为 N、M，则在望远镜视场内可以通过读取交点的读数 N、M 求出视距间隔 l。

图 4-19 右图所示的视距间隔为：l＝下丝读数－上丝读数＝1.385－1.188＝0.197 m。

由于$\triangle n'm'F$ 相似于$\triangle NMF$，所以有$\dfrac{d}{f}=\dfrac{l}{p}$，则：

$$d=\frac{f}{p}l \tag{4-20}$$

顾及式(4-20)，由图 4-19 得：

$$D=d+f+\delta=\frac{f}{p}l+f+\delta \tag{4-21}$$

令 $K=\dfrac{f}{p}$，$C=f+\delta$，则有：

$$D=Kl+C \tag{4-22}$$

式中，K，C 分别为视距乘常数和视距加常数。设计制造仪器时，通常使 $K=100$，C 接近于零。因此，视准轴水平时的视距计算公式为：

$$D=Kl=100l \tag{4-23}$$

如果再在望远镜中读出中丝读数 v(或者取上、下丝读数的平均值)，用小钢尺量出仪器高 i，则 A，B 两点的高差为：

$$h=i-v \tag{4-24}$$

图 4-19 所示的视距为 $D=100\times0.197=19.7$ m。

2. 视准轴倾斜时的视距计算公式

如图 4-20 所示，当视准轴倾斜时，由于视线不垂直于视距尺，所以不能直接应用式(4-23)计算视距。由于 φ 角很小，约为 34′，所以有$\angle MOM'\approx\alpha$，也即只要将视距尺绕与望远镜视线的交点 O 旋转如图所示的 α 角后就能与视线垂直，并有：

$$l'=l\cos\alpha \tag{4-25}$$

则望远镜旋转中心 Q 与视距尺旋转中心 O 的视距为：

$$L=Kl'=Kl\cos\alpha \tag{4-26}$$

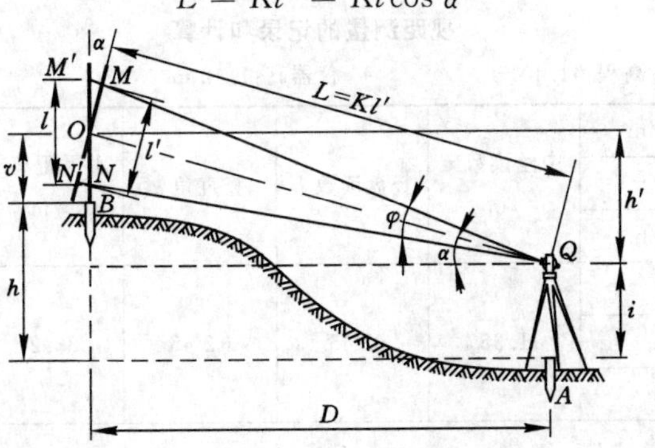

图 4-20　视准轴倾斜时的视距测量

由此求得 A、B 两点间的水平距离为：

$$D = L\cos\alpha = Kl\cos^2\alpha \tag{4-27}$$

设 A、B 的高差为 h，由图 4-20 可列出方程：

$$h + v = h' + i$$

式中，$h' = L\sin\alpha = Kl\cos\alpha\sin\alpha = \frac{1}{2}Kl\sin 2\alpha$，或者 $h' = D\tan\alpha$。h' 称为初算高差，将其代入上式，得高差计算公式为：

$$h = h' + i - v = \frac{1}{2}Kl\sin 2\alpha + i - v = D\tan\alpha + i - v \tag{4-28}$$

三、视距测量的观测和计算

视距测量主要用于地形测量测定测站至地形点的水平距离及地形点的高程。视距测量的观测按下列步骤进行：

① 在控制点 A 上安置经纬仪，作为测站点。量取仪器高 i（取至厘米数）并抄录测站点的高程 H_A（也取至厘米数）。

② 立标尺于欲测定其位置的地形点上，尽量使尺子竖直，尺面对准仪器。

③ 视距测量一般用经纬仪盘左位置进行观测，望远镜瞄准标尺后，消除视差读取下丝读数 m 及上丝读数 n（读取米、分米、厘米，估读至毫米数），计算视距间隔 $l=m-n$；也可以直接读出视距间隔，其方法为旋转望远镜微动螺旋，使上丝对准标尺上某一整分米数并迅速估读下丝的毫米数再读取其分米及厘米数，用心算得到视距间隔 l，读取中丝的读数 v（读至厘米数）；使竖盘水准管气泡居中，读竖盘读数（若竖盘指标自动归零，则打开竖盘指标补偿器开关，直接读数）。

④ 按公式计算出水平距离和高差，然后根据 A 点高程计算出 B 点高程。

视距测量时，可以采用电子计算器特别是编程计算器进行计算。可根据竖直角的计算公式，将视距测量公式进行变换，如果 $\alpha = 90° - L$，则视距测量公式变换成：

$$D = Kl\sin 2L$$

$$H = H_A + i + \frac{1}{2}Kl\sin 2L - v \tag{4-29}$$

以上完成对一个点的观测，然后重复步骤②、③、④，测定另一个点。

用经纬仪进行视距测量的记录和计算见表 4-5。

表 4-5　视距测量的记录和计算

测站：A　　测站高程：41.40 m　　仪器高：1.42 m

照准点号	下丝读数/m 上丝读数/m 视距间隔/m	中丝读数 v/m	竖盘读数 L	竖直角 α	水平距离 D/m	高差 h/m	高程 H/m
B	1.768 0.934 0.834	1.35	92°45′	+2°45′	83.21	+4.07	45.47

续表 4-5

照准点号	下丝读数/m 上丝读数/m 视距间隔/m	中丝读数 v /m	竖盘读数 L	竖直角 α	水平距离 D /m	高差 h /m	高程 H /m
C	2.182 0.660 1.522	1.42	95°27′	+5°27′	150.83	+14.39	55.79
D	2.440 1.862 0.578	2.15	88°25′	−1°35′	57.76	−2.33	39.07

注：竖盘公式：$\alpha=L-90°$。

例 4-7　在 M 点安置经纬仪，N 点竖立标尺，M 点高程 $H_M=65.32$ m。量得仪器高 $i=1.39$ m，测得上、下丝读数分别为 1.264 m，2.336 m，盘左观测的竖盘读数为 $L=82°26'00''$，仪器的竖盘指标差为 $x=+1'$，求 M、N 两点间的水平距离和高差及 N 点高程。

解：视距间隔为 $l=2.336-1.264=1.072$ m。

竖直角为 $\alpha=90°-L+x=90°-82°26'00''+1'=7°35'$。

由公式(4-27)可得：

水平距离为 $D=Kl\cos^2\alpha=105.33$ m。

中丝读数为 $v=\frac{1}{2}$(上丝读数＋下丝读数)$=1.8$ m。

由公式(4-28)可得高差为 $h_{MN}=D\tan\alpha+i-v=+13.1$ m。

N 点的高程为：$H_N=H_N+h_{MN}=65.32+13.61=78.93$ m。

四、视距测量的误差分析及注意事项

1. 视距测量的误差

视距测量的主要误差来源有视距丝在标尺上的读数误差、标尺不竖直的误差、垂直角观测误差及外界气象条件的影响等。

(1) 读数误差

视距间隔 l 由上、下视距丝在标尺上读数相减而得，由于视距常数 $K=100$，因此视距丝的读数误差将扩大 100 倍地影响所测距离。即读数误差如为 1 mm，则影响距离为 0.1 m。因此，在标尺上读数前，必须消除视差，读数时应十分仔细。另外，由于竖立标尺者不可能使标尺完全稳定不动，因此上、下丝读数应几乎同时进行。建议应用经纬仪的竖盘微动螺旋将上丝对准标尺的整分米分划后，立即估读下丝的读数方法；同时还要注意视距测量的距离不能太长，因为测量的距离越长，视距标尺一厘米分划的长度在望远镜十字丝分划板上的成像长度就越小，读数误差就越大。

(2) 标尺不竖直误差

当标尺不竖直且偏离铅垂线方向 $d\alpha$ 角时，对水平距离影响的微分关系为：

$$dD=-Kl\sin 2\alpha\frac{d\alpha}{\rho}\tag{4-30}$$

用目估使标尺竖直大约有1°的误差，即 $d\alpha=1°$，设 $Kl=100$ m，按式(4-20)计算：当 $\alpha=5°$时，$dD=0.3$ m。由此可见，标尺倾斜对测定水平距离的影响随视准轴垂直角的增大而增大。在山区测量时，要特别注意将标尺竖直。视距标尺上一般装有水准器，立尺者在观测者读数时应参照尺上的水准器来保持标尺竖直及稳定。

(3) 垂直角观测误差

垂直角观测误差在垂直角不大时对水平距离的影响较小，而主要是影响高差，其影响公式可对 h 微分得：

$$dh = Kl\cos 2\alpha \frac{d\alpha}{\rho} \tag{4-31}$$

设 $Kl=100$ m，$d\alpha=1'$，当 $\alpha=5°$时，$dh=0.03$ m。

由于视距测量时通常是用竖盘的一个位置(盘左或盘右)进行观测，因此事先必须对竖盘的指标差进行检验和校正，使其尽可能小；或者每次测量之前测定指标差，在计算垂直角时加以改正。

(4) 外界气象条件的影响

① 大气折光的影响：视线穿过大气时会产生折射，其光程从直线变为曲线，造成误差。由于视线靠近地面，折光大，所以规定视线应高出地面1 m以上。

② 大气湍流的影响：空气的湍流使视距成像不稳定，造成视距误差。当视线接近地面或水面时这种现象更为严重，所以视线要高出地面1 m以上。除此以外，风和大气能见度对视距测量也会产生影响。风力过大，尺子会抖动，空气中灰尘和水汽会使视距尺成像不清晰，造成读数误差，所以应选择良好的大气进行测量。

在以上的各种误差来源中，以①、②两种误差影响最为突出，必须给以充分注意。根据实践资料分析，在比较良好的外界条件下，距离在200 m以内，视距测量的相对误差约为1/300。

2. 注意事项

① 观测时应抬高视线，使视线距地面在1 m以上，以减少垂直折光的影响。

② 为减少水准尺倾斜误差的影响，在立尺时应将水准尺竖直，尽量采用带有水准器的水准尺。

③ 水准尺一般应选择整尺，如用塔尺，应注意检查各节的接头处是否正确。

④ 竖直角观测时，应注意将竖盘水准管气泡居中或将竖盘自动补偿开关打开，在观测前，应对竖盘指标差进行检验与校正，确保竖盘指标差满足要求。

⑤ 观测时应选择风力较小、成像较稳定的情况下进行。

第四节　光电测距仪原理及使用

一、电磁波测距概述

电磁波测距仪是上世纪中叶问世的一种距离测量的新型仪器。经过不断的改进和完善，现代测距仪具有测量速度快、方便、受地形影响小、测程长、测量精度高等特点，测距仪与光学经纬仪(或电子经纬仪)组合，可完成角度、距离、高差和坐标测量工作，并且能将测量成果自动地传输到外部存储器中。因此，电磁波测距已被广泛应用于大地测量、工程测量和地形测量中。

电磁波测距仪按其所采用的载波划分为：

① 用微波段的无线电波作为载波的微波测距仪。

② 用激光作为载波的激光测距仪。

③ 用红外光作为载波的红外测距仪。

后两者又统称为光电测距仪。微波和激光测距仪多属于长程测距，测程可达 60 km，一般用于大地测量，而红外测距仪属于中、短程测距仪（测程为 15 km 以下），一般用于小地区控制测量、地形测量、地籍测量和工程测量等。

电磁波测距仪按测程划分有：

① 短程测距仪，≤5 km；

② 中程测距仪，5～15 km；

③ 远程测距仪，15 km 以上。

按测量精度划分为：

① Ⅰ级，$m_D \leqslant 5$ mm；

② Ⅱ级，5 mm$\leqslant m_D \leqslant$10 mm；

③ Ⅲ级，$m_D \geqslant 10$ mm。

m_D 为 1 km 测距的中误差。

红外测距仪采用 GaAs（砷化镓）发光二极管作光源。由于 GaAs 发光管输入电源小，耗电省，体积小，寿命长，抗震性能强，能连续发光并能直接调制，从 20 世纪 80 年代以来，红外测距仪得到迅速发展。本节主要介绍红外光电测距仪的基本原理和测距方法。

二、光电测距仪的基本原理

如图 4-21 所示，光电测距仪是通过测量光波在待测距离 D 上往、返传播一次所需要的时间 t_{2D}，依式(4-32)来计算待测距离 D：

$$D = \frac{1}{2}Ct_{2D} \tag{4-32}$$

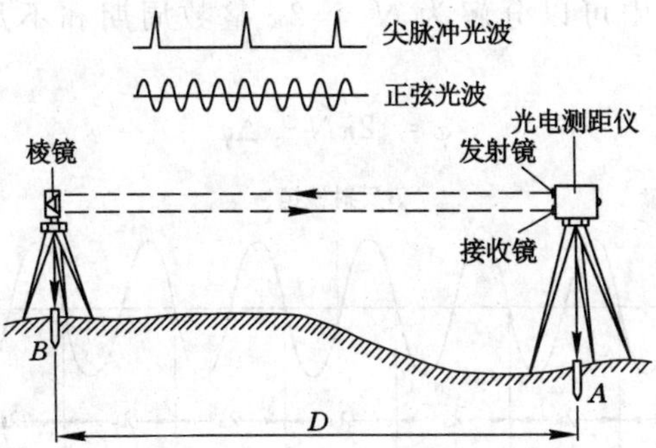

图 4-21　光电测距原理图

式中，$C=\frac{C_0}{n}$为光在大气中的传播速度，C_0 为光在真空中的传播速度（迄今为止，人类所测得的精确值为 C_0＝299 792 458 m/s±1.2 m/s）；n 为大气折射率（$n \geqslant 1$），它是光的波长 λ、大气温度 t 和气压 p 的函数，即：

$$n = f(\lambda, t, p) \tag{4-33}$$

由于 $n \geqslant 1$，所以 $C \leqslant C_0$，也即光在大气中的传播速度要小于其在真空中的传播速度。

红外测距仪一般采用 GaAs(砷化镓)发光二极管发出的红外光作为光源，其波长 $\lambda = 0.85 \sim 0.93\ \mu m$。对一台红外测距仪来说，$\lambda$ 是一个常数，则由式(4-33)可知，影响光速的大气折射率 n 只随大气的温度 t、气压 p 而变化，这就要求我们在光电测距作业中，必须实时测定现场的大气温度和气压，并对所测距离施加气象改正。

根据测量光波在待测距离 D 上往、返一次传播时间 t_{2D} 的不同，光电测距仪可分为脉冲式和相位式两种。

1. 脉冲法测距

用红外测距仪测定 A、B 两点间的距离 D，在待测距离一端安置测距仪，另一端安放反光镜，如图 4-21 所示。当测距仪发出光脉冲，经反光镜反射后回到测距仪。若能测定光在距离 D 上往返传播的时间，即测定发射光脉冲与接收光脉冲的时间差 t_{2D}，则测距公式如下：

$$D = \frac{1}{2} \frac{C_0}{n} t_{2D} \tag{4-34}$$

此公式为脉冲法测距公式。用这种方法测定距离的精度取决于时间 t_{2D} 的量测精度。如要达到 ± 1 cm 的测距精度，时间测量精度应达到 6.7×10^{-11} s。这对电子元件的性能要求很高，难以达到。所以一般脉冲法测距常用于激光雷达、微波雷达等远距离测距上，其测距精度为 0.5～1 m。20 世纪 90 年代，出现了将测线上往返的时间延迟 t_{2D} 变成电信号，对一个精密电容进行充电，同时记录充电次数，然后用电容放电来测定 t_{2D}，其测量精度也可达到毫米级。

2. 相位法测距

相位式光电测距仪是将发射光波的光强调制成正弦波的形式，通过测量正弦光波在待测距离上往返传播的相位移来解算距离。图 4-22 是将返程的正弦波以棱镜站 B 点为中心对称展开后的图形。正弦光波振荡一个周期的相位移是 2π，设发射的正弦光波经过 $2D$ 距离后的相位移为 φ，则 φ 中可以分解为 N 个 2π 整数周期和不足一个整数周期相位移 $\Delta\varphi$，即有：

$$\varphi = 2\pi N + \Delta\varphi \tag{4-35}$$

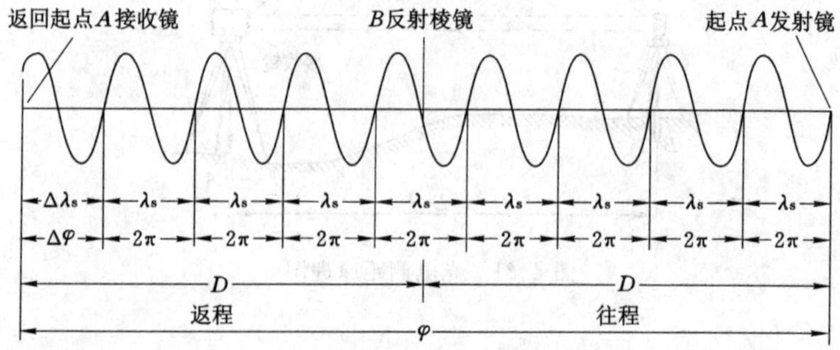

图 4-22　相位法测距原理图

另一方面，设正弦光波的振荡频率为 f，由于频率的定义是一秒钟振荡的次数，振荡一

次的相位移为 2π,则正弦光波经过 t_{2D} 秒钟后振荡的相位移为:

$$\varphi = 2\pi f t_{2D} \tag{4-36}$$

由式(4-35)和式(4-36)可以解出 t_{2D} 为:

$$t_{2D} = \frac{2\pi N + \Delta\varphi}{2\pi f} = \frac{1}{f}\left(N + \frac{\Delta\varphi}{2\pi}\right) = \frac{1}{f}(N + \Delta N) \tag{4-37}$$

式中,$\Delta N = \frac{\Delta\varphi}{2\pi}$,将式(4-37)代入式(4-32),得:

$$D = \frac{C}{2f}(N + \Delta N) = \frac{\lambda}{2}(N + \Delta N) \tag{4-38}$$

式中,$\frac{\lambda}{2}$ 为正弦波的半波长,又称测距仪的测尺。取 $C \approx 3 \times 10^8$ m/s,则不同的调制频率 f 对应的测尺长列于表 4-6 中。

表 4-6　调制频率与测尺长度的关系

调制频率	15 MHz	7.5 MHz	1.5 MHz	150 kHz	75 kHz
测尺长 $\frac{\lambda}{2}$	10 m	20 m	100 m	1 km	2 km

可见,f 与 $\frac{\lambda}{2}$ 的关系是:调制频率越大,测尺长度越短。

如果能够测出正弦光波在待测距离上往返传播的整周期相位移数 N 和不足一个周期的小数 ΔN,就可以依式(4-38)解算出待测距离 D。

在相位式光电测距仪中,有一个电子部件,称相位计,它将发射镜中发射的正弦波与接收镜接收到的传播了 $2D$ 距离后的正弦波进行相位比较,可以测出不足一个周期的小数 ΔN,其测相误差一般小于 1/1 000。相位计测不出整周数 N,这就使相位式光电测距方程式(4-38)产生多值解,只有当待测距离小于测尺长度时(此时,$N=0$),才有确定的距离值。人们通过在相位式光电测距仪中设置多个测尺,用各测尺分别测距,然后将测距结果组合起来的方法来解决距离的多值解问题。在仪器的多个测尺中,我们将其中长度最短的测尺称为精测尺,其余称粗测尺。

例如,在 1 km 的短程红外测距仪上一般采用 10 m 和 1 000 m 两把测尺相互配合进行测量,以 10 m 测尺作为精测尺测定米位以下距离,以 1 000 m 测尺作为粗测尺测定十米位和百米位距离,如实测距离为 543.756 m,则:精测显示 3.756,粗测显示 54,仪器显示的距离为 543.756 m。

长距离的测距仪可采用三把光尺相互配合进行测距。精粗测尺测距结果的组合过程由测距仪内的微处理器自动完成,并输送到显示窗,无需用户干涉。

为保证测距的精度,测尺的长度必须十分精确。影响测距精度的因素有调制光的频率和光速。仪器制造时可以保证调制光的频率的稳定性,光在真空中的速度是已知的,但光线在大气中传播时,通过不同密度的大气层其速度是不同的。因此,测得的距离还需加气象改正。

三、红外测距仪及其使用

1. 红外测距仪的特点

① 仪器的形体小，质量轻，便于携带。现代红外测距仪主机不到 1 kg，是当代高新技术的集成。

② 自动化程度高，测量速度快。仪器一旦启动测距，必须完成信号判别、调制频率转换、自动数字测相等一系列的技术过程，最后把距离直接显示出来，其间只需几秒钟的时间。

③ 功能多，使用方便。测距仪有各种测距功能以及可以满足各种不同要求的测量功能。

④ 功耗低，能源消耗少。

2. 红外测距仪的使用

现在生产的红外测距仪体积小、质量轻，所以测距仪一般安装在经纬仪上使用。不同厂家生产的测距仪，虽然它们的基本工作原理和结构大致相同（图 4-23），但具体的操作方法还是有所差异。因此，使用时应认真阅读说明书，严格按照仪器的使用手册进行操作。

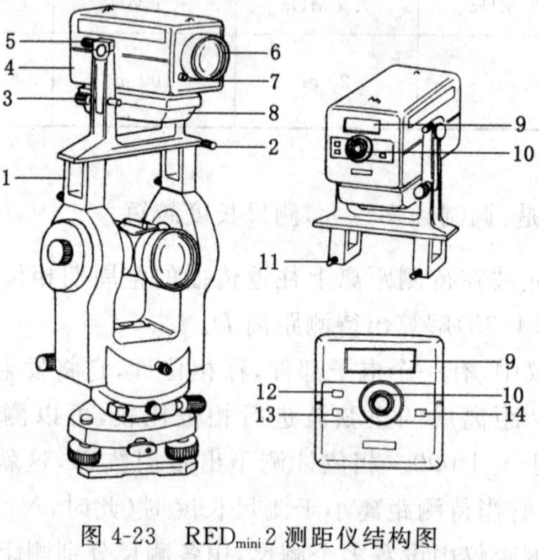

图 4-23　RED$_{mini}$2 测距仪结构图

1——支架座；2——水平方向调节螺旋；3——垂直微动螺旋；4——测距仪主机；5——垂直制动螺旋；6——发射接收镜物镜；7——数据输入输出插座；8——电池；9——显示窗；10——发射接收镜目镜；11——支架固定螺旋；12——测距模式键；13——电源开关；14——测量键

四、光电测距成果整理

测距时所得一般为野外测得的斜距，还必须经过改正，才能得到两点间正确的水平距离。

1. 仪器加常数、乘常数改正

仪器加常数是由于仪器内光路等效发射面、接收面和仪器中心不一致，以及棱镜等效反射面和棱镜安置中心不一致造成的；仪器乘常数是由于仪器的振荡频率发生变化造成的。仪器加常数改正与距离无关，仪器乘常数改正与距离成正比。现代测距仪都具有设置仪器常数并自动改正的功能。使用仪器前，应预先设置常数。但使用过程中不能改变，只有当仪器经专业检定部门检定，得出新的常数，才能重新设置常数。

2. 气象改正

仪器是按标准温度和标准气压而设计制造的，但在野外测量时的温度、气压与标准值是有差别的，这样会使测距结果产生系统误差。所以，测距时应测定环境温度和气压，利用仪器厂家提供的气象改正公式进行改正计算。目前，测距仪都具有设置气象参数并自动改正的功能，因此测距时只需将所测气象参数输入到测距仪中即可。有的还具有自动测定气象参数的功能。

3. 改正后的平距、高差计算

斜距观测值经过加、乘常数改正和气象改正后，得到改正后的斜距 S。

两点间的平距 D 和两点间测距仪和棱镜的高差 h' 是斜距在水平和垂直方向的分量，由经纬仪测定斜距方向的垂直角为 α，因此：

$$\left.\begin{aligned} D &= S \cdot \cos\alpha \\ h' &= S \cdot \sin\alpha \end{aligned}\right\} \tag{4-39}$$

若已知高差可按公式(4-17)计算倾斜改正。

水平距离的计算也可以通过输入天顶距或竖直角（电子经纬仪具有自动输入功能）由仪器自动进行计算。表 4-7 为光电测距记录计算手簿。

表 4-7　　**光电测距记录计算手簿**

仪器型号：RED_{mini}　　天气：

观测者：　　仪器编号：　　日期：　　记录：

测站点 仪器高	镜站点 觇标高	斜距 观测值 /m	斜距 平均值 /m	竖盘 读数	竖直角 α	温度/℃ 气压 /mmHg	气象 改正值 /m	改正后 斜距 S /m	平距 D /m
$\frac{A}{1.503}$	$\frac{B}{1.567}$	141.355 141.355 141.350 141.350 141.350	141.352	91°42′00″	−1°42′00″	$\frac{25}{761\ \text{mmHg}}$	+0.0013	141.353	141.291

例 4-8　用 RED_{mini} 测距仪测得 A、B 两点间斜距为 516.350 m，高差为 7.432 m，测距时温度为 20 ℃，气压为 740 mmHg，计算 AB 两点间的水平距离。

注：RED_{mini} 型测距仪的气象改正公式为 $\Delta L=\left(278.96-\frac{0.3872p}{1+0.00366t}\right)L$

解：　气象改正值为：

$$\Delta L=\left(278.96-\frac{0.3872\times740}{1+0.00366\times20}\right)\times0.51635=6.2\ (\text{mm})$$

倾斜改正值为：

$$\Delta L_h=-\frac{7.432^2}{2\times516.350}=-0.053\ (\text{m})$$

水平距离为：

$$D=L+\Delta L+\Delta L_h=516.350+0.0062-0.053=516.303\ (\text{m})$$

五、光电测距的误差分析

将 $C=C_0/n$ 代入式(4-38),得:

$$D=\frac{C_0}{2fn}(N+\Delta N)+K \tag{4-40}$$

式中,K 是测距仪的加常数,它通过将测距仪安置在标准基线长度上进行比测,经回归统计计算求得。在式(4-40)中,待测距离 D 的误差来源于 C_0、f、n、ΔN 和 K 的测定误差。按式(4-41)得 D 的方差 m_D^2 为:

$$m_D^2=\left(\frac{m_{C_0}^2}{C_0^2}+\frac{m_n^2}{n^2}+\frac{m_f^2}{f^2}\right)D^2+\frac{\lambda_{精}^2}{4}m_{\Delta N}^2+m_K^2 \tag{4-41}$$

由式(4-41)可知,C_0、f、n 的误差与待测距离成正比,称为比例误差;ΔN 和 K 的误差与距离无关,称为固定误差。也可将式(4-41)缩写成:

$$m_D^2=A^2+B^2D^2 \tag{4-42}$$

或者写成常用的经验公式:

$$m_D=\pm(a+b\cdot D) \tag{4-43}$$

下面对式(4-41)中各项误差的来源及削弱方法进行简要分析。

(1) 真空光速测定误差 m_{C_0}

真空光速测定误差,$m_{C_0}=\pm 1.2$ m/s,其相对误差为:

$$\frac{m_{C_0}}{C_0}=\frac{1.2}{299\ 792\ 458}=4.03\times10^{-9}=0.004\ \text{ppm}$$

也就是说,真空光速测定误差对测距的影响是 1 km 产生 0.004 mm 的比例误差,可以忽略不计。

(2) 精测尺调制频率误差 m_f

目前,国内外厂商生产的红外测距仪的精测尺调制频率的相对误差 m_f/f 一般为 1～5 ppm,其对测距的影响是 1 km 产生 1～5 mm 的比例误差。但是仪器在使用中,电子元器件的老化和外部环境温度的变化,都会使设计频率发生漂移,这就需要通过对测距仪进行检定,以求出比例改正数对所测距离进行改正。

(3) 气象参数误差 m_n

大气折射率主要是大气温度 t 和大气压力 p 的函数。严格地说,计算大气折射率 n 所用的气象参数 t、p 应该是测距光波沿线的积分平均值,由于在实践中难以测到它们,所以一般是在测距的同时测定仪器站(简称测站)和棱镜站(简称镜站)的 t、p 并取其平均来代替其积分值,由此引起的折射率误差称为气象代表性误差。实验表明,选择阴天、有微风的天气测距时,气象代表性误差较小。

(4) 测相误差 $m_{\Delta N}$

测相误差包括自动数字测相系统的误差、测距信号在大气传输中的信噪比误差等(信噪比为接收到的测距信号强度与大气中杂散光的强度之比)。前者决定于测距仪的性能与精度,后者与测距时的自然环境有关,例如空气的透明程度、干扰因素的多少、视线离地面及障碍物的远近。

(5) 仪器对中误差

光电测距是测定测距仪中心至棱镜中心的距离,因此,仪器对中误差包括测距仪的对中误差和棱镜的对中误差。用经过校准的光学对中器对中，此项误差一般不大于 2 mm。

第五节　全站仪概述

全站仪是全站型电子速测仪的简称，主要由光电测距、电子测角和微处理器等部分组成，它通过测量斜距、竖直角、水平角，可以自动记录、计算并显示出平距、高差、高程和坐标等相关数据。安置一次仪器便可完成一个测站上的所有测量工作，故被称为全站仪。

全站仪按结构一般分为分体式（组合式或积木式）和整体式两类。分体式全站仪的特点是光电测距仪和电子经纬仪既可组合在一起使用，也可以分开使用。整体式全站仪的特点是光电测距仪和电子经纬仪共用一个望远镜，并安装在同一个外壳内，成为一个完整的整体不能分开，使用更为方便。现在，人们一般所讲的全站仪通常就是指整体式的全站仪，如图 4-24 所示。

图 4-24　全站仪示意图

全站仪按数据存储方式分为内存型和电脑型两种。内存型全站仪所有程序都固化在仪器的存储器中，不能添加或改写，也就是说，只能使用全站仪提供的功能，无法扩充。而电脑型全站仪则内置操作系统，所有程序均运行于其上，根据实际需要，可通过添加程序来扩充其功能，使操作者进一步成为全站仪功能开发的设计者，更好地为工程建设服务。

全站仪除了上述的通过测量斜距、竖直角、水平角，自动记录、计算并显示出平距、高差、高程和坐标功能外，一般都还带有诸如放样、对边测量、悬高测量、面积测量、后方交会、偏心测量等一些特殊的测量功能；有的全站仪还具有免棱镜测量功能，有的全站仪则还具有自动跟踪照准功能，被喻为测量机器人。另外，有的厂家还将 GPS 接收机与全站仪进行集成，生产出了超站仪。

衡量一台全站仪性能的指标有精度（测角及测距）、测程、测距时间、补偿范围等。表4-8 中列出了一些常见全站仪的主要性能指标，供参考。

表 4-8　　部分全站仪的主要性能指标

指标项目 \ 仪器型号		拓普康 GTS－311	索佳 PowerSet2000	徕卡 TC1700
分类		内存型	电脑型	内存型
望远镜放大倍数		30 ×	30 ×	30 ×
最短视距/m		1.3	1.3	1.7
角度最小显示		1″	0.5″	1″
测角精度		±2″	±2″	±1.5″
双轴自动补偿范围		±3′	±3′	±3′
最大测程/km	单棱镜	2.7	2.7	2.5
	三棱镜	3.6	3.5	3.5

续表 4-8

指标项目 \ 仪器型号		拓普康 GTS-311	索佳 PowerSet2000	徕卡 TC1700
分类		内存型	电脑型	内存型
测距精度		$\pm(3\ mm+2\times10^{-6}\times D)$	$\pm(2\ mm+2\times10^{-6}\times D)$	$\pm(2\ mm+2\times10^{-6}\times D)$
测距时间(精测)/s		3	2	4
水准器分划值	水准管	30″/2 mm	20″/2 mm	30″/2 mm
	圆水准器	10′/2 mm	10′/2 mm	8′/2 mm
使用温度/℃		−20～+50	−20～+50	−20～+50
显示屏		4 行 20 列	8 行 20 列	4 行 16 列

全站仪同其他测量仪器一样，要定期到有关鉴定部门进行检验校正。其检校项目主要有以下三个方面：

① 光电测距部分的检验与校正。测距部分的检验项目及方法应遵照《光电测距仪检定规程》(JJG 703—2003)进行，主要有发射、接收、照准三轴关系正确性检验、周期误差检验、仪器常数检验、精测频率检验、测程检验等。

② 电子测角部分的检验与校正。大部分检校项目与光学经纬仪类似，主要有照准部水准管轴垂直于仪器竖轴的检验与校正，望远镜的视准轴垂直于横轴的检验与校正，横轴垂直于仪器竖轴的检验与校正，竖盘指标差的检验与校正等等。

③ 系统误差补偿的检验与校正。目前许多全站仪自身提供了对竖轴误差、视准轴误差、竖直角零基准的补偿功能，对其补偿的范围和精度也要进行相应的检校。

一、全站仪的操作使用

不同厂家生产的全站仪、同一厂家生产的不同等级的全站仪、同一厂家生产的同一等级不同时期的全站仪，其外观、结构、功能、键盘设计、操作方法和步骤等都会有所区别。因此，在操作使用某一台全站仪之前，必须认真详细地阅读其使用说明书，严格按照其使用说明书进行操作，并注意以下事项：

① 仪器要由专人使用、保管，运输过程中应注意防震，存放时要注意防潮。

② 迁站、装箱时只能握住仪器的把手，而不能握住镜筒，以免损坏仪器精度。

③ 没有滤光片时不要将仪器正对太阳，否则会损坏内部电子元件。

④ 旋转照准部时应匀速旋转，切忌急速转动。

⑤ 不要让仪器暴晒和雨淋，在阳光下应撑伞遮阳。

⑥ 不用时应将电池取出保管，每月对电池充电一次和操作仪器一次。

⑦ 要经常保持仪器清洁和干燥。

下面，仅就全站仪的一般操作使用和测量原理进行介绍。

1. 测量准备工作

① 安装内部电池：测前应检查内部电池的充电情况，如电力不足要及时充电，充电方法及时间要按使用说明书进行，不要超过规定的时间。测量前装上电池，测量结束应卸下。

② 安置仪器：操作方法和步骤与经纬仪类似，包括对中和整平。若全站仪具备激光对

中和电子整平功能，在把仪器安装到三脚架上之后，应先开机，然后选定对中整平模式后再进行相应的操作。

开机后，仪器会自动进行自检。自检通过后，屏幕显示测量的主菜单。

2. 距离测量

距离测量的基本操作方法和步骤，与光电测距仪类似，先选择测量模式（精测、粗测、跟踪），然后瞄准反射棱镜，按相应的测量键，几秒之后即显示出距离值。

3. 角度测量

角度测量的基本操作方法和步骤，与电子经纬仪类似。目前的全站仪都具有水平度盘自动置零和任意方位角设置功能，使测角更加方便。当瞄准某一目标，并进行水平度盘置零或方位角设置后，转动照准部瞄准另一目标时，屏幕所显示的水平角值即为它们的水平夹角或该目标的方位角。

4. 三维坐标测量

如图 4-25 所示，将全站仪安置于测站点 A 上，选定三维坐标测量模式后，首先输入仪器高 i，目标高 v 以及测站点的三维坐标值（x_A，y_A，H_A）；然后照准另一已知点设定方位角；接着再照准目标点 P 上的反射棱镜；按坐标测量键，仪器就会按式(4-44)利用内存的计算程序自动计算并瞬时显示出目标点 P 的三维坐标值（x_P，y_P，H_P）。

$$\left.\begin{aligned} x_P &= x_A + S \cdot \cos\alpha\cos\theta \\ y_P &= y_A + S \cdot \cos\alpha\sin\theta \\ H_P &= H_A + S \cdot \sin\alpha + i - v \end{aligned}\right\} \tag{4-44}$$

式中　S——仪器至反射棱镜的斜距；

α——仪器至反射棱镜的竖直角；

θ——仪器至反射棱镜的方位角。

5. 三维坐标放样

如图 4-26 所示，将全站仪安置于测站点 A 上，选定三维坐标放样模式后，首先输入仪器高 i，目标高 v 以及测站点 A 和待测设点 P 的三维坐标值（x_A，y_A，H_A）、（x_P，y_P，H_P），并照准另一已知点设定方位角；然后照准竖立在待测设点 P 的概略位置 P_1 处的反射棱镜；按测量键即可自动显示出水平角偏差 $\Delta\beta$、水平距离偏差 ΔD 和高程偏差 ΔH：

$$\left.\begin{aligned} \Delta\beta &= \beta_{测} - \beta_{设} \\ \Delta D &= D_{测} - D_{设} \\ \Delta H &= H_{测} - H_{设} \end{aligned}\right\} \tag{4-45}$$

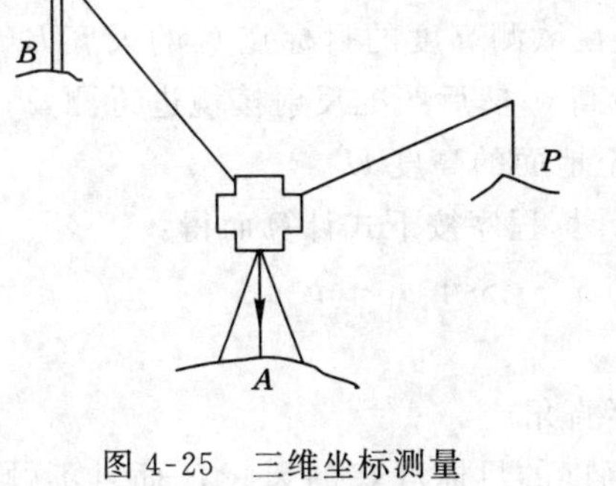

图 4-25　三维坐标测量

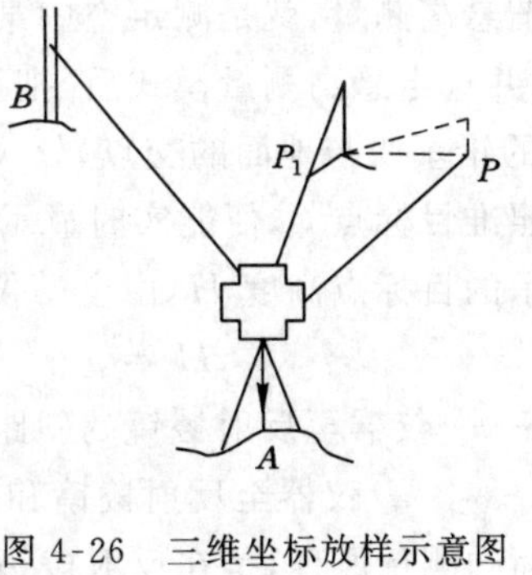

图 4-26　三维坐标放样示意图

其中：

$$H_{测} = H_A + S \cdot \sin\alpha + i - v \tag{4-46}$$

最后，按照所显示的偏差移动反射棱镜，当仪器显示为零时即为设计的 P 点位置。

6. 对边测量

所谓对边测量，就是测定两目标点之间的平距和高差（图 4-27），即在两目标点 P_1、P_2 上分别竖立反射棱镜，在与 P_1、P_2 通视的任意点 P 安置全站仪后，先选定对边测量模式，然后分别照准 P_1、P_2 上的反射棱镜进行测量，仪器就会自动按式（4-47）计算并显示出 P_1、P_2 两目标点间的平距 D_{12} 和高差 h_{12}：

$$\left.\begin{aligned} D_{12} &= \sqrt{S_1^2\cos^2\alpha_1 + S_2^2\cos^2\alpha_2 - 2S_1S_2\cos^2\alpha_1\cos\alpha_2\cos\beta} \\ h_{12} &= S_2\sin\alpha_2 - S_1\sin\alpha_1 \end{aligned}\right\} \tag{4-47}$$

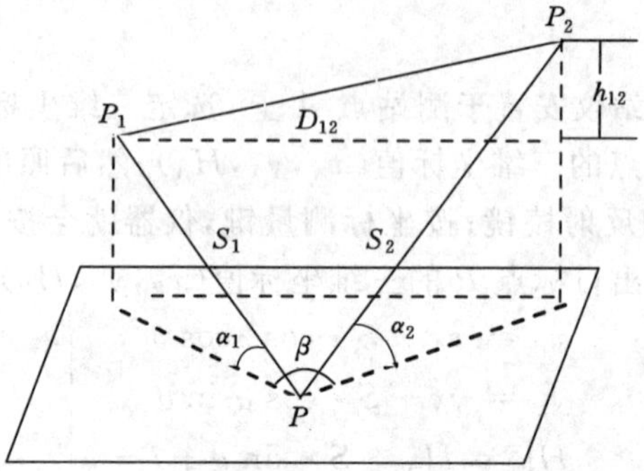

图 4-27　对边测量示意图

式中　S_1、S_2——仪器至两反射棱镜的斜距；

α_1、α_2——仪器至两反射棱镜的竖直角；

β——PP_1 与 PP_2 两方向间的水平夹角。

但需指出，应用上述公式计算地面点 P_1 和 P_2 间高差的前提条件是 P_1 和 P_2 两点间的目标高 v_1、v_2 应相等。否则，应按下式计算：

$$h_{12} = S_2\sin\alpha_2 - S_1\sin\alpha_1 + (v_1 - v_2) \tag{4-48}$$

因此，在实际工作中，应尽量使两目标高相等；否则应在全站仪显示的高差中加入改正数（$v_1 - v_2$）。

7. 悬高测量

所谓悬高测量，就是测定空中某点距地面的高度，如图 4-28 所示。把全站仪安置于适当位置，并选定悬高测量模式后，把反射棱镜设立在欲测高度的目标点 C 的天底 B（即过目标点 C 的铅垂线与地面的交点）处，输入反射棱镜高 v；然后照准反射棱镜进行测量；再转动望远镜照准目标点 C，便能实时显示出目标点 C 至地面的高度 H。

显示的目标点高度 H，由全站仪自身内存的计算程序按下式计算而得：

$$H = h + v = S\cos\alpha_1\tan\alpha_2 - S\sin\alpha_1 + v \tag{4-49}$$

式中　S——仪器至反射棱镜的斜距；

α_1、α_2——仪器至反射棱镜和目标点 C 的竖直角。

上面的测量原理，是在反射棱镜设立在欲测高度的目标点 C 的天底 B 而且不顾及投点

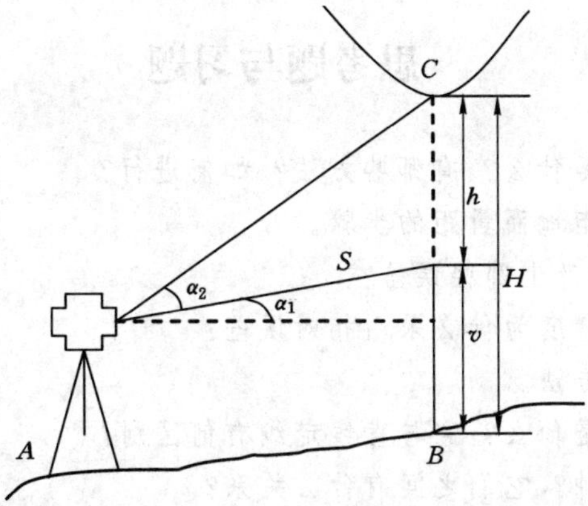

图 4-28 悬高测量示意图

误差的条件下进行的。如果该条件不能保证，全站仪将无法测得 C 点距地面点 B 的正确高度；即使使用这一功能，测出的结果也是不正确的。当测量精度要求较高时，应先投点后观测。

8. 面积测量

如图 4-29 所示为一任意多边形，欲测定其面积，可在适当位置安置全站仪，选定面积测量模式后，按顺时针方向依次将反射棱镜竖立在多边形的各顶点上进行观测。观测完毕仪器就会瞬时地显示出该多边形的面积值。其原理为：通过观测多边形各顶点的水平角 β_i，竖直角 α_i 以及斜距 α_i，先根据下式自动计算出各顶点在测站坐标系 xOy（x 轴指向水平度盘的零度分划线，原点 O 为仪器的中心）中的坐标：

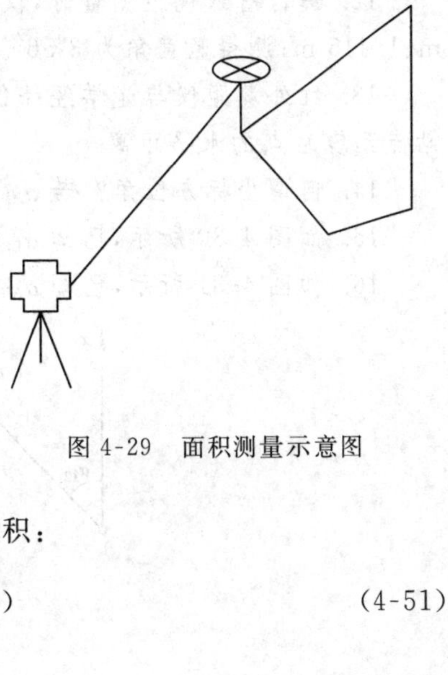

图 4-29 面积测量示意图

$$\left.\begin{aligned} x_i &= S_i \cos\alpha_i \cos\beta_i \\ y_i &= S_i \cos\alpha_i \sin\beta_i \end{aligned}\right\} \tag{4-50}$$

然后，再利用下式自动计算并显示出被测 n 边形的面积：

$$P = \frac{1}{2}\sum_{i=1}^{n} x_i(y_{i+1} - y_{i-1}) \tag{4-51}$$

$$P = \frac{1}{2}\sum_{i=1}^{n} y_i(x_{i-1} - x_{i-1}) \tag{4-52}$$

当 $i=1$ 时，$y_{i-1}=y_n$，$x_{i-1}=x_n$；当 $i=n$ 时，$y_{i+1}=y_1$，$x_{i+1}=x_1$。

9. 偏心测量

所谓全站仪偏心测量，是指反射棱镜不是放置在待测点的铅垂线上而是安置在与待测点相关的某处间接地测定出待测点的位置。根据给定条件的不同，目前全站仪偏心测量有下列四种常用方式：角度偏心测量、单距偏心测量、圆柱偏心测量、双距偏心测量。

10. 后方交会

将全站仪安置在未知点上，选定后方交会模式后，输入已知点的坐标；然后分别照准附近的两个以上已知点进行测量，即可得测站点的坐标。

思考题与习题

1. 直线定线的目的是什么？有哪些方法？如何进行？

2. 简述用钢尺在平坦地面量距的步骤。

3. 用钢尺量距时，会产生哪些误差？

4. 衡量距离测量的精度为什么采用相对误差？

5. 说明视距测量的方法。

6. 直线定向的目的是什么？它与直线定线有何区别？

7. 标准方向有哪几种？它们之间有什么关系？

8. 简述全站仪的基本功能。

9. 简述全站仪三维坐标测量的基本原理。

10. 简述全站仪三维坐标放样的基本原理。

11. 用钢尺往、返丈量了一段距离，其平均值为 167.38 m，要求量距的相对较差为 1/3 000，问往、返丈量这段距离的绝对较差不能超过多少？

12. 进行普通视距测量时，仪器高为 1.52 m；中、下丝在水准尺上的读数分别为 1.586 m、1.115 m；测得竖直角为 3°56′。求立尺点到测站点的水平距离以及对测站点的高差。

13. 红外测距仪与光学经纬仪联测时，测得斜距为 867.753 m，竖直角为 7°28′48″，求测站点到镜站点的水平距离。

14. 何谓坐标方位角？若 $\alpha_{AB}=298°36'48''$，则 α_{BA} 等于多少？

15. 如图 4-30 所示，已知 $\alpha_{12}=61°48'$，求其余各边的坐标方位角。

16. 如图 4-31 所示，已知 $\alpha_{AB}=168°36'$，求其余各边的坐标方位角。

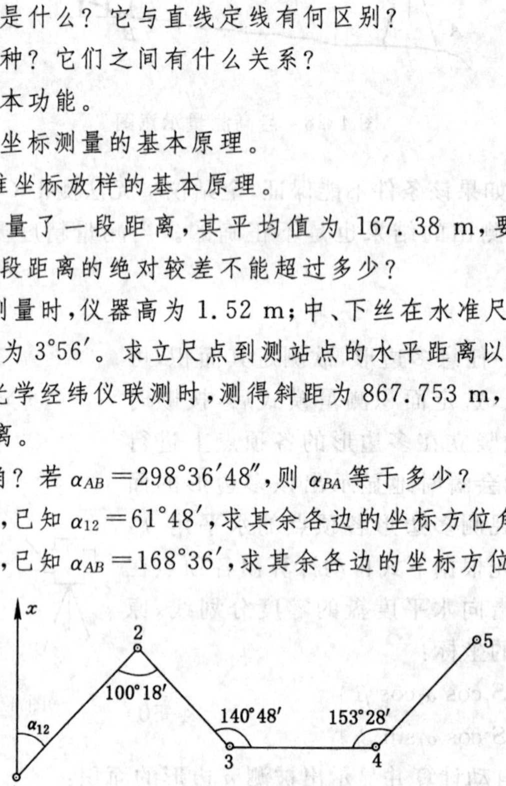

图 4-30 习题 15 图

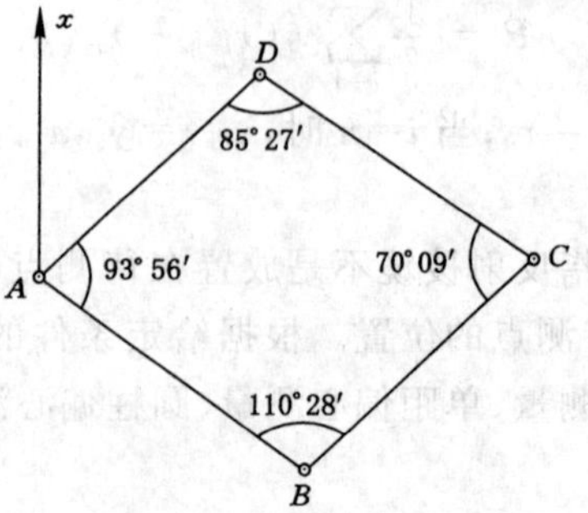

图 4-31 习题 16 图

第五章　平面控制测量

【本章要点】:本章主要介绍控制测量分类,控制测量的作用,平面控制测量、高程控制测量方法;控制测量的一般步骤,导线测量的定义,导线测量外业工作,导线测量的内业计算,交会测量。

第一节　控制测量概述

在实际测量中,必须遵循"从整体到局部,先控制后碎部"的测量实施原则,即在测区内先建立控制网,以控制网为基础,分别从各个控制点开始施测控制点附近的碎部点或进行施工放样。

在测量工作中,首先在测区内选择一些具有控制意义的点,组成一定的几何图形,形成测区的骨架,用相对精确的测量手段和计算方法,在统一坐标系中,确定这些点的平面坐标和高程,然后以它为基础来测定其他地面点的点位或进行施工放样。这些具有控制意义的点称为控制点;由控制点组成的几何图形称为控制网;对控制网进行布设、观测、计算,确定控制点位置的工作称为控制测量。

在碎部测量中,专门为地形测图而布设的控制网称为图根控制网,相应的控制测量工作称为图根控制测量;专门为工程施工而布设的控制网称之为施工控制网,施工控制网可以作为施工放样和变形监测的依据。由此可见,控制测量起到控制全局和限制误差积累的作用,为各项具体测量工作和科学研究提供依据。

控制测量分为平面控制测量和高程控制测量。平面控制测量确定控制点的平面坐标,高程控制测量确定控制点的高程。

一、平面控制测量

在传统测量工作中,平面控制通常采用三角网测量、导线测量和交会测量等常规方法建立。目前,GPS 控制测量已成为建立平面控制网的主要方法。

1. 三角网测量

三角网测量是在地面上选定一系列的控制点,构成相互连接的若干个三角形,组成各种网(锁)状图形;通过观测三角形的内角或(和)边长,再根据已知控制点的坐标、起始边的边长和坐标方位角,经解算三角形和坐标方位角推算可得到三角形各边的边长和坐标方位角,进而由直角坐标正算公式计算待定点的平面坐标。三角形的各个顶点称为三角点,各三角形连成网状的称为三角网(图 5-1),连成锁状的称为三角锁(图 5-2)。按观测值的不同,三角网测量可分为三角测量、三边测量和边角测量。

三角网测量是常规布设和加密控制网的主要方法。在电磁波测距仪普及之前,由于测角要比量边容易得多,因而三角测量是建立平面控制网的最基本方法。由于全站仪的应用,

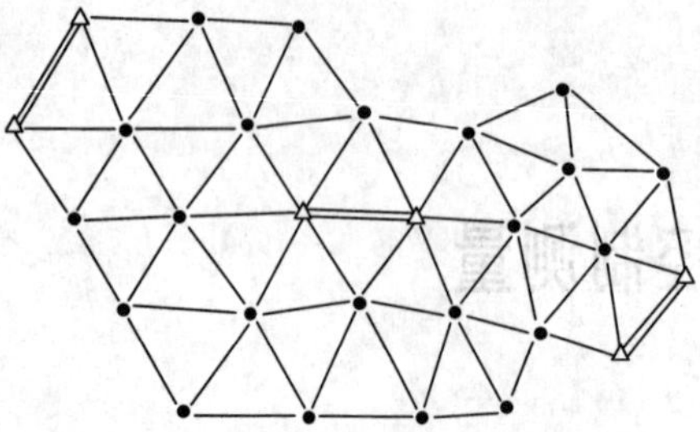

图 5-1　三角网

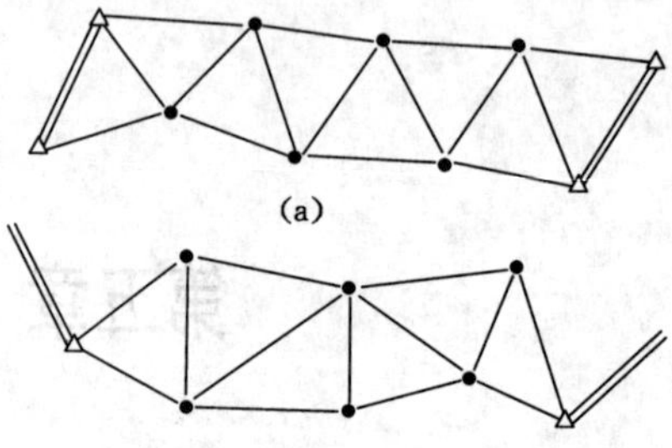

(a)

(b)

图 5-2　三角锁

目前三角网测量以边角测量较为实用。由于三角网要求每点与较多的相邻点相互通视，所以在通视困难的地区通常需要建造较高的觇标。随着 GPS 技术在控制测量中的普遍应用，目前国家平面控制网、城市平面控制网、工程平面控制网已很少应用三角网测量方法，只是在小范围内采用三角网测量方法布设和加密控制网。

三角网测量的实施有两种扩展形式：一是同时向各个方向扩展而构成网状，称为三角网(见图 5-1)；二是向某一方向推进而构成锁状，称为三角锁(见图 5-2)。根据已知点的数量和位置，三角锁又可部设成单三角锁[见图 5-2(a)]或线形三角锁[见图 5-2(b)]。二者的区别在于：单三角锁的已知边(或基线边)是三角形的某条边；而线形三角锁的已知边不是三角形的边。

三角测量的图形也可布设成三角网(锁)的基本图形：单三角形、中心多边形、大地四边形和在固定角内插点的扇形网。

2. 导线测量

将控制点用直线连接起来形成折线，称为导线，这些控制点称为导线点，点间的折线边称为导线边，相邻导线边之间的夹角称为转折角(又称导线折角，导线角)。另外，与坐标方位角已知的导线边(称为定向边)相连接的转折角，称为连接角(又称定向角)。通过观测导线边的边长和转折角，根据起算数据经计算而获得导线点的平面坐标，即为导线测量。导线测量布设简单，每点仅需与前、后两点通视，选点方便，特别是在隐蔽地区和建筑物多而通视困难的城市，应用起来方便灵活。

3. 交会测量

交会测量即利用交会定点法来加密平面控制点。通过观测水平角确定交会点平面位置的称为测角交会；通过测边确定交会点平面位置的称为测边交会；通过边长和水平角同测来确定交会点平面位置的称为边角交会。

在全国范围内布设的平面控制网，称为国家平面控制网，我国原有国家平面控制网主要按三角网方法布设，分为四个等级，其中一等三角网精度最高，二、三、四等精度逐级降低。一等三角网由沿经线、纬线方向的三角锁构成，并在锁段交叉处测定起始边，如图 5-3 所示，三角形平均边长为 20～25 km。一等三角网不仅作为低等级平面控制网的基础，还为研究地球形状和大小提供重要的科学资料；二等三角网布设在一等三角锁所围成的范围内，构成全面三角网，平均边长为 13 km。二等三角网是扩展低等平面控制网的基础；三、四等三角网的布设采用插网和插点的方法，作为一、二等三角网的进一步加密，三等三角网平均边长 8 km，四等三角网平均边长 2～6 km。四等三角点每点控制面积为 15～20 km^2，可以满足 1：10 000和 1：5 000 比例尺地形测图需要。

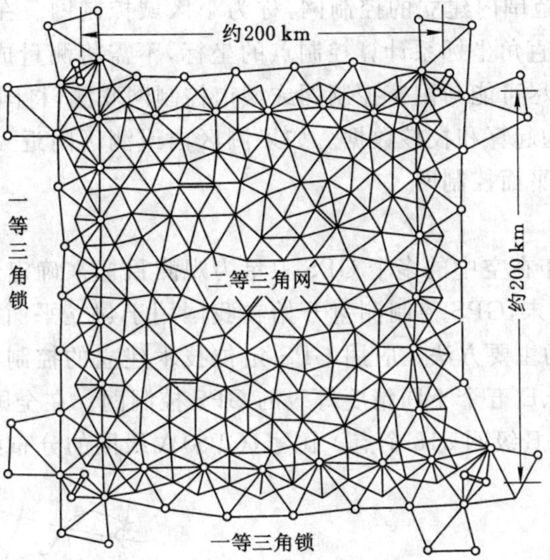

图 5-3　国家一、二等三角网示意图

在城市地区，为满足 1∶500～1∶2 000 比例尺地形测图和城市建设施工放样的需要，应进一步布设城市平面控制网。城市平面控制网在国家控制网的控制下布设，按城市范围大小布设不同等级的平面控制网，分为二、三、四等三角网或三、四等导线网和一、二级小三角网或一、二、三级导线网。城市三角测量和导线测量的主要技术指标见表 5-1 和表 5-2。

表 5-1　城市三角测量的主要技术指标

等级	平均边长/km	测角中误差/(″)	最弱边边长相对中误差	测回数			三角形最大闭合差/(″)
				J_1	J_2	J_6	
二等	9	±1.0	≤1/120 000	12	—	—	±3.5
三等	5	±1.8	≤1/80 000	6	9	—	±7.0
四等	2	±2.5	≤1/45 000	4	6	—	±9.0
一级小三角	1	±5.0	≤1/20 000	—	2	6	±15.0
二级小三角	0.5	±10.0	≤1/10 000	—	1	2	±30.0

表 5-2　工程导线及图根导线的主要技术指标

等级	导线长度/km	平均边长/km	测角中误差/(″)	相对闭合差	测距中误差/mm	测回数			三角形最大闭合差/(″)
						DJ_1	DJ_2	DJ_6	
三等	14	3	±1.8	≤1/55 000	±20	6	10	—	$\pm 3.6\sqrt{n}$
四等	9	1.5	±2.5	≤1/35 000	±18	4	6		$\pm 5\sqrt{n}$
一级	4	0.5	±5	≤1/15 000	±15		2	4	$\pm 10\sqrt{n}$
二级	2.4	0.25	±8	≤1/10 000	±15		1	3	$\pm 16\sqrt{n}$
三级	1.2	0.1	±12	≤1/5 000	±15		1	2	$\pm 24\sqrt{n}$
图根	$\leqslant 1M$		±20	≤1/2 000				1	$\pm 60\sqrt{n}$

注：n 为测站数，M 为测图比例尺分母。

在小于 10 km^2 的范围内建立的控制网，称为小区域控制网。在这个范围内，水准面可视为水平面，采用平面直角坐标系计算控制点的坐标，不需将测量成果归算到高斯平面上。小区域平面控制网，应尽可能与国家控制网或城市控制网联测，将国家或城市高级控制点坐标作为小区域控制网的起算和校核数据。如果测区内或测区附近无高级控制点，或联测较为困难，也可建立独立平面控制网。

4. GPS 控制测量

GPS 测量是以分布在空中的多个 GPS 卫星为观测目标来确定地面点三维坐标的定位方法。20 世纪 80 年代末，GPS 控制测量开始在我国用于建立平面控制网。目前，GPS 已成为建立平面控制网的主要方法。应用 GPS 定位技术建立的控制网称为 GPS 控制网，按其精度分为 A、B、C、D、E 五个不同精度等级的 GPS 控制网。在全国范围内，已建立了国家(GPS)A 级网 27 个点、B 级网 818 个点。国家(GPS)A 级网的分布如图 5-4 所示。

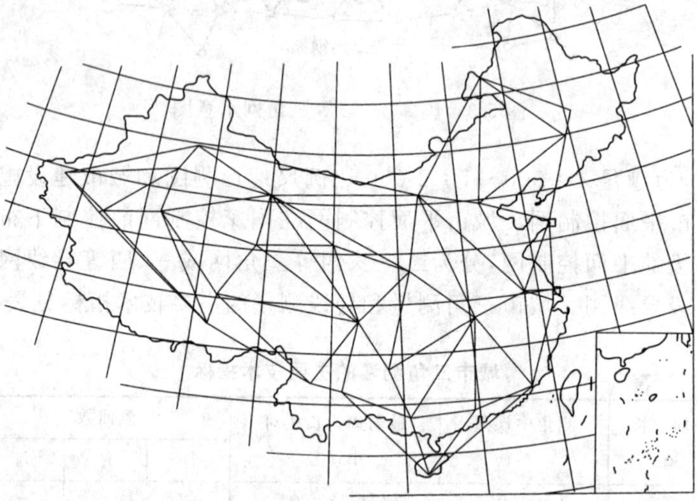

图 5-4　国家(GPS)A 级网示意图

二、高程控制测量

高程控制主要通过水准测量方法建立，而在地形起伏大、直接利用水准测量较困难的地区建立低精度的高程控制网，以及图根高程控制网，可采用三角高程测量方法建立。

在全国范围内采用水准测量方法建立的高程控制网，称为国家水准网。国家水准网遵循从“整体到局部、由高级到低级、逐级控制、逐级加密”的原则分四个等级布设，即国家一、二、三、四等水准测量。在国家水准测量的基础上，城市高程控制测量分为二、三、四等城市水准测量以及用于地形测量的图根水准测量。工程水准测量按精度分为二、三、四、五等以及用于地形测量的图根水准测量。三角高程用于测定各等级平面控制点的高程，在城市和工程高程控制测量中，光电测距高程导线，采用对向观测或中间设站观测，可以代替三等及其以下水准测量。城市各等级水准测量主要技术要求见表 5-3 所示。

国家高程系统，现采用“1985 国家高程基准”。城市和工程高程控制，凡有条件的都应采用国家高程系统。国家一等水准网布设如图 5-5 所示。

表 5-3　城市各等级水准测量主要技术要求

等　级	每千米高差中数中误差/mm		附合路线长度/km	测段往返测高差不符值/mm	附合路线或环线闭合差/mm
	偶然中误差	全中误差			
二	±1	±2	400	$\pm 4\sqrt{R}$	$\pm 4\sqrt{L}$
三	±3	±6	45	$\pm 12\sqrt{R}$	$\pm 4\sqrt{L}$
四	±5	±10	15	$\pm 20\sqrt{R}$	$\pm 4\sqrt{L}$
图根	±10	±20	8		$\pm 40\sqrt{L}$

注：表中 R 为测段长度，单位为 km；L 为附合路线或环线的长度，单位为 km。

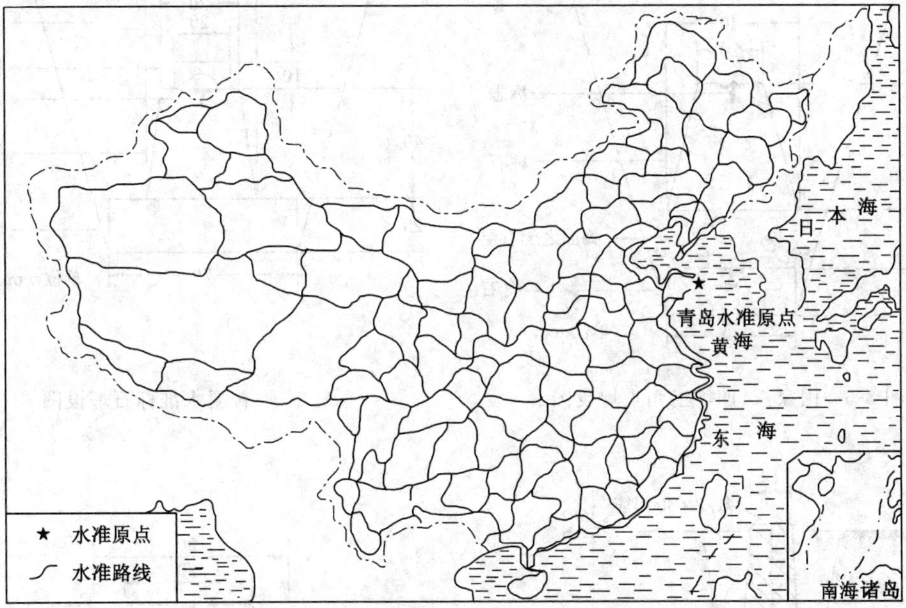

图 5-5　国家一等水准网布设示意图

三、控制测量的一般作业步骤

控制测量作业包括技术设计、实地选点、标石埋设、观测和平差计算等主要步骤。在常规的高等级平面控制测量中，当某些方向受到地形条件限制不能使相邻控制点间直接通视时，需要在控制点上建造测标。采用 GPS 控制测量建立平面控制网，由于不要求相邻控制点间通视，因此不需要建立测标。

控制测量的技术设计主要包括：精度指标的确定和控制网的网形设计。在实际工作中，控制网的等级和精度标准应根据测区大小和控制网的用途来确定。当测区范围较大时，为了既能使控制网形成一个整体，又能相互独立地进行工作，必须采用“从整体到局部，分级布网，逐级控制”的布网程序。若测区面积不大，也可布设同级全面网。控制网网形设计是在收集测区的地形图、已有控制点成果及测区的人文、地理、气象、交通、电力等资料的基础上，进行控制网的图上设计。首先在地形图上标出已有的控制点和测区范围，再根据测量目的对控制网的具体要求，结合地形条件在图上设计出控制网的形式和选定控制点的位置，然后到实地踏勘，判明图上标定的已知点是否与实地相符，并查明标石是否完好；查看预选的路线和控制点点位是否合适，通视是否良好；如有必要再作适当的调整并在图上标明。根据图上设计的控制网方案，到实地选点，确定控制点的最适宜位置。控制点点位一般应满足：点位稳定，等级控制点应能长期保存；便于扩展、加密和观测。经选点确定的控制点点位，要进行标石埋设，将它们在地面上固定下来。控制点的测量成果以标石中心的标志为准，因此标石的埋设、保存至关重要。标石类型很多，按控制网种类、等级和埋设地区地表条件的不同而有所差别，图 2-17 和图 5-6 至图 5-9 是一些标石的埋设图。

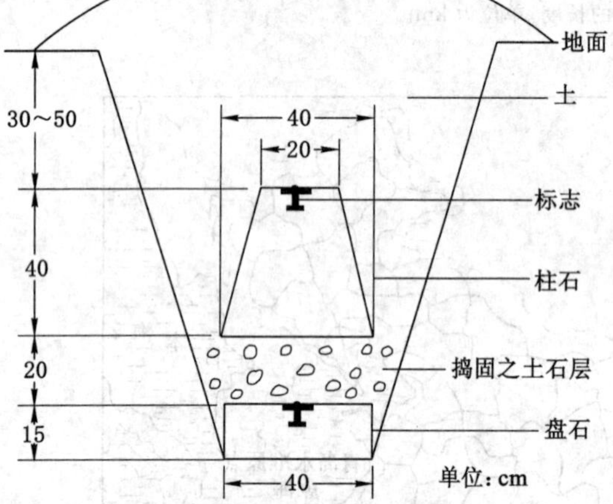

图 5-6　国家三、四等三角点埋设图

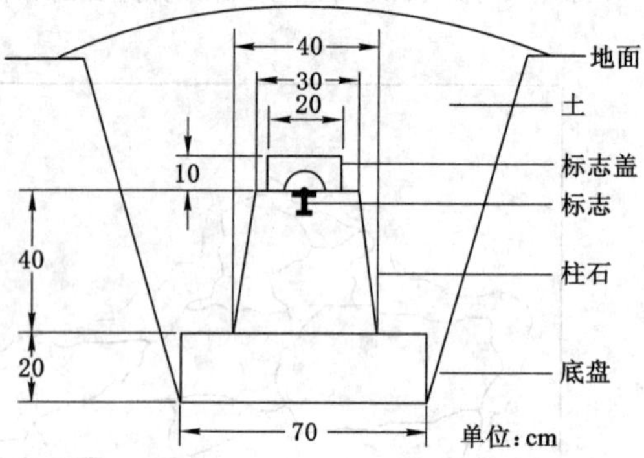

图 5-7　普通水准标石埋设图

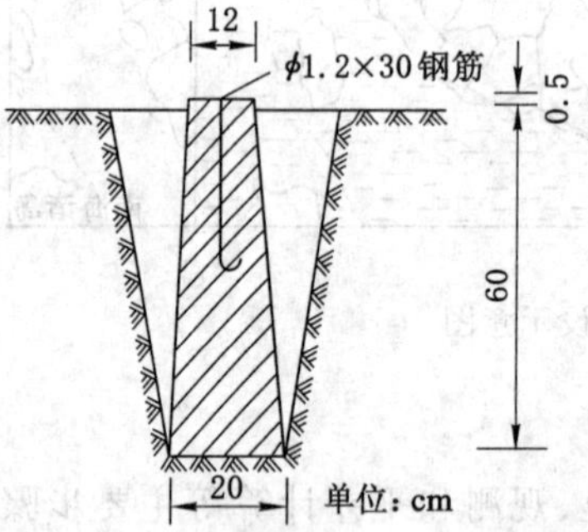

图 5-8　城市一、二级小三角点标石图

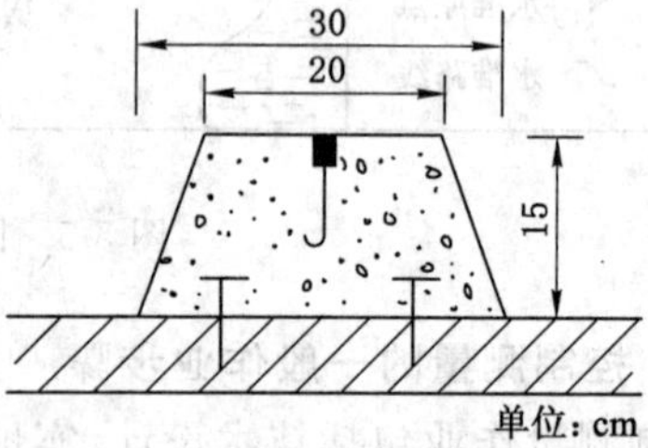

图 5-9　城市建筑物上各等级平面控制点标石图

控制网中控制点的坐标或高程是由起算数据和观测数据经平差计算得到的。控制网中只有一套必要起算数据（三角网中已知一个点的坐标、一条边的边长和一边的坐标方位角；水准网中已知一个点的高程）的控制网称为独立网。如果控制网中多于一套必要起算数据，则这种控制网称为附合网。控制网中的观测数据按控制网的种类不同而不同，有水平角或方向、边长、高差以及三角高程的竖直角或天顶距。观测工作完成后，应对观测数据进行检核，保证观测成果满足要求，然后进行平差计算。对于高等级控制网需进行严密平差计算，而低等级的控制网（例如图根控制网）允许采用近似平差计算。

控制测量作业应遵循的测量规范有《国家三角测量规范》（GB/T 17942—2000）、《国家一、二等水准测量规范》（GB/T 12897—2006）、《国家三、四等水准测量规范》（GB/T

12898—2009)、《城市测量规范》(CJJ/T 8—2011)、《工程测量规范》(GB 50026—2016)以及《全球定位系统(GPS)测量规范》(GB/T 18314—2009)等。

四、平面控制点坐标计算基础

在控制网平差计算中，必须进行坐标方位角的推算和平面坐标的正、反算。

1. 坐标方位角的推算

如图 5-10 所示，已知直线 AB 的坐标方位角为 α_{AB}，B 点处的转折角为 β，当 β 为左角时[图 5-10(a)]，则直线 BC 的坐标方位角 α_{BC} 为：

$$\alpha_{BC} = \alpha_{AB} + \beta - 180° \tag{5-1}$$

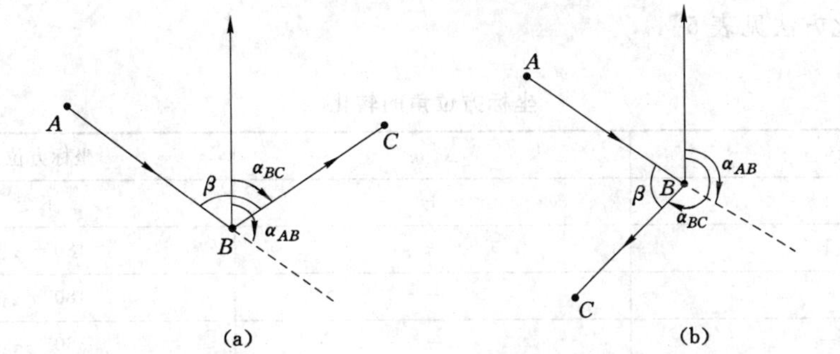

图 5-10　坐标方位角推算

当 β 为右角时[图 5-10(b)]，则直线 BC 的坐标方位角 α_{BC} 为：

$$\alpha_{BC} = \alpha_{AB} - \beta + 180° \tag{5-2}$$

由式(5-1)、式(5-2)可得出推算坐标方位角的一般公式为：

$$\alpha_{前} = \alpha_{后} \pm \beta \pm 180° \tag{5-3}$$

式(5-3)中，β 为左角时，其前取"+"，β 为右角时，其前取"−"。如果推算出的坐标方位角大于 360°，则应减去 360°，如果出现负值，则应加上 360°。

2. 平面直角坐标正、反算

如图 5-11 所示，设 A 为已知点，B 为未知点，当 A 点坐标(x_A、y_A)、A 点至 B 点的水平距离 S_{AB} 和坐标方位角 α_{AB} 均为已知时，则可求得 B 点坐标(x_B、y_B)，通常称为坐标正算问题。由图 5-12 可知：

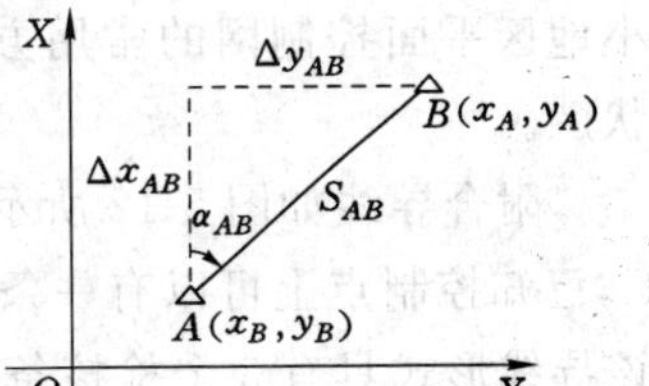

图 5-11　坐标正、反算

$$\left.\begin{aligned} x_B &= x_A + \Delta x_{AB} \\ y_B &= y_A + \Delta y_{AB} \end{aligned}\right\} \tag{5-4}$$

式中：

$$\left.\begin{aligned} \Delta x_{AB} &= S_{AB} \cdot \cos \alpha_{AB} \\ \Delta y_{AB} &= S_{AB} \cdot \sin \alpha_{AB} \end{aligned}\right\} \tag{5-5}$$

所以，式(5-4)亦可写成：

$$\left.\begin{aligned} x_B &= x_A + S_{AB} \cdot \cos \alpha_{AB} \\ y_B &= y_A + S_{AB} \cdot \sin \alpha_{AB} \end{aligned}\right\} \tag{5-6}$$

式中，Δx_{AB} 和 Δy_{AB} 称之为坐标增量。

直线的坐标方位角和水平距离可根据两端点的已知坐标反算出来，这称之为坐标反算问题。如图 5-11 所示，设 A、B 两已知点的坐标分别为 x_A、y_A 和 x_B、y_B，则直线 AB 的坐标方位角 α_{AB} 和水平距离 S_{AB} 为：

$$\alpha_{AB} = \arctan \frac{\Delta y_{AB}}{\Delta x_{AB}} \tag{5-7}$$

$$S_{AB} = \frac{\Delta y_{AB}}{\sin \alpha_{AB}} = \frac{\Delta x_{AB}}{\cos \alpha_{AB}} = \sqrt{\Delta x_{AB}^2 + \Delta y_{AB}^2} \tag{5-8}$$

上两式中，$\Delta x_{AB} = x_B - x_A$；$\Delta y_{AB} = y_B - y_A$。

由式(5-8)能算出多个 S_{AB}，可作相互校核。

应当指出，由式(5-7)计算得到的是象限角，应根据 Δy_{AB}、Δx_{AB} 的符号将其转化为坐标方位角，其转化方法见表 5-4。

表 5-4　坐标方位角的转化

Δy_{AB}	Δx_{AB}	坐标方位角
+	+	不变
+	−	$180° - \alpha_{AB}$
−	−	$180° + \alpha_{AB}$
−	+	$360° - \alpha_{AB}$

第二节　导线测量

一、导线的布设形式

将相邻控制点连成直线构成的折线称为导线，控制点称为导线点。导线测量就是依次测定导线边的水平距离与两相邻导线边的水平夹角，根据起算数据，推算各边的方位角，求出导线点的平面坐标。

按照不同的情况和要求，单一导线可被布设为附合导线、闭合导线和支导线。它是建立小地区平面控制网的常用方法，常用于地物分布复杂的建筑区、视线障碍多的隐蔽区和带状区。

附合导线如图 5-12 所示，导线起始于一个已知控制点 B 而终止于另一个已知控制点 C，已知控制点上可以有一条边或几条定向边与之相连接，也可以没有定向边与之相连接。该导线形式具有 3 个检核条件，包括 1 个坐标方位角条件和 2 个坐标增量条件，常用于路线工程测量。

闭合导线如图 5-12 所示，由一个已知控制点 A 出发，最终又回到这一点，形成一个闭合多边形。在闭合导线的已知控制点上至少应有一条定向边与之相连接。该导线形式具有 3 个检核条件包括 1 个多边形内角和条件和 2 个坐标增量条件。

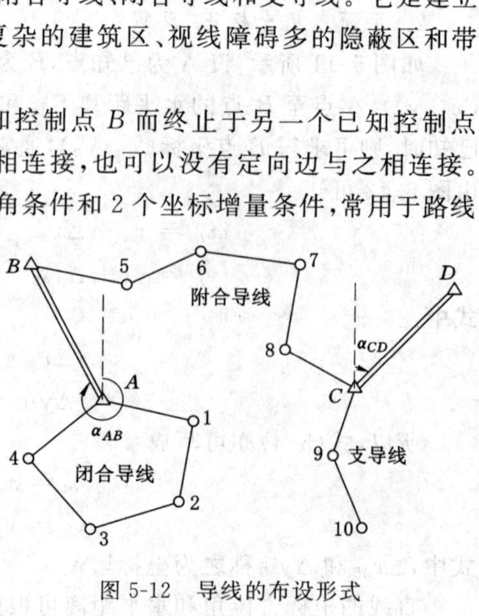

图 5-12　导线的布设形式

支导线如图 5-12 所示，从一个已知控制点 C 出发，既不附合于另一个已知控制点，也不闭合于原来的起始控制点。由于支导线缺乏检核条件，故一般只限于地形测量的图根导线中采用。

二、导线外业测量工作

导线的外业测量工作包括踏勘、选点、埋设标石、测角、测边、测定方向。

1. 踏勘选点及建立标志

主要工作为收集测区原有地形图与高一等级控制点的成果资料，在地形图上初步设计导线布设路线，按设计方案到实地踏勘选点。现场踏勘选点注意事项：① 相邻导线点间通视良好，便于角度测量和距离测量。② 点位选在土质坚实并便于保存之处。③ 点位视野开阔，便于测绘周围地物和地貌。④ 导线边长应符合规范规定，最长不应超过平均边长的两倍，相邻边长悬殊不应太大。⑤ 导线均匀分布在测区，便于控制整个测区。

2. 转折角的观测

转折角的观测一般采用测回法进行。当导线点上应观测的方向数多于 2 个时，应采用方向观测法进行。当观测短边之间的转折角时，测站偏心和目标偏心对转折角的影响将十分明显。因此，应对所用仪器、觇牌和光学对中器进行严格检校，并且要特别仔细进行对中和精确照准。

3. 导线边长观测

导线边长可采用钢尺、电磁波测距仪等测量，亦可采用全站仪在测取导线角的同时测取导线边的边长。导线边长应对向观测，以增加检核条件。电磁波测距仪测量的通常是斜距，还需观测竖直角，用以将倾斜距离改化为水平距离，必要时还应将其归算到椭球面上和高斯平面上。

4. 测定方向

测区内有国家高级控制点时，可与控制点连测推求方位；当连测有困难时，也可以用罗盘仪测量磁方位角或用陀螺经纬仪测定方位。

三、导线测量的内业计算

导线测量的目的是获得各导线点的平面直角坐标。计算的起始数据是已知点坐标、已知坐标方位角，观测数据为观测角值和观测边长。导线近似平差的基本思路是将角度误差和边长误差分别进行平差处理，先进行角度闭合差的分配，在此基础上再进行坐标闭合差的分配，通过调整坐标闭合差，以达到处理角度的剩余误差和边长误差的目的。

在进行导线测量平差计算之前，首先要按照规范要求对外业观测成果进行检查和验算，确保观测成果无误并符合限差要求，然后对边长进行加常数改正、乘常数改正、气象改正和倾斜改正，以消除系统误差的影响。现以图 5-13 中的实测数据为例，说明闭合导线坐标计算的步骤。

(1) 填写计算数据

将导线计算略图(图 5-13)中的点号、观测角值、边长及起始坐标方位角和起始点的坐标依次填入导线计算表(表 5-5)中相应栏内，起始数据用双线注明。

(2) 角度闭合差的计算和调整

根据几何原理得知，n 边形的内角和理论值为：

$$\sum \beta_{理} = (n-2) \times 180^\circ \tag{5-9}$$

由于观测角不可避免地含有误差，致使实测的内角之和 $\sum \beta_{测}$ 不等于理论值，而产生角

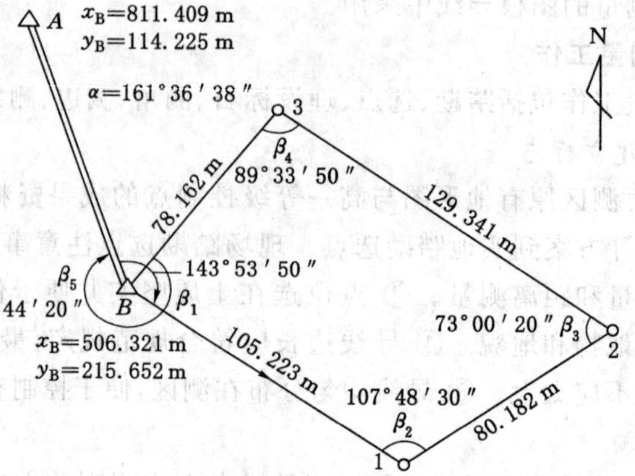

图 5-13　闭合导线算例简图

度闭合差：

$$f_\beta = \sum\beta_{测} - \sum\beta_{理}$$

各级导线角度闭合差的允许值 $f_{\beta允}$，见表 5-2。若 f_β 超过 $f_{\beta允}$，则说明所测角不符合要求，应重新检测角度。若 f_β 不超过 $f_{\beta允}$，可将闭合差反符号平均分配到各观测角度。

改正后的内角和应为 $(n-2)\times180°$，本例应为 360°，以作计算校核。

(3) 用改正后的角度推算各边的坐标方位角

填入表 5-5 中第 4、第 5 列。

(4) 坐标增量的计算及其闭合差的调整

本例按式(5-5)计算各边的坐标增量，填入表 5-5 中第 7、第 8 列。

实际上由于量边的误差和角度闭合差调整后的残余误差，往往使 $\sum\Delta x_{测}$、$\sum\Delta y_{测}$ 与理论值不符，而产生纵坐标增量闭合差 f_x 与横坐标增量闭合差 f_y，由于纵坐标增量闭合差和横坐标增量闭合差的存在，使导线不能闭合，产生导线全长闭合差，用 $f_D=\sqrt{f_x^2+f_y^2}$ 表示。仅从 f_D 的大小还不能显示导线测量的精度，应当将 f_D 与导线全长 $\sum D$ 相比，以分子为 1 的分数来表示导线全长相对闭合差，即：

$$K = \frac{f_D}{\sum D} = \frac{1}{\dfrac{\sum D}{f_D}}$$

以导线全长相对闭合差 K 来衡量导线测量的精度，K 的分母越大，精度越高。不同等级的导线全长相对闭合差的允许值 $K_{允}$ 已列入表(5-2)中。若 K 超过 $K_{允}$，则说明成果不合格，首先应检查内业计算有无错误，然后检查外业观测成果，必要时重测。若 K 不超过 $K_{允}$，则说明符合精度要求，可以进行调整，即将 f_x、f_y 反符号按边长成正比例分配到各边的纵、横坐标增量中去。以 v_{xi}、v_{yi} 分别表示第 i 边的纵、横坐标增量改正数，即：

$$\left.\begin{aligned} v_{x_i} &= \frac{-f_x}{\sum D}\cdot D_i \\ v_{y_i} &= \frac{-f_y}{\sum D}\cdot D_i \end{aligned}\right\} \tag{5-10}$$

算出的各坐标增量改正数填入表 5-5 中第 7、8 列坐标增量的上部。各边坐标增量值加改正数，即得各边的改正后纵、横增量，填入表 5-5 中第 9、10 列；改正后纵、横坐标增量之代数和应分别为零，以作计算检核。

(5) 计算各导线点的坐标

根据起点的已知坐标及改正后的增量，依次推算其他点的坐标。算得的坐标值填入表 5-5 中第 11、12 列，最后还应推算出起点的坐标，其值应与原有的数值相等，以作校核。

表 5-5　　**闭合导线坐标计算表**

点号	观测角(左角) /(° ′ ″)	改正数 /(″)	改正角 /(° ′ ″)	坐标方位角 a /(° ′ ″)	距离 D /m	增量计算值 Δx /m	增量计算值 Δy /m	改正后增量 Δx /m	改正后增量 Δy /m	坐标值 x /m	坐标值 x /m	点号
1	2	3	4=2+3	5	6	7	8	9	10	11	12	13
1										500.00	500.00	1
				125 30 00	105.22	−2 −61.10	+2 +85.66	−61.12	+85.68			
2	107 48 30	+13	107 48 43							438.88	585.68	2
				53 18 43	80.18	−2 +47.90	+2 +64.30	−47.88	+64.32			
3	73 00 20	+12	73 00 32							486.76	650.00	3
				306 19 15	129.34	−3 +76.61	+2 −104.21	+76.58	−104.19			
4	89 33 50	+12	89 34 02							563.34	545.81	4
				215 53 17	78.16	−2 −63.32	+1 −45.82	−63.34	−45.81			
1	89 36 30	+13	89 36 43							500.00	500.00	1
				125 30 00								
2												
总和	359 59 10	+50	360 00 00		392.90	+0.09	−0.07	0.00	0.00			

辅助计算：

$\sum\beta_{测} = 359°59'10''$

$-\sum\beta_{理} = 360°00'00''$

$f_\beta = -50$

$f_x = \sum\Delta x_{测} = +0.09$；$f_y \sum\Delta y_{测} = -0.07$

导线全长闭合差 $f_D = \sqrt{f_x^2 + f_y^2} = \pm 0.11\ \text{m}$

导线全长相对闭合差 $K = \dfrac{0.11}{392.90} \approx \dfrac{1}{3\,500}$

$f_{\beta允} = \pm 60''\sqrt{4} = \pm 120''$　　允许的相对闭合差 $K_{允} = \dfrac{1}{2\,000}$

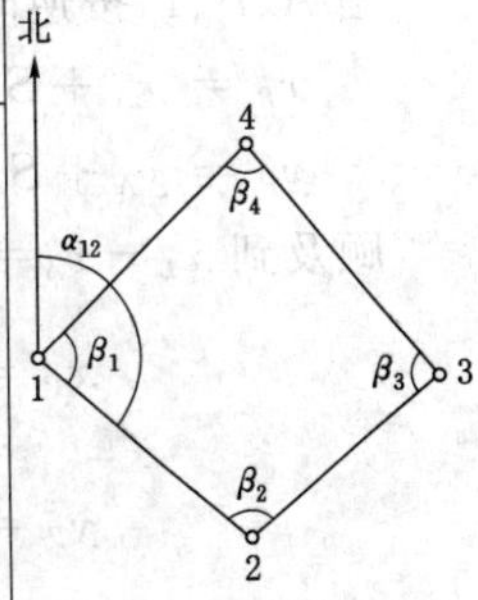

注：本例为图根导线，故边长和坐标取至厘米；$f_{\beta允} = \pm 60''\sqrt{n}$；$K_{允} = \dfrac{1}{2\,000}$。

第三节　控制点加密

交会测量是加密控制点常用的方法，它可以在数个已知控制点上设站，分别向待定点观测方向或距离，也可以在待定点上设站向数个已知控制点观测方向或距离，而后计算待定点的坐标。常用的交会测量方法有前方交会、后方交会、测边交会和自由设站法。

一、测角前方交会

在已知控制点 A、B 上设站观测水平角 α、β，根据已知点坐标和观测角值，计算待定点 P 的坐标，称为前方交会(图 5-14)。在前方交会图形中，由未知点至相邻两已知点间的夹角称为交会角。当交会角过小(或过大)时，待定点的精度较差，交会角一般应大于 30°并小于 150°。

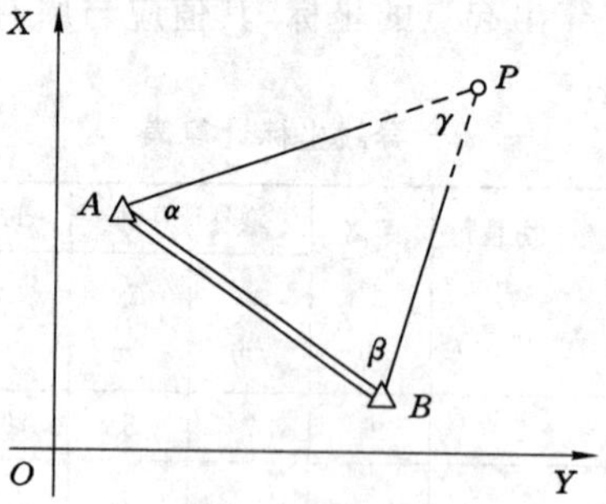

图 5-14　前方交会

如图 5-14 所示，根据已知点 A、B 的坐标(x_A、y_A) 和 B(x_B、y_B)，通过平面直角坐标反算，可获得 AB 边的坐标方位角 α_{AB} 和边长 S_{AB}，由坐标方位角 α_{AB} 和观测角 α 可推算出坐标方位角 α_{AP}，由正弦定理可得 AP 的边长 S_{AP}。由此，根据平面直角坐标正算公式，即可求得待定点 P 的坐标，即：

$$\left.\begin{aligned} x_P &= x_A + S_{AP} \cdot \cos\alpha_{AP} \\ y_P &= y_A + S_{AP} \cdot \sin\alpha_{AP} \end{aligned}\right\} \tag{5-11}$$

当 A、B、P 按逆时针编号时，$\alpha_{AP}=\alpha_{AB}-\alpha$，将其代入上式，得：

$$\left.\begin{aligned} x_P &= x_A + S_{AP} \cdot \cos(\alpha_{AB}-\alpha) = x_A + S_{AP} \cdot (\cos\alpha_{AB}\cos\alpha + \sin\alpha_{AB}\sin\alpha) \\ y_P &= y_A + S_{AP} \cdot \sin(\alpha_{AB}-\alpha) = y_A + S_{AP} \cdot (\sin\alpha_{AB}\cos\alpha - \cos\alpha_{AB}\sin\alpha) \end{aligned}\right\}$$

顾及到 $x_B-x_A=S_{AB}\cdot\cos\alpha_{AB}$；$y_B-y_A=S_{AB}\cdot\sin\alpha_{AB}$，则有：

$$\left.\begin{aligned} x_P &= x_A + \frac{S_{AP}\cdot\sin\alpha}{S_{AB}}[(x_B-x_A)\cdot\cot\alpha + (y_B-y_A)] \\ y_P &= y_A + \frac{S_{AP}\cdot\sin\alpha}{S_{AB}}[(y_B-y_A)\cdot\cot\alpha + (x_B-x_A)] \end{aligned}\right\} \tag{5-12}$$

由正弦定理可知：

$$\frac{S_{AP}\cdot\sin\alpha}{S_{AB}} = \frac{\sin\beta}{\sin P}\sin\alpha = \frac{\sin\alpha\cdot\sin\beta}{\sin(\alpha+\beta)} = \frac{1}{\cot\alpha+\cot\beta}$$

将上式代入式(5-12)，并整理得：

$$\left.\begin{aligned} x_P &= \frac{x_A\cdot\cot\beta + x_B\cdot\cot\alpha + (y_B-y_A)}{\cot\alpha+\cot\beta} \\ y_P &= \frac{y_A\cdot\cot\beta + y_B\cdot\cot\alpha + (x_B-x_A)}{\cot\alpha+\cot\beta} \end{aligned}\right\} \tag{5-13}$$

式(5-13)即为前方交会计算公式，通常称为余切公式，是平面坐标计算的基本公式之一。

在此应指出，式(5-13)是在假定△ABP 的点号 A(已知点)、B(已知点)、P(待定点)按逆时针编号的情况下推导出的。若 A、B、P 按顺时针编号，则相应的余切公式为：

$$\left.\begin{aligned}x_P &= \frac{x_A \cdot \cot\beta + x_B \cdot \cot\alpha + (y_B - y_A)}{\cot\alpha + \cot\beta} \\ y_P &= \frac{y_A \cdot \cot\beta + y_B \cdot \cot\alpha + (x_B - x_A)}{\cot\alpha + \cot\beta}\end{aligned}\right\} \tag{5-14}$$

前方交会算例见表 5-6。

表 5-6　　**前方交会计算**

点名	观测角值 /(° ′ ″)		角之余切		纵坐标 /m		横坐标 /m	
P					x_P	52 396.761	y_P	86 053.636
A	α_1	72　06　12	$\cot\alpha_1$	0.322 927	x_A	52 845.150	y_A	86 244.670
B	β_1	69　01　00	$\cot\beta_1$	0.383 530	x_B	52 874.730	y_B	85 918.350
			$\sum$	0.706 457				

二、测边前方交会

在交会测量中，除了观测水平角外，也可测量边长交会定点，通常采用三边交会法。如图 5-15 所示，A、B 为已知点，P 为待定点，A、B 按逆时针排列，a、b 为边长观测值。

由已知点反算边的坐标方位角和边长为 α_{AB} 和 S_{AB}。在 $\triangle ABP$ 中，由余弦定理得：

$$\cos A = \frac{S_{AB}^2 + a^2 - b^2}{2a \cdot S_{AB}}$$

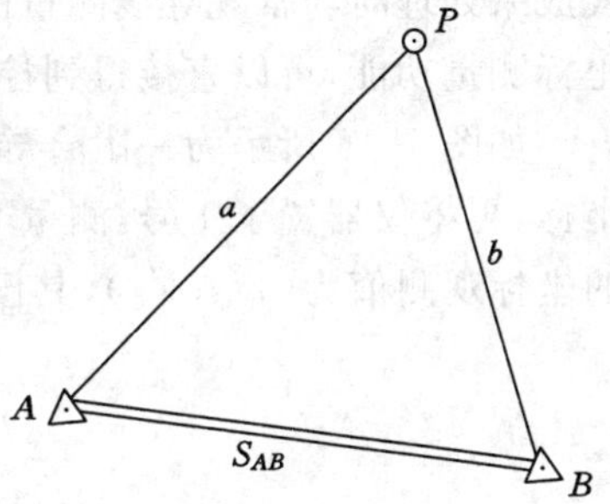

图 5-15　测边交会

顾及到 $\alpha_{AP} = \alpha_{AB} - A$，则：

$$\left.\begin{aligned}x_P &= x_A + a \cdot \cos\alpha_{AP} \\ y_P &= y_A + a \cdot \sin\alpha_{AP}\end{aligned}\right\} \tag{5-15}$$

第四节　全站仪三维坐标导线测量

全站仪测量速度快、精度高，目前已在路线工程中广泛采用。三维坐标测量（X,Y,H）测量就是平面二维坐标测量（X,Y）和高程（H）的测量。为求得控制点的坐标和高程，传统方法一般是按前述导线测量等方法通过测角和测距计算各点的平面坐标（X,Y），而高程需按照第二章介绍的方法测得。这就要求具备两组人员和两套仪器，一组进行平面控制测量，一组进行高程控制测量，然后分别平差计算。若能充分利用全站仪的三维坐标测量功能，坐标和高程测量可一次完成。

一、全站仪三维坐标测量的基本原理与方法

全站仪是一种集光、机、电为一体的高技术测量仪器，是集水平角、垂直角、距离（斜距、平距）、高差测量功能于一体的测绘仪器系统。利用全站仪测量，可以将平面坐标测量和高程测量融为一体。全站仪都有坐标测量功能，测量可以直接得到坐标值，其三维坐标测量的基本原理与方法是：

① 将全站仪安置于测站点 A 上(对中、整平),选定三维坐标测量模式后按提示输入测站点三维坐标(x_A,y_A,H_A)、仪器高 i;

② 精确照准另一已知点定向,可按坐标定向,也可输入后视坐标方位角定向;

③ 照准目标点 P 上的反射棱镜;坐标测量前修改好反射棱镜的目标高 v,按坐标测量键,仪器就会按公式(5-16),利用自身内存的计算程序自动计算并立即显示目标点的三维坐标值(x_P,y_P,H_P):

$$\left.\begin{aligned} x_P &= x_A + S\cdot\cos\alpha\cos\theta \\ y_P &= y_A + S\cdot\cos\alpha\sin\theta \\ H_P &= H_A + S\cdot\sin\alpha + i - v \end{aligned}\right\} \tag{5-16}$$

式中 S——仪器至棱镜的斜距;

α——仪器至棱镜的竖直角;

θ——仪器至棱镜的方位角。

二、全站仪三维坐标导线测量的成果处理

由于导线测量的误差,所测导线必定存在全长闭合差,必须对闭合差进行处理,但在导线成果处理时与常规导线测量的做法有所不同,需将坐标作为观测值。由于利用全站仪的坐标测量功能,可以直接得到控制点的坐标值,因此简化了计算工作。

如图 5-16 所示为一附合导线,用全站仪观测。观测时先置全站仪于 B 点,测量 1 号点坐标,再将仪器置于 1 号,测量 2 号点坐标,以此观测到最后得到 C 点坐标观测值。设 C 点的坐标观测值为(x'_C,y'_C),其已知坐标为(x_C,y_C),则导线的纵横坐标闭合差分别为:

$$\left.\begin{aligned} f_x &= x'_C - x_C \\ f_y &= y'_C - y_C \end{aligned}\right\} \tag{5-17}$$

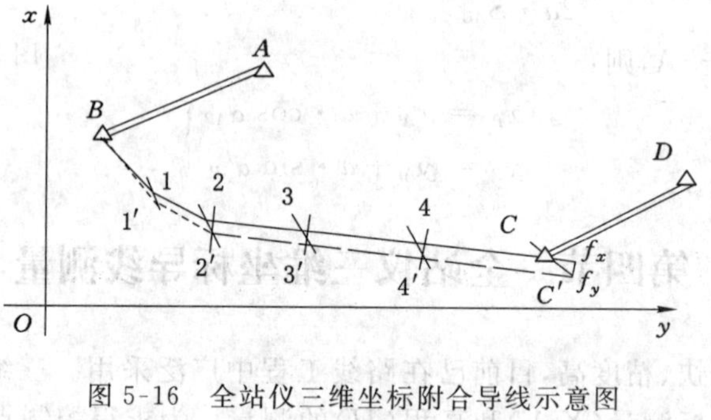

图 5-16 全站仪三维坐标附合导线示意图

导线的全长闭合差为:

$$f = \sqrt{f_x^2 + f_y^2} \tag{5-18}$$

导线的全长相对闭合差为:

$$K = \frac{f}{\sum D} = \frac{1}{\sum D/f} \tag{5-19}$$

当导线的全长相对闭合差小于规定允许值时,即可按下式计算各点的坐标改正值:

$$\left.\begin{aligned} v_{xi} &= -\frac{f_x}{\sum D} \times \sum D_i \\ v_{yi} &= -\frac{f_y}{\sum D} \times \sum D_i \end{aligned}\right\} \tag{5-20}$$

式中　D——导线水平边长；

$\sum D$—— 导线全长；

$\sum D_i$ ——第 i 点前的导线边长和。

改正后各点的坐标为：

$$\left.\begin{aligned} x_{i改} &= x_i + v_{xi} \\ y_{i改} &= y_i + v_{yi} \end{aligned}\right\}$$

各点间的高差或各点高程是根据三角高程测量的原理得到。若已知起始点 B、终点 C 的高程，则把导线视为附合高程导线，将全站仪测得的各点间的高差进行高差闭合差平差，具体方法见第二章。目前，理论和实践证明，用全站仪观测高程，如果采用对向(往返)观测，竖直角观测精度 $m_\alpha \leqslant \pm 2''$，测距精度不低于(5+5 ppm)mm，边长控制在 2 km 之内，可达到四等水准测量的限差要求。所以，在导线测量时通常都是观测三维坐标，从而既得到点的坐标又得到点的高程。

思考题与习题

1. 名词解释：坐标正算、坐标反算、球气差、对向观测。

2. 平面控制网有哪几种形式？各在什么情况下采用？

3. 导线的布设主要有哪几种形式？各有何特点？

4. 导线测量的外业主要有哪些工作？选择导线点时应注意什么问题？

5. 交会定点主要有哪几种形式？

6. 三、四等水准测量中，在一个测站上的观测顺序有何规定？为什么？

7. 根据图 5-17 所示支导线，已知 $X_A = 264.20$ m，$Y_A = 113.30$ m；$X_B = 464.22$ m，$Y_B = 313.35$ m。测得 $\beta_1 = 120°30'30''$，$S_1 = 297.26$ m；$\beta_2 = 212°12'30''$，$S_2 = 187.82$ m。计算 1、2 点的坐标。

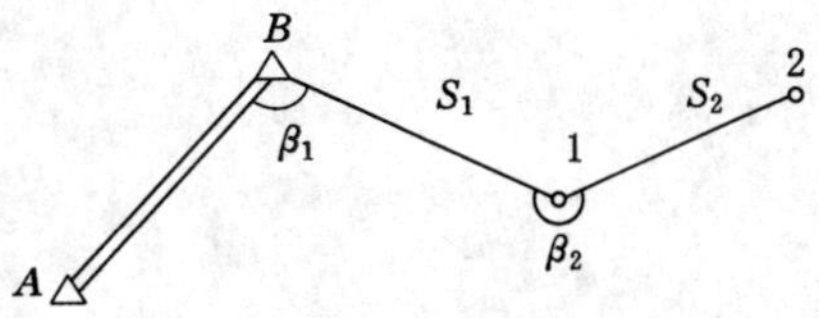

图 5-17　题 7 图

8. 闭合导线的观测数据如图 5-18 所示，已知 $B(1)$ 点的坐标 $X_{B(1)} = 48\ 311.264$ m，$Y_{B(1)} = 27\ 278.095$ m；已知 AB 边的方位角 $\alpha_{AB} = 226°44'50''$，计算 2、3、4、5、6 点的坐标。

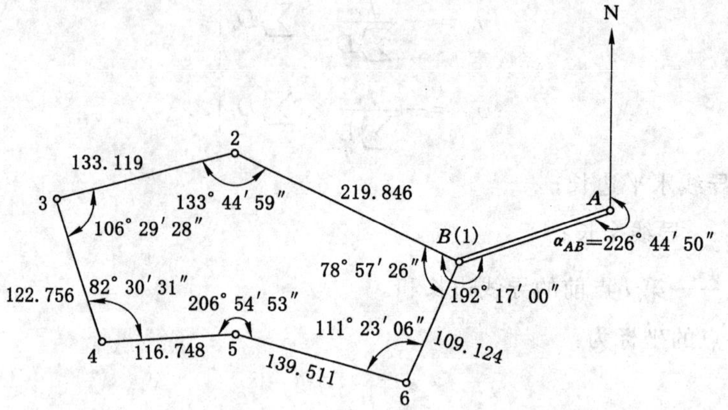
N
A
α_{AB}=226° 44′ 50″
B(1)
2
3
4
5
6
133.119
219.846
122.756
116.748
139.511
109.124
133° 44′ 59″
106° 29′ 28″
82° 30′ 31″
206° 54′ 53″
111° 23′ 06″
78° 57′ 26″
192° 17′ 00″

图 5-18　题 8 图

第六章　GPS 技术在路线测量中的应用

【本章要点】:本章对全球定位系统(GPS)的原理作简要介绍。主要内容包含 GPS 的基本概念,GPS 的组成和卫星定位的基本原理以及 GPS 测量基本方法;最后介绍了 PENTAX LGN200GPS—RTK 的操作流程。

第一节　全球定位系统(GPS)简介

全球定位系统(GPS)是"导航卫星测时与测距全球定位系统(NAVigation Satellite Timing and Ranging Global Positioning System)"的简称,有时也被称作 NAVSTAR GPS。该系统是由美国国防部于 1973 年组织研制,主要用于满足军方在地面或近地空间内获取在一个通用参照系中的位置、速度和时间信息的要求。

GPS 是目前世界上最先进、最完善的卫星导航与定位系统,它利用卫星发射的无线电信号进行导航定位,具有全球性、全天候、高精度、快速实时三维导航、定位、测速和授时功能,以及良好的保密性和抗干扰性。它不但用于军事上各种兵种和武器的导航定位,而且在民用上也发挥重大作用,如智能交通系统中车辆导航、车辆管理和救援、民用飞机和船只导航及姿态测量、大气参数测试、电力和通讯系统中的时间控制、地震和地球板块运动监测、地球动力学研究等。同时在测量界也引起了高度重视,特别是在大地测量、城市和矿山控制测量、建筑物变形测量、路线工程测量、水下地形测量等方面得到广泛的应用。GPS 于 1986 年开始引入我国测绘界,目前已在测绘行业中广泛使用。

GPS 主要由空间卫星部分(GPS 卫星星座)、地面监控部分和用户设备三部分组成,见图 6-1 所示。

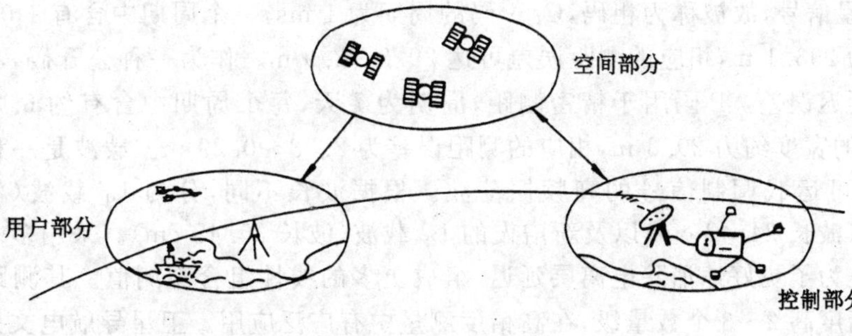

图 6-1　GPS 的组成

一、空间星座部分

GPS 卫星主体呈圆柱形,直径为 1.5 m,重约 774 kg。两侧有双叶太阳能板,能自动对日定向，太阳能电池为卫星提供工作用电。卫星上带有燃料和喷管，可在地面控制系统的控制下调整自己的运行轨道。每颗卫星装有4台高精度原子钟(2台铷钟，2台铯钟)，频率稳定度为$10^{-12}\sim10^{-13}$，为GPS测量提供高精度时间标准。

GPS卫星主要功能是接收并存储由地面监控站发来的导航信息；接收并执行主控站发出的控制命令，如调整卫星姿态、启用备用卫星等；向用户连续发送卫星导航定位所需信息，如卫星轨道参数、卫星健康状态以及卫星信号发射时间标准等。

如图6-2所示，设计GPS卫星星座由24颗卫星组成，其中21颗工作卫星，3颗备用卫星。工作卫星均匀分布在6个近圆形的轨道面内，每个轨道上有4颗卫星。卫星轨道面相对地球赤道面倾角为55°。各轨道面升交点赤径相差60°。轨道平均高度为20 200 km。卫星运行周期为11小时58分。卫星同时在地平线以上至少有4颗，最多可达11颗。这样的布设方案可以保证在世界任何地方、任何时间，都可观测到高度角在15°以上的4颗卫星，能够进行实时三维定位。

图6-2 24颗GPS卫星组成的GPS卫星星座

GPS卫星发射的信号由载波、测距码和导航电文三部分组成。测距码是用于测定从卫星至接收机间的距离的二进制码，主要接收的有C/A码和P码。C/A码用于粗略测距和捕获GPS卫星信号，故被称为粗码，C/A码的周期为1 ms，一个周期中含有1 023个码元，码元的宽度为293.1 m，相应的测距误差可达29.3～2.9 m。作为一种公开码，不能精确地消除电离层延迟误差。P码用于精密测距，周期为7天，每个周期中含有约6.2万亿个码元，每个码元的宽度约为29.3 m，相应的测距误差为2.93～0.29 m。载波是一种周期性余弦波，是一种可运载调制信号的高频振荡波。根据波长不同，分为L_1载波(波长19.03 cm)、L_2载波(波长24.42 cm)以及新增设的L_5载波(波长25.48 cm)。采用多个载波频率的主要目的是为了更好地消除电离层延迟，组成更多的线性组合观测值。其测距精度比测距码测量的精度高2～3个数量级，在高精度测量中有广泛应用。卫星导航电文是用户用来导航与定位的基础数据，其内容包括卫星星历、时间信息和时钟改正、电离层时延改正、卫星工作状态信息等。

二、地面监控部分

支持整个系统正常运行的地面设施称为地面监控部分，它由分布在世界各地五个地面站组成(图 6-3),按功能可分为监测站、主控站和注入站三种。地面监控系统由 1 个主控站、3 个注入站和 5 个监测站组成。

图 6-3　GPS 地面监控点分布

主控站设在美国本土科罗拉多联合空间中心。它是整个地面监控系统的行政管理中心和技术中心,除了协调管理地面监控系统外,还负责将监测站的观测资料联合处理,推算卫星星历、卫星钟差和大气修正参数,并将这些数据编制成导航电文送到注入站。此外,它还可以调整偏离轨道的卫星,使之沿预定轨道运行或启用备用卫星。

监测站是无人值守的数据自动采集中心,分别位于科罗拉多、阿松森群岛、狄哥伽西亚、卡瓦加兰和夏威夷。站内设有双频 GPS 接收机、高精度原子钟、气象参数测试仪和计算机等设备。主要任务是完成对 GPS 卫星信号的连续观测,并将搜集的数据和当地气象观测资料经处理后传送到主控站。

注入站是向 GPS 卫星输入导航电文和其他命令的地面设施,分别设在阿松森群岛、狄哥伽西亚和卡瓦加兰。其主要任务是将主控站编制的导航电文和其他命令通过直径为 3.6 m的发射天线注入给相应的卫星。

三、用户设备部分

用户设备由用户 GPS 接收机和数据处理软件等仪器设备组成。其主要任务是捕获 GPS 卫星发射的信号,跟踪并锁定卫星信号,获得必要的观测量;并通过对接收的卫星信号进行处理,测量出 GPS 信号从卫星到接收机天线间的传播时间;译出 GPS 卫星发射的导航电文,实时计算接收机天线的三维坐标、速度和时间。

GPS 接收机按用途的不同可分为导航型、测量型和授时型三类,按使用的载波频率分为单频接收机(L_1载波)和双频接收机(L_1、L_2载波)。测量单位使用的 GPS 接收机一般为测量型,本章仅简要介绍测量型接收机的定位原理和测量方法。

第二节　GPS 定位原理

GPS 是采用空间距离后方交会原理来进行定位的,利用三个或三个以上卫星的空间已知位置就可交会出地面未知点的位置(图 6-4)。在 GPS 观测中根据测出的卫星到接收机的距离,利用三维坐标中的距离公式,用 3 颗卫星就可以组成 3 个方程式,解出未知点的位置。

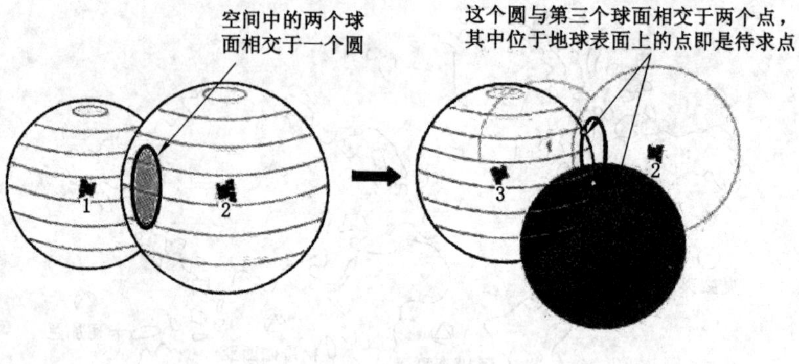

图 6-4 GPS 定位原理

根据测距原理的不同,GPS 定位方法主要有伪距法定位、载波相位测量定位和 GPS 差分定位。对于待定点位,根据其运动状态可分为静态定位和动态定位。静态定位是指用 GPS 测定相对于地球不运动的点位,GPS 接收机安置在该点上,接收数分钟乃至更长时间,以确定其三维坐标。动态定位是确定 GPS 接收机天线处在运动状态下的三维坐标。若将两台或两台以上 GPS 接收机分别安置在固定不变的待定点上,通过同步接收卫星信号,确定待测点之间的相对位置,称为相对定位。利用伪距和载波相位均可进行静态定位。利用伪距定位精度较低,高精度定位常采用载波相位观测值的各种线性组合(即差分),以减弱卫星轨道误差、卫星钟差、接收机钟差、电离层和对流层延迟等误差影响。

一、测距码伪距定位

GPS 卫星到地面点上 GPS 接收机的距离可以用卫星发射的测距码信号到达接收机的传播时间乘以光速求得。但由于传播时间中包含卫星时钟与接收机时钟不同步的误差、测量码在大气中传播的延迟误差等,由此测出的距离与星站间的几何距离有一定的差值,习惯上称为伪距。

伪距法绝对定位(也称单点定位),就是利用 GPS 接收机在某一时刻测定的四颗以上 GPS 卫星伪距及从卫星导航电文中获得的卫星位置(X_S、Y_S、Z_S),采用距离交会法求定测站点接收机在 WGS－84 坐标系中的三维坐标,如图 6-5 所示。在 GPS 测量中,考虑到卫星时钟与接收机时钟之间的误差,实际上有 4 个未知数——X、Y、Z 和钟差,因此需要引入第四颗卫星,形成四个方程式进行求解,从而可以确定某一观测点的空间位置,精确算出该点的空间坐标:

$$\rho = \sqrt{(X_S - X)^2 + (Y_S - Y)^2 + (Z_S - Z)^2} + c \times \Delta T \tag{6-1}$$

由于大气延迟、卫星钟差、接收机钟差等误差影响,伪距法单点定位精度不高。用 C/A 码伪距定位精度一般为 25 m,P 码伪距定位精度为 10 m。当美国施行 SA(Select Available,选择可用性)技术后,C/A 码伪距定位精度降到 50 m。但是由于伪距单点定位速度快、无多值性问题,因此在运动载体的导航定位上仍应用很广泛。同时,伪距还可以作为载波相位测量中解决整周模糊度的参考数据。

二、载波相位定位

伪距测量是以测距码为量测信号的,采用码相关法时,测量精度一般为码元宽度的百分

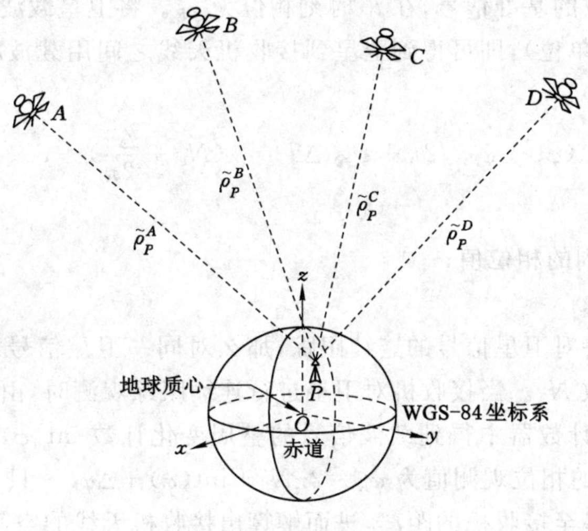

图 6-5　GPS 绝对定位

之一。由于测距码的码元宽度较大，因而测量精度不高。对 P 码而言约为 0.3 m，C/A 码则为 3 m 左右，只能满足低精度定位的要求。载波的波长要短得多，$\lambda_1=19.03$ cm，$\lambda_2=24.42$ cm，$\lambda_5=25.48$ cm，对载波进行相位测量，能达到很高的精度。目前测量型接收机的载波相位测量的精度为 0.2～0.3 mm，其测距精度比测距码测量的精度高 2～3 个数量级。但是由于载波信号是一种周期性正弦信号，在相位测量中只能测定其不足一个周期（即波长）的小数部分，存在着整周数不确定性问题。此外，若因某种原因引起对卫星跟踪短暂失锁，如卫星和接收机天线之间有阻挡物或接收机受到外界电磁干扰等，将造成载波相位整周观测值的意外丢失现象，这种现象称为整周跳变。故在数据处理前，还需进行整周跳变的探测和修复工作，因此载波相位解算过程比较复杂。

载波相位测量是测定 GPS 卫星载波信号到接收机天线之间的相位延迟。如图 6-6 所示，假设卫星 S 在 t_0 时刻发出载波信号，其相位为 φ_S。若接收机产生一个频率和初相位与

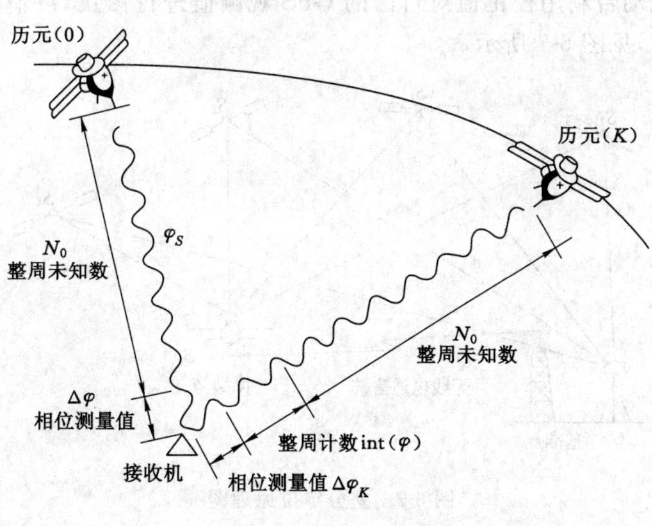

图 6-6　GPS 载波相位观测

卫星载波信号完全一致的基准信号，在 t_0 时刻相位为 φ_R。将卫星载波与接收机基准信号进行相位比相（以“周”为单位），即可得到卫星到接收机天线之间用载波相位表达的距离观测值（只考虑钟差的影响）：

$$\rho = \lambda(\varphi_S - \varphi_R)/2\pi + c \times \Delta T = \lambda(N_0 + \frac{\Delta\varphi}{2\pi}) + c \times \Delta T \tag{6-2}$$

式中 N_0——整周数；

$\Delta\varphi$——不到一周的相位值；

λ——载波波长。

只要接收机能保持对卫星信号的连续跟踪，那么对同一卫星信号载波相位观测值中就都含有同一整周未知数 N_0。当接收机对卫星进行连续跟踪观测时，由于接收机内有多普勒频移计数器，可从累计计数器中得到载波信号的整周变化计数 $\mathrm{int}(\varphi)$。所以 K 时刻（历元 t_K）卫星到接收机天线的相位观测值为 $\varphi_K = 2\pi N_0 + \mathrm{int}(\varphi) + \Delta\varphi_K$。只有设法解出整周未知数 N_0，才能求得从卫星至接收机的距离，进而解算出接收机天线的空间位置。

将式(6-1)与式(6-2)比较可以看到，载波相位观测方程中多了一项整周未知数 N_0。虽然载波相位观测值精度很高，但是由于对于每颗卫星载波相位观测方程中都有 N_0，所以无法像伪距单点定位那样用单机实时定位，而是采用两台以上接收机进行相对定位。其中 N_0 的准确解算是载波相位测量中的关键问题。

三、实时差分定位

根据观测卫星瞬间在空间中的位置以及接收机所测得的至这些卫星的距离并加上钟差等误差项的改正后，即可采用空间距离后方交会的方法求得该瞬间接收机天线的位置，但其获得点位的精度较低，无法满足某些领域对精度有较高要求的用户的需求。

差分定位是大幅度提高导航定位精度的有效手段。GPS 差分定位系统由基准台、流动台和无线电通信链三部分组成。GPS 差分定位的原理是在已有精确地心坐标点安放 GPS 接收机（称为基准站），利用已知地心坐标和星历计算 GPS 每个观测时刻由于钟差误差等影响的校正值，并通过无线电通信设备（称为数据链）将校正值发送给运动中的 GPS 接收机（称为流动站）。流动台利用校正值对自己的 GPS 观测值进行修正，以消除上述误差，从而提高实时定位精度，见图 6-7 所示。

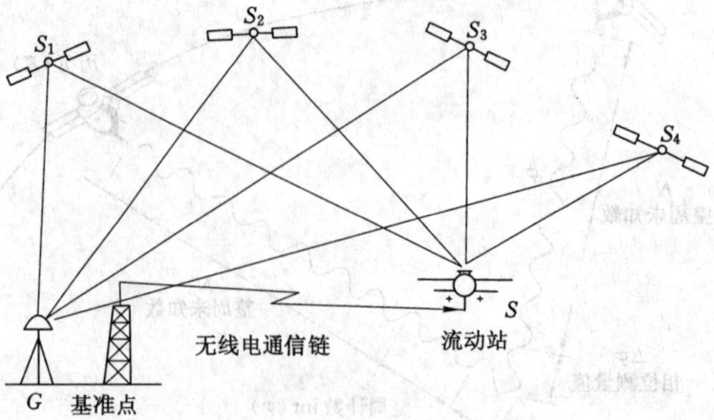

图 6-7　差分定位原理图

根据基准站所提供的改正数的类型，差分GPS可分为位置差分和距离差分两种。

(1) 位置差分

将基准站GPS接收机伪距单点定位得到的坐标值与已知坐标进行差分，无线电传送的是坐标修正值，流动站用坐标修正值对其坐标进行修正，也称为坐标差分。

设基准站已知坐标为(x_G^0、y_G^0、z_G^0)，使用GPS伪距单点定位测得的基准站的坐标为(x_G、y_G、z_G)，通过差分求得基准站的坐标改正值为：

$$\left.\begin{aligned}\Delta x &= x_G^0 - x_G \\ \Delta y &= y_G^0 - y_G \\ \Delta z &= z_G^0 - z_G\end{aligned}\right\} \tag{6-3}$$

设流动站使用伪距单点定位测得的坐标为(x_S、y_S、z_S)，则使用基准站坐标改正值修正后的流动站坐标为：

$$\left.\begin{aligned}x_S^0 &= x_S + \Delta x \\ y_S^0 &= y_S + \Delta y \\ z_S^0 &= z_S + \Delta z\end{aligned}\right\} \tag{6-4}$$

位置差分精度可达5～10 m。但是位置差分要求流动站接收机单点定位所用的卫星，与基准台求修正值时所用的卫星完全一致，若有一颗卫星不一样就可能产生较大误差。

(2) 伪距差分

利用基准站已知坐标和卫星的空间位置i求卫星到基准站的几何距离，作为距离精确值R_i^0。将此值与基准站所测伪距值ρ_i求差，作为差分修正值$\Delta\rho_i$，$\Delta\rho_i$是由卫星星历误差、卫星钟和接收机钟误差、大气延迟误差和测量噪声引起的。若同一时刻流动站用户也在进行GPS测量，那么对于基准站和流动站来说，卫星钟的钟差、卫星星历误差和大气延迟误差的影响大致相同，而接收机钟差可作为未知数进行解算。测量噪声的影响量级很小，可以忽略不计。通过数据链传给流动站伪距改正信息$\Delta\rho_i$，流动站接收差分信号后，对所接收的每颗卫星伪距观测值进行修正，根据距离交会原理即可求出相当准确的用户未知位置。

由于伪距差分是对每颗卫星伪距观测值进行修正，所以不要求基准站和流动站接收的卫星完全一致，只要有4颗以上相同卫星即可。其差分精度取决于差分卫星个数、卫星空中分布状况及差分修正值延迟时间。伪距差分精度为3～10 m，基准站距流动台距离可达200～300 km。

(3) 载波相位实时差分(RTK)

RTK(Real Time Kinematic)是一种利用GPS载波相位观测值进行实时动态相对定位的技术。进行RTK测量时，位于基准站(具有良好的GPS观测条件的已知站)上的GPS接收机通过无线数据通信链实时地把载波相位观测值以及已知的站坐标等信息播发给在附近工作的流动用户。这些用户就能根据自己采集的载波相位观测值利用RTK数据处理软件进行实时定位，进而根据基准站坐标求得自己的三维坐标，如有必要，还可将求得的WGS—84坐标转换为用户所需要的坐标系中的坐标。

由于载波相位观测值精度高，若通过数据链将基准站载波相位观测值传送到流动站，在流动站进行实时载波相位数据处理，其定位精度可达到1～2 cm。因而被广泛用于图根控制测量、施工放样、路线工程测量以及地形测量等应用领域，是GPS技术的重大突破。但是RTK差分距离不可太远，目前最远可到30 km。此外，流动站是否能进行RTK差分，取决于数据通信的可靠性和流动站载波相位观测值是否失锁。目前在城市测量中因受周围环境影响，实时动态 RTK 受到限制，但在空旷地区、海上应用较多。

第三节 GPS 静态测量与数据处理

GPS 测量实施过程与常规测量一样，包括方案设计、外业测量和内业数据处理三部分。目前 GPS 控制测量基本采用载波相位观测值为主的相对定位法，这就需要多台 GPS 接收机在相同时间段内同时连续跟踪相同的卫星组，实施同步观测。本节主要介绍在城市与工程控制网中采用 GPS 静态测量的方法和工作程序。

一、GPS 控制网设计

GPS 控制网的技术设计是进行 GPS 测量的基础。它应根据用户提交的任务书或测量合同所规定的测量任务进行设计，其内容包括测区范围、测量精度、提交成果方式、完成时间等。设计的技术依据是国家测绘局颁发的《全球定位系统(GPS)测量规范》及建设部颁发的《全球定位系统城市测量技术规程》。其主要内容如下：

(1) GPS 测量精度指标

GPS 网的精度指标通常是以网中相邻点之间的距离误差 m_D 来表示：

$$m_D = a + b \times 10^{-6} D \tag{6-5}$$

式中 D——相邻点间距离；

a——固定误差；

b——比例误差。

习惯上称 1×10^{-6} 为 1 ppm，表示 1 km 的比例误差为 1 mm。城市及工程控制网精度指标见表 6-1。

表 6-1　城市及工程 GPS 控制网精度指标

等级	平均距离/km	a/mm	$b/(10^{-6}D)$	最弱边相对中误差
二	9	≤10	≤2	1/120 000
三	5	≤10	≤5	1/80 000
四	2	≤10	≤10	1/4.500 00
一级	1	≤10	≤10	1/20 000
二级	<1	≤15	≤20	1/10 000

具体工作中精度标准的确定要根据工作实际需要，以及具备的仪器设备条件，当地确定 GPS 网的精度等级。布网可以分级布设，也可越级布设或布设同级全面网。

在同步观测中，测站从开始接收卫星信号到停止数据记录的时段称为观测时段；卫星与接收机天线相对水平面的夹角称为卫星高度角，卫星高度角太小时，不能进行观测；反映一组卫星与测站所构成的几何图形形状与定位精度关系的数值称点位强度因子 PDOP(Position Dilution of Precision)，它的大小与观测卫星高度角的大小以及观测卫星在空间的几何分布变化有关。观测卫星高度角越小，分布范围越大，PDOP 值就越小。综合其他因素的影响，当卫星高度角设置为≥15°时，点位的 PDOP 值不宜大于 6。GPS 接收机锁定一组卫星后，将自动计算出 PDOP 值并显示在液晶屏幕上。规范对 GPS 测量作业的基本要求列于表 6-2。

表 6-2　静态 GPS 测量作业技术规定

等级	二等	三等	四等	一级	二级
卫星高度角/(°)	≥15	≥15	≥15	≥15	≥15
PDOP	≤6	≤6	≤6	≤6	≤6
有效观测卫星数	≥4	≥4	≥4	≥4	≥4
平均重复设站数	≥2	≥2	≥1.6	≥1.6	≥1.6
时段长度/min	≥90	≥60	≥45	≥45	≥45
数据采样间隔	10～60	10～60	10～60	10～60	10～60

(2) 网形设计

常规控制测量中，控制网的图形设计十分重要，而在 GPS 测量时由于不需要点间通视，因此图形设计灵活性比较大。GPS 网设计主要考虑以下几个问题：

① 网的可靠性设计。GPS 测量有很多优点，如测量速度快、测量精度高等，但是由于是无线电定位，受外界环境影响大，所以在图形设计时应重点考虑成果的准确可靠，应考虑有较可靠的检验方法。GPS 网一般应通过独立观测边构成闭合图形，以增加检核条件，提高网的可靠性。GPS 网的布设通常有点连式、边连式、网连式及边点混合连接等四种方式。

点连式是指相邻同步图形(多台仪器同步观测卫星获得基线构成的闭合图形)仅用一个公共点连接。这样构成的图形检核条件太少，一般很少使用，如图 6-8(a)所示。

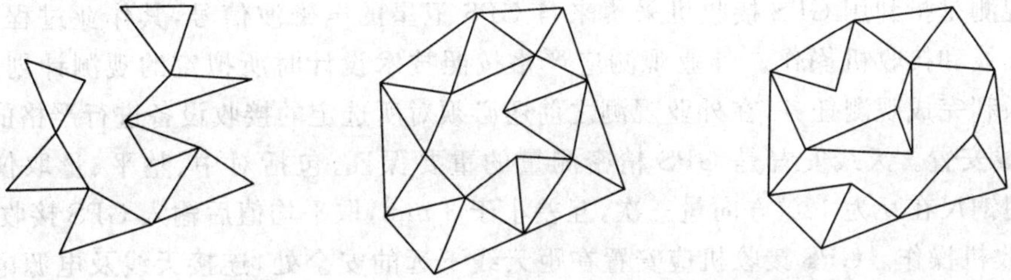

(a)　(b)　(c)

图 6-8　GPS 控制网的布设形式

(a) 点连式(7 个三角形)；(b) 边连式(15 个三角形)；(c) 边点混合连接(10 个三角形)

边连式是指同步图形之间由一条公共边连接。这种方案边较多，非同步图形的观测基线可组成异步观测环(称为异步环)。异步环常用于观测成果质量检查，所以边连式比点连式可靠，见图 6-8(b)所示。

网连接是指相邻同步图形之间有两个以上公共点相连接，这种方法需要 4 台以上的仪器。这种方法几何强度和可靠性更高，但是花费时间和经费也更多，常用于高精度控制网。

边点混合连接是指将点连接和边连接有机结合起来，组成 GPS 网，如图 6-8(c)所示。这种网布设特点是周围的图形尽量以边连接方式，在图形内部形成多个异步环。利用异步环闭合差检验、保证测量的可靠性。

在低等级GPS测量或碎部测量时可用星形布设，见图6-9所示。这种方式常用于快速静态测量。优点是测量速度快，但是没有检核条件，为了保证质量可选两个点作基准站。

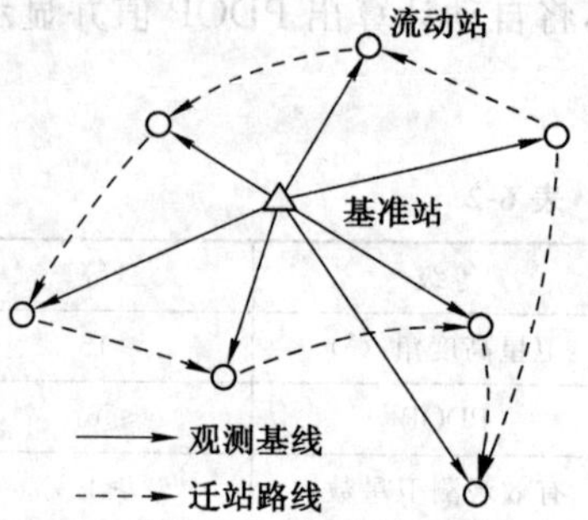

图6-9　GPS快速静态测量

② GPS点虽然不需要通视，但是为了便于用常规方法联测和扩展，要求控制点至少与一个其他控制点通视，或者在控制点附近300 m外布设一个通视良好的方位点，以便建立联测方向。

③ 为了求定GPS网坐标与原有地面控制网坐标之间的坐标转换参数，要求至少有三个GPS控制网点与地面控制网点重合。

④ 为了利用GPS进行高程测量，在测区内GPS点应尽可能与水准点重合，或者进行等级水准联测。

二、GPS外业工作

(1) 外业选点及建立标志

GPS点位应尽量选在天空视野开阔、交通方便且易于安置接收设备的地点，以便于与常规地面控制网的联测；GPS点应远离对电磁波接收有强烈吸收、反射等干扰影响的障碍物，如高压线、变电所、高层建筑物、大面积水面及微波辐射干扰源等。

点位选定后，应按规范要求埋置标石，以便保存。最后，应绘制点之记、测站环视图和GPS网选点图，作为提交的选点技术资料。

(2) 外业观测

外业观测是指利用GPS接收机采集来自GPS卫星的电磁波信号，其作业过程大致可分为安置天线和接收机操作。外业观测应严格按照技术设计时所拟定的观测计划进行实测。为了顺利完成观测任务，在外业观测之前还必须对所选定的接收设备进行严格的检验。

① 天线安置。天线安置是GPS精密测量的重要保证，包括对中、整平、量取仪器高。仪器高要用钢尺在互为120°方向量三次，互差小于3 mm，取平均值后输入GPS接收机。

② 接收机操作。GPS接收机应安置在距天线不远的安全处，连接天线及电源电缆，并确保无误。按规定时间打开GPS接收机，输入测站名、卫星截止高度角、卫星信号采样间隔等。详细可见仪器GPS操作手册。

GPS接收机自动化程度很高，仪器一旦跟踪卫星进行定位，接收机自动将观测到的卫星星历、导航文件以及测站输入信息以文件形式存入接收机内。作业员只需要定期查看接收机工作状况，发现故障及时排除，并做好记录。在接收机正常工作过程中不要随意开关电源、更改设置参数、关闭文件等。

三、GPS观测误差来源

GPS定位中会出现各种误差，按性质可分为系统误差和随机误差两大类。其中系统误差无论从误差大小还是对定位结果的影响来讲，都比随机误差大得多，而且它们又是有规律可循的，可以采用一定的方法和措施来加以消除。对于由外业观测获取的GPS观测成果进行全面检查，发现并删除不合格观测数据，以保证观测成果可靠，GPS观测误差的来源见表6-3。

表 6-3　　**GPS 观测误差来源**

误差来源		等效距离误差/m
与卫星有关的误差	卫星轨道误差 卫星钟误差 相对论效应	2～6 20～40 0.5～14
与传播路径有关的误差	对流层折射 电离层折射 多路径效应	2.3～25 1～45 2～15
与接收机有关的误差	天线相位中心偏差 接收机钟误差	可消除 2～10
其他误差	固体潮影响 地球旋转	0～0.8 0～40

对上述误差来源常见的减弱措施包括以下几方面。

(1) 电离层

利用双频接收机观测；利用电离层改正模型加以修正；利用同步观测值求差。

(2) 对流层

采用对流层折射改正模型，有 Hopfield、Sastamoinen、Black 等模型。

(3) 多路径效应

在 GPS 测量中，如测站周围的反射物所反射的卫星信号(反射波)进入接收机，这将和直接来自卫星的信号(直接波)产生干涉，从而使观测值偏离真值的效应即为多路径效应，减弱的措施有：① 选择合适的测站，避开强反射源，如大面积水面、山谷、高层建筑等。② 接收机天线设置抑径板。

(4) 星历误差

GPS 星历包括广播和实测两种，实际应用中以前者为主。星历误差对单点的影响比相对位置观测影响大。

消除方法：建立自己的卫星跟踪网独立定轨；轨道松弛法；同步观测值求差。

(5) 卫星钟误差

除了由地面监控站提供主要误差修正外，残余钟误差可按含有相同误差的观测值求差改正。

四、成果检核与数据处理

观测成果的外业检核是确保外业观测质量和实现定位精度的重要环节，所以外业观测数据在测区时就要及时进行严格检查，对外业预处理成果，按规范要求进行严格检查、分析，根据情况进行必要的重测补测。只有按照《全球定位系统(GPS)测量规范》(GB/T 18314—2009)要求，对各项检核内容进行严格检查，确保准确无误，才能进行后续的平差计算和数据处理工作。GPS 测量采用连续同步观测的方法，一般 15 s 自动记录一组数据，其数据量之多、信息量之大是常规测量方法所无法相比的，加之采用的数学模型、算法等形式多样，数据处理的过程比较复杂。在实际工作中，借助于电子计算机，使得数据处理工作的自动化程度达到相当高的程度，这也是GPS能够被广泛应用的重要原因之一。限于篇幅，数据处理和整体平差的方法不做详细介绍。

第四节　GPS－RTK定位技术原理

RTK技术又称实时动态测量技术，它是基于载波相位观测值的实时动态定位技术，能够实时地提供测站点在指定坐标系中的三维定位结果，并达到厘米级精度。在RTK作业模式下，基准站通过数据链将其GPS观测值和测站坐标信息一起传送给流动站。流动站不仅通过数据链接收来自基准站的数据，还要采集GPS观测值数据，并在系统内组成差分观测值进行实时处理(图6-10)。流动站可处于静止状态，也可处于运动状态。RTK技术的关键在于数据处理技术和数据传输技术。

图6-10　GPS－RTK工作原理

一、RTK测量精度和技术要求

利用RTK不仅可以完成大部分传统碎部点测量工作，而且通过一些改进措施，还可以替代一些低等级的控制测量结果，具体见表6-4。

表6-4　RTK观测的基本条件要求

观测窗口状态	卫星数	卫星高度角	PDOP值
良好窗口	≥5	20°以上	≤5
勉强可用的窗口	4	15°以上	≤8
避免观测的窗口	4	15°以上	≥8
不能观测的窗口	≤4		

二、实施RTK作业时的主要内容和注意事项

① 实时观测时，在RTK模式下的基本卫星分布数要满足表6-4要求。

图6-11、图6-12是利用星历表推算的反映某地区在一天时间内卫星数、PDOP值(描述卫星的分布位置参数)的变化情况，因此为了满足RMS要求，在实际观测时，首先要根据近期测量的卫星星历文件预报选择作业最佳时间。

② 由于RTK数据链的传播限制(包括电台功率)和定位精度要求，因此RTK测量基

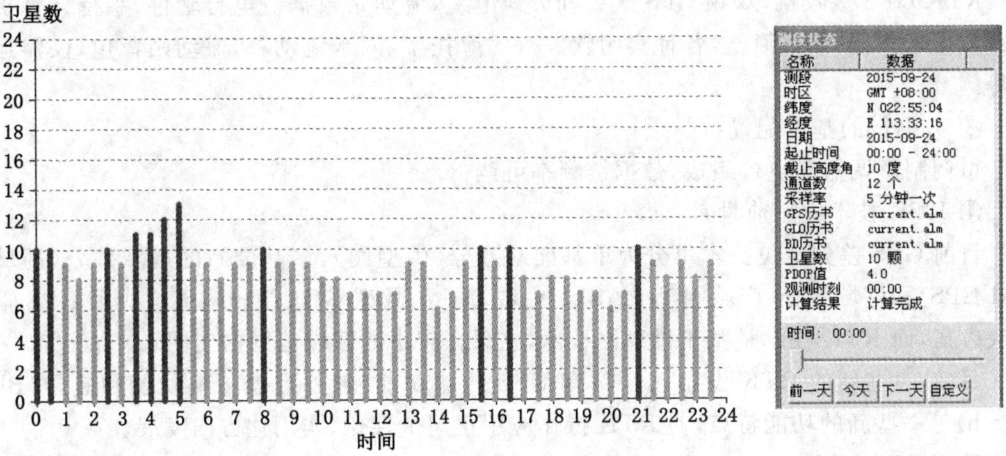

图 6-11　测站卫星可见数

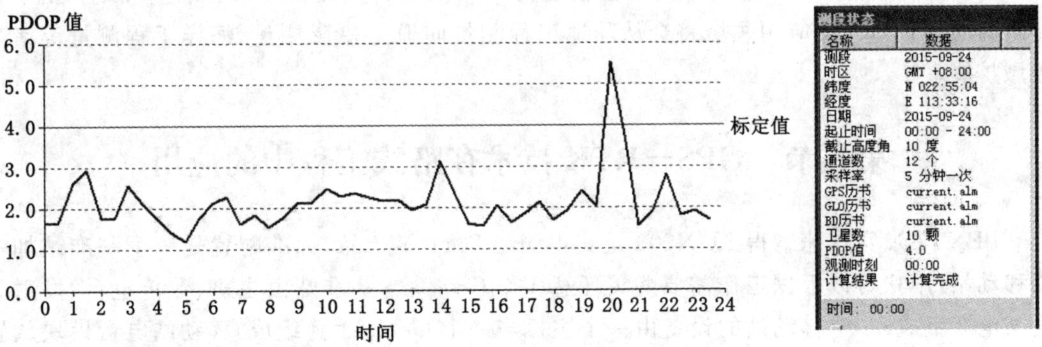

图 6-12　测站 PDOP 变化

站与流动站间距离一般不超过 20 km。

③ 如果要提高道路测量点位精度，除了观测时要严格使天线中心与测点在同一垂线、增加观测历元外，还可以对 RTK 数据进行必要后处理，如借助高程拟合、大地水准面精度等方法建立的模型可以提高高程点的精度。

④ 如果观测点在 GPS 卫星信号接收机的遮蔽地带，RTK 作业将失效，这时候应使用全站仪、测距仪、经纬仪等测量工具，采用前述方法进行道路细部测设。

RTK 数据下载一般采用随 GPS 接收机配备的商用软件，下载信息包括点名、三维坐标、点属性、坐标残差等多个信息。

三、RTK 作业基本配置

图 6-10 为实施 RTK 作业的 LGN200 型主要接收设备。由于本机卫星数据接收和下载是采用短距离数据无线传输的蓝牙通讯技术，故整套设备显得非常简便。

① 如图 6-10 所示，参考站的基本配置要求如下：

双频 RTK GPS 接收机，双频天线和天线电缆，基准站数据电台套件，基准站控制件（计算机控制、显示和参数设置等），脚架、基座和连接器，仪器运输箱等。

② 流动站的基本配置要求如下：

RTK GPS接收机，双频GPS天线和天线电缆，流动站数据链电台套件，手持计算机控制或数据采集器（即手簿，含各种实用软件），手簿托架，两米流动杆，流动站背包，仪器运输箱等。

③ 数据链的基本配置：

由调制解调器和电台组成，数据链频率可调。

④ RTK技术应用前景：

目前GPS差分定位技术可分为单基准站差分（微型网）、多基准站的局域差分（局域网LADGPS）和广域差分（广域网WAAS）。广域、局域、微型GPS差分网络构成了GPS整体解决方案，而RTK技术是基于微型网技术，它只在较小的区域范围内使用。

目前，一些新的RTK设备已经具有USB传输功能、红外数据传输功能和蓝牙（BlueTooth）等一些新的功能特点，使RTK操作应用正向个性化、实用化方向发展。

VRS（Virtual Reference Station）虚拟参考站正在改善着RTK定位的质量和距离，包括增强RTK的可靠性和减少OTF（On The Flying）初始化的时间。目前VRS技术，可以在50 km范围内使RTK定位平面位置精度为1～2 cm，并无需设立自己的基准站。由于作业距离的延长，RTK应用领域将会从陆地工程测量向航空摄影测量、海洋工程测量等诸多领域扩展。

第五节　GPS－RTK技术在路线工程中的应用

PENTAX宾得徕纳得LGN200是宾得测绘2011年产品，标准配置是一个基准站加一个移动站，用户可以根据工作需要购买任意多个移动站。基准站由主机、数传电台、发射天线与电瓶组成；一个移动站的设备由一个主机与一个Getac手簿组成，移动站电台模块放置在主机内，通过主机顶部的数据链天线接发数据，手簿与接收机间通过内置的蓝牙卡进行数据通讯。

一、仪器介绍

LGN200的主要技术参数为：120动态卫星通道，大于240静态卫星通道，可同时接收现有GPS/GLONASS/ COMPASS（北斗）/GALILEO/SBAS卫星，其中GPS可接收L1/L2/L5三频跟踪信号。静态测量模式的平面精度±2.5 mm＋1 ppm，高程精度为±5 mm＋1 ppm，静态作用距离优于100 km，静态内存4GB；RTK测量模式平面精度为±10 mm＋1 ppm，高程精度为±15 mm＋1 ppm，RTK初始化时间平均所需7 s，主机界面如图6-13所示。

在路线工程测量前，要把施工路线的要素包括点、线、面的元素输入GPS放样的手簿设备中（如LGN200设备的Getac手簿），可以根据设计图纸提供的线路设计数据在计算后直接输入，也可借助GPS相关软件，来直接设计线路并生成放样数据。本节主要介绍点、直线、道路曲线的放样方法。

主机面板指示灯说明见表6-5。处于静态模式下时，STA灯按设置的采样间隔闪烁；处于基准站模式（电台）时，RTK、电台TX灯同时按发射间隔闪烁；处于移动站模式（电台）时，RTK灯按发射间隔闪烁，BT（蓝牙）灯在蓝牙接通时长亮。

图 6-13　LGN200 GPS 主机

从左到右：(1) 蓝牙等；(2) RTK 工作指示灯；(3) 电源灯；(4) 卫星灯；(5) 静态工作指示灯

主键(开、关机键)；FN 切换键

表 6-5　　**LGN200 主机面板指示灯说明**

项　目	功　能	备注
◎开机键	开关机	开机，关机
FN 键	切换键	切换工作模式
BT 灯	蓝牙灯	手簿与主机蓝牙接通时 BT 灯长亮
RTK 灯	动态工作灯	按采集间隔或发射间隔闪烁
POWER 等	电源灯	电源正常工作长亮
SAT 灯	收到卫星信号指示灯	按发射间隔闪烁
STA 灯	静态工作灯	按发射间隔闪烁

Getac 手簿是一款在商业和轻工业方面用于实时数据计算的掌上电脑，操作系统为微软公司的 Windows CE 6.0，并可以扩展为其他用途。内置 TPsurvey 应用程序，可以和主机相连进行 GPS－RTK 观测。

二、仪器基本操作

仪器有静态和动态两种工作模式，进行等级控制测量时应选择静态模式，碎部点坐标采集与工程放样应选择动态模式。

以静态模式工作时，仪器采集的卫星数据自动存储在主机内的 2 GB 闪存中。外业数据采集完成后，用数据线连接主机的 USB 接口与 PC 机的 USB 接口，操作 SMART 软件下载数据，然后在 SMART 中完成基线向量解算与网平差，最后获得所测点的坐标。

以动态模式工作时，全部操作都在 Getac 手簿(图 6-14)上操作 TPsurvey 软件完成。下面简单介绍 RTK 的基本操作过程。

1. RTK 外业基本操作

① 打开基准站：开机后同时按电源键和 FN 键可以设置模式，不选择则进入自动采集

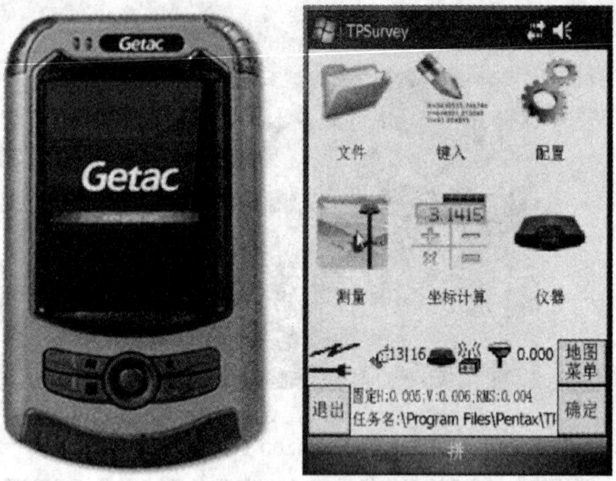

图 6-14　Getac 手簿及 TPsurvey 主界面

模式。这里需要设置使基准站与移动站的差分格式保持一致，一般均设为 CMR。一般基准站只要没有经过改动，则直接开机即可。基准站启动正常后 SAT 灯电台 TX 灯开始闪烁。

② 打开移动站：移动站模式参数设置和基站站模式设置方法相同，需要对应基准站相应参数进行设置即可。移动站接收正常后 RTK 灯与 DATA 灯开始闪烁。

③ 打开手簿：首先设置蓝牙连接，双击右下角的蓝牙图标，打开蓝牙，如图 6-15 所示，点击“眼睛”扫描，然后选中要连接的设备。点击设备节点号如 870001，设置“绑定”后主机右上角出现红色圆点，然后点接受即可连接主机。

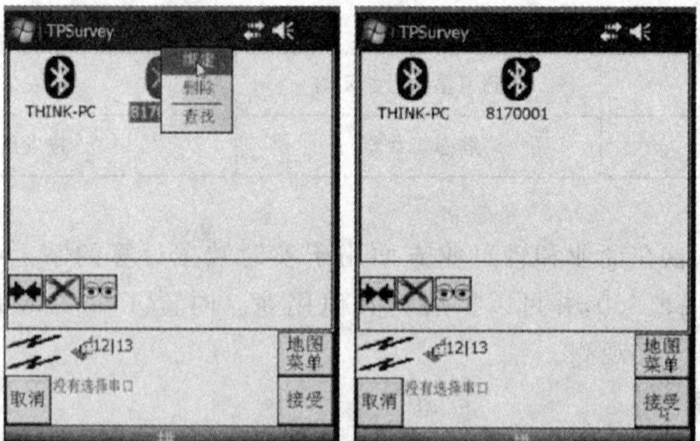

图 6-15　手簿通过蓝牙连接主机

2. 使用 TPsurvey 进行动态数据采集操作简介

动态数据采集可以将基准站安置在已知点上，也可以将基准站安置在测区范围地势较高的任意点上，下面介绍将基准站安置在已知点上的数据采集操作方法。

在已知点或任意点上安置好基准站，连接好电缆，打开基准站主机与数传电台电源，打开移动站主机与 Getac 手簿电源，量取基准站和流动站的仪器高。打开 Getac 桌面图标，进入主界面视图如图 6-14 所示，菜单栏集成所有菜单命令，内容分为六个部分：文件、键入、配置、测量、坐标计算、仪器。

一般情况下，仪器开机后，数传电台的频道设置，移动站与手簿间的蓝牙通讯及卫星搜索与锁定等操作均由工程之星自动完成，无需用户干预。当有 4 颗及以上数量的卫星信号时，能很快进入图 6-14 的“固定解”状态。

(1) 新建任务

如图 6-16 所示，在文件菜单下，单击新建工程，首先在工程名称里面输入所要建立工程的名称，新建的工程将保存在默认的作业路径“\我的设备\Program files\TPsurvery”里面，用以保存本次新建任务的全部数据，然后单击“确定”。

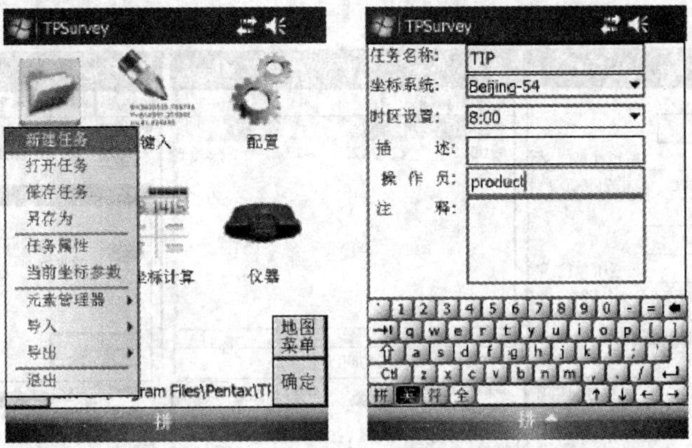

图 6-16　新建任务操作过程

新建任务后，点击【配置】→【坐标系管理】，如图 6-17 所示，要进行坐标系统和投影参数设置。坐标系统下有下拉选项框，可以在选项框中选择合适的坐标系统。如果没有适合所建工程的坐标系统，可以新建或编辑坐标系统，单击“编辑”按钮。

选择坐标系统名，在顶部投影选项中，输入中央子午线等投影参数。然后在顶部的选择

图 6-17　新建任务坐标系统及投影参数选择

菜单(水平平差、垂直平差)选择并输入所建工程的其他参数,并且选择“使用 * * 参数”前方框,表明新建的工程中会使用此参数。如果没有则不勾选,可以单击 OK,则坐标系统已经建立完毕。单击 OK 进入坐标系统界面。

(2) 点校正(坐标转换)

GPS 所测坐标是 WGS-84 坐标系的坐标,如要将其变换为用户坐标系的坐标,则坐标测量前应先求坐标变换参数。输入已知点坐标,然后点击确定,出现图 6-18 所示界面,已知控制点单击“网格点名称”,单击“GPS 点名称” 选择在已知控制点测量的点,然后点击“增加”,重复输入已知点,点击“计算”即可实现点校正,即坐标系统转换完成,操作过程见图 6-18所示。

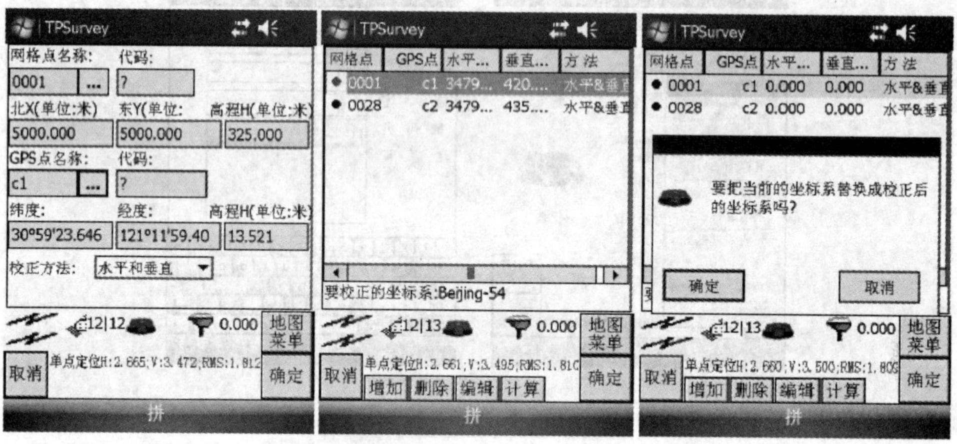

图 6-18 点校正过程(坐标转换)

一般平面转化最少需要 2 个点,高程转化最少需要 3 个点。若某水准点没有平面坐标,则先在点采集中采集该点,然后在调入该点地方坐标时,把高程改为已知高程。文件进行保存前最好检查“水平精度”和“高程精度”是否满足精度要求。

(3) 野外数据采集

在测量菜单下,点击点测量,达到固定解的情况下,返回主界面点击【测量】就可以测量了。

三、道路施工放样

(1) 点放样

首先需键入需要放样的点,打开 TPSurvey,点击【键入】→【点】,将要键入的点的名称与坐标输入,如图 6-19 所示。在选项里选择显示方式,选择【当地平面坐标】。

然后点击【测量】→【点放样】,按照提示即可完成点放样。如图 6-20 所示,当接收机接近放样点时箭头变为圆圈,目标点为十字丝。点击【测量】,正确输入天线高度,测量得出所放样点的坐标和设计坐标的差值,如果差值在要求范围以内,则继续放样其他各点,否则重新放样,标定该点。

(2) 线放样

GPS 线路设计放样点包括:中线上每隔一定里程桩的中线点、边线点位置和高程。

首先需键入需要放样的点,打开 TPSurvey,点击【键入】→【直线】,输入直线名称

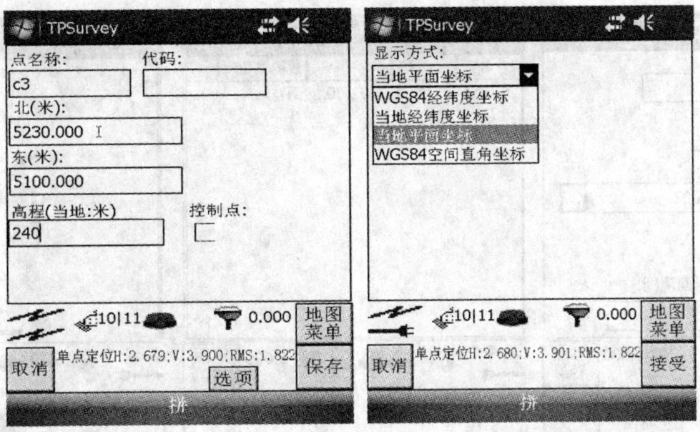

图 6-19　键入已知点(放样点)

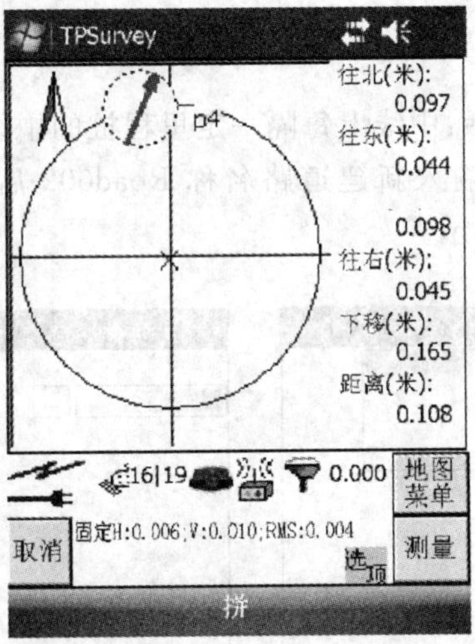

图 6-20　点位放样

Line002,【方法】选择“两点”,选择【起始点】与【结束点】(点为事先键入的已知点),【起始桩号】为 0,【桩号间隔】为 20(米),【保存】。按照提示输入起点终点,输入完成后,点击【测量】→【线放样】,如图 6-21 所示。按照提示可以完成直线放样。

根据界面的导航信息可以快速到达待定直线,方便快捷。线放样有直线放样和直线库放样,选择要放样的直线。

放样的方式有以下几种方式:

① 到直线:放样直线上的任意点。

② 在直线上的桩号:放样用户设定桩与桩之间的间距后,放样直线上的控制桩,用户可以任意加桩。

③ 从直线的桩号/偏移量:放样偏离设定直线的任意桩号,向右偏为正,左偏为负,垂直方向类似。

④ 从直线的桩号/偏角:放样偏角设定直线的任意桩号。

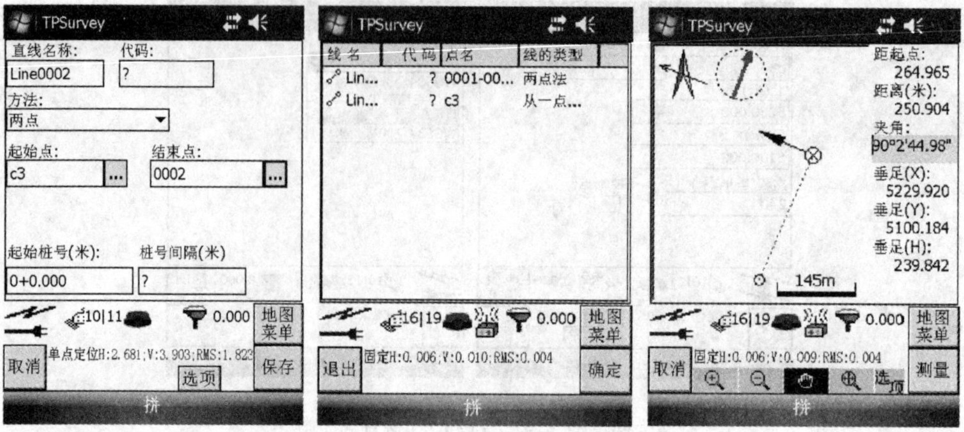

图 6-21　线放样

(3) 道路放样

GPS 线路设计放样点包括:中线上每隔一定里程桩的中线点、边线点位置和高程。

点击【键入】→【道路】。输入新建道路名称 Road002 后,点击【接受】。选择【水平定线】,点击【编辑】,如图 6-22 所示。

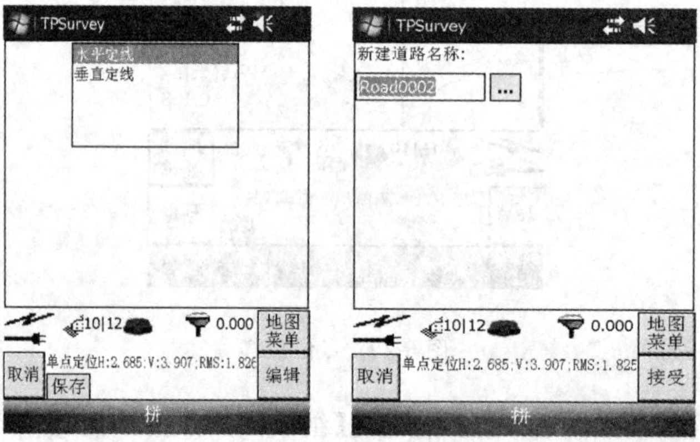

图 6-22　键入设计道路

点击屏幕下方的【新建】,【元素】选择"起始点",【起始桩号】为 0,【方法】选择"选择点"后,在【点名】处选择起始点,【桩号间隔】为 20.000(米),【存储】。如图 6-23 所示,点击【新建】,【元素】选择"直线",【起始桩号】为 0,输入【方位角】与【长度】,【方法】选择"从一点的方向一距离",【存储】,如图 6-24 所示。

点击【新建】,【元素】选择"圆弧",输入【方位角】,度数为以起始点为切点的圆弧切线的方位角,【方法】选择"弧长和半径",【弧度方向】为圆弧在切线的方位位置,【长度】为起点到终点的直线距离,【半径】为圆弧所在圆的半径,点击【存储】,如图 6-25 所示。

点击【新建】,【元素】选择"缓和曲线",输入【方位角】,【方法】选择"直缓曲线",【弧度方向】为圆弧在切线的方位位置,输入【半径】和【长度】,点击【存储】,如图 6-26 所示。

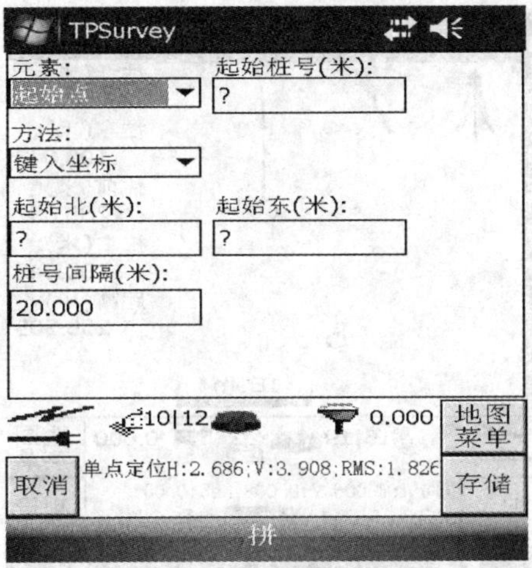

图 6-23　道路起始点

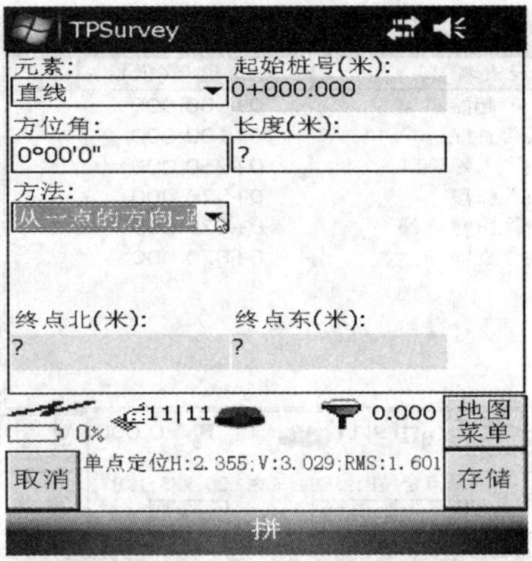

图 6-24　道路直线部分

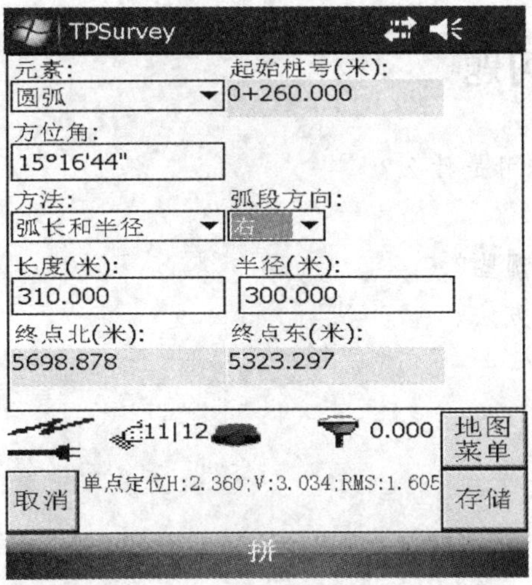

图 6-25　道路圆曲线部分

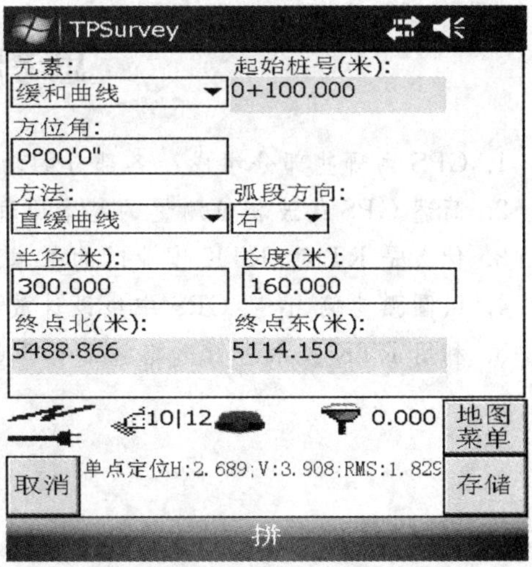

图 6-26　道路缓和曲线部分

当道路上所有需要放样的线路类型全部新建完毕之后，点击【接收】→【保存】，如图6-27所示。输入完成后，点击【测量】→【道路放样】，如图 6-28 所示。按照提示可以完成直线放样。

左上角的双色箭头指示的方向为正北方向，黑色箭头指示的方向为道路方向，表示移动站的位置（以道路为参照物，以道路方向为正方向），同时左上角双色箭头的右侧会出现一个红色箭头，实时指出到待放样点的正确运动方向（注：以工作中正向运动方向为准），且右边有数字提示，可以帮助您更加快捷方便地找到待放样点。当移动至待放样点 2 m 以内出现目标位置放大图，进入放大图后离开目标 3 m 以后恢复道路放样示意图。

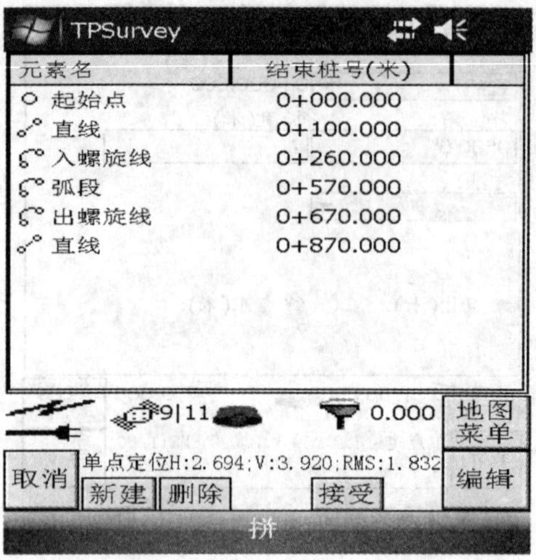

图 6-27　道路完整设计

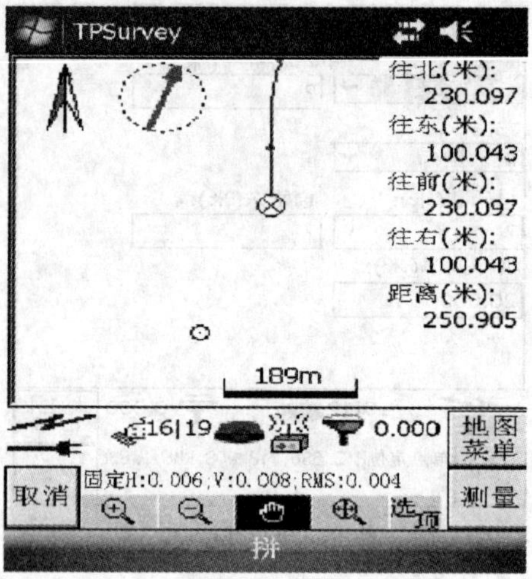

图 6-28　道路放样

思考题与习题

1. GPS由哪些部分组成？各部分的功能和作用是什么？
2. 简述GPS载波相位测量的基本原理。
3. 什么是RTK？RTK作业时的基本配置有哪些？
4. 以圆弧为例，说明GPS中线设计放样点的方法。
5. 利用RTK技术进行道路施工有哪些优点？

第七章　大比例尺数字化地形图测绘

【本章要点】：本章主要介绍地形图的基本知识，比例尺的种类，地物符号分类，地貌符号的特性，大比例尺地形图解析和数字测绘的方法，地籍测量介绍。

第一节　地形图的基本知识

地形图是按照一定的数学法则，运用符号系统表示地表的地物、地貌平面位置及基本的地理要素且高程用等高线表示的一种普通地图。

图 7-1 是某幅 1∶500 比例尺地形图的一部分，图中主要表示了城市街道、居民区等。

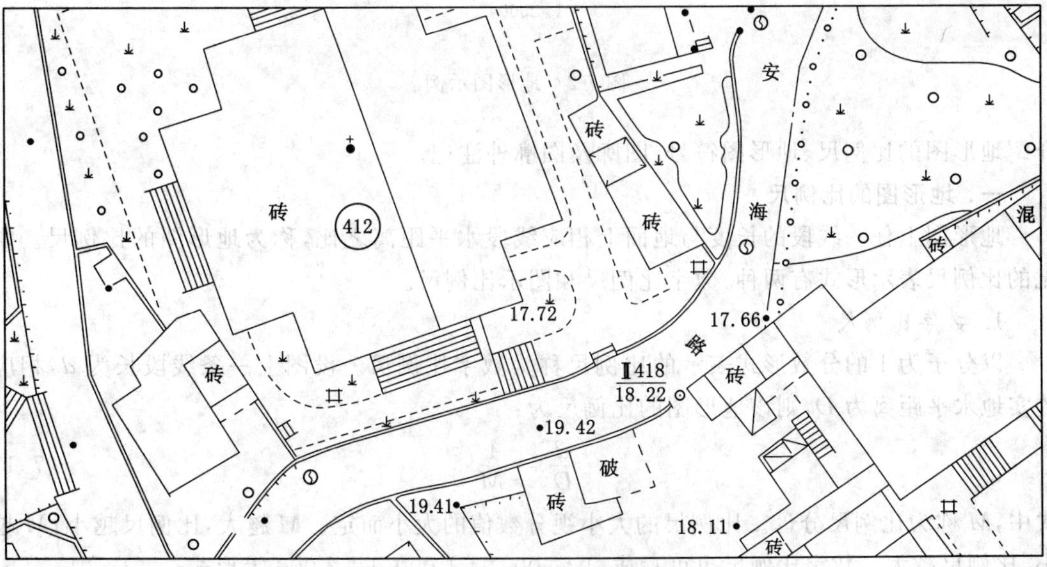

图 7-1　城市居民地地形图示例

图 7-2 是某幅 1∶2 000 比例尺地形图的一部分，它表示了农村居民地和地貌。

这两张地形图各反映了不同的地面状况。在城镇市区，图上必然显示出较多的地物而反映地貌较少；在丘陵地带及山区，地面起伏较大，除在图上表示地物外，还应较详细地反映地面高低起伏的状况。图 7-2 中有很多曲线，称为等高线，是表示地面起伏的一种符号。

地形图的内容丰富，归纳起来大致可分为三类：数学要素，如比例尺、坐标格网等。地形要素，即各种地物、地貌；注记和整饰要素，包括各类注记、说明资料和辅助图表。本节主要

1:2000

图 7-2　地形图示例

介绍地形图的比例尺、地形图符号、图廓及图廓外注记。

一、地形图的比例尺

地形图上任一线段的长度与地面上相应线段水平距离之比，称为地形图的比例尺。常见的比例尺表示形式有两种：数字比例尺和图示比例尺。

1. 数字比例尺

以分子为1的分数形式表示的比例尺称为数字比例尺。设图上一条线段长为 d，相应的实地水平距离为 D，则该地形图的比例尺为：

$$\frac{d}{D}=\frac{1}{M} \tag{7-1}$$

式中，M 称为比例尺分母。比例尺的大小视分数值的大小而定。M 越大，比例尺越小；M 越小，比例尺越大。数字比例尺也可写成：1∶500、1∶1 000、1∶2 000 等形式。

地形图按比例尺分为三类：1∶500、1∶1 000、1∶2 000、1∶5 000、1∶10 000 为大比例尺地形图；1∶25 000、1∶50 000、1∶100 000 为中比例尺地形图；1∶250 000、1∶500 000、1∶1 000 000为小比例尺地形图。

2. 图示比例尺

最常见的图示比例尺是直线比例尺。用一定长度的线段表示图上的实际长度，并按图上比例尺计算出相应地面上的水平距离注记在线段上，这种比例尺称为直线比例尺。图7-3为 1∶2 000 的直线比例尺，其基本单位为 2 cm。

直线比例尺多绘制在图幅下方处，具有随图纸同样伸缩的特点。故用它量取同一幅图上的距离时，在很大程度上减小了图纸伸缩变形带来的影响。直线比例尺使用方便，可直接

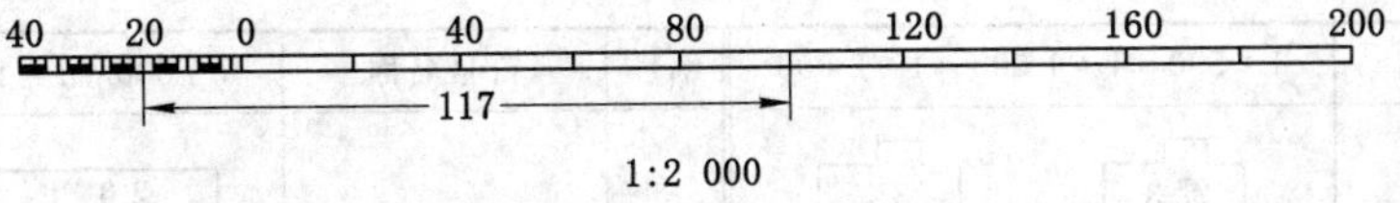

图 7-3　直线比例尺

读取基本单位的 1/10，估读到 1/100。为提高估读的准确性，可采用另一种图示比例尺，称为复式比例尺（斜线比例尺），以减少估读的误差。图 7-4 所示的复式比例尺可直接量取到基本单位的 1/100。

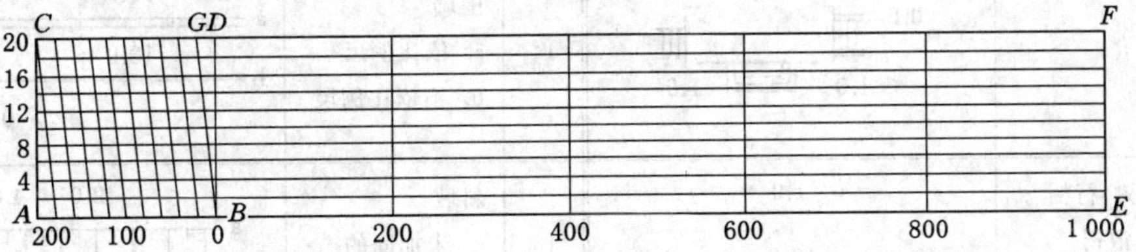

图 7-4　复式比例尺

二、比例尺精度

测图用的比例尺越大，就越能表示出测区地面的详细情况，但测图所需的工作量也越大。因此，测图比例尺关系到实际需要、成图时间及测量费用。一般以工作需要为决定的主要因素，即根据在图上需要表示出的最小地物有多大，点的平面位置或两点间的距离要精确到什么程度为准。正常人的眼睛能分辨的最短距离一般取 0.1 mm，因此实地丈量地物边长或丈量地物与地物间的距离，只在精确到按比例尺缩小后，相当于图上 0.1 mm 即可。在测量工作中称相当于图上 0.1 mm 的实地水平距离为比例尺精度。表 7-1 列出了几种比例尺地形图的比例尺精度。

表 7-1　　比例尺精度

比例尺	1∶500	1∶1 000	1∶2 000	1∶5 000	1∶10 000
比例尺精度/m	0.05	0.1	0.2	0.5	1.0

根据比例尺精度，可参考决定：

① 按工作需要，多大的地物需在图上表示出来或测量地物要求精确到什么程度，由此可参考测图的比例尺。

② 当测图比例尺决定之后，可以推算出测量地物时应精确到什么程度。

三、地形图符号

实地的地物和地貌是用各种符号表示在图上的，这些符号总称为地形图图式。图式由国家测绘地理信息局统一制定，它是测绘和使用地形图的重要依据。表 7-2 所示为国家标准《1∶500、1∶1 000、1∶2 000 地形图图式》（GB/T 20257.1—2007）中的部分地形图图式符号。

表 7-2　　　　地形图图式

编号	符号名称	1∶500　1∶1 000　1∶2 000	编号	符号名称	1∶500　1∶1 000　1∶2 000
1	一般房屋 突出房屋	混 3　1.6　钢 28 │ 3　28	12	天然草地	2.0　1.0　10.0　10.0
2	简单房屋	简	13	篱笆	10.0　1.0
3	台阶	0.6　1.0　1.0	14	围墙 a. 依比例尺 b. 不依比例尺	a　10.0 b　10.0　0.3　0.6
4	散树、行树 a. 散树 b. 行树	a　○ 1.0 b　10.0　1.0	15	斜坡 a. 未加固的 b. 已加固的	2.0　4.0 a b
5	活树篱笆	6.0　1.0　0.6	16	等外公路 9—技术等级代码	0.2　⑨ X301
6	高压线	4.0	17	陡坎 a. 未加固的 b. 已加固的	a　2.0　4.0 b
7	低压线	4.0	18	栅栏、栏杆	10.0　1.0
8	电杆	1.0 ○	19	路灯	1.4　1.1　2.8　1.0
9	水准点	2.0 ⊗ $\frac{\text{Ⅱ京石5}}{32.804}$	20	消火栓	1.6　2.0　3.0
10	导线点 土堆上的	2.0 ○ $\frac{\text{I16}}{84.46}$ 2.4 $\frac{\text{I25}}{62.74}$	21	等高线 1. 首曲线 2. 计曲线 3. 间曲线	0.15 0.3 1.0　6.0　0.15
11	旗杆	1.6　4.0　1.0　1.0	22	高程点及其注记	0.5…163.2　75.4

地形图符号有三类：地物符号、地貌符号和注记符号。

① 地物符号：地物符号是用来表示地物的类别、形状、大小及其位置的，分为比例符号、非比例符号和半比例符号。

② 地貌符号：地形图上表示地貌的方法有多种，目前最常用的是等高线法。在图上，等高线不仅能表示地面高低起伏的形态，还可以确定地面点的高程，对峭壁、冲沟、梯田等特殊地形，不便用等高线表示时，则绘注相应的特殊符号。

③ 注记：注记包括地名注记和说明注记。

地名注记主要包括行政区划、居民地、道路名称；河流、湖泊、水库名称；山脉、山岭、岛礁名称等。

说明注记包括文字和数字注记，主要用以补充说明对象的质量和数量属性。如房屋的结构和层数、管线性质及输送物质、比高、等高线高程、地形点高程以及河流的水深、流速等。

四、图廓及图廓外注记

图廓是一幅图的范围线。下面分别介绍矩形分幅和梯形分幅地形图的图廓及图廓外的注记。

1. 矩形分幅地形图的图廓

矩形分幅的地形图有内、外图廓线。内图廓线就是坐标格网线，也是图幅的边界线，在内图廓与外图廓之间四角处注有坐标值，并在内图廓线内侧，每隔 10 cm 绘有 5 mm 长的坐标短线，表示坐标格网线的位置。在图幅内每隔 10 cm 绘有十字线，以标记坐标格网交叉点；外图廓仅起装饰作用。

图 7-5 为 1∶1 000 比例尺地形图图廓示例，北图廓上方正中为图名、图号。图名即地形图的名称，通常选择图内重要居民地名称作为图名，若该图幅内没有居民地，也可选择重要的湖泊、山峰等的名称作为图名。图的左上方为图幅接图表，用来说明本幅图与相邻图幅的位置关系。中间画有斜线的一格代表本幅图位置，四周八格分别注明相邻图幅的图名，利用接图表可迅速地进行地形图的拼接。

在南图廓的左下方注记测图日期、测图方法、平面和高程系统、等高距及地形图图式的版别等。在南图廓下方中央注有比例尺，在南图廓右下方写明作业人员姓名，在西图廓下方注明测图单位全称。

2. 梯形分幅地形图的图廓

梯形分幅地形图以经纬线进行分幅，图幅呈梯形。在图上绘有经纬线网和公里网。

在不同比例尺的梯形分幅地形图上，图廓的形式有所不同。1∶1 万～1∶10 万地形图的图廓，由内图廓、外图廓和分度带组成。内图廓是经线和纬线围成的梯形，也是该图幅的边界线。图 7-6 为 1∶5 万地形图的西南角，西图廓经线是东经 109°00′，南图廓线是北纬 36°00′。在东、西、南、北外图廓线中间分别标注了四邻图幅的图号，更进一步说明了与四邻图幅的相互位置。内、外图廓之间为分度带，绘有加密经纬网的分划短线，相邻两条分划线间的长度，表示实地经差或纬差 1′。分度带与内图廓之间，注记以千米为单位的平面直角坐标值，如图中 3988 表示纵坐标为 3 988 km(从赤道起算)，其余 89、90 等，其千米数的千、百位都是 39，故从略。横坐标为 19321，19 为该图幅所在的投影带号，321 表示该纵线的横坐标千米数，即位于第 19 带中央子午线以西 179 km 处(321 km－500 km＝－179 km)。

北图廓上方正中为图名、图号和省、县名，左边为图幅接合表。东图廓外上方绘有图例，

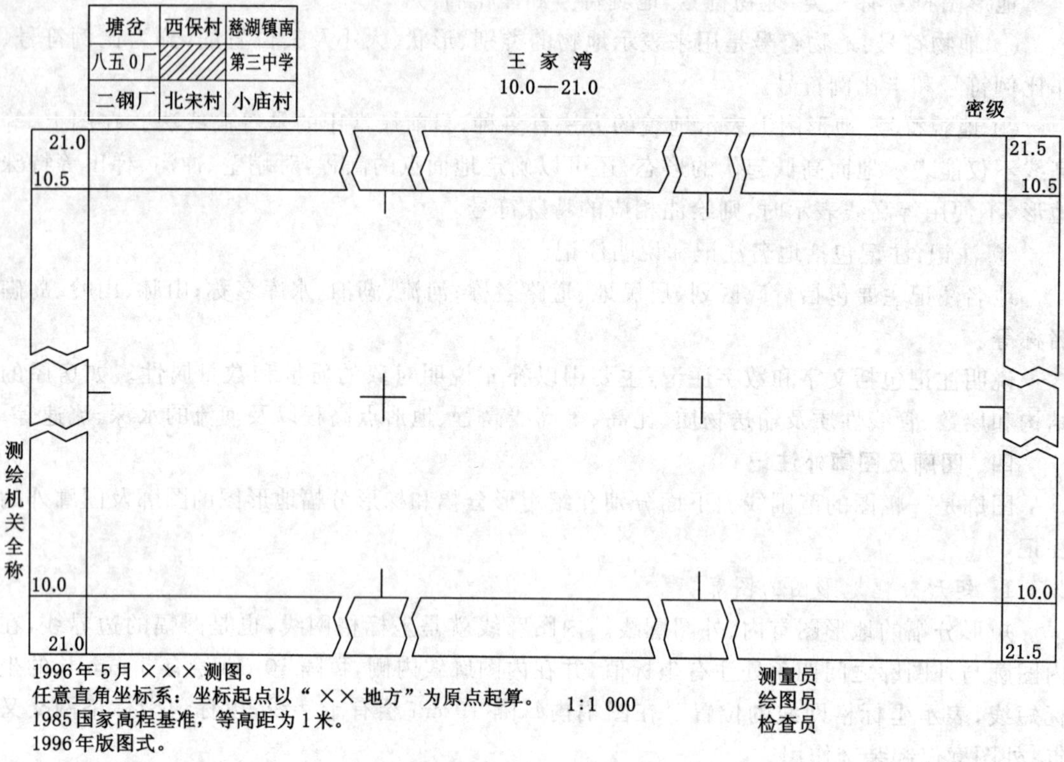

图 7-5 矩形分幅地形图图廓整饰示例

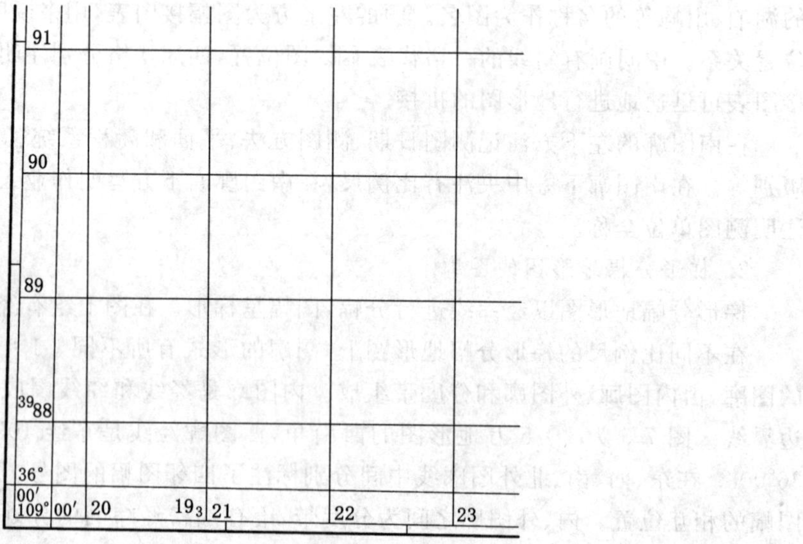

图 7-6 1∶5 万地形图图廓

在西图廓外下方注明测图单位全称。在南图廓下方中央注有数字比例尺，此外，还绘有坡度尺、三北方向图、直线比例尺以及测绘日期、测图方法、平面和高程系统、等高距和地形图图式的版别等。利用三北方向图可对图上任一方向的坐标方位角、真方位角和磁方位角进行换算，如图 7-7 所示。利用坡度尺可在地形图上量测地面坡度（百分比值）和倾角，如图7-8所示。

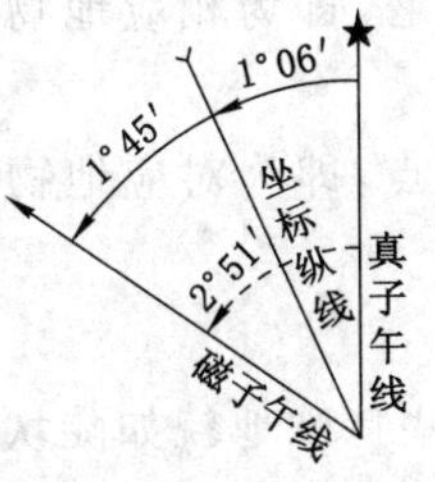

图 7-7　三北方向图

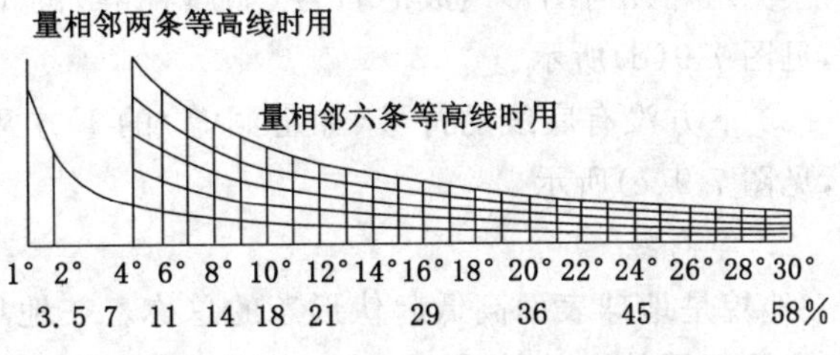

图 7-8　坡度尺

五、地物和地貌在地形图上的表示方法

1. 地物符号

地物的类别、形状、大小及其在地形图上的位置，是用地物符号表示的。根据地物的大小及描绘方法不同，地物符号可分为比例符号、非比例符号、半比例符号。

(1) 比例符号

凡按照比例尺能将地物轮廓缩绘在图上的符号称为比例符号，如房屋、江河、湖泊、森林、果园等。这些符号与地面上实际地物的形状相似，可以在图上量测地物的面积。

当用比例符号仅能表示地物的形状和大小，而不能表示出其类别时，应在轮廓内加绘相应符号，以指明其地物类别。

(2) 半比例符号

凡长度可按比例尺缩绘，而宽度不能按比例缩绘的狭长地物符号，称为半比例符号，也称线性符号，如道路、河流、通信线以及管道等。半比例符号的中心线即为实际地物的中心线。这种符号可以在图上量测地物的长度，但不能量测其宽度。

(3) 非比例符号

当地物的轮廓很小或无轮廓，以至不能按测图比例尺缩小，但因其重要性又必须表示时，可不管其实际尺寸，均用规定的符号表示，这类地物符号称为非比例符号。如测量控制点、独立树、里程碑、钻孔、烟囱等。有些非比例符号，随着比例尺的不同是可以相互转化的。

非比例符号不仅其形状和大小不能按比例尺去描绘，而且符号的中心位置与该地物实地中心的位置关系，也将随各类地物符号不同而不同，其定位点规则如下：

① 圆形、正方形、三角形等几何图形的符号（如三角点等）的几何中心即代表对应地物的中心位置，见图 7-9(a)所示。

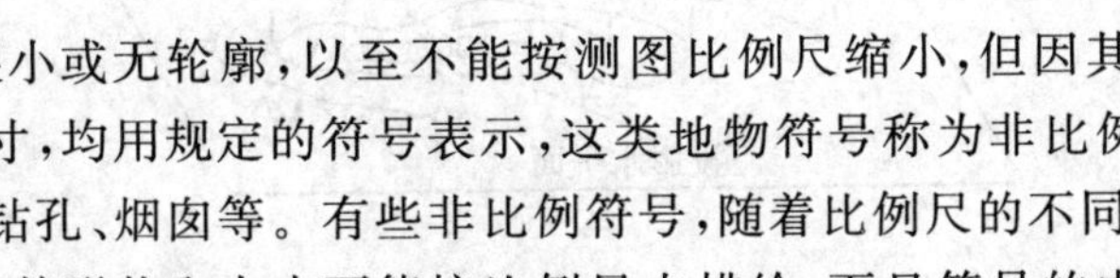

图 7-9　非比例符号示例

② 符号(如水塔等)底线的中心,即为相应地物的中心位置,见图 7-9(b)所示。

③ 底部为直角形的符号(如独立树等),其底部直角顶点,即为相应地物中心的位置,见图 7-9(c)所示。

④ 几种几何图形组成的符号(如旗杆等)的下方图形的中心,即为相应地物的中心位置,见图 7-9(d)所示。

⑤ 下方没有底线的符号(如窑洞等)的下方两端点的中心点,即为对应地物的中心位置,见图 7-9(e)所示。

2. 等高线

地貌是地球表面高低起伏形态的总称。在地形图上,除一些特殊地貌如陡坎、陡崖、冲沟、滑坡等用特定的符号表示外,多用等高线来表示地貌。

(1) 等高线的概念

等高线即地面上高程相等的相邻点连成的闭合曲线。等高线表示地貌的原理,如图 7-10所示,设想用一系列间距相等的水平截面去截某一高地,把其截口边线投影到同一个水平面上,且按比例缩小描绘到图纸上,即得等高线图。由此可见,等高线为一组高度不同的空间平面曲线,地形图上表示的仅是它们在投影面上的投影,在没有特别指明时,通常简称地形图上的等高线为等高线。

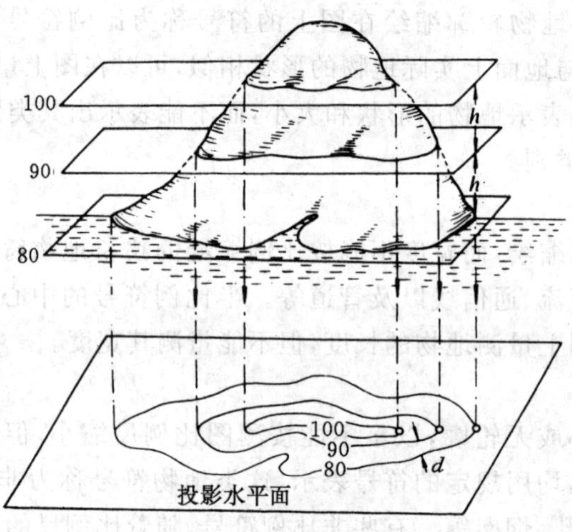

图 7-10　等高线表示地貌的原理

(2) 等高距及示坡线

从上述介绍中可以知道,等高线是一定高度的水平面与地面相截的截线。水平面的高度不同,等高线表示地面的高程也不同。地形图上相邻两高程不同的等高线之间的高差,称为等高距。等高距愈小则图上等高线愈密,地貌显示就愈详细、确切。等高距愈大则图上等高线愈稀,地貌显示就愈粗略。但不能由此得出结论认为等高距愈小愈好。事物总是一分为二的,如果等高距很小,等高线非常密,不仅影响地形图图面的清晰,而且使用也不便,同时使测绘工作量大大增加。因此,等高距的选择必须根据地形高低起伏程度、测图比例尺的大小和使用地形图的目的等因素来决定。

地形图上相邻等高线间的水平间距称为等高线平距。由于同一地形图上的等高距相同，故等高线平距的大小与地面坡度的陡缓有着直接的关系。

由等高线的原理可知，盆地和山头的等高线在外形上非常相似。如图7-11(a)所表示的为盆地地貌的等高线，图7-11(b)所表示的为山头地貌的等高线，它们之间的区别在于，山头地貌是里面的等高线高程大，盆地地貌是里面的等高线高程小。为了便于区别这两种地貌，就在某些等高线的斜坡下降方向绘一短线来表示坡向，并把这种短线称为示坡线。盆地的示坡线一般选择在最高、最低两条等高线上表示，能明显地表示出坡度方向即可。山头的示坡线仅表示在高程最大的等高线上。

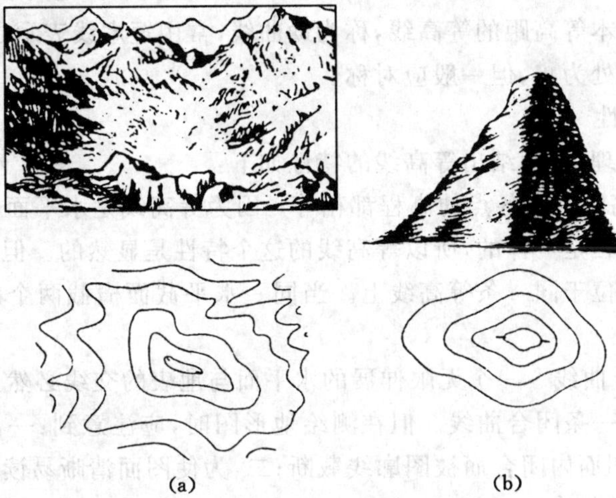

图7-11　示坡线

(3) 等高线的分类

为了更好地显示地貌特征，便于识图和用图，地形图上主要采用以下四种等高线，如图7-12所示。

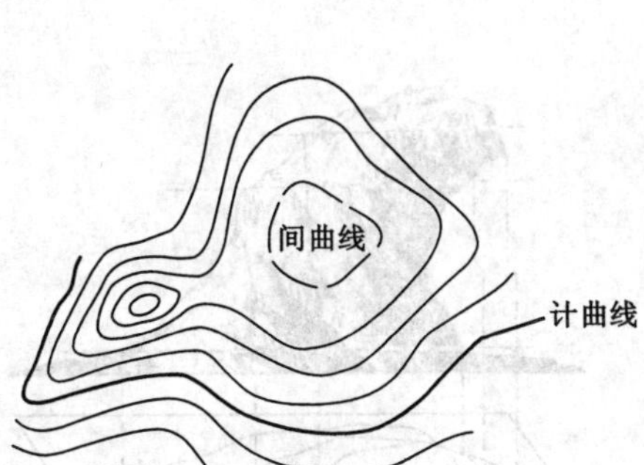

图7-12　等高线分类

① 首曲线：按规定的等高距(称为基本等高距)描绘的等高线称为首曲线，亦称基本等高线，用细实线描绘。

② 计曲线：为了识图和用图时等高线计数方便起见，通常将基本等高线从 0 米起算每隔四条加粗描绘，称为计曲线，亦称加粗等高线。在计曲线的适当位置上要断开，注记其高程。

③ 间曲线：当用首曲线不能表示某些微型地貌而又需要表示时，可加绘等高距为 1/2 基本等高距的等高线，称为间曲线（又称半距等高线）。常用长虚线表示之。在平地当首曲线间距过稀时，可加绘间曲线。间曲线可不闭合而绘至坡度变化均匀处为止，但一般应对称。

④ 助曲线：当用间曲线仍不能表示应该表示的微型地貌时，还可在间曲线的基础上再加绘等高距为 1/4 基本等高距的等高线，称为助曲线，常用短虚线表示之。助曲线可不闭合而绘至坡度变化均匀处为止，但一般应对称。

（4）等高线的特性

根据等高线的原理，可归结出等高线的特性如下：

① 在同一条等高线上的各点的高程都相等。因为等高线是水平面与地表面的交线，而在同一个水平面的高程是一样的，所以等高线的这个特性是显然的。但是不能得出结论说：凡高程相等的点一定位于同一条等高线上。当同一水平截面横截两个山头时，会得出同样高程的两条等高线。

② 等高线是闭合曲线。一个无限伸展的水平面与地表的交线必然是闭合的，所以某一高程的等高线必然是一条闭合曲线。但在测绘地形图时，应注意到：一，由于图幅的范围限制，等高线不一定在图面内闭合而被图廓线截断；二，为使图面清晰易读，等高线应在遇到房屋、公路等地物符号及其注记时断开；三，由于间曲线与助曲线仅应用于局部地区，故可在不需要表示的地方中断。

③ 除了陡崖和悬崖处之外，等高线既不会重合，亦不会相交。由于不同高程的水平面不会相交或重合，它们与地表的交线当然也不会相交或重合。但是一些特殊地貌，如陡壁、陡坎、悬崖的等高线就会重叠在一起，这些地貌必须加绘相应地貌符号表示。如图 7-13 所示为悬崖等高线示意图。

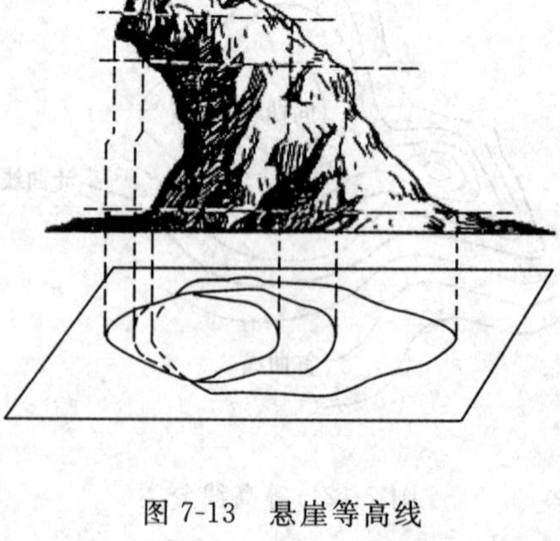

图 7-13　悬崖等高线

④ 等高线与山脊线和山谷线成正交。山脊等高线应凸向低处，山谷等高线应凸向高处。

⑤ 等高线平距的大小与地面坡度大小成反比。在同一等高距的情况下，地面坡度越小，等高线的平距越大，等高线越疏；反之，地面坡度越大，等高线的平距越小，等高线越密。

3. 特殊地貌

一些特殊地貌如陡坎、陡崖、冲沟、滑坡等在地形图上按地形图《图式》规定的地貌符号表示，如图 7-14 所示。

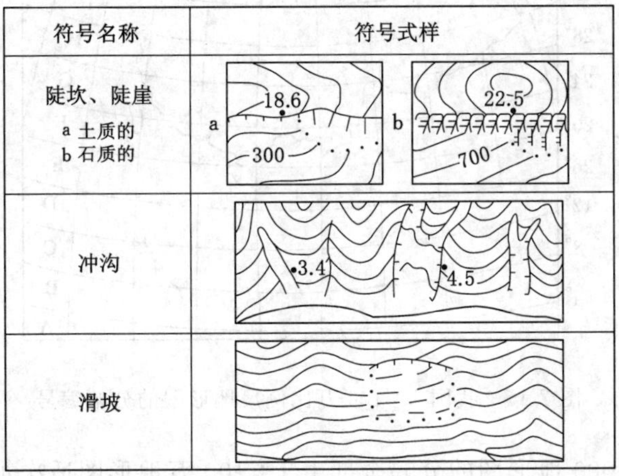

图 7-14　特殊地貌符号示例

第二节　大比例尺地形图解析测绘方法

一、地形图的分幅与编号

为便于测绘、印刷、保管、检索和使用，所有的地形图均需按规定的大小进行统一分幅并进行系统的编号。地形图的分幅方法有两种：一种是按经纬线分幅的梯形分幅法；另一种是按坐标格网线分幅的矩形分幅法。

1. 梯形分幅与编号

我国基本比例尺地形图（1∶100 万～1∶5 000）采用经纬线分幅（即梯形分幅），地形图图廓由经纬线构成。它们均以 1∶100 万地形图为基础，按规定的经差和纬差划分图幅，行列数和图幅数呈简单的倍数关系。

梯形分幅的主要优点是每个图幅都有明确的地理位置概念，适用于很大范围（全国、大洲、全世界）的地图分幅。其缺点是图幅拼接不方便，随着纬度的升高，相同经纬差所限定的图幅面积不断缩小，不利于有效地利用纸张和印刷机版面；此外，梯形分幅还经常会破坏重要地物（如大城市）的完整性。

2012 年国家测绘地理信息局发布了新的《国家基本比例尺地形图分幅和编号》（GB/T 13989—2012）国家标准，自 2012 年 10 月 1 日起实施。

(1) 1∶100 万～1∶500 比例尺地形图分幅和编号

地形图的分幅、编号标准以 1∶100 万比例尺地形图为基础，1∶100 万比例尺地形图的分幅经差 6°、纬差 4°，它们的编号由其所在的行号（字符码）与列号（数字码）组合而成，如北京所在的 1∶100 万地形图的图号为 J50，见图 7-15 所示。

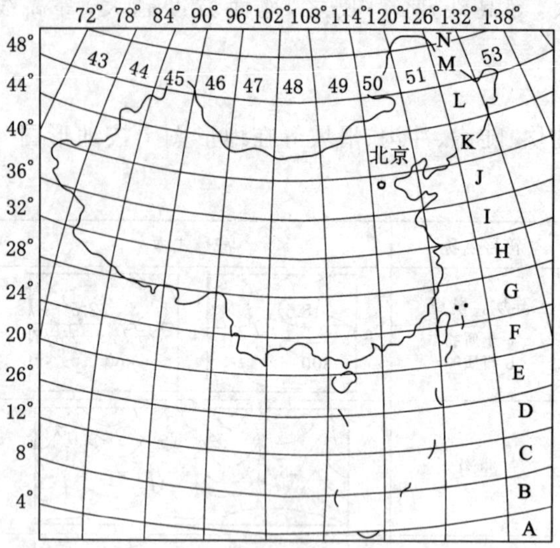

图 7-15　我国 1∶100 万比例尺地形图的分幅编号

1∶50 万～1∶5 000 地形图的分幅全部由 1∶100 万地形图适次加密划分而成，编号均以 1∶100 万比例尺地形图为基础，采用行列编号方法，由其所在 1∶100 万比例尺地形图的图号、比例尺代码和图幅的行列号共十位码组成。编码长度相同，编码系列统一为一个根部，便于计算机处理，见图 7-16 所示。

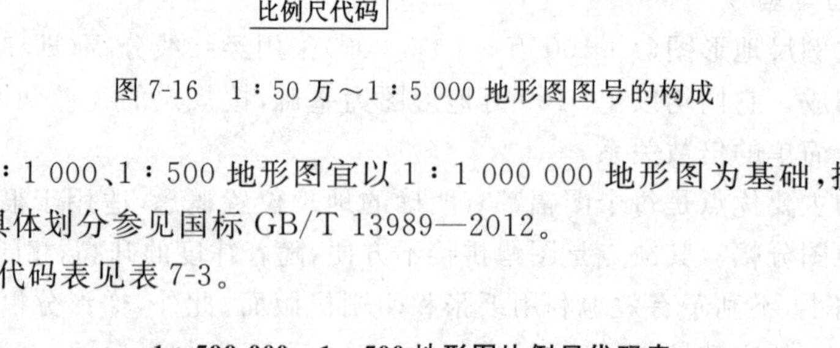

图 7-16　1∶50 万～1∶5 000 地形图图号的构成

1∶2 000、1∶1 000、1∶500 地形图宜以 1∶1 000 000 地形图为基础，按规定的经差和纬差划分图幅，具体划分参见国标 GB/T 13989—2012。

各种比例尺代码表见表 7-3。

表 7-3　　1∶500 000～1∶500 地形图比例尺代码表

比例尺	1∶500 000	1∶250 000	1∶100 000	1∶50 000	1∶25 000	1∶10 000	1∶5 000	1∶2 000	1∶1 000	1∶500
代码	B	C	D	E	F	G	H	I	J	K

国家基本比例尺地形图分幅编号关系见表 7-4；1∶500 000～1∶500 地形图的行、列编号见图 7-17 所示。

表 7-4　　1∶1 000 000～1∶500 地形图的图幅范围、行列数量和图幅数量关系

比例尺		1∶1 000 000	1∶500 000	1∶250 000	1∶100 000	1∶50 000	1∶25 000	1∶10 000	1∶5 000	1∶2 000	1∶1 000	1∶500
图幅范围	经差	6°	3°	1°30′	30′	15′	7′30″	3′45″	1′52.5″	37.5″	18.75″	9.375″
	纬差	4°	2°	1°	20′	10′	5′	2′30″	1′15″	25″	12.5″	6.25″
行列数量关系	行数	1	2	4	12	24	48	96	192	576	1 152	2 304
	列数	1	2	4	12	24	48	96	192	576	1 152	2 304
图幅数量关系（图幅数量=行数×列数）		1	4 (2×2)	16 (4×4)	144 (12×12)	576 (24×24)	2 304 (48×48)	9 216 (96×96)	36 864 (192×192)	331 776 (576×576)	1 327 104 (1 152×1 152)	5 308 416 (2 304×2 304)
			1	4 (2×2)	36 (6×6)	144 (12×12)	576 (24×24)	2 304 (48×48)	9 216 (96×96)	82 944 (288×288)	331 776 (576×576)	1 327 104 (576×576)
				1	9 (3×3)	36 (6×6)	144 (12×12)	576 (24×24)	2 304 (48×48)	20 736 (144×144)	82 944 (288×288)	331 776 (576×576)
					1	4 (2×2)	16 (4×4)	64 (8×8)	256 (16×16)	2 304 (48×48)	9 216 (96×96)	36 864 (192×192)
						1	4 (2×2)	16 (4×4)	64 (8×8)	576 (24×24)	2 304 (48×48)	9 216 (96×96)
							1	4 (2×2)	16 (4×4)	144 (12×12)	576 (24×24)	2 304 (48×48)
								1	4 (2×2)	36 (6×6)	144 (12×12)	576 (24×24)
									1	9 (3×3)	36 (6×6)	144 (12×12)
										1	4 (2×2)	16 (4×4)
											1	4 (2×2)

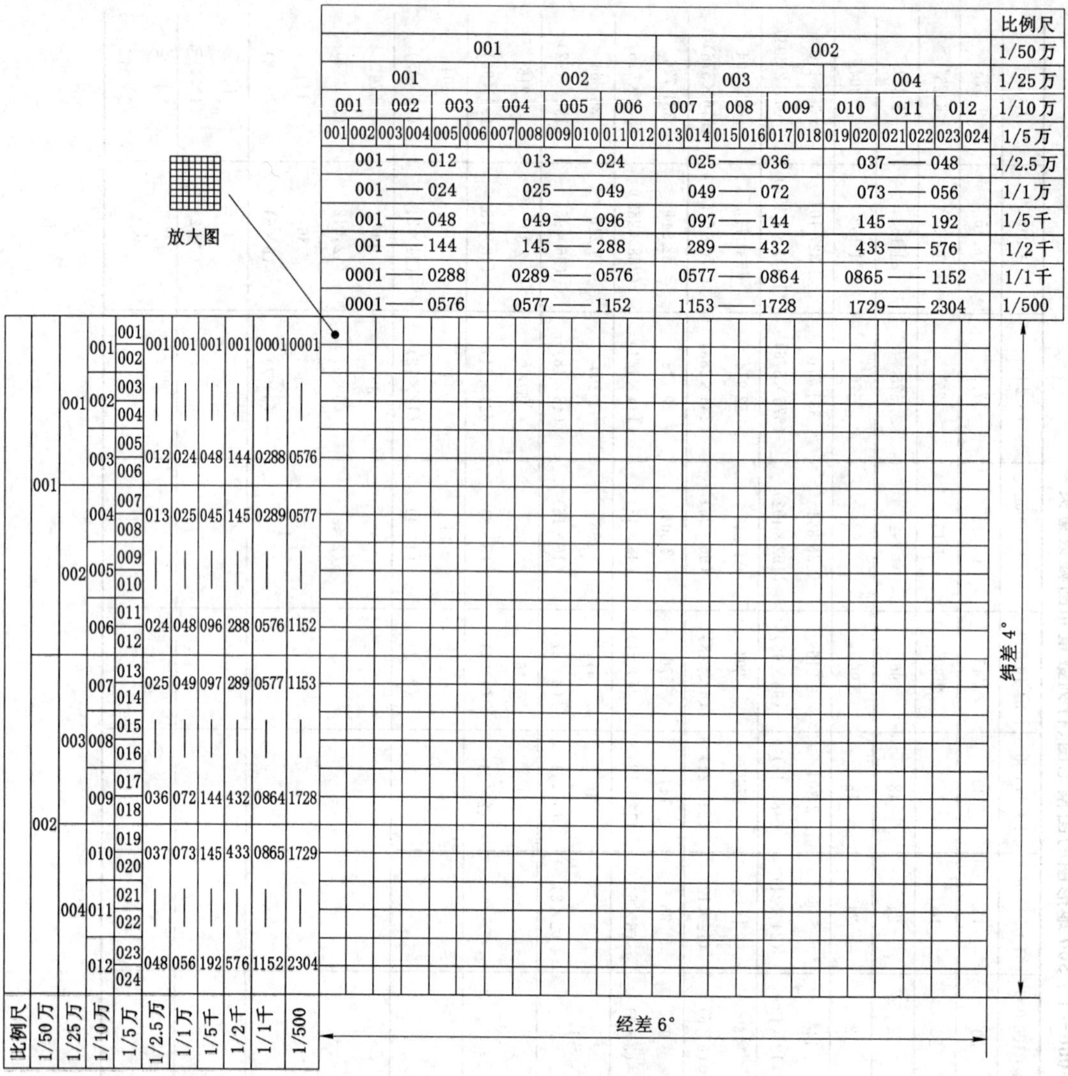

图 7-17　1∶500 000～1∶500 地形图的行、列编号

1∶50 万地形图的编号，如图 7-18 中晕线所示图号为 J50B001002；1∶25 万地形图的编号，如图 7-19 中晕线所示图号为 J50C003003；1∶10 万地形图的编号，如图 7-20 中交叉晕线所示图号为 J50D010010；对于图 7-20 中 1∶100 万比例尺地形图图幅内最东南角的 1∶5 000地形图的图号为 J50H192192。

(2) 编号的应用

已知图幅内某点的经、纬度或图幅西南图廓点的经、纬度，可按下式计算 1∶100 万地形图图幅编号：

$$a = [\phi/4^\circ] + 1$$
$$b = [\lambda/6^\circ] + 31$$

式中：[]表示商取整；a 为 1∶100 万地形图图幅所在纬度带字符码对应的数字码；b 为 1∶100万地形图图幅所在经度带的数字码；λ 为图幅内某点的经度或图幅西南图廓点的经

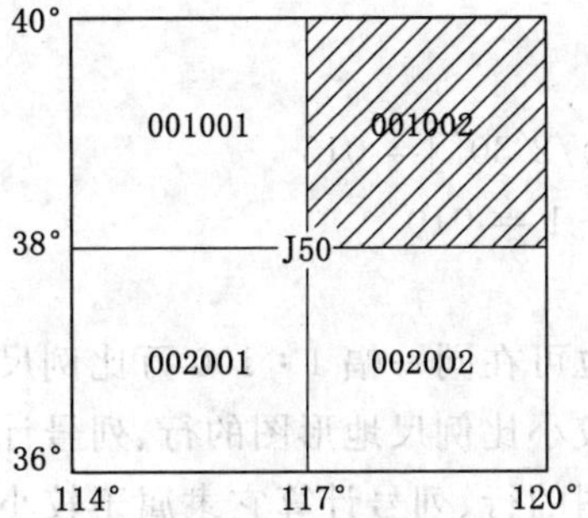

图 7-18　1∶50 万地形图的编号

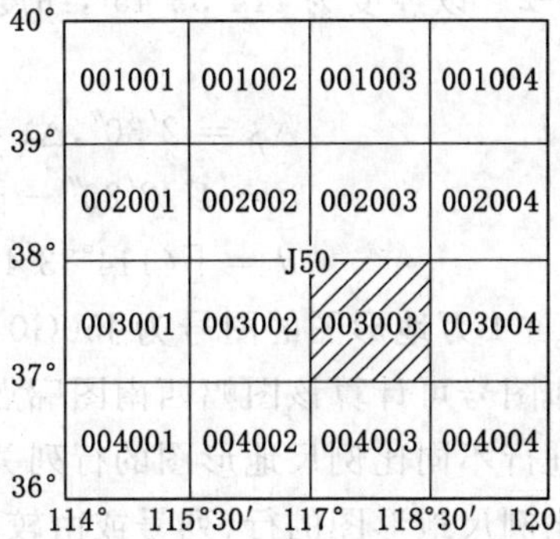

图 7-19　1∶25 万地形图的编号

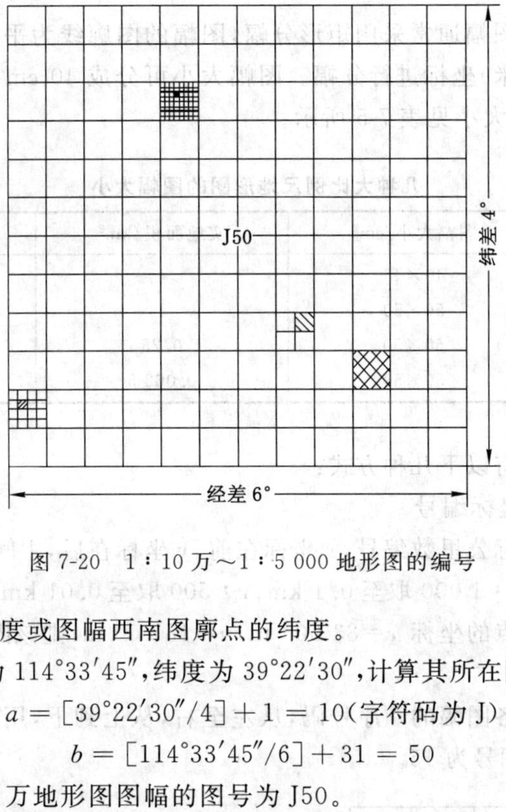

图 7-20　1∶10 万～1∶5 000 地形图的编号

度；ϕ 为图幅内某点的纬度或图幅西南图廓点的纬度。

例 7-1　某点经度为 114°33′45″，纬度为 39°22′30″，计算其所在图幅的编号。

$$a = [39°22'30''/4] + 1 = 10\text{（字符码为 J）}$$

$$b = [114°33'45''/6] + 31 = 50$$

则该点所在 1∶100 万地形图图幅的图号为 J50。

已知图幅内某点的经、纬度或图幅西南图廓点的经、纬度，也可按下式计算所求比例尺地形图在 1∶100 万地形图图号后的行、列号：

$$c = 4°/\Delta\phi - [(\phi/4°)/\Delta\phi]$$

$$d = [(\lambda/6°)/\Delta\lambda] + 1$$

式中：(　)表示商取余；[　]表示商取整；c 表示所求比例尺地形图在 1∶100 万地形图图号后的行号；d 表示所求比例尺地形图在 1∶100 万地形图图号后的列号；λ 表示图幅内某点的经度或图幅西南图廓点的经度；ϕ 表示图幅内某点的纬度或图幅西南图廓点的纬度；$\Delta\lambda$ 表示所求比例尺地形图分幅的经差；$\Delta\phi$ 表示所求比例尺地形图分幅的纬差。

例 7-2　以经度为 114°33′45″，纬度为 39°22′30″的某点为例，计算其所在 1∶1 万地形图的编号。

$$\Delta\phi = 2'30'', \Delta\lambda = 3'45''$$
$$c = 4°/2'30'' - [(39°22'30''/4°)/2'30''] = 015$$
$$d = [(114°33'45''/6°)/3'45''] + 1 = 010$$

则 1∶1 万地形图的图号为 J50G015010。

已知图号可计算该图幅西南图廓点的经、纬度。也可在同一幅 1∶100 万比例尺地形图图幅内进行不同比例尺地形图的行列关系换算，即由较小比例尺地形图的行、列号计算所含各较大比例尺地形图的行、列号或由较大比例尺地形图的行、列号计算它隶属于较小比例尺地形图的行、列号。相应的计算公式及算例见《国家基本比例尺地形图分幅和编号》(GB/T 13989—2012)。

2. 矩形分幅与编号

大比例尺地形图的图幅通常采用矩形分幅，图幅的图廓线为平行于坐标轴的直角坐标格网线，以整千米(或百米)坐标进行分幅。图幅大小可分成 40 cm×40 cm、40 cm×50 cm 或 50 cm×50 cm。图幅大小见表 7-5 所示。

表 7-5　几种大比例尺地形图的图幅大小

比例尺	图幅大小/cm²	实地面积/km²	1∶5 000 图幅内的分幅数
1∶5 000	40×40	4	1
1∶2 000	50×50	1	4
1∶1 000	50×50	0.25	16
1∶500	50×50	0.062 5	64

矩形分幅图的编号有以下几种方式：

(1) 按图廓西南角坐标编号

采用图廓西南角坐标公里数编号，x 坐标在前，y 坐标在后，中间用短线连接。1∶5 000 取至千米数；1∶2 000、1∶1 000 取至 0.1 km；1∶500 取至 0.01 km。例如某幅 1∶1 000 比例尺地形图西南角图廓点的坐标 x=83 500 m，y=15 500 m，则该图幅编号为 83.5-15.5。

(2) 按顺序号编号

按测区统一划分的各图幅的顺序号码，从左至右，从上到下，用阿拉伯数字编号。如图 7-21(a)所示，晕线所示图号为 15。

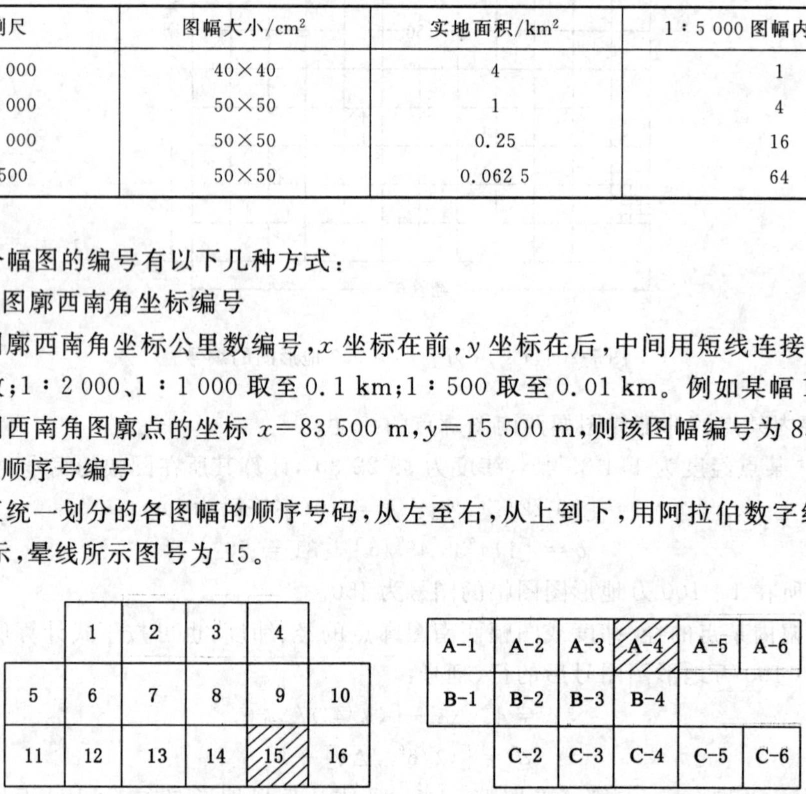

图 7-21　矩形分幅与编号

(3) 按行列号编号

将测区内图幅按行和列分别单独排出序号，再以图幅所在的行和列序号作为该图幅图号。图 7-21(b)中，晕线所示图号为 A－4。

二、大比例尺地形图的测绘工作

1. 大比例尺地形图测图前的准备工作

(1) 技术设计以及图纸的准备工作等

在测图开始前，应编写技术设计书，拟定作业计划，以保证测量工作在技术上合理、可靠，在经济上节省人力、物力，有计划、有步骤地开展工作。

大比例尺测图的作业规范和图式主要有《工程测量规范》(GB 50026—2007)、《城市测量规范》(CJJ/T 8—2011)、《地籍测绘规范》(CH 5002—94)、《房产测量规范》(GB/T 17986.1—2000)、《大比例尺地形图机助制图规范》(GB/T 14912—2005)、《国家基本比例尺地形图图式 第 1 部分：1∶500　1∶1 000　1∶2 000 地形图图式》(GB/T 20257.1—2007)、《国家基本比例尺地形图图式 第 2 部分：1∶5 000　1∶10 000 地形图图式》(GB/T 20257.2—2006)、《地籍图图式》(CH 5003—94)、《基础地理信息要素分类与代码》(GB/T 13923—2006)等。

根据测量任务书和有关的测量规范，并依据所收集的资料，其中包括测区踏勘等资料来编制技术计划。

技术计划的主要内容有：任务概述，测区情况，已有资料及其分析，技术方案的设计，组织与劳动计划，仪器配备及供应计划，财务预算，检查验收计划以及安全措施等。

测量任务书应明确工程项目或编号，设计阶段及测量目的，测区范围(附图)及工作量，对测量工作的主要技术要求和特殊要求，以及上交资料的种类和日期等内容。

在编制技术计划之前，应预先搜集并研究测区内及测区附近已有测量成果资料，扼要说明其施测单位、施测年代、等级、精度、比例尺、规范依据、范围、平面和高程坐标系统、投影带号、标石保存情况及可以利用的程度等。

根据收集的资料及现场踏勘情况，在旧有地形图(或小比例尺地图)上拟定控制测量的布设方案，进行必要的精度估算。有时需要提出若干方案进行技术要求与经济核算方面的比较。对控制网的图形、施测、点的密度和平差计算等因素进行全面的分析，并确定最后采用的方案。实地选点时，在满足技术规定的条件下允许对方案进行局部修改。

(2) 图根控制测量

测区高级控制点的密度不可能满足大比例尺测图的需要，这时应布置适当数量的图根控制点(又称图根点)，直接供测图使用。图根控制点布设，是在各等级控制点的控制下进行加密，一般不超过两次附合。在较小的独立测区测图时，图根控制可作为首级控制。

图根平面控制点的布设，可采用图根导线、图根三角、交会方法和 GPS－RTK 等方法。图根点的高程可采用图根水准和图根三角高程测定。图根点的精度，相对于邻近等级控制点的点位中误差，不应大于图上 0.1 mm，高程中误差不应大于测图基本等高距的 1/10。

图根控制点(包括已知高级点)的密度，应根据地形复杂、破碎程度或隐蔽情况而定。数字测图方法每平方千米图根点的密度，对于 1∶2 000 比例尺测图不少于 4 个，对于1∶1 000 比例尺测图不少于 16 个，对于 1∶500 比例尺测图不少于 64 个。

(3) 测站点的增设

测图时应尽量利用各级控制点作为测站点，但由于地表上的地物、地貌有时是极其复杂零碎的，要全部在各级控制点上测绘所有的碎部点往往是困难的，因此，除了利用各级控制点外，还要增设测站点。尤其是在地形琐碎、合水线地形复杂地段，小沟、小山脊转弯处，房屋密集的居民地，以及雨裂冲沟繁多的地方，对测站点的数量要求会多一些，但要切忌用增设测站点作大面积的测图。

增设测站点是在控制点或图根点上，采用极坐标法、交会法和支导线测定测站点的坐标和高程。数字测图时，测站点的点位精度，相对于附近图根点的中误差不应大于图上 0.2 mm，高程中误差不应大于测图基本等高距的 1/6。

2. 地物和地貌测绘

(1) 地物测绘的一般原则

地物可分为表 7-6 所示的几种类型。

表 7-6　地物分类

地物类型	地物类型举例
水系	江河、运河、沟渠、湖泊、池塘、井、泉、堤坝、闸等及其附属建筑物
居民地	城市、集镇、村庄、窑洞、蒙古包以及居民地的附属建筑物
道路网	铁路、公路、乡村路、大车路、小路、桥梁、涵洞以及其他道路附属建筑物
独立地物	三角点等各种测量控制点、亭、塔、碑、牌坊、气象站、独立石等
管线与垣墙	输电线路、通信线路、地面与地下管道、城墙、围墙、栅栏、篱笆等
境界与界碑	国界、省界、县界及其界碑等
土质与植被	森林、果园、菜园、耕地、草地、沙地、石块地、沼泽等。

地物的类别、形状、大小及其在图上的位置，是用地物符号表示的。地物在地形图上表示的原则是：凡能按比例尺表示的地物，则将它们的水平投影位置的几何形状依照比例尺描绘在地形图上，如房屋、双线河等，或将其边界位置按比例尺表示在图上，边界内绘上相应的符号，如果园、森林、耕地等；不能按比例尺表示的地物，在地形图上是用规定的地物符号表示在地物的中心位置上，如水塔、烟囱、纪念碑等；凡是长度能按比例尺表示，而宽度不能按比例尺表示的地物，则其长度按比例尺表示，宽度以相应符号表示。

地物测绘必须根据规定的比例尺，按规范和图式的要求，进行综合取舍，将各种地物表示在地形图上。

(2) 地物测绘

① 居民地测绘：居民地是人类居住和进行各种活动的中心场所，它是地形图上一项重要内容。在居民地测绘时，应在地形图上表示出居民地的类型、形状、质量和行政意义等。

居民地房屋的排列形式很多，多数农村中以散列式即不规则的房屋较多，城市中的房屋排列比较整齐。测绘居民地时根据测图比例尺的不同，在综合取舍方面有所不同。对于居民地的外部轮廓，都应准确测绘。1∶1 000 或更大的比例尺测图，各类建筑物和构筑物及主要附属设施，应按实地轮廓逐个测绘，其内部的主要街道和较大的空地应以区分，图上宽度小于 0.5 mm 的次要道路不予表示，其他碎部可综合取舍。房屋以房基角为准立镜测绘，并按建筑材料和质量分类予以注记，对于楼房还应注记层数。圆形建筑物(如油库、烟囱、水塔等)应尽可能实测出其中心位置并量其直径。房屋和建筑物轮廓的凸凹在图上小于0.4 mm(简单房屋小于0.6 mm)时可用直线连接。对于散列式的居民地、独立房屋应分别测绘。1∶2 000比例尺测图房屋可适当综合取舍。围墙、栅栏等可根据其永久性、规整性、重要性等综合取舍。

② 独立地物测绘:独立地物是判定方位、确定位置、指定目标的重要标志,必须准确测绘并按规定的符号予以正确表示。

③ 道路测绘:道路包括铁路、公路及其他道路。所有铁路、有轨电车道、公路、大车路、乡村路均应测绘。车站及其附属建筑物、隧道、桥涵、路堑、路堤、里程碑等均需表示。在道路稠密地区,次要的人行路可适当取舍。

(a) 铁路测绘应立镜于铁轨的中心线,对于1∶1 000或更大比例尺测图,依比例绘制铁路符号,标准轨距为1.435 m。铁路线上应测绘轨顶高程,曲线部分测取内轨顶面高程。路堤、路堑应测定坡顶、坡脚的位置和高程。铁路两旁的附属建筑物,如信号灯、扳道房、里程碑等都应按实际位置测绘。

铁路与公路或其他道路在同一水平面内相交时,铁路符号不中断,而将另一道路符号中断表示;不在同一水平面相交的道路交叉点处,应绘以相应的桥梁或涵洞、隧道等符号。

(b) 公路应实测路面位置,并测定道路中心高程。高速公路应测出收费站、两侧围建的栏杆,中央分隔带视用图需要测绘。公路、街道一般在边线上取点立镜,并量取路的宽度,或在路两边取点立镜。当公路弯道有圆弧时,至少要测取起、中、终三点,并用圆滑曲线连接。

路堤、路堑均应按实地宽度绘出边界,并应在其坡顶、坡脚适当注记高程。公路路堤(堑)应分别绘出路边线与堤(堑)边线,二者重合时,可将其中之一移位0.2 mm表示。

公路、街道按路面材料划分为水泥、沥青、碎石、砾石等,以文字注记在图上,路面材料改变处应实测其位置并用点线分离。

(c) 其他道路测绘。其他道路有大车路、乡村路和小路等,测绘时,一般在中心线上取点立镜,道路宽度能依比例表示时,按道路宽度的二分之一在两侧绘平行线。对于宽度在图上小于0.6 mm的小路,选择路中心线立镜测定,并用半比例符号表示。

(d) 桥梁测绘。铁路、公路桥应实测桥头、桥身和桥墩位置,桥面应测定高程,桥面上的人行道图上宽度大于1 mm的应实测。各种人行桥图上宽度大于1 mm的应实测桥面位置,不能依比例的,实测桥面中心线。

有围墙、垣栅的公园、工厂、学校、机关等内部道路,除通行汽车的主要道路外均按内部道路绘出。

④ 管线与垣栅测绘:永久性的电力线、通信线的电杆、铁塔位置应实测。同一杆上架有多种线路时,应表示其中主要线路,并要做到各种线路走向连贯、线类分明。居民地、建筑区内的电力线、通信线可不连线,但应在杆架处绘出连线方向。电杆上有变压器时,变压器的位置按其与电杆的相应位置绘出。

地面上的、架空的、有堤基的管道应实测,并注记输送的物质类型。当架空的管道直线部分的支架密集时,可适当取舍。地下管线检修井测定其中心位置按类别以相应符号表示。

城墙、围墙及永久性的栅栏、篱笆、铁丝网、活树篱笆等均应实测。

境界线应测绘至县和县级以上。乡与国营农、林、牧场的界线应按需要进行测绘。两级境界重合时,只绘高一级符号。

⑤ 水系的测绘：水系测绘时，海岸、河流、溪流、湖泊、水库、池塘、沟渠、泉、井以及各种水工设施均应实测。河流、沟渠、湖泊等地物，通常无特殊要求时均以岸边为界，如果要求测出水崖线（水面与地面的交线）、洪水位（历史上最高水位的位置）及平水位（常年一般水位的位置）时，应按要求在调查研究的基础上进行测绘。

河流的两岸一般不大规则，在保证精度的前提下，对于小的弯曲和岸边不甚明显的地段可进行适当取舍。河流图上宽度小于 0.5 mm、沟渠实际宽度小于 1 m(1∶500 测图时小于 0.5 m)时，不必测绘其两岸，只要测出其中心位置即可。渠道比较规则，有的两岸有堤，测绘时可以参照公路的测法。对于那些田间临时性的小渠不必测出，以免影响图面清晰。

湖泊的边界经人工整理、筑堤、修有建筑物的地段是明显的，在自然耕地的地段大多不甚明显，测绘时要根据具体情况和用图单位的要求来确定以湖岸或水崖线为准。在不甚明显地段确定湖岸线时，可采用调查平水位的边界或根据农作物的种植位置等方法来确定。

水渠应测注渠边和渠底高程。时令河应测注河底高程。堤坝应测注顶部及坡脚高程。泉、井应测注泉的出水口及井台高程，并根据需要注记井台至水面的深度。

⑥ 植被与土质测绘：植被测绘时，对于各种树林、苗圃、灌木林丛、散树、独立树、行树、竹林、经济林等，要测定其边界。若边界与道路、河流、栏栅等重合时，则可不绘出地类界，但与境界、高压线等重合时，地类界应移位表示。对经济林应加以种类说明注记。要测出农村用地的范围，并区分出稻田、旱地、菜地、经济作物地和水中经济作物区等。一年几季种植不同作物的耕地，以夏季主要作物为准。田埂的宽度在图上大于 1 mm(1∶500 测图时大于 2 mm)时用双线描绘，田块内要测注有代表性的高程。

地形图上要测绘沼泽地、沙地、岩石地、龟裂地、盐碱地等。

(3) 几种典型地貌的测绘

地貌形态虽然千变万化、千姿百态，但归纳起来，不外乎由山地、盆地、山脊、山谷、鞍部等基本地貌组成。地球表面的形态，可被看做是一些不同方向、不同倾斜面的不规则曲面组成，两相邻倾斜面相交的棱线，称之为地貌特征线（或称为地性线）。如山脊线、山谷线即为地性线。在地性线上比较显著的点有：山顶点、洼地的中心点、鞍部的最低点、谷口点、山脚点、坡度变换点等，这些点被称之为地貌特征点。

① 山顶：山顶是山的最高部分。山地中突出的山顶，有很好的控制作用和方位作用。因此，山顶要按实地形状来描绘。山顶的形状很多，有尖山顶、圆山顶、平山顶等。山顶的形状不同，等高线的表示亦不同，如图 7-22 所示。

② 山脊：山脊是山体延伸的最高棱线。山脊的等高线均向下坡方向凸出。两侧基本对称，山脊的坡度变化反映了山脊纵断面的起伏状况，山脊等高线的尖圆程度反映了山脊横断面的形状。山地地貌显示得像不像，主要看山脊与山谷，如果山脊测绘得真实、形象，整个山形就较逼真。测绘山脊要真实地表现其坡度和走向，特别是大的分水线、坡度变换点和山脊、山谷转折点，应形象地表示出来。

山脊的形状可分为尖山脊、圆山脊和台阶状山脊，它们都可通过等高线的弯曲程度表现出来。如图 7-23 所示，尖山脊的等高线依山脊延伸方向呈尖角状；圆山脊的等高线依山脊延伸方向呈圆弧状；台阶状山脊的等高线依山脊延伸方向呈疏密不同的方形。

③ 山谷：山谷等高线表示的特点与山脊等高线所表示的相反。山谷的形状可分为尖底谷、圆底谷和平底谷。如图 7-24 所示，尖底谷底部尖窄，等高线通过谷底时呈尖状；圆底谷

图 7-22　山顶等高线

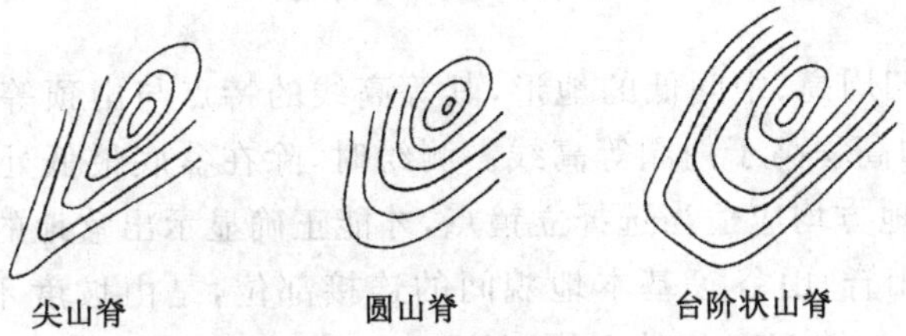

图 7-23　山脊等高线

是底部近于圆弧状，等高线通过谷底时呈圆弧状；平底谷是谷底较宽、底坡平缓、两侧较陡，等高线通过谷底时在其两侧近于直角状。

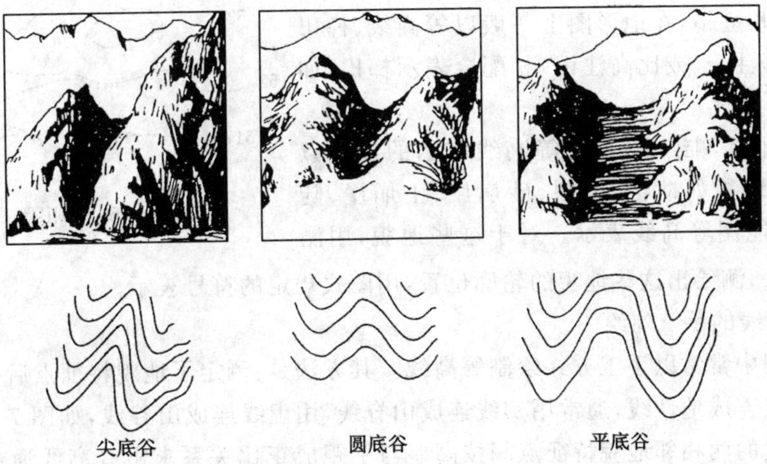

图 7-24　山谷等高线

④ 鞍部：鞍部是两个山脊的会合处，呈马鞍形的地方，是山脊上一个特殊的部位。可分为窄短鞍部、窄长鞍部和平宽鞍部。鞍部往往是山区道路通过的地方，有重要的方位作用。测绘时，在鞍部的最低处必须有立镜点，以便使等高线的形状正确。鞍部附近的立镜点应视

坡度变化情况选择。鞍部的中心位于分水线的最低位置上，鞍部有两对同高程的等高线，即一对高于鞍部的山脊等高线，另一对低于鞍部的山谷等高线，这两对等高线近似地对称，如图 7-25 所示。

图 7-25 鞍部等高线

⑤ 盆地：盆地是四周高、中间低的地形，其等高线的特点与山顶等高线相似，但其高低相反，即外圈等高线的高程高于内圈等高线。测绘时，除在盆底最低处立镜外，对于盆底四周及盆壁地形变化的地方均应适当选择立镜点，才能正确显示出盆地的地貌。

⑥ 山坡：山坡是山脊、山谷等基本地貌间的连接部位，是由坡度不断变化的倾斜面组成。测绘时，应在山坡上坡度变化处立镜，坡面上地形变化实际也就是一些不明显的小山脊、小山谷，等高线的弯曲也不大。因此，必须特别注意选择立镜点的位置，以显示出微小地貌来。

⑦ 梯田：梯田是在高山上、山坡上及山谷中经人工改造的地貌。梯田有水平梯田和倾斜梯田两种。测绘时，沿梯坎立镜，在地形图上一般以等高线、梯田坎符号和高程注记（或比高注记）相配合表示梯田，如图 7-26 所示。

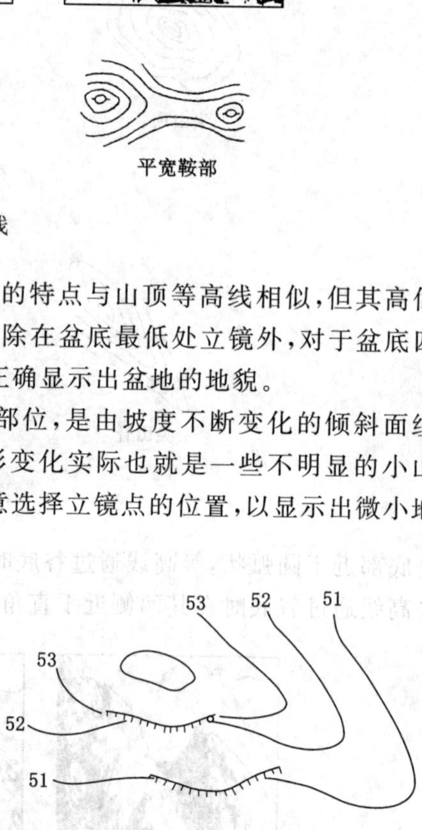

图 7-26 梯田等高线

⑧ 特殊地貌测绘：除了用等高线表示的地貌以外，有些特殊地貌如冲沟、雨裂、砂崩崖、土崩崖、陡崖、滑坡等不能用等高线表示。对于这些地貌，用测绘地物的方法，测绘出这些地貌的轮廓位置，用图式规定的符号表示。

（4）等高线的手工勾绘

传统测图中常常以手工方式绘制等高线。其方法是：测定了地貌特征点后，对照实际地形先将地性点连成地性线，通常用实线连成山脊线，用虚线连成山谷线，如图 7-27 所示。然后在同一坡度的两相邻地貌特征点间按高差与平距成正比关系求出等高线通过点（通常用目估内插法来确定等高线通过点）。最后，根据等高线的特性，把高程相等的点用光滑曲线连接起来，即为等高线。等高线勾绘出来后，还要对等高线进行整饰，即：按规定每隔四条基本等高线加粗一条计曲线，并在计曲线上注记高程。高程注记的字头应朝向高处，但不能倒置，如图 7-28 所示。在山顶、鞍部、凹地等坡向不明显处的等高线应沿坡度降低的方向加绘示坡线。

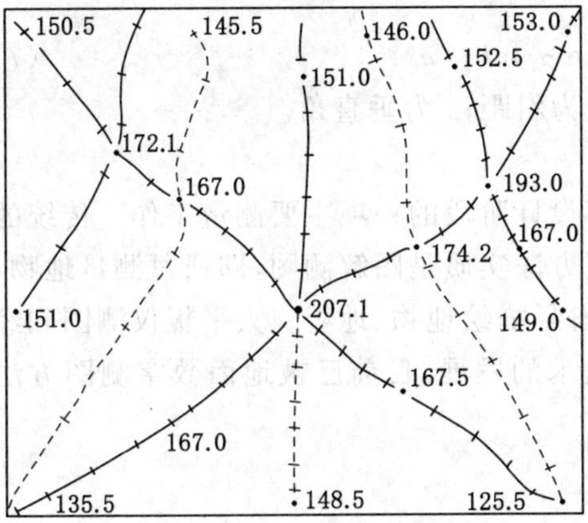

图 7-27　地性线连线

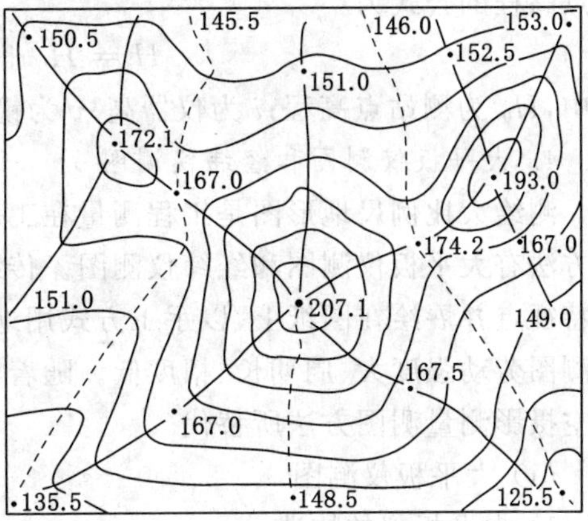

图 7-28　等高线勾绘

3. 测定碎部点的基本方法

测定碎部点的基本方法主要有极坐标法、方向交会法、距离交会法、直角坐标法等。

① 极坐标法：所谓极坐标法即在已知坐标的测站点 P 上安置全站仪，在测站定向后，观测测站点至碎部点的方向、天顶距和斜距，进而计算碎部点的平面直角坐标。极坐标法测定碎部点，在多数情况下，棱镜中心能安置在待测碎部点上，如图 7-29 所示的 0 点，则该点的坐标为：

$$\left.\begin{aligned} x &= x_P + S_0 \cdot \cos\alpha_0 \\ y &= y_P + S_0 \cdot \sin\alpha_0 \end{aligned}\right\} \tag{7-2}$$

② 前方交会法：实际测量中当有部分碎部点不能到达时，可利用前方交会法计算碎部点的坐标。如图 7-30 所示，A、B 为已知控制点，其坐标分别为 x_A、y_A 和 x_B、y_B，J 为待定碎部点，A、B 和 J 构成逆时针方向排列，则其坐标可用余切公式计算，或按下列公式计算

$$\alpha_{AJ} = \alpha_{AB} - \alpha$$

$$S_{AJ} = S_{AB} \cdot \frac{\sin\beta}{\sin(\alpha+\beta)}$$

$$\left.\begin{aligned} x_J &= x_A + S_{AJ} \cdot \cos\alpha_{AJ} \\ y_J &= y_A + S_{AJ} \cdot \sin\alpha_{AJ} \end{aligned}\right\} \tag{7-3}$$

式中，α_{AJ} 为测站 A 到 J 的坐标方位角；S_{AJ} 是测站点 A 到碎部点 J 的计算距离；α、β 为观测角。

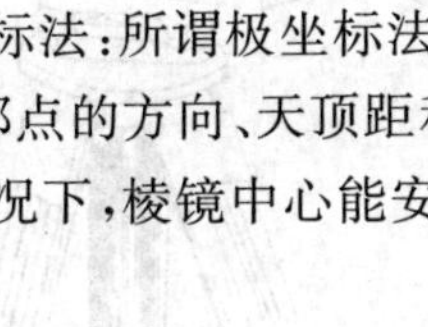

图 7-29　极坐标法

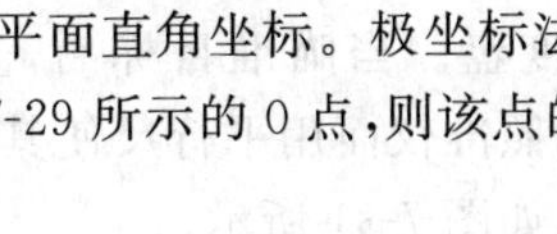

图 7-30　前方交会

③ 距离交会法：如果部分碎部点受到通视条件的限制，不能用全站仪直接观测计算坐标，则可根据周围已知点通过丈量距离计算碎部点的坐标。

④ 碎部点高程的计算：在地形测图中，通常采用三角高程测定碎部点的高程。计算碎

部点高程的公式为：

$$H = H_0 + D \cdot \sin\alpha + i - v \tag{7-4}$$

式中，H_0 为测站点高程；i 为仪器高；v 为镜高；D 为斜距；α 为垂直角。

4. 大平板仪测图和经纬仪测图

测绘大比例尺地形图是工程测量在工程勘察设计阶段的一项主要测量工作。传统的测图方法有大平板仪测图和经纬仪测图。传统测图方法实质是图解测图，即通过测量地物、地貌特征点并展绘在图纸上，以手工方式用地形图符号描绘地物、地貌。大平板仪测图和经纬仪测图劳动强度大、周期长、精度低。随着测绘技术的发展，目前已被地面数字测图方法和航空摄影测量测图方法所替代。

(1) 大平板仪测图

1) 大平板仪的构造

大平板仪是地形测图专用仪器，由照准仪、测板、基座等构成。测板一般为 60 cm×60 cm、厚度为 2～4 cm 的优质木材制成，测图时在测板上铺放图纸。照准仪由望远镜、竖直度盘、支架和直尺组成，其作用与经纬仪的照准部相似，所不同的是直尺用作画方向线代替水平度盘。当瞄准目标后，直尺边离开测站点时，可不动照准仪而用平行尺使其直尺边对准测站点画方向线，如图 7-31 所示。

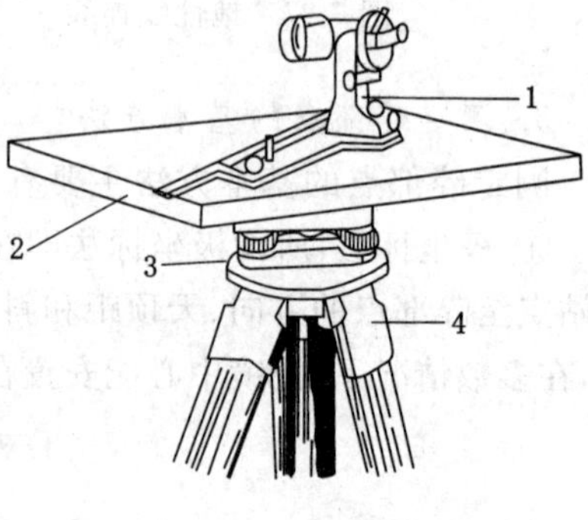

图 7-31　大平板仪

1——照准仪；2——测板；
3——基座；4——三脚架

2) 大平板仪测图步骤

① 在测站点上安置大平板仪，进行对中、整平和定向，并量取仪器高。

② 用照准仪瞄准碎部点上的标尺，读取测站至标尺的视距、垂直角以及目标高，并计算出测站至标尺的水平距离和碎部点的高程。

③ 按测图比例尺，用卡规在复式比例尺（或三棱尺）上截取水平距离在图上的长度，使照准仪的直尺边正确通过图板上测站点的刺孔，沿照准仪的直尺边将碎部点展刺在图板上，并在点位旁注记高程。

④ 重复上述②、③步骤，将测站四周所要测的全部碎部点测完为止。

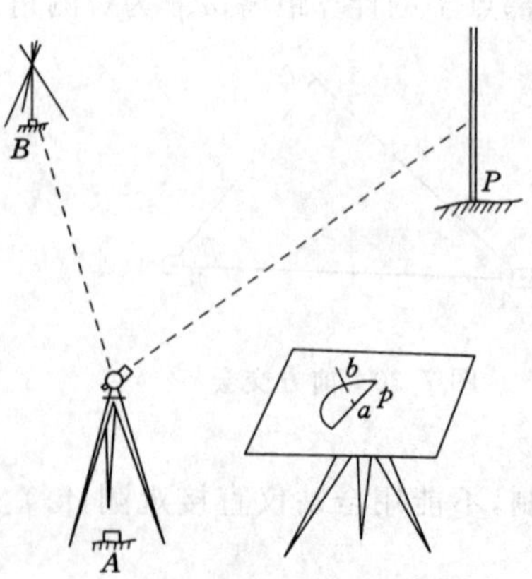

图 7-32　经纬仪测图

⑤ 根据所测的碎部点，按规定的图式符号描绘地物、地貌，并随时注意和实地对照检查。必须经过全面检查后，方可迁至下一测站工作。

(2) 经纬仪测图

经纬仪测图是采用经纬仪（或全站仪）与分度规（即量角器）配合进行测图。经纬仪测图方法如图 7-32 所示，将经纬仪安置在测站点 A 上，并量取仪器高，选择另一个已知点 B 作为起始方向（或称零方向）。在测站点 A 附近适当位置安置图板，并将分度规的中心圆孔固定在图板上相应的 a 点。然后用经纬仪照准碎部点 P 上的标尺，读取碎部点方向与起始方向间的水平角、垂直角、斜距，计算出测站点至碎部点的水平距离和碎部点的高程，按碎部点方向设置分度规，并在分度规直径刻划线上依照比例尺量取测站点至碎部点水平距离的图上长度，即可定出 P 点在图上的位置，并在点旁注记碎部点的高程。

（3）地形图的拼接、整饰

大平板测图和经纬仪测图是分幅测图，在相邻图幅的连接处地物轮廓线和等高线都不会完全重合，必须对相邻图幅进行拼接。为便于拼接，测图时图边应测出 2 cm 左右。拼接时一般取平均位置作修正，如拼接误差超限时应重测。

地形图经过拼接、检查和修正后，应进行清绘和整饰。整饰的次序是先图框内后图框外，先注记后符号，先地物后地貌，最后整饰图框。

第三节　大比例尺数字化测图

地面数字化测图是指对利用全站仪、GPS 接收机等仪器采集数据及其编码，通过计算机图形处理而自动绘制地形图的方法。地面数字测图基本硬件包括：全站仪或 GPS 接收机、计算机和绘图仪等。软件基本功能主要有：野外数据的输入和处理、图形文件生成、等高线自动生成、图形编辑与注记和地形图自动绘制。与传统测图作业相比，地面数字化测图具有以下特点：

① 传统测图在野外基本完成地形原图的绘制，在获得碎部点的平面坐标和高程后，还需手工绘制地形图，而地面数字化测图外业测量工作实现自动记录、自动解算处理，自动成图，因此，地面数字化测图具有较高的自动化程度。

② 地面数字化测图具有较高的测图精度。

③ 传统测图是以一幅图为单元组织施测，这种规则地划分测图单元给图幅边缘测图造成困难，并带来图幅接边问题。地面数字化测图在测区内可不受图幅的限制，作业小组的任务可按河流、道路等自然分界线划分，以便于碎部测图，也减少了图幅接边问题。

④ 在传统测图中，测图员可对照实地用简单的几何作图法测绘规则的地物轮廓，用目测绘制细小地物和地貌形态，而地面数字测图必须有足够的特征点坐标才能绘制地物符号；足够而又分布合理的地貌特征点才能绘制等高线，因此，地面数字化测图中直接测量碎部点的数目比传统测图有所增加，且碎部点（尤其是地貌特征点）的位置选择尤为重要。

一、数据采集

大比例尺数字测图野外数据采集按碎部点测量方法，分为全站仪测量方法和 GPS－RTK 测量方法，目前主要采用全站仪测量方法。在控制点、加密的图根点或测站点上架设全站仪，全站仪经定向后，观测碎部点上放置的棱镜，得到方向、竖直角（或天顶距）和距离等观测值，自动计算记录三维坐标并保存在全站仪内。如果观测条件可能，也可采用 GPS－RTK 测定碎部点，将直接得到碎部点的坐标和高程。野外数据采集除碎部点的坐标数据外还需要有与绘图有关的其他信息，如碎部点的地形要素名称、碎部点连接线型等，以由计算机生成图形文件，进行图形处理。为了便于计算机识别，碎部点的地形要素名称、碎部点连接线型信息也都用数字代码或英文字母代码来表示，这些代码称为图形信息码。根据图形信息码的方式不同，野外数据采集的工作程序分为两种：一种是在观测碎部点时，绘制工作草图，在工作草图上记录地形要素名称、碎部点连接关系。然后在室内将碎部点显示在计算机屏幕上，根据工作草图，采用人机交互方式连接碎部点，输入图形信息码和生成图形。另一种是采用笔记本电脑和 PDA 掌上电脑作为野外数据采集记录器，可以在观测碎部点之后，对照实际地形输入图形信息码和生成图形。

大比例尺数字测图野外数据采集除硬件设备外，还需要有数字测图软件来支持。不同的数字测图软件在数据采集方法、数据记录格式、图形文件格式和图形编辑功能等方面会有一些差别。

二、地形图要素分类和代码

新的《基础地理信息要素分类与代码》对地形要素的编码是采用 6 位十进制数字码，是现行多数测图软件采用的编码方法。它将图式符号按大类、中类、小类和子类进行分类，大类、中类各占 1 位，小类、子类各占 2 位，如图 7-33 所示。

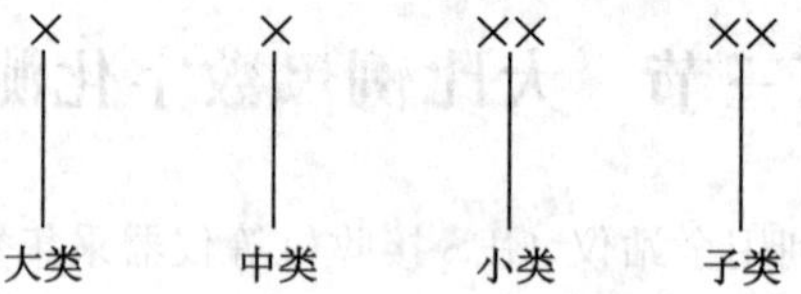

图 7-33　六位编码结构图

代码的每一位均用 0～9 表示，大类包括定位基础、水系、居民地及设施、交通、管线、境界与政区、地貌、植被与土质等 8 大类；中类在上述基础上又分为 46 类，见表 7-7，各级比例尺基础地理信息要素分类与代码见 GBT 13923－2006 附录 B。

表 7-7　　**地形要素分类(大类、中类)表**

地形要素大类	大类编号	地形要素中类	中类编号	小类个数
定位基础	1	测量控制点	1	5
		数学基础	2	4
水系	2	河流	1	3
		沟渠	2	11
		湖泊	3	4
		水库	4	4
		海洋要素	5	8
		其他水系要素	6	14
		水利及附属设施	7	9
居民地及设施	3	居民地	1	12
		工矿及其设施	2	17
		农业及其设施	3	7
		公共服务及其设施	4	8
		名胜古迹	5	3
		宗教设施	6	6
		科学观测站	7	4
		其他建筑物及其设施	8	7

续表 7-7

地形要素大类	大类编号	地形要素中类	中类编号	小类个数
交通	4	铁路	1	4
		城际公路	2	8
		城市道路	3	8
		乡村道路	4	7
		道路构造及附属设施	5	11
		水运设施	6	7
		航道	7	3
		空运设施	8	2
		其他交通设施	9	6
管线	5	输电线	1	5
		通信线	2	3
		油、气、水输送主管道	3	4
		城市管线	4	19
境界与政区	6	国外地区	1	3
		国家行政区	2	4
		省级行政区	3	4
		地级行政区	4	4
		县级行政区	5	4
		乡级行政区	6	4
		其他区域	7	6
地貌	7	等高线	1	5
		高程注记点	2	3
		水域等值线	3	3
		水下注记点	4	3
		自然地貌	5	11
		人工地貌	6	4
植被与土质	8	农林用地	1	7
		城市绿地	2	4
		土质	3	5

小类、子类按照1∶500～1∶2 000，1∶5 000～1∶10万，1∶25万～1∶100万3个比例尺分段进行了类别的划分，并实现了统一。例如，大类（水系）下中类（河流）的小类（常年河，编号01）之子类（地面河流，编号01），其编码为210101。

六位编码法在对地形要素进行系统而全面的整理、归类的基础上，更加注重与各比例尺地形图图式符号体系的对应性，与地物、地貌类型的一致性，既反映要素的类型特征，又反映要素的相互关系，并留有足够的扩展冗余。其分类科学、结构严谨、类型一致、体系完整。

三、地形图符号的自动绘制

1. 地物符号的自动绘制

地物符号按图形特征可分为三类，即独立符号、线状符号和面状符号。

① 独立符号的自动绘制。首先建立表示这些符号特征点信息的符号库，即以符号的定位点作为坐标原点，将符号特征点坐标存放在独立符号库中，符号图形显示时，可按照地图上要求的位置和方向对独立符号信息数据中的坐标进行平移和旋转，然后绘制该独立符号。

② 线状符号的自动绘制。线状符号按轴线的形状可分为直线、圆弧、曲线三种线型。根据不同线型和符号的几何关系用数学表达式来计算符号特征点的坐标，然后绘制线状符号。

③ 面状符号的自动绘制。面状符号分为轮廓线的绘制和填充符号的绘制，轮廓线按线状符号绘制，按晕线的方位计算晕线与轮廓线的交点来绘制晕线，填充符号是在轮廓区域内计算填充符号的中心位置，再绘制点状符号。

2. 等高线的自动绘制

根据不规则分布的数据点自动绘制等高线可采用网格法和三角网法。网格法是由小的长方形或正方形排列成矩阵式的网格，每个网格点的高程以不规则数据点为依据，按距离加权平均或最小二乘曲面拟合地表面等方法求得；而三角网法直接由不规则数据点连成三角形网。在构成网格或三角形网后，再在网格边或三角形边上进行等高线点位的寻找、等高线点的追踪、等高线的光滑和绘制等高线。

四、数字地形图的编辑和输出

野外采集的碎部数据，在计算机上显示图形，经过计算机人机交互编辑，生成数字地形图。计算机地形图编辑是操作测图软件(或菜单)来完成的。大比例尺地面数字测图软件具有以下功能：

① 碎部数据的预处理，包括在交互方式下碎部点的坐标计算及编码、数据的检查及修改、图形显示、数据的图幅分幅等。

② 地形图的编辑，包括地物图形文件生成、等高线文件生成、图形修改、地形图注记、图廓生成等。

大比例尺地形图在完成编辑后，可储存在计算机内或其他介质上，或者是由计算机控制绘图仪绘制地形图。

思考题与习题

1. 地物和地貌分别是什么？
2. 平面图与地形图有哪些区别？
3. 何谓比例尺精度？它在测绘工作中有什么用途？
4. 地形图有哪两种分幅方法？
5. 等高线的定义是什么？有哪些特征和分类？
6. 试述典型地貌的等高线表示方法。
7. 试述用经纬仪测绘法在一个测站上测绘地形图的工作步骤。
8. 试述全站仪数字化测图的方法与步骤。

第八章　路线工程施工放样基本方法

【本章要点】：本章详细介绍施工测量的基本方法。主要包括：已知距离、已知水平角、已知高程的放样、平面位置以及坡度线的测设方法等内容。

第一节　施工放样测量概述

当工程进入施工阶段时，首先需要将图纸上设计好的各种建、构筑物的平面位置和高程在实地标定出来，作为施工的依据，这一测量工作称为测设（亦称放样）。

地形图的测量工作是以地面控制点为基础，测量出控制点至周围各地形特征点的距离、角度、高差以及测点与测点间的相互位置关系等数据，并按一定的比例将这些测点缩绘到图纸上，绘制成图。

施工测量也以地面控制点为基础，但却是根据图纸上的建筑物的设计尺寸，计算出各部分特征点与控制点之间的距离、角度（或方位角）、高差等数据，将建筑物的特征点在实地标定出来，以便施工。施工测量所采用的方法基本上与测图工作所用的方法一致，所用测量仪器基本相同。为了避免测设误差的积累，施工测量必须遵循"由整体到局部、先控制后细部"的组织原则。

施工测量的基本内容可分为平面位置测设和高程测设。根据测设的操作过程不同，测设方法可以归纳为两类：直接测设法和归化测设法。

直接测设法是根据已知点和测设点之间的几何关系在实地直接测设出测设点的位置的一种方法。

归化测设法则是先用直接测设法初步测设出点位，然后将此点作为过渡点，再用测量的方法测定过渡点与已知点之间的关系，计算出过渡点与设计点位的差值，最后在实地上根据该差值将过渡点改正到设计点的位置上。归化测设法的作业过程可用图 8-1 表示。当直接测设法不能满足测设的精度要求时，可以采用归化测设法，以提高测设的精度。

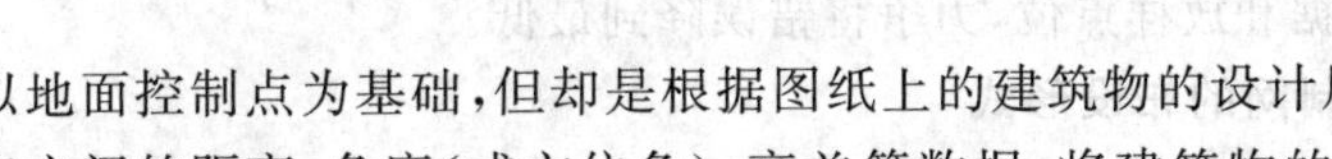

图 8-1　归化法放样的作业过程

一、施工放样测量的目的和内容

施工放样测量的目的与一般测图工作相反，它是按照设计和施工的要求将设计的建筑物、构筑物的平面位置在地面上标定出来，作为施工的依据，并在施工过程中进行一系列的测量工作，以衔接和指导各工序之间的施工。

施工测量贯穿于整个施工过程中，其主要内容有：

① 建立施工控制网。

② 建筑物、构筑物的详细测设。

③ 检查、验收。每道施工工序完工之后，都要通过测量检查工程各部位的实际位置及高程是否与设计要求相符合。

④ 变形观测。随着施工的进展，测定建、构筑物在平面和高程方面产生的位移和沉降，收集整理各种变形资料，作为鉴定工程质量和验证工程设计、施工是否合理的依据。

路线施工测量施工阶段的主要工作包括施工控制桩、中线的恢复，路基的测设、边桩的测设和竖曲线测设等。

二、施工测量的原则

为了保证施工能满足设计要求，施工测量与一般测图工作一样，也必须遵循“由整体到局部，先控制后细部”的原则，即先在施工现场建立统一的施工控制网，然后以此为基础，测设建筑物和构筑物的细部位置。采取这一原则，可以减少误差积累，保证测设精度。

施工测量还要遵循“边工作，边校核”的工作原则，必须采用各种不同的计算和观测方法加强内业和外业的校核工作。应特别提出的是，在施工测量中出现的任何差错都有可能造成严重的质量事故和巨大的经济损失，因此测量人员应严格执行测量规范和质量管理规程，仔细复核放样数据和放样点位，力争将错误降到最低。

三、施工控制网的布设形式

平面施工控制网的布设形式，应根据施工总平面图、施工场地的地形条件以及测量仪器设备等诸多因素来决定。对地形起伏较大的山岭地区的水利水电、隧道、桥梁等工程，一般采用三角锁网的布设形式。随着测量仪器的发展，施工控制网已广泛采用边角网、测边网、导线网以及 GPS 等测量方法。

平面施工控制网一般分两级布设，首级网作为基本控制，第二级网为加密控制，它直接用于测设建筑物的特征点。

高程控制一般也分两级布设，即布满整个工程测区的基本高程控制和直接用于高程测设的加密高程控制。加密高程控制点一般为临时水准点，临时水准点点位可选在露出地面的基岩上或已浇筑的混凝土上(用红漆作标志)。临时水准点密度应达到只设一个测站就能进行高程测设，其目的是减少高程传递误差及误差的累积。基本高程控制一般采用三等以上水准测量进行观测，加密的临时水准点可用四等水准进行观测。

第二节　施工放样测量的基本工作

角度、距离和高程是决定地面点相对位置的三个基本几何因素，因此角度测量、距离测量和高程测量是测量的基本工作。不论测设对象是建筑物还是构筑物，测设的基本工作是测设已知的水平距离、水平角度和高程。

一、水平距离的测设

在地面上丈量两点间的水平距离时，首先是用尺子量出两点间的距离，再进行必要的改正，以求得准确的实地水平距离。而测设已知的水平距离时，其程序恰相反，现将其作法叙述如下。

1. 一般方法

当测设已知距离 $AB=D$ 时，线段的起点 A 和方向 α_{AB} 是已知的，如图 8-2 所示。若要求以一般精度进行测设，可在给定的方向，根据给定的距离值，从起点用钢尺丈量的一般方法，测得线段的另一端点。为了进行检核，应往返丈量测设的距离，往返丈量的较差，若在限差之内，则取其平均值作为最后结果。

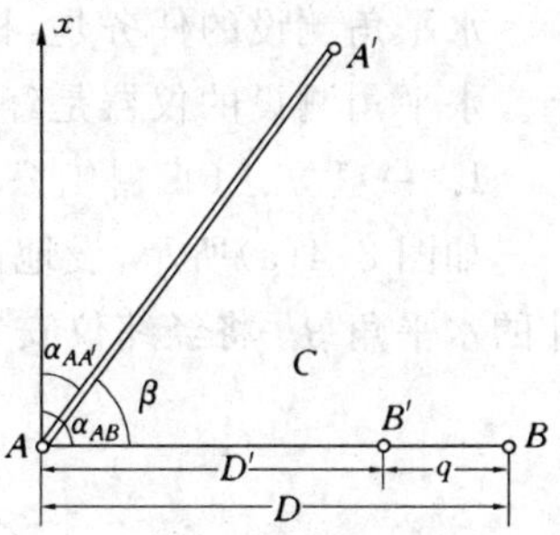

图 8-2　水平距离测设

2. 精确方法

当测设精度要求较高时，应按钢尺量距的精密方法进行测设，具体作业步骤如下：

① 将经纬仪安置在已知的起点 A 上，并标出给定直线的方向，沿该方向进行概量并在地面上打下尺段桩和终点桩，在桩顶刻十字标志。

② 用水准仪测定各相邻桩桩顶之间的高差。

③ 按精密丈量的方法先量出整尺段的距离，并加尺长改正、温度改正和高差改正，计算每尺段的长度及各尺段长度之和，得最后结果为 D'。

④ 用已知测设的水平距离 D 减去 D'，得余长 q，即 $D-D'=q$。然后计算余长段应测设的距离 q'：

$$q' = q - \Delta l_d - \Delta l_t - \Delta l_h \tag{8-1}$$

式中，Δl_d、Δl_t、Δl_h 为余长段相应的尺长、温度、高差改正。

⑤ 根据 q' 在地面上测设余长段，并在终点桩上作出标志，即为所测设的终点 B。如终点超过了原打的终点桩时，应另打终点桩。

3. 用测距仪测设水平距离

如图 8-3 所示，安置测距仪于 A 点，瞄准已知方向。沿此方向移动反光棱镜的位置，使仪器显示值略大于测设的距离 D，定出 C' 点。在 C' 点安置反光棱镜，测出反光棱镜的竖直角 α 及斜距 S（加气象改正）。计算水平距离 $D'=S\cdot\cos\alpha$，求出 D' 与应测设的水平距离 D 之差 $q=D-D'$。根据 q' 的符号在实地用小钢尺沿已知方向改正 C' 至 C 点，并用木桩标定其点位。为了检核，应将反光棱镜安置于 C 点再实测 AC 的距离，若不符合应再次进行改正，直到测设的距离符合限差为止。

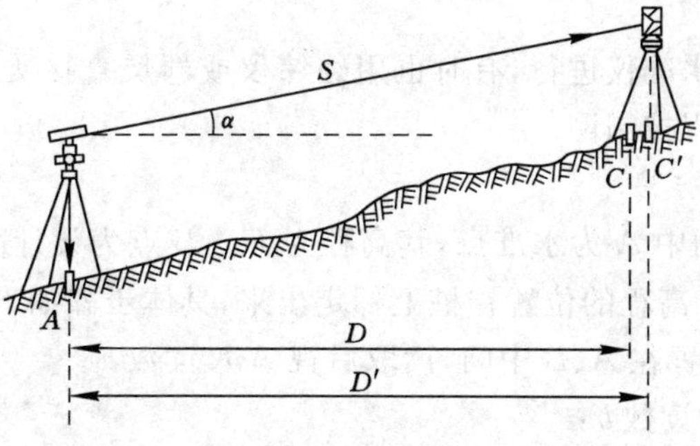

图 8-3　红外测距仪测设水平距离

二、水平角的测设

水平角测设的任务是，根据地面已有的一个方向，将设计角度的另一个方向测设到地面上。水平角测设的仪器是经纬仪或全站仪。

1. 一般方法(正倒镜分中法)

如图 8-4(a)所示，设地面上已有 AB 方向，要在 A 点以 AB 为起始方向，向右测设出设计的水平角 β。将经纬仪安置在 A 点后的操作过程如下：

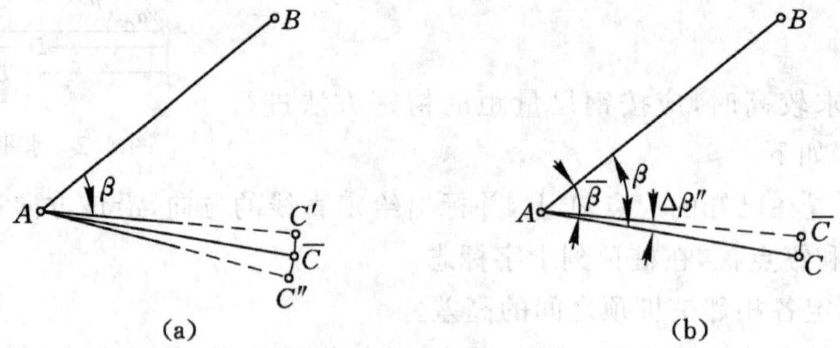

图 8-4　水平角测设方法

(a) 正倒镜分中法；(b) 多测回修正法

① 盘左瞄准 B 点，读取水平度盘读数为 L；松开水平制动螺旋，顺时针旋转照准部，当水平度盘读数约为 $L+\beta$ 时，制动照准部，旋转水平微动螺旋，使水平度盘读数准确地对准 $L+\beta$，在视线方向定出 C' 点。

② 倒转望远镜为盘右位置，用上述同样的操作方法在视线方向定出 C'' 点，取 C'、C'' 的中点 $\overline{C}$ 点，则 $\angle BA\overline{C}$ 即为要测设的 β 角。

2. 多测回修正法

如图 8-4(b)所示，先用正倒镜分中法测设出 $\overline{C}$ 点，再用测回法观测 $\angle BA\overline{C}$ 2～3 测回，设角度观测的平均值为 $\overline{\beta}$，则与设计角值 β 的差值为 $\Delta\beta''=\overline{\beta}-\beta$，如果 C 点至 A 点的设计水平距离为 D，则 $\overline{C}$ 点偏离正确点位 C 的弦长约为：

$$C\overline{C} \approx D\frac{\Delta\beta''}{\rho''} \tag{8-2}$$

若 $\Delta\beta''=-12''$，$D=123.456$ m，则 $C\overline{C}=7.2$ mm，$\Delta\beta''=-12''<0$，说明测设的 $\overline{\beta}$ 角比设计角 β 小。使用小三角板从 $\overline{C}$ 点沿垂直方向向背离 B 方向量 7.2 mm，定出 C 点。

三、高程的测设

高程测设通常利用水准仪进行，有时也用经纬仪或卷尺直接丈量。高程测设的依据是施工场地上已建立的高程控制网。

1. 高程测设的一般方法

如图 8-5(a)所示，图中 A 为水准点，其高程为 H_A，B 点为设计高程位置，其设计高程为 H_B。现需要将 B 点设计高程的位置在桩上标定出来，具体步骤如下：

① 将水准仪目估安置在 A、B 中间，读取后视 A 尺读数 a。

② 计算前视 B 尺的读数 b：

$$b = H_A + a = H_B \tag{8-3}$$

③ 在桩上立尺，指挥该尺上、下移动，使中丝对准读数 b，此时尺的底端(零点)即为 B

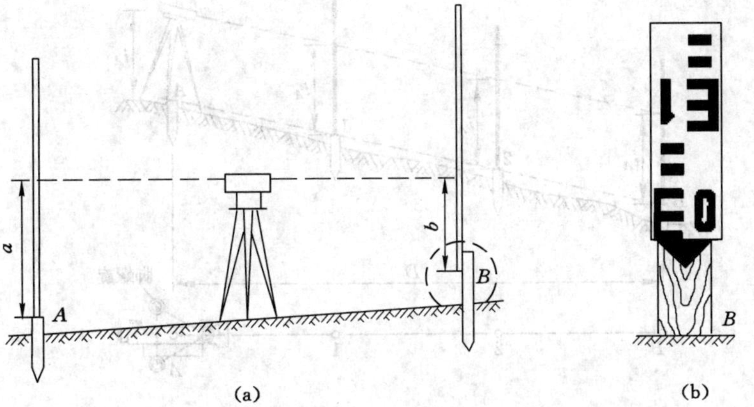

图 8-5　高程测设的一般方法

点的高程位置。沿尺底划线将高程标记在木桩的竖面上，如图 8-5(b)所示。

2. 传递高程测设方法

当所测设点的高程与已知点的高程相差较大时，由式(8-3)算出的 b 超过水准尺的长度，如利用地面水准点测设建筑物的基础基坑底部或高层建筑物上部的情况，这时可以利用两台水准仪并借助一把钢尺，将已知点的高程向下或向上传递，然后按一般高程测设法进行测设。如图 8-6 所示，若钢尺的零点在下端，则前视 B 尺应有的读数为：

$$b = H_A + a - (c - d) - H_B \tag{8-4}$$

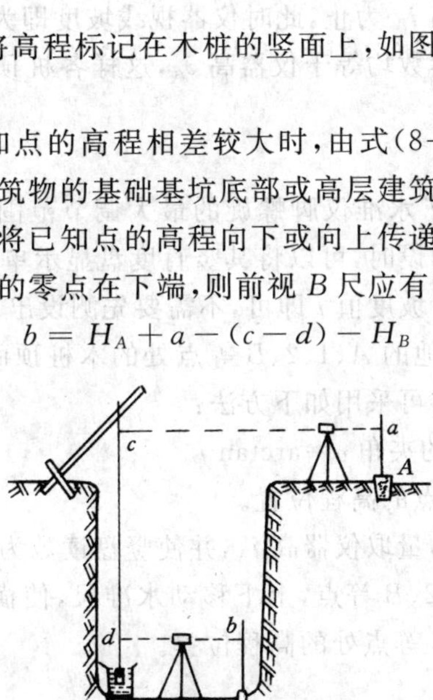

图 8-6　传递高程测设

四、坡度的测设

在施工测设时，经常会遇到测设坡度的工作，如开挖边坡、路线测量、输水和排水管道等，在土方工程施工中，有时也会遇到斜坡测设。

1. 水准仪测设已知坡度

如图 8-7 所示，设地面上 A 点的高程为 H_A，现要从 A 点沿 AB 方向测设出一条坡度为 i 的直线，AB 间的水平距离为 D。使用水准仪的测设方法如下：

① 首先计算出 B 点的设计高程为 $H_B = H_A - iD$，用水平距离和高程测设方法测设出 B 点。

② 在 A 点安置水准仪，使一个脚螺旋在 AB 方向线上，另两个脚螺旋的连线垂直于 AB 方向线，量取水准仪高 i_A，用望远镜瞄准 B 点上的水准尺，旋转 AB 方向上的脚螺旋，使视

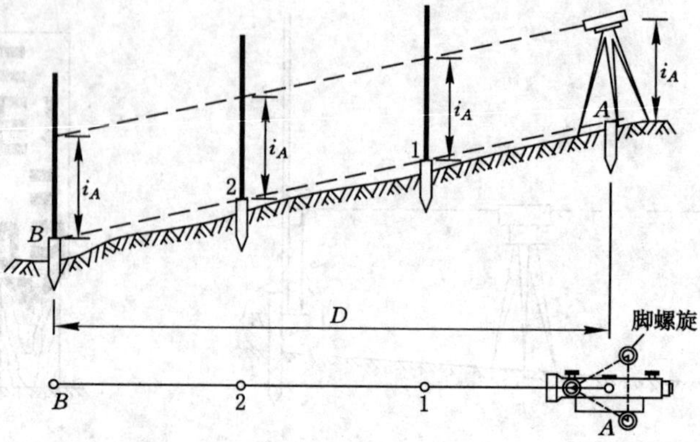

图 8-7　坡度的测设

线倾斜至水准尺读数为仪器高 i_A 为止，此时仪器视线坡度即为 i。在中间点 1、2 处打木桩，然后在桩顶上立水准尺使其读数均等于仪器高 i_A，这样各桩顶的连线就是测设在地面上的设计坡度线。

2. 经纬仪测设已知坡度

当设计坡度 i 较大，超出了水准仪脚螺旋的最大调节范围时，应使用经纬仪进行测设。当使用电子经纬仪或全站仪测设时，可以将其竖直度盘显示单位切换为坡度单位，直接将望远镜视线的坡度值调整到设计坡度值 i 即可，不需要先测设出 B 点的平面位置和高程。

如图 8-7 所示，要求在实地的 A、1、2、B 等点处的木桩顶面上，测设出过 A 点设计高程 H_A 的设计坡度为 i 的坡度线，可采用如下方法：

① 计算坡度线与水平面的夹角 $\alpha=\arctan i$。

② 按一般方法测设出 A 点的高程位置。

③ 将经纬仪安置在 A 点，量取仪器高 i_A，并使竖盘读数为 α。

④ 分别将水准尺立于 1、2、B 等点，上下移动水准尺，使横丝与读数 i_A 重合，则尺的底端(零点)即为坡度线在 1、2、B 等点处的高程位置。

第三节　点的平面位置的放样

点的平面位置的测设(放样)有多种方法，如直角坐标法、极坐标法、角度交会法、距离交会法、全站仪坐标法、GPS 法等。在工程施工中，测设时可根据施工控制网的形式、控制点的分布、仪器设备、地形情况及现场条件等，合理选用适当的放样方法。

一、直角坐标法

本法是用已知坐标差 Δx、Δy 测设点位。当根据建筑方格网或矩形控制网测设时，采用此法准确而简便。如图8-8所示，已知某厂房矩形控制网四角点 A、B、C、D 的坐标，设计总平面图中已确定某车间四角点 1、2、3、4 的设计坐标。现以根据 B 点测设点 1 为例，说明其测设

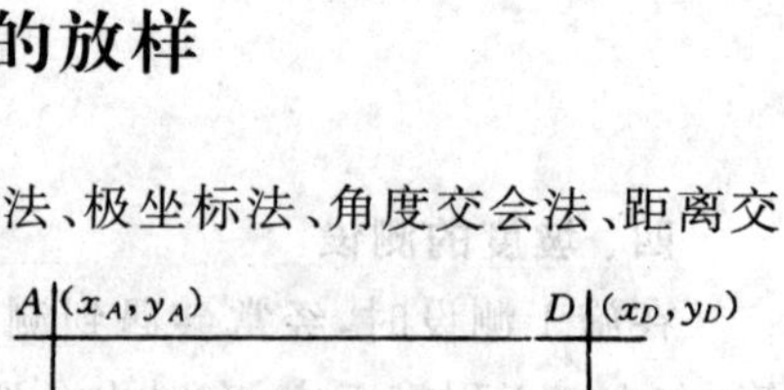

图 8-8　直角坐标法放样

的步骤：

① 计算点 B 与点 1 的坐标差：

$$\Delta x_{B1} = x_1 - x_B;\Delta y_{B1} = y_1 - y_B$$

② 在 B 点安置经纬仪或全站仪，瞄准 C 点，在 BC 方向上用钢尺量或光电测距 Δy_{B1} 得 E 点。

③ 在 E 点安置经纬仪或全站仪，瞄准 C 点（较远点）定向（使起始度盘读数为 0°00′00″），用盘左、盘右位置两次测设 270°角，在两次平均方向 $E1$ 上从 E 点起用钢尺量或光电测距 Δx_{B1}，得车间角点 1。

④ 同法，从 C 点测设点 2，从 D 点测设点 3，从 A 点测设点 4。

⑤ 检查车间的四个角是否等于 90°，各边长度是否等于设计长度，若误差在允许范围内，则认为测设合格。

二、极坐标法

本法是根据已知水平角度和水平距离测设点位。测设前需根据施工控制点和测设点的坐标，按坐标反算公式求出一方向的坐标方位角和水平距离，再根据坐标方位角求出水平角。如图 8-9 所示，水平角 $\beta=\alpha_{AP}-\alpha_{AB}$，水平距离为 D_{AP}。具体计算如下：

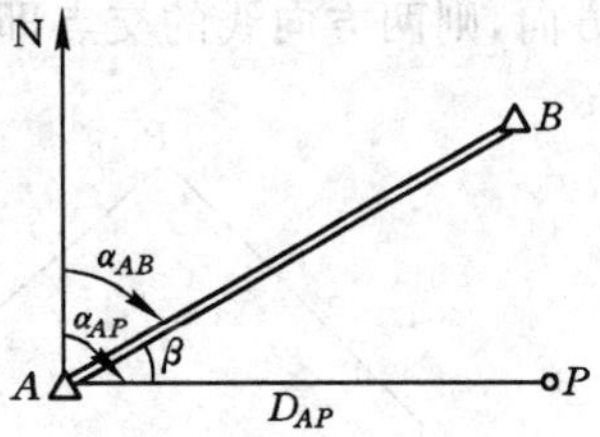

图 8-9　极坐标法放样

$$\left.\begin{aligned} \alpha_{AP} &= \arctan\frac{y_P - y_A}{x_P - x_A} \\ \alpha_{AB} &= \arctan\frac{y_B - y_A}{x_B - x_A} \\ \beta &= \alpha_{AP} - \alpha_{AB} \\ D_{AP} &= \sqrt{(x_P - x_A)^2 + (y_P - y_A)^2} \end{aligned}\right\} \quad (8\text{-}5)$$

求出测设数据 β、D_{AP} 后，即可安置经纬仪于控制点 A，按第二节所述方法测设 β 角，以定出 AP 方向。在 AP 方向上，从 A 点起用钢尺测设水平距离 D_{AP}，定出 P 点的位置。

设计建筑物上各点测设之后，应按设计建筑物的形状、尺寸检核角度和长度误差，若在允许范围内，才认为测设合格。

例 8-1　如图 8-9 所示，已知点 A、B 和待测设点 P 的坐标如下表，求在 A 点用极坐标法测设 P 点的测设元素 β、D_{AP}。

点　名	坐　标	
	x/m	y/m
A	500.00	1000.00
B	800.00	1200.00
P	525.00	1100.00

解：按坐标方位角计算公式(8-5)分别计算 AB、AP 两边的方位角：

$$\alpha_{AB} = 33°41'24'' \quad \alpha_{AP} = 75°57'50''$$

则应测设的水平角为：

$$\beta = \alpha_{AP} - \alpha_{AB} = 75°57'50'' - 33°41'24'' = 42°16'26''$$

沿 AB 方向，以 A 为起点应测设的距离为：

$$D_{AP} = \sqrt{(x_P - x_A)^2 + (y_P - y_A)^2} = 103.078 \text{ m}$$

三、角度交会法

本方法适合于拟测设的点远离控制点或不便于量距时，如测设桥墩中心、烟囱顶部中心等，可采用角度交会测设法。如图 8-10(a)所示，利用控制点 A、B 测设设计点 P 的方法如下：

① 计算测设数据 α、β。

② 用两台经纬仪分别安置在 A、B 点，分别以 B、A 两点定向，拨 $360° - \alpha$、β 角得 AP 和 BP 方向，则两方向线的交点即为所求 P 点。

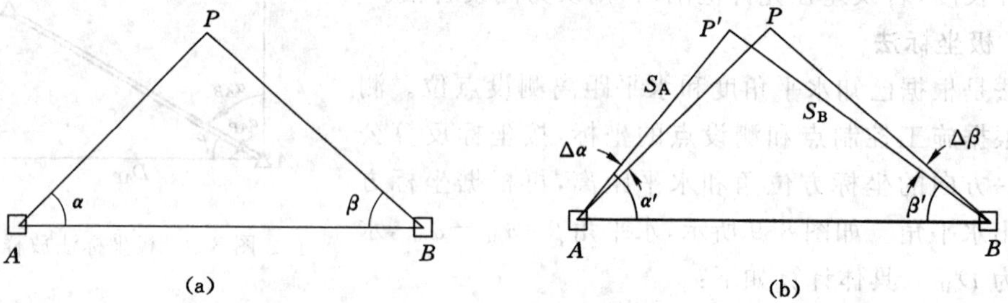

图 8-10　角度交会测设法

当测设精度要求较高时，应采用归化法测设。这时，将上述方法放出的 P 点作为过渡点，以 P' 表示，如图 8-10(b)所示，以必要的精度实测 $\angle P'AB = \alpha'$，$\angle P'BA = \beta'$，并计算角差：$\Delta\alpha = \alpha - \alpha'$，$\Delta\beta = \beta - \beta'$。一般 $\Delta\alpha$、$\Delta\beta$ 均较小，可通过归化方法改正并定出 P 点。

四、距离交会法

距离交会法适应于测设点至两控制点的距离不超过一个尺段并便于量距的地方，如图 8-10(b)所示，具体方法如下：

① 计算测设数据 S_A、S_B。

② 在实地用两把尺子分别以 A、B 为圆心，以 S_A、S_B 为半径画弧，两弧交出的点即为所求的 P 点。

当测设精度要求较高或测设距离超过一尺段时，其距离交会应采用归化法。将上述方法放出的点作为过渡点，以 P' 表示，以必要的精度实测长度 AP'、BP'，进行归化改正。

五、全站仪测设法

将全站仪置于测站点上，量出仪器高和反光镜高度；输入测站点的坐标和高程及仪器高、反光镜高度，同时输入定向点坐标或方位角，再输入待定点 P 的坐标和高程。

启动全站仪的测设程序，即能自动计算测设数据。先瞄准后视点进行度盘定向；然后转动照准部，屏幕显示当前方位角、测设点的方位角及两者之差，据此可使照准部在 AP 方向上，指挥棱镜在此方向上前后移动，直到通过全站仪测距，使屏幕显示的前后移动距离为零时，即可确定 P 点的位置。

思考题与习题

1. 施工测设的工作任务是什么?

2. 施工测设与测设地形图有何区别?

3. 施工测设的基本工作有哪些? 它们与测距、测角、测高程的区别是什么?

4. 水平角测设的方法有哪些? 各适用于什么情况?

5. 试叙述使用水准仪进行坡度测设的方法。

6. 在地面上要求测设一个直角,先用一般方法测设出$\angle AOB$,再测量该角若干测回取平均值为$\angle AOB=90°00'18''$,又知OB的长度为148 m,问在垂直于OB的方向上,B点应该移动多少距离才能得到90°的角?

7. 利用高程为34.937 m的水准点,测设高程为35.500 m的室内±0.000标高。设尺立在水准点上时,按水准仪的水平视线在尺上画了一条线,问在该尺上的什么地方再画一条线,才能使视线对准此线时,尺子底部就在±0.000高程的位置。

8. 已知$\alpha_{AB}=300°40'$,点A的坐标为$x_A=44.22$ m,$y_A=116.71$ m。若要测设坐标为$x_P=72.34$ m,$y_P=115.00$ m的P点,试计算仪器安置在A点用极坐标法测设P点所需的数据。

第九章　路线中线测量

【本章要点】:本章主要介绍路线工程中线测设的基本方法,包括中线直线、圆曲线、缓和曲线测设、复曲线测设、竖曲线测设等基本内容。

第一节　路线中线的直线测量

中线测量是指将路线的中心线具体地测设到地面上,并测出其里程的过程。中线测量包括交点和转点测设、转角测定、里程桩设置、曲线主点测设和详细测设等工作。

一、交点和转点的测设

由于路线受地形、地物、水文、地质及其他因素的限制影响,需改变路线方向,路线的转折点称为交点(JD)。当相邻交点不通视时,应在相邻交点的连线或其延长线上增设一些点,以能传递方向,增设点称为转点(ZD)。当两交点间距离较长时,亦应设置转点。如图9-1所示,实线表示道路中线,由直线和曲线组合而成,虚线相交点 JD_A、JD_B 即为路线交点,ZD_1、ZD_2 和 ZD_3 即为路线转点。

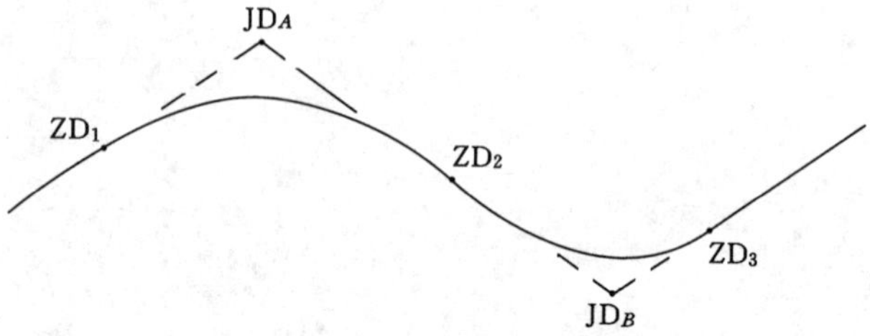

图 9-1　路线中线示意图

1. 交点的测设

对于低等级路线,其交点通常在现场直接标定。对于高等级路线或地形复杂地段,则需先进行纸上定线,然后按照以下方法进行交点的测设。

(1) 放点穿线法

这种方法适合于地形不太复杂,且中线距初测导线不远的情况。首先在地形图上定出角度 β_i 和水平距离 D_i,具体测设步骤如下:

① 放点:在地面上测设路线中线的直线部分,只需定出直线上两个临时点,就可确定这一直线的位置,但为了检查核对,一条直线应选择 3 个以上的临时点。如图 9-2 所示,欲将纸上定线的两段直线 $JD_1—JD_2$ 和 $JD_2—JD_3$ 测设于地面上,只需在地面上定出 1～6 个临时点,这些点一般应选在地势较高、通视良好、距导线点较近、便于测设的地方。这些临时点可采用支距法(如 1、2、4、6 点)和极坐标法(如 5 点)进行测设。

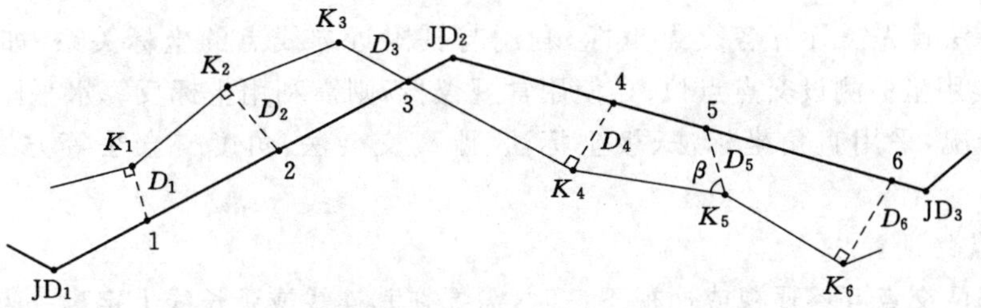

图 9-2　放点穿线法

② 穿线:理论上各相应的临时点应在一条直线上,由于图解数据和测设误差,实际上并不严格地在一条直线上,需将相应的各临时点调整到同一直线上,这一工作称为穿线。如图 9-3 所示,可将经纬仪置于直线中部较高的位置,瞄准一端多数临时点都靠近的方向,倒镜后如视线不能穿过另一端多数临时点所靠近的方向,则将仪器左右移动,重新观测,直到达到要求为止,最后定出转点桩 A 和 B,取消其他临时点。

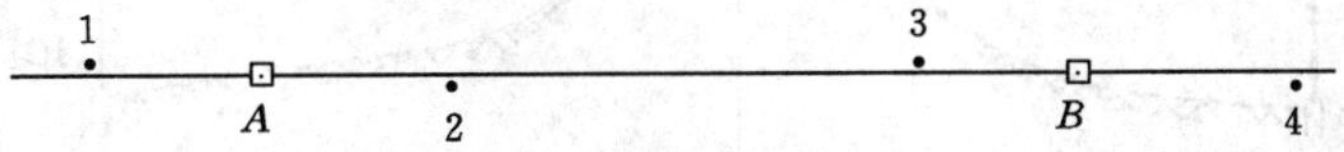

图 9-3　穿线示意图

③ 交点:当相邻两直线在地面上定出后,将它们延长相交即可定出交点。如图 9-4 所示,先将经纬仪置于 B 点,盘左瞄准 A 点,倒镜,在视线方向上在交点(JD)的概略位置前后打下两个木桩,桩顶标示 a_1 和 b_1,俗称骑马桩,盘右同法可在两木桩桩顶标示 a_2 和 b_2,分别取 a_1、a_2 和 b_1、b_2 的中点作为最终的 a 和 b 点位,同法可定出 c 和 d 两点。用两细线分别连接 ab 和 cd,在相交处打下木桩,钉以小钉,得到交点。

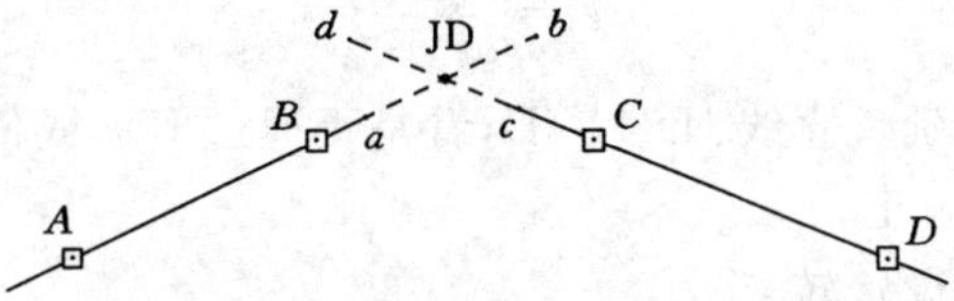

图 9-4　交点示意图

(2) 拔角放线法

拔角放线法需先在地形图上量出交点坐标,反算相邻交点间的水平距离、坐标方位角和转角。然后将仪器置于路线中线起点或已确定的交点上,拔出转角,测设水平距离,依次定出各交点位置。

这种方法工作效率高,但测设交点愈多,误差累积也愈大,故每隔一定距离应将测设的中线与初测导线联测,以检查拔角放线的精度。联测的精度要求与测图导线相同。当闭合差超限时,应检查原因予以纠正;当闭合差符合精度要求时,则按具体情况进行调整,使交点位置符合纸上定线的要求。

(3) 交点坐标法

此种方法首先需计算各交点坐标，利用与其附近导线点的坐标关系，如使用全站仪、GPS可直接用坐标测设交点点位；如使用常规仪器，则需利用坐标反算水平距离和水平角，结合实地情况，采用直角坐标法、极坐标法、距离交会法、角度交会法等方法测设各交点位置。

2. 转点的设置

当相邻两交点互不通视或通视不良时，需要在其连线或延长线上定出一点或数点，以供交点测角、量距或延长直线时瞄准之用，这样的点称为转点(ZD)。其测设方法如下：

(1) 在两交点间设置转点

如图 9-5 所示，JD_A 和 JD_B 互不通视，ZD′为粗略定出的转点位置。将经纬仪置于ZD′点，以正、倒镜延长直线 JD_A—ZD′于 JD'_B，丈量水平距离 a、b 及 JD_B 与 JD'_B 的偏差值 f。

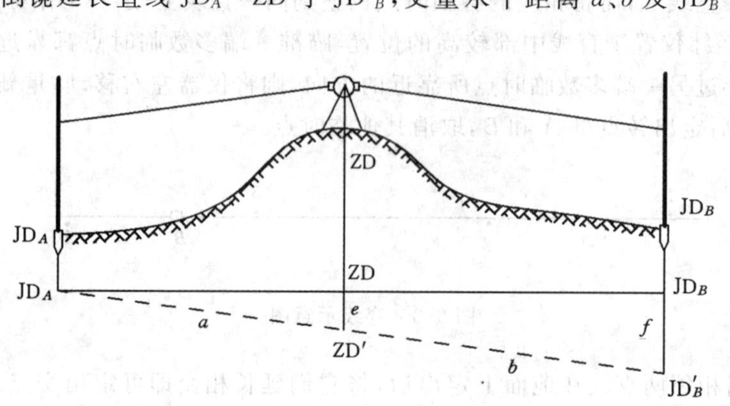

图 9-5　在交点间测设转点

如 JD'_B 与 JD_B 重合或偏差值 f 在允许范围内，则转点 ZD′位置即为 ZD，这时应将 JD_B 移至 JD'_B。如 f 超过允许偏离范围，则需将测站 ZD′移动至 ZD，其移动量 e 为：

$$e = \frac{a}{a+b}f \tag{9-1}$$

将 ZD′横向移至 ZD，延长直线 JD_A—ZD，看是否通过 JD_B 或偏差值 f 是否小于允许值，反复操作，直至符合要求为止。

(2) 在交点延长线上设置转点

如图 9-6 所示，JD_A 和 JD_B 互不通视，ZD′为粗略定出的转点位置。将经纬仪置于 ZD′

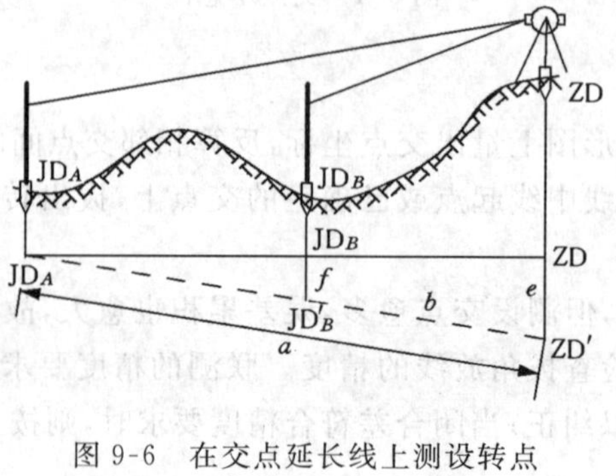

图 9-6　在交点延长线上测设转点

点，盘左瞄准 JD_A，在 JD_B 附近标出一点，盘右重新瞄准 JD_A，再在 JD_B 附近标出一点，取两点的中点作为 JD'_B。若 JD'_B 与 JD_B 重合或偏差值 f 在允许范围内，ZD′即作为转点，若超出允许范围，则应调整 ZD′的位置，其横向移动量 e 为：

$$e=\frac{a}{a-b}f \tag{9-2}$$

将 ZD′横向移至 ZD，照准 JD_A，看 JD_B 是否在视线上或偏差值 f 是否小于允许值，反复操作，直至符合要求为止。

二、路线转角的测定

1. 转角的测定

转角(α)是指线路由一个方向转向另一方向时，偏转后的方向与原方向间的水平夹角。如图 9-7 所示，偏转后的方向位于原方向右侧时称为右转角(α_y)；偏转后的方向位于原方向左侧时称为左转角(α_z)。

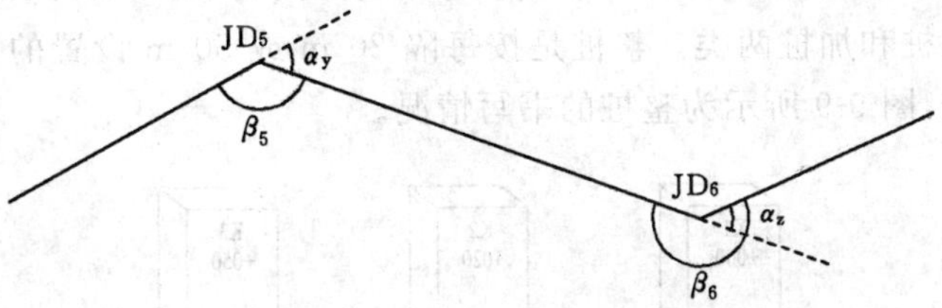

图 9-7　路线转角

在路线测量中，转角通常是通过观测路线的右角计算求得。当右角 $\beta_右<180°$时，为右转角，当右角 $\beta_右>180°$时，为左转角，即：

$$\left.\begin{array}{ll}\text{当 } \beta_右<180° \text{ 时} & \alpha_y=180°-\beta_右 \\ \text{当 } \beta_右>180° \text{ 时} & \alpha_z=\beta_右-180°\end{array}\right\} \tag{9-3}$$

右角 $\beta_右$ 的观测，通常采用经纬仪用测回法观测一个测回。两个半测回角值的允许误差随路线的等级不同而定，一般不超过 1′，如在允许范围内取其平均值作为最后结果。

2. 角平分线的测设

为了测设曲线，在右角测定之后，无需变动水平度盘位置，即可定出前后两方向线的角平分线。如图 9-8 所示，设交点(JD)的转角为右转角 α_y，测角时方向 A 在水平度盘上的相

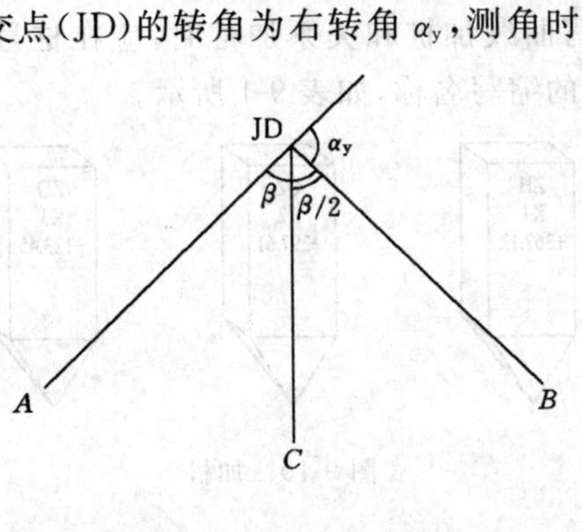

图 9-8　角平分线方向测设

应读数为 a，方向 B 在水平度盘上的相应读数为 b，则右角平分线方向在水平度盘上的相应读数 c 为：

$$c=\frac{a+b}{2} \tag{9-4}$$

在角平分线方向上钉临时桩，以便日后测设道路曲线的中点。对于每条路线还需进行测角成果的检核。检核时，具体方法有三种：一是如果路线附近或两端能与国家控制点联测，则可使路线与国家控制点组成附合导线，进行角度闭合差的检核；二是如果路线不能与高级控制点联测，而是在起始边和终边采用天文测量方法或陀螺经纬仪测定真方位角，进行角度闭合差的检核；三是对于等级较低的路线，可采用测定磁方位角同时略放宽角度闭合差的限差进行检核。

三、里程桩的设置

某点的里程桩，又称中桩，是路线中线的加密桩，同时标明该桩至路线起点的水平距离。如某桩距起点的水平距离为 3679.48 m，则桩号书写形式为 K3＋679.48。

里程桩分为整桩和加桩两类。整桩是按每隔 20 m 或 50 m 设置的里程桩。百米桩和公里桩均属于整桩，图 9-9 所示为整桩的书写情况。

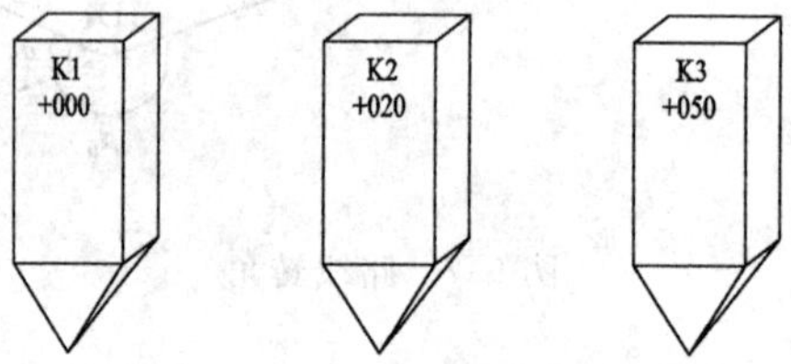

图 9-9　整桩

加桩分为以下四种：

① 地形加桩：中线上或中线附近两侧地形变化点设置的桩。

② 地物加桩：沿中线或中线附近两侧的桥梁、涵洞等人工构造物处，以及与公路、铁路交叉处设置的桩。

③ 曲线加桩：曲线起点、中点、终点等处以及按规定桩距加密设置的桩。

④ 关系加桩：路线上转点和交点处设置的桩。

如图 9-10 所示，在书写曲线加桩和关系加桩时，应在桩号之前，加写其缩写名称。目前，我国公路采用汉语拼音的缩写名称，如表 9-1 所示。

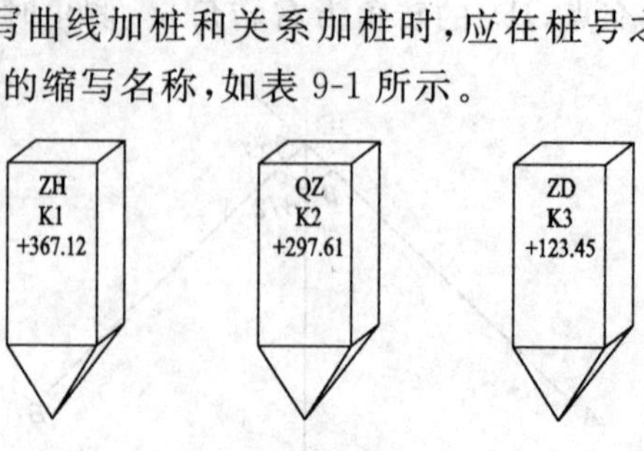

图 9-10　加桩

表 9-1　　主点桩号名称中文与英文对照表

名称	简称	汉语拼音缩写	英语缩写
交点		JD	IP
转点		ZD	TP
圆曲线起点	直圆点	ZY	BC
圆曲线中点	曲中点	QZ	MC
圆曲线终点	圆直点	YZ	EC
公切点		GQ	CP
第一缓和曲线起点	直缓点	ZH	TS
第一缓和曲线终点	缓圆点	HY	SC
第二缓和曲线起点	圆缓点	YH	CS
第二缓和曲线终点	缓直点	HZ	ST

里程桩的测设是在中线测量的基础上进行的,具体测设方法在下面章节中详细介绍。钉桩时,对起控制作用的交点桩、转点桩以及一些重要的地物加桩,将桩钉至与地面齐平,桩顶钉一小钉表示点位。在距桩 20 m 左右设置指示桩,上面书写桩的名称和桩号。钉指示桩时要注意字面应朝向加桩,在直线上应钉在路线的同一侧,在曲线上则应钉在曲线的外侧。除此之外,其他的桩,不钉至与地面齐平,以露出桩号为佳,桩号要面向路线起点方向。

第二节　圆曲线及其测设

由于路线受多种因素的影响需改变路线方向,在直线转向处要用曲线连接起来,这种曲线称为平曲线。平曲线分为圆曲线和缓和曲线两种。其中,圆曲线是指具有一定曲率半径的圆弧。

圆曲线的实地测设,首先是要测设圆曲线的主点,再测设圆曲线其他各加密点,从而完整地定出线路曲线的中线位置。

一、圆曲线主点的测设

圆曲线的主点包括曲线起点(ZY)、曲线中点(QZ)和曲线终点(YZ)。测设步骤如下:

(1) 圆曲线主点测设元素计算

如图 9-11 所示,设交点(JD)的转角为 α,圆曲线半径为 R,则曲线的测设元素可按下列公式计算:

$$\left.\begin{aligned}&\text{切线长}\quad && T=R\tan\frac{\alpha}{2}\\&\text{曲线长}\quad && L=R\alpha\frac{\pi}{180^{\circ}}\\&\text{外距}\quad && E=R\left(\sec\frac{\alpha}{2}-1\right)\\&\text{切曲差}\quad && D=2T-L\end{aligned}\right\}\qquad(9\text{-}5)$$

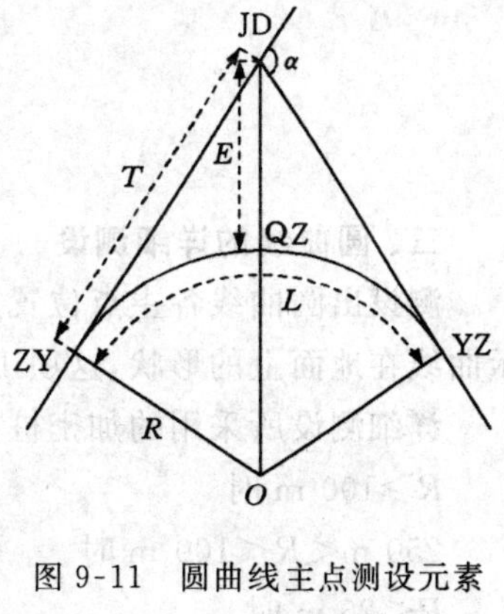

图 9-11　圆曲线主点测设元素

(2) 圆曲线主点的测设方法

置经纬仪于JD上，望远镜照准后一方向线的交点（或转点），量取切线长 T，得圆曲线起点ZY；将望远镜照准前一方向线的交点（或转点），量取切线长 T，得圆曲线终点YZ；将经纬仪设定为角平分线方向上，并在此方向量取外矢距 E，得曲线中点QZ；然后丈量三主点至最近一个桩的距离，如两桩号之差等于所丈量的距离或相差在允许范围内，即可在三主点处钉桩，如超出允许范围，应查明原因，予以改正，确保桩位的正确性。

二、圆曲线主点里程

一般情况下，交点的里程由中线丈量求得，根据交点的里程和已计算出的圆曲线测设元素，即可推算各主点的里程。由图9-11可得：

$$\left.\begin{aligned} ZY_{里程} &= JD_{里程} - T \\ YZ_{里程} &= ZY_{里程} + L \\ QZ_{里程} &= YZ_{里程} - \frac{L}{2} \\ JD_{里程} &= QZ_{里程} + \frac{D}{2}（检核） \end{aligned}\right\} \tag{9-6}$$

例9-1 已知交点的里程为K4＋147.39，测得转角 $\alpha_y = 28°15'00''$，圆曲线半径 $R=200$ m，求圆曲线主点的桩号。

解：首先由公式（9-5）计算圆曲线测设元素：

$T=50.33$　　$L=98.61$　　$E=6.24$　　$D=2.05$

接着由公式（9-6）计算主点桩号：

JD	K4＋147.39
$-T$	50.33
ZY	K4＋097.06
$+L$	98.61
YZ	K4＋195.67
$-\frac{L}{2}$	49.305
QZ	K4＋146.365
$+\frac{D}{2}$	1.025
JD	K4＋147.39　（计算无误）

三、圆曲线的详细测设

测设出圆曲线各主点位置后，还需根据工程的要求在曲线上加密一系列点，以便详细表示曲线在地面上的形状，这项工作称为圆曲线的详细测设。

详细测设所采用的加密桩桩距 l_0 与曲线半径 R 有关，一般有如下规定：

$R \geqslant 100$ m 时　　$l_0 = 20$ m

250 m$< R <$100 m 时　　$l_0 = 10$ m

$R \leqslant 25$ m 时　　$l_0 = 5$ m

设桩时，将曲线上靠近起点 ZY 点的第一个加密桩的桩号凑整成为 l_0 倍数的整桩号，然后按桩距 l_0 连续向曲线终点 YZ 设桩，这样设置的桩均为整桩号。

(1) 切线支距法

切线支距法是以圆曲线起点或终点为坐标原点，以过原点的切线方向为 X 轴，以过原点的半径方向为 Y 轴，如图 9-12 所示。

设圆曲线半径为 R，则曲线上任意一点 P_i 的坐标为：

$$\left.\begin{aligned} x_i &= R\sin\varphi_i \\ y_i &= R(1-\cos\varphi_i) \end{aligned}\right\} \tag{9-7}$$

式中：

$$\varphi_i = \frac{l_i}{R}\times\frac{180°}{\pi} \tag{9-8}$$

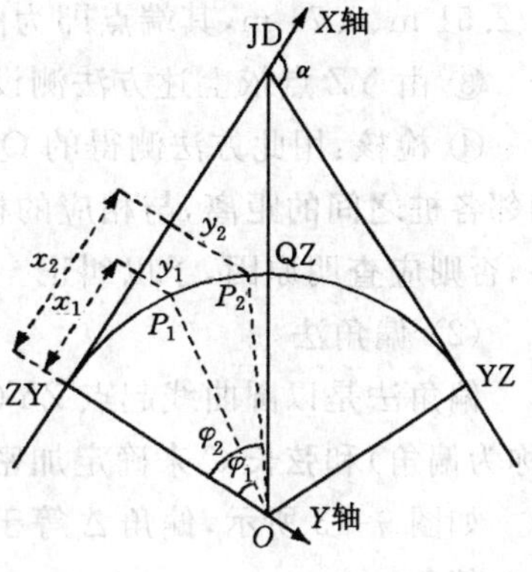

图 9-12　切线支距法测设加密桩

采用切线支距法测设，为了保证测设精度，避免 y 值过大，应自圆曲线两端计算支距 x_i、y_i 值。这种方法适用于平坦开阔的地区，具有测点误差不累积的优点。

例 9-2　已知交点的里程为 K2+249.59，测得转角 $\alpha_y=25°41'00''$，圆曲线半径 $R=300$ m，计算各加桩坐标。

解：① 由公式(9-5)计算圆曲线测设元素：

$T=68.39$　　$L=134.48$　　$E=7.70$　　$D=2.30$

② 由公式(9-6)计算各主点里程：

$ZY_{里程}=K2+181.20$　　$QZ_{里程}=K2+248.44$　　$YZ_{里程}=K2+315.68$

③ 由公式(9-7)计算桩距为 20 m 的加密桩桩号及坐标见表 9-2 所示。

表 9-2　　切线支距法整桩号计算表

桩号		各桩至 ZY(YZ)的曲线长 l_i	圆心角 φ_i /(° ′ ″)	x_i/m	y_i/m
ZY	K2+181.20	0	00 00 00	0	0
	+200	18.80	03 35 26	18.79	0.59
	+220	38.80	07 24 37	38.69	2.51
	+240	58.80	11 13 48	58.42	5.74
QZ	K2+248.44	67.24	12 50 31	66.68	7.50
	+260	55.68	10 38 03	55.36	5.15
	+280	35.68	06 48 52	35.60	2.12
	+300	15.68	02 59 41	15.67	0.41
YZ	K2+315.68	0	00 00 00	0	0

具体测设步骤如下：

① 由 ZY 点沿切线方向分别量取 x 值 18.79 m、38.69 m、58.42 m，并在各点上作标志

或插一测钎。

② 在各测钎处作切线的垂线，并由测钎处沿垂线向曲线内侧分别量取相应的 y 值 0.59 m、2.51 m、5.74 m，其端点即为曲线上的加密点。

③ 由 YZ 点依上述方法测设下半个曲线的各加密点。

④ 检核：用此方法测得的 QZ 点位置应与预先测设主点时测设的 QZ 点位置重合；量取相邻各桩之间的距离，与相应的桩号之差作比较，若较差均在限差要求之内，则曲线测设合格，否则应查明原因，予以纠正。

(2) 偏角法

偏角法是以圆曲线起点 ZY(或终点 YZ)至曲线任意加密点的弦线与切线之间的夹角 Δ(称为偏角)和弦长 C 来确定加密点位置的一种方法。

如图 9-13 所示，偏角 Δ 等于相应弧长所对圆心角 φ 的一半，由式(9-8)可得：

偏角：

$$\Delta_i = \frac{l_i}{R} \times \frac{90^\circ}{\pi} \tag{9-9}$$

弦长：

$$C_i = 2R\sin\Delta_i \tag{9-10}$$

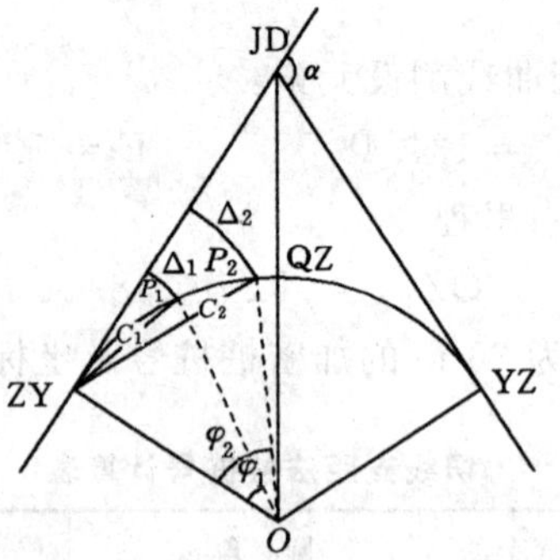

图 9-13　偏角法测设加密桩

圆曲线上任意两点间的弧长 l 与弦长 C 之差称为弦弧差 δ，可用下式计算：

$$\delta_i = l_i - 2R\sin\frac{l_i}{2R} \tag{9-11}$$

由于道路圆曲线半径较大，相邻加密点弧较小，因此，$\frac{l}{2R}$为一个很小的值，由正弦函数的级数展开式 $\sin x = x - \frac{x^3}{3!} + \frac{x^5}{5!} - \cdots$取前两项代入式(9-11)得：

$$\delta_i = \frac{l^3}{24R^2} \tag{9-12}$$

由上式可看出，弦弧差与圆曲线半径成反比，因此，当圆曲线半径很大时，弦弧差可忽略不计，用弧长代替弦长；但圆曲线半径很小时，需要考虑弦弧差的影响。

例 9-3　以例 9-2 为例，用偏角法进行测设，计算加密桩的测设数据，如表 9-3 所示。

表 9-3　　**加密桩偏角和弦长计算表**

桩号		各桩至 ZY(YZ)的曲线长 l_i	偏角值/(° ′ ″)	偏角读数/(° ′ ″)	相邻桩间弧长	相邻桩间弦长
ZY	K2+181.20	0	0 00 00	0 00 00	0	0
	+200	18.80	1 47 43	1 47 43	18.80	18.80
	+220	38.80	3 42 18	3 42 08	20	20
	+240	58.80	5 36 54	5 36 54	20	20
QZ	K2+248.44	67.24	6 25 15	6 25 15	8.44	8.44
				353 34 45	11.56	11.56
	+260	55.68	5 19 01	354 40 59	20	20
	+280	35.68	3 24 26	356 35 34	20	20
	+300	15.68	1 29 50	358 30 10	15.68	15.68
YZ	K2+315.68	0	0 00 00	0 00 00	0	0

具体测设步骤如下：

① 经纬仪安置于 ZY 点，照准交点 JD，水平度盘配置成 0°00′00″。

② 正拨（即偏角的增加方向与水平度盘增加方向一致）照准部，使水平度盘读数为 1°47′43″，由 ZY 点在此视线方向上量取 18.80 m，定出 K2+200 桩位。

③ 转动照准部，使水平度盘读数为 3°42′08″，由 K2+200 桩位量取 20 m，与视线方向相交，定出 K2+220 桩位。

④ 同③步，测设出所有上半个圆曲线上所有加密点，直到 QZ 点。此时定出的 QZ 点应与主点测设时定出的 QZ 点重合，如不重合，其误差规定如下：纵向误差（切线方向）不应超过$\pm\frac{L}{1\ 000}$（L 为曲线长），横向误差（半径方向）不应超过±10 cm。

⑤ 经纬仪安置于 YZ 点，照准交点 JD，水平度盘配置成 0°00′00″

⑥ 反拨（即偏角的增加方向与水平度盘增加方向相反）照准部，使水平度盘读数为 358°30′10″，由 YZ 点在此视线方向上量取 15.68 m，定出 K2+300 桩位。

⑦ 同③步测设出所有下半个圆曲线上的所有加密点，并进行检核。

第三节　缓和曲线及其测设

当车辆在曲线上行驶时，将产生离心力，离心力有使车辆向曲线外侧倾斜的作用。为了减小离心力的影响，必须把线路的曲线段部分的路面做成内侧低、外侧高的形式，称为超高。在直线上超高为 0，因此，车辆从直线进入圆曲线时，超高不能从 0 直接跳跃到圆曲线规定超高，避免引起车辆震动。

由于离心力的大小随行车速度及曲线的半径大小而变化，为此就必须在直线与圆曲线之间插入一段半径由无限大逐渐变化到圆曲线半径的曲线，使超高由零逐渐增加到圆曲线规定超高，这种曲线称为缓和曲线。规范规定，除四级公路可不设缓和曲线外，其余各级公路都应设置缓和曲线。

缓和曲线分为回旋曲线(即辐射螺旋曲线)、三次抛物线、双扭线和多圆弧曲线。目前国内、外多采用回旋曲线作为缓和曲线。

一、缓和曲线公式

(1) 缓和曲线方程(回旋曲线)

如图 9-14 所示,回旋曲线具有曲线上任何一点的曲率半径与该点到曲线起点的弧长成反比的特点。设回旋曲线上任一点的曲率半径为 ρ,曲线起点至该点的曲线长为 l,则:

$$\rho l = c \tag{9-13}$$

式中,c 为常数,表示缓和曲线半径的变化率,与车速 v(以 km/h 为单位)有关,目前我国公路采用的 c 值为 $0.035v^3$。

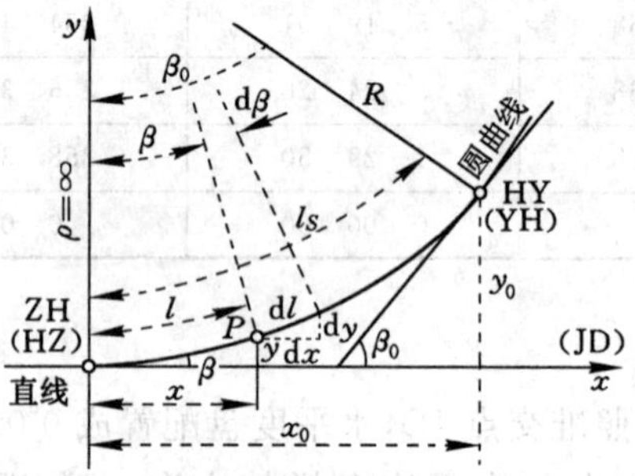

图 9-14 缓和曲线

设缓和曲线全长为 l_S,当 l 等于 l_S 时,缓和曲线半径 ρ 等于圆曲线半径 R,由式(9-13)可得:

$$Rl_S = c \Rightarrow l_S = \frac{0.035v^3}{R} \tag{9-14}$$

由上式可知,设计行车速度愈快,缓和曲线就越长,《公路工程技术标准》(JTG B01—2014)规定:缓和曲线的长度应根据相应等级公路的设计行车速度求得,缓和曲线最小长度要求如表 9-4 所示。

表 9-4　　缓和曲线最小长度要求

公路等级	高速公路			一级公路		
设计速度/(km/h)	120	100	80	100	80	60
缓和曲线最小长度/m	100	85	70	85	70	50
公路等级	二级公路		三级公路		四级公路	
设计速度/(km/h)	80	60	40	30	30	20
缓和曲线最小长度/m	70	50	35	25	25	20

(2) 缓和曲线角

缓和曲线上任意点 P 的切线与过起点切线的交角 β 称为切线角。如图 9-14 所示,P 点的切线角与其弧长所对的中心角相等,在曲线上任取一微分段 dl,其所对应的中心角为 $d\beta$,则:

$$d\beta = \frac{dl}{\rho} = \frac{l}{c}dl \Rightarrow \beta = \frac{l^2}{2c} = \frac{l^2}{Rl_S} \times \frac{90^\circ}{\pi} \tag{9-15}$$

当 $l=l_S$ 时，缓和曲线终点的切线角 β_0 称为缓和曲线角，可由式(9-15)得：

$$\beta_0 = \frac{l_S}{R} \times \frac{90^\circ}{\pi} \tag{9-16}$$

(3) 缓和曲线任意点坐标

如图 9-14 所示，以缓和曲线起点 ZH(HZ)点为原点，过原点的切线方向为 x 轴，垂直切线方向为 y 轴，建立坐标系，则缓和曲线上任一点的坐标为：

$$\left.\begin{aligned} dx &= dl\cos\beta \\ dy &= dl\sin\beta \end{aligned}\right\} \tag{9-17}$$

将 $\sin\beta$ 和 $\cos\beta$ 用级数展开得：

$$\left.\begin{aligned} \sin\beta &= \beta - \frac{\beta^3}{3!} + \frac{\beta^5}{5!} - \cdots \\ \cos\beta &= 1 - \frac{\beta^2}{2!} + \frac{\beta^4}{4!} - \cdots \end{aligned}\right\} \tag{9-18}$$

将式(9-18)保留前两项代入式(9-17)并积分，得缓和曲线上任意点直角坐标值为：

$$\left.\begin{aligned} x &= l - \frac{l^5}{40R^2 l_S^2} \\ y &= \frac{l^3}{6Rl_S} \end{aligned}\right\} \tag{9-19}$$

当 $l=l_S$ 时，即得缓和曲线终点的坐标为：

$$\left.\begin{aligned} x_0 &= l_S - \frac{l_S^3}{40R^2} \\ y_0 &= \frac{l_S^2}{6R} \end{aligned}\right\} \tag{9-20}$$

二、带有缓和曲线的圆曲线主点测设

当圆曲线插入了缓和曲线后，整个曲线分成了三部分，分别为第一缓和曲线段、圆曲线段和第二缓和曲线段，其中圆曲线段称为主曲线，如图 9-15 所示。曲线主点共有 5 个，按照顺序分别为：

直缓点(ZH)是第一缓和曲线的起点；

缓圆点(HY)是第一缓和曲线的终点；

曲中点(QZ)是圆曲线的中点，也是整个曲线的中间点；

圆缓点(YH)是第二缓和曲线的起点；

缓直点(HZ)是第二缓和曲线的终点。

(1) 曲线测设元素计算

由于插入了缓和曲线，如图 9-15 所示，原来的圆曲线必须向内移动距离 p，称为圆曲线内移值。公路工程一般是采取圆心不动，圆曲线半径减少 p 值，而使减小后的半径等于所选定的圆曲线半径，即插入缓和曲线后主曲线的半径为 R，则插入缓和曲线前圆曲线的半径应为 $R+p$。为使缓和曲线起点位于直线方向上，切线长应增加 q 值，称为切线增长值。由图 9-15 中几何关系可得：

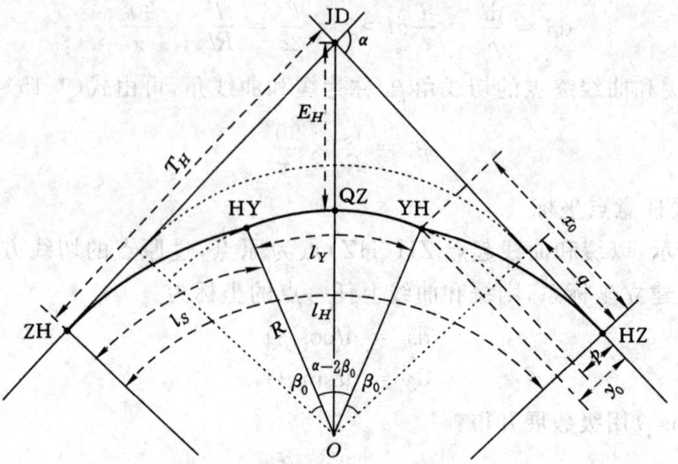

图 9-15　带有缓和曲线的圆曲线

$$\left.\begin{aligned} p &= y_0 - R(1-\cos\beta_0) \\ q &= x_0 - R\sin\beta_0 \end{aligned}\right\} \tag{9-21}$$

将上式中 $\cos\beta_0$ 和 $\sin\beta_0$ 按式(9-18)展开为级数，保留前两项，并将式(9-16)和式(9-20)代入式(9-21)得：

$$\left.\begin{aligned} p &= \frac{l_S^2}{24R} \\ q &= \frac{l_S}{2} - \frac{l_S^3}{240R^2} \end{aligned}\right\} \tag{9-22}$$

当转角 α、圆曲线半径 R 和缓和曲线长 l_S 确定后，由图 9-15 的几何关系，可计算缓和曲线的测设元素：

$$\left.\begin{aligned} &\text{切线长} && T_H=(R+p)\tan\frac{\alpha}{2}+q \\ &\text{曲线长} && L_H=R(\alpha-2\beta_0)\times\frac{\pi}{180^\circ}+2l_S \text{ 或 } R\alpha\times\frac{\pi}{180^\circ}+l_S \\ & && l_Y=R(\alpha-2\beta_0)\times\frac{\pi}{180^\circ} \\ &\text{外距} && E_H=(R+p)\sec\frac{\alpha}{2}-R \\ &\text{切曲差} && D_H=2T_H-L_H \end{aligned}\right\} \tag{9-23}$$

(2) 主点测设方法

如图 9-15 所示，置经纬仪于 JD 上，望远镜照准后一方向线的交点(或转点)，量取切线长 T_H 得直缓点(ZH)；将望远镜照准前一方向线的交点(或转点)，量取切线长 T_H 得缓直点(HZ)；将经纬仪设定为角平分线方向上，并在此方向量取外矢距 E_H，得曲中点(QZ)；将经纬仪搬至 ZH 点上，按切线支距法由式(9-20)数据定出缓圆点(HY)；同法，经纬仪在 HZ 点定出圆缓点(YH)。

丈量五个主点至最近一个桩的距离，如两桩号之差等于所丈量的距离或相差在允许范围内，即可在五个主点钉桩，如超出允许范围，应查明原因，以确保桩位的正确性。

三、带有缓和曲线的圆曲线主点里程

根据交点的里程和已计算出的缓和曲线测设元素，即可推算各主点的里程。由图 9-15 可得：

$$\left.\begin{aligned}
ZH_{里程} &= JD_{里程} - T_H \\
HY_{里程} &= ZH_{里程} + l_S \\
YH_{里程} &= HY_{里程} + l_Y \\
HZ_{里程} &= YH_{里程} + l_S \\
QZ_{里程} &= HZ_{里程} - \frac{L_H}{2} \\
JD_{里程} &= QZ_{里程} + \frac{D_H}{2}（检查）
\end{aligned}\right\} \tag{9-24}$$

例 9-4　已知交点的里程为 K6+755.39，转角 $\alpha=28°30'48''$，圆曲线半径 $R=300$ m，缓和曲线 $l_S=70$ m，计算带有缓和曲线的圆曲线主点里程。

解：① 由式(9-22)计算得：

$$p=0.68 \qquad q=34.98$$

由式(9-16)计算得：

$$\beta_0=6°41'04''$$

② 由式(9-23)计算曲线测设元素得：

$$T_H=111.38 \quad L_H=219.30 \quad l_Y=79.30 \quad E_H=10.23 \quad D_H=3.46$$

③ 由式(9-24)计算主点里程得：

$$\begin{aligned}
ZH_{里程} &= K6+644.01 \\
HY_{里程} &= K6+714.01 \\
YH_{里程} &= K6+793.31 \\
HZ_{里程} &= K6+863.31 \\
QZ_{里程} &= K6+753.66 \\
JD_{里程} &= K6+755.39 \quad（检核）
\end{aligned}$$

四、带有缓和曲线的圆曲线详细测设

测设出曲线各主点位置后，还需根据工程的要求在曲线上加密一系列点，以便详细表示曲线在地面上的形状，具体方法如下。

(1) 切线支距法

切线支距法是以缓和曲线上的 ZH(HZ)点为坐标原点，过原点的切线为 x 轴，过原点并垂直于 x 轴的方向为 y 轴建立坐标系。如图 9-16 所示，曲线上加密桩 P 分为以下两种情况进行测设：

第一种情况，P 点在缓和曲线上，按照式(9-19)可得 P 点的坐标为：

$$\left.\begin{aligned}
x_P &= l_P - \frac{l_P^5}{40R^2 l_S^2} \\
y_P &= \frac{l_P^3}{6Rl_S}
\end{aligned}\right\} \tag{9-25}$$

第二种情况，P 点在圆曲线上，如图 9-16 所示，P 点坐标为：

$$\left.\begin{aligned} x_P &= R\sin\varphi + q \\ y_P &= R(1-\cos\varphi) + p \end{aligned}\right\} \tag{9-26}$$

式中，$\varphi=\dfrac{l'_P}{R}\times\dfrac{180°}{\pi}+\beta_0$；$l'_P$ 为 P 点至 HY(YH)点的曲线长。

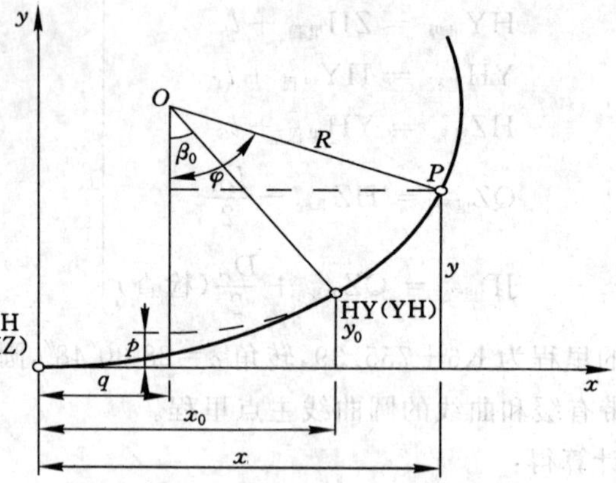

图 9-16　圆曲线上 P 点坐标计算

为了提高测设精度，需从曲线两端往中心测设。具体的测设方法是，经纬仪置于ZH(HZ)点，照准 JD 方向，在该方向量取 x_P 得垂足 P' 点，经纬仪搬站至 P' 点，在切线的垂线方向上量取 y_P 得 P 点，并进行检核，定桩。

针对 P 点在圆曲线上，如图 9-17 所示，如果重新以 HY(YH)点为坐标原点，以其切线方向为 x 轴，以切线的垂线方向为 y 轴建立坐标系，则圆曲线上的加密桩 P 点也可以直接按式(9-7)计算坐标：

$$\left.\begin{aligned} x_P &= R\sin\varphi' \\ y_P &= R(l-\cos\varphi') \end{aligned}\right\} \tag{9-27}$$

式中，$\varphi'=\dfrac{l'_P}{R}\times\dfrac{180°}{\pi}$；$l'_P$ 为 P 点至 HY(YH)点的曲线长。

测设时，经纬仪需在 ZH(HZ)点上按上述方法测设缓和曲线上的各加密桩，测设完成后，经纬仪搬站至 HY(YH)点上，测设圆曲线上各加密桩，此时需要将 HY(YH)点上的切线方向定出。如图 9-17 所示，只要确定了 N 点点位，则 HY(YH)点的切线方向即可确定：

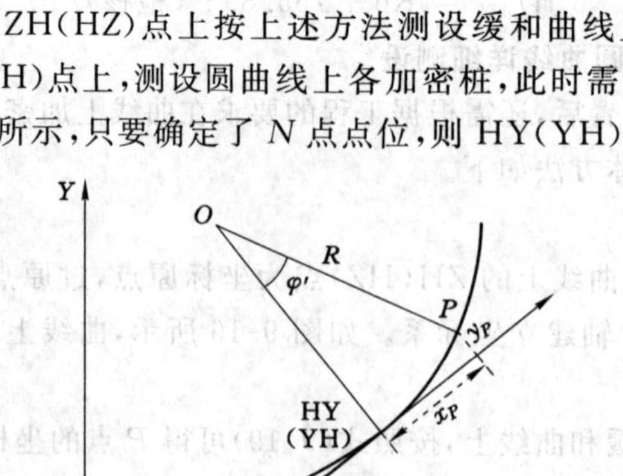

图 9-17　HY(YH)点的切线方向

$$T_d = x_0 - \frac{y_0}{\tan\beta_0} = \frac{2}{3}l_S + \frac{l_S^3}{360R^2} \tag{9-28}$$

经纬仪自 ZH(HZ)点沿切线方向量取 T_d 得到 N 点，该点和 HY(YH)点的连线即为切线。经纬仪置于 HY(YH)点，照准 N 点，倒镜，此方向为 x 轴正向，有此方向后即可采用测设圆曲线的方法进行测设。

(2) 偏角法

偏角法是以缓和曲线起点 ZH(HZ)点至曲线任一加密点的弦线与切线之间的夹角 Δ 和弦长 C 来确定加密点位置的方法。采用偏角法测设曲线加密桩 P，同样分为以下两种情况进行测设：

第一种情况，P 点在缓和曲线上，设 P 的偏角为 Δ_P，如图 9-18 所示，因缓和曲线上弧长与弦长近似相等，即 $C_P \approx l_P$，又因 Δ_P 很小，$\sin\Delta_P = \Delta_P$，所以有：

$$\sin\Delta_P = \frac{y_P}{C_P} \Rightarrow \Delta_P = \frac{y_P}{l_P} \tag{9-29}$$

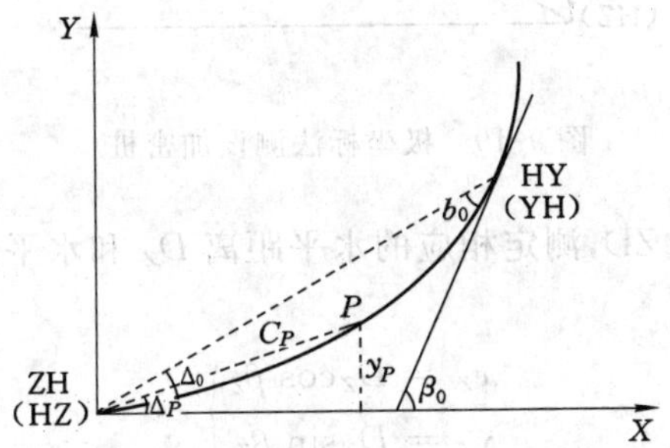

图 9-18　偏角法测设缓和曲线

将式(9-25)中的 y 值代入式(9-29)得任意点 P 的偏角值 Δ_P 为：

$$\Delta_P = \frac{l_P^2}{6Rl_S} \times \frac{180°}{\pi} \tag{9-30}$$

第二种情况，P 点在圆曲线上，可由式(9-9)、式(9-10)计算 P 点的偏角 Δ_P 和弦长 C_P：

$$\left.\begin{aligned} \Delta_P &= \frac{l'_P}{R} \times \frac{90°}{\pi} \\ C_P &= 2R\sin\Delta_P \end{aligned}\right\} \tag{9-31}$$

圆曲线上的加密桩需将经纬仪迁至 HY(YH)点上进行测设。因此，只要定出 HY(YH)点的切线方向，就与前面所讲的圆曲线一样测设。关键是计算 b_0，如图 9-18 所示，当 $l_P = l_S$ 时，则缓和曲线总偏角 Δ_0 为：

$$\Delta_0 = \frac{l_S}{6R} \times \frac{180°}{\pi} \tag{9-32}$$

由式(9-16)得：

$$\Delta_0 = \frac{\beta_0}{3} \tag{9-33}$$

由图 9-18 可知，$\beta_0 = \Delta_0 + b_0$，则：

$$b_0 = 2\Delta_0 = \frac{2}{3}\beta_0 \tag{9-34}$$

经纬仪置于 HY(YH)点，以 ZH(HZ)点为后视点，逆时针转 b_0 角，倒镜，即可得到 HY(YH)点的切线方向。偏角法的具体测设步骤同圆曲线偏角法。

(3) 极坐标法

首先，以 ZH(HZ)点为坐标原点，以其切线方向为 x 轴，自 x 轴正向顺时针旋转 90°为 y 轴建立坐标系，如图 9-19 所示。曲线上任意一点 P 的坐标可按式(9-25)和式(9-26)计算得出，此时，当曲线位于 x 轴正向左侧时，y 应为负值。

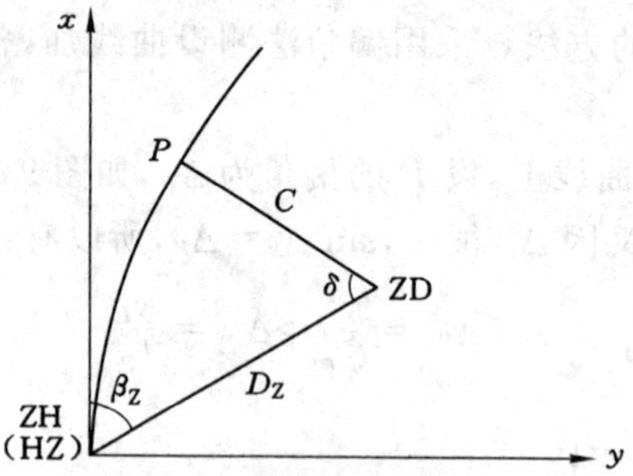

图 9-19　极坐标法测设加密桩

在曲线附近选择一转点 ZD，测定相应的水平距离 D_Z 和水平角度 β_Z，则转点 ZD 的坐标为：

$$\left.\begin{aligned} x_Z &= D_Z\cos\beta_Z \\ y_Z &= D_Z\sin\beta_Z \end{aligned}\right\} \tag{9-35}$$

由 ZD 点和 P 点的坐标，计算测设数据

$$\left.\begin{aligned} \delta &= \alpha_{ZP} - \alpha_{ZZ} = \arctan\frac{y_P - y_Z}{x_P - x_Z} - \arctan\frac{y_Z}{x_Z} \\ C &= \sqrt{(x_Z - x_P)^2 + (y_Z - y_P)^2} \end{aligned}\right\} \tag{9-36}$$

具体的测设方法是：将仪器置于 ZD 上，后视 ZH(HZ)点，水平度盘读数配置在 0°00′00″，转动照准部拨角 δ，在该方向上测设距离 C 即得 P 点位置。

第四节　复曲线的测设

复曲线是指由两个或两个以上同向曲线相接组成的曲线，以下介绍圆曲线圆曲线组合。

此种曲线是由两个不同半径的圆曲线组合而成。需先拟定其中一条圆曲线为主曲线，其半径为 R_1，另一圆曲线为副曲线，其半径 R_2 需根据主曲线半径和有关测量数据计算求出。如图 9-20 所示，两曲线相交于圆圆点(YY)，用经纬仪观测偏角 α_1 和 α_2，丈量切基线 D_{AB}，在确定主曲线半径 R_1 后，则两曲线测设元素为：

$$\left.\begin{aligned}
&T_1 = R_1 \tan\frac{\alpha_1}{2} \\
&T_2 = D_{AB} - T_1 \Rightarrow R_2 = \frac{T_2}{\tan\frac{\alpha_2}{2}} \\
&D_{AC} = \frac{\sin\alpha_2}{\sin\alpha}\times D_{AB} \qquad D_{BC} = \frac{\sin\alpha_1}{\sin\alpha}\times D_{AB} \\
&L_1 = R_1\alpha_1\frac{\pi}{180°} \qquad L_2 = R_2\alpha_2\frac{\pi}{180°} \\
&E_1 = R_1(\sec\frac{\alpha_1}{2}-1) \qquad E_2 = R_2(\sec\frac{\alpha_2}{2}-1) \\
&D_1 = 2T_1 - L_1 \qquad D_2 = 2T_2 - L_2
\end{aligned}\right\} \tag{9-37}$$

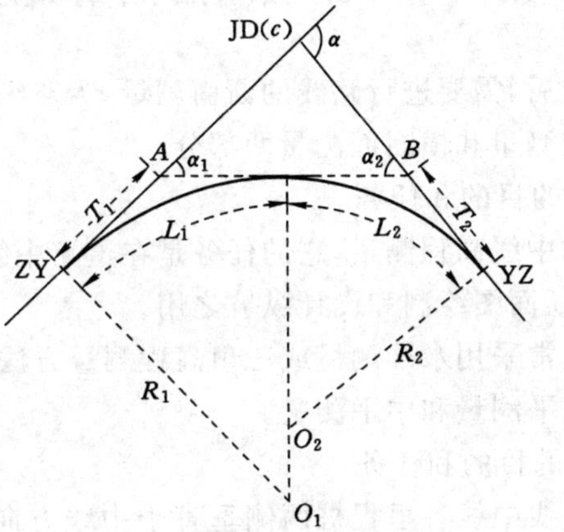

图 9-20 圆圆组合复曲线

测设曲线时，由JD沿两切线方向量D_{AC}和D_{BC}定出A、B两点，再在A、B两点上沿切线方向量T_1、T_2得ZY点和YZ点，在$A(B)$点沿切基线AB方向量$T_1(T_2)$得YY点。曲线的详细测设可参考切线支距法和偏角法。

思考题与习题

1. 什么叫中线测量？什么叫里程桩？里程桩分为哪几种？

2. 什么叫平曲线？平曲线有哪几种？

3. 什么叫缓和曲线？为什么加设缓和曲线？

4. 圆曲线的主点包括哪些？带有缓和曲线的圆曲线主点包括哪些？

5. 已知某路线交点JD的偏角$\alpha=29°25'36''$，JD的里程桩号为K6+289.28，选定圆曲线半径$R=300$ m，试计算圆曲线要素和主点里程。

6. 简述缓和曲线主点测设方法和详细测设方法。

第十章　路线断面测量

【本章要点】：本章详细介绍路线工程纵、横断面测量的目的以及测量和绘图的方法等内容。

第一节　路线断面测量概述

在道路中线测设完成后，需要进行路线的断面测量，为路线工程纵断面设计提供设计数据。断面测量分为纵断面测量和横断面测量两部分。

(1) 路线纵断面测量的目的和任务

路线纵断面测量又称中线高程测量，它的任务是在道路中线测定之后，测定中线各里程桩的地面高程，供路线纵断面图绘制和设计纵坡之用。

路线纵断面高程测量常采用水准测量或三角高程测量方法。

纵断面测量可分为基平测量和中平测量。

(2) 路线横断面测量的目的和任务

横断面测量是测定路线中线各里程桩两侧垂直于中线方向的地面高程，并绘制横断面图，为路基设计、计算土石方数量以及测设边桩提供提供资料。

其外业工作顺序首先是确定各里程桩的横断面方向，再在横断面方向上测定地面变坡点的水平距离和高差，最后绘制横断面图。

第二节　路线纵断面测量

路线纵断面测量是测定中线上各里程桩的地面高程，绘制路线纵断面图，供路线纵坡设计使用。

为了保证成果的精度和检核的需要，根据测量原则，纵断面测量一般分两步进行：一是高程控制测量(也称基平测量)，即沿路线方向设置水准点，使用水准测量的方法测量点位的高程；二是中桩高程测量(也称中平测量)，即利用基平测量布设的水准点，分段进行附合水准测量，测定各里程桩的地面高程。

一、基平测量

基平测量实质是三、四等或普通水准测量，各级公路及构造物的水准测量等级应按表10-1选定。基平测量应将起始点与附近国家水准点联测，以获得绝对高程；在沿线的测量中，也应尽量与附近的国家水准点联测，以获得更多的检核条件。

表 10-1　　　　**公路及构造物的水准测量等级**

测量项目	等级	水准路线最大长度/km
4 000 m 以上特长隧道、2 000 m 以上特大桥	三等	50
高速公路、一级公路、1 000～2 000 m 特大桥、2 000～4 000 m 长隧道	四等	16
二级及二级以下公路、1 000 m 以下桥梁、2 000 m 以下隧道	五等	10

基平测量的水准路线应沿公路路线布设，水准点宜设于公路中心线两侧 50～300 m 范围之内的地基稳固、易于引测以及施工时不易受破坏的地方。水准点间距宜为 1～1.5 km；山岭重丘区可根据需要适当加密；大桥、隧道口及其他大型构造物两端，应增设水准点。水准点分为永久性和临时性两种，永久性水准点要埋设标石。

二、中平测量

中平测量是以两个相邻水准点为一测段，从一个水准点出发，逐个测定中桩标志处的地面高程，附合到下一个水准点上。其允许误差 $f_{h允}$：高速公路、一级公路为 $\pm 30\sqrt{L}$ mm；二级及二级以下公路为 $\pm 50\sqrt{L}$ mm。中桩高程可观测一次，取位至厘米。

测量时，在每一测站上首先读取后、前两转点(TP)的尺上读数，再读取两转点间所有中桩地面点的尺上读数，这些中桩点称为中间点。中间点的立尺由后视点立尺人员来完成。

由于转点起传递高程的作用，因此，转点尺应立在尺垫、稳固的桩顶或坚石上，尺上读数至毫米，视线长一般不应超过 150 m。中间点尺上读数至厘米，要求尺子立在紧靠桩边的地面上。

对沿线需要特殊控制的建筑物、管线、铁路轨顶等，应按规定测出其标高，路线跨越河流时，还需测出河床断面图、洪水位高程和常水位高程，并注明年月，以便为桥梁设计提供资料。

如图 10-1 所示，水准仪置于①处，后视水准点 BM_1，前视转点 TP_1，将观测结果分别记入表 10-2“后视”和“前视”栏内；然后观测 BM_1 与 TP_1 间的各个中桩，将后视点 BM_1 上的水准尺依次立于 0＋000，＋050，…，＋120 等各中桩地面上，将读数分别记入表 10-2“中视”栏内。仪器搬至②处，后视转点 TP_1，前视转点 TP_2，然后观测竖立于各中桩地面点上的水准标尺。同法继续向前观测，直至附合到水准点 BM_2，完成测段的观测。

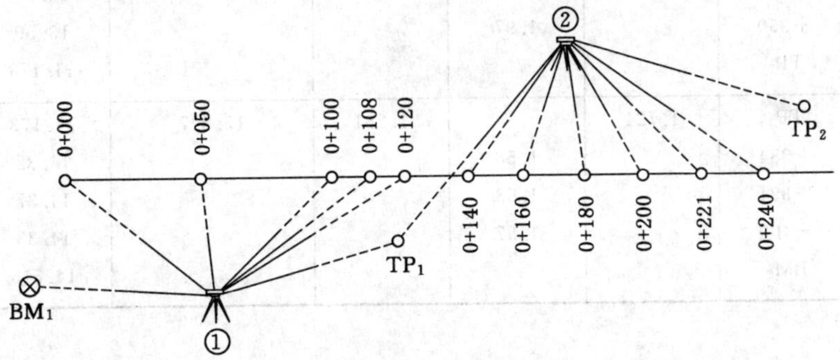

图 10-1　中平测量

每一站的各项计算依次按下列公式进行：

视线高程＝后视点高程＋后视读数

转点高程＝视线高程－前视读数

中桩高程＝视线高程－中视读数

各站记录后，应立即计算各点高程，直至下一个水准点为止，并立即计算出高差闭合差 f_h，若 $f_h \leqslant f_{h允}$，则符合要求，但不用进行闭合差的调整，而以原计算的各中桩点高程作为绘制纵断面图的数据。

表 10-2　　路线纵断面水准(中平)测量记录表

测点	点平	水准尺读数/m			仪器视高程/m	高程/m	备注
		后视	中视	前视			
1	BM_1	2.191		1.006	14.505	12.341	ZY_1
	0+000		1.62			12.89	
	+050		1.90			12.61	
	+108		0.62			13.89	
	+120		1.03			13.48	
	TP_1		0.91			13.60	
						13.499	
2	TP_1	2.162		1.521	15.661	13.499	QZ_1
	+140		0.50			15.16	
	+160		0.52			15.14	
	+180		0.82			14.84	
	+200		1.20			14.46	
	+221		1.01			14.65	
	+240		1.06			14.60	
	TP_2					14.140	
3	TP_2	1.421		1.388	15.561	14.140	YZ_1
	+260		1.48			14.08	
	+280		1.55			14.01	
	+300		1.56			14.00	
	+320		1.57			13.99	
	+335		1.77			13.79	
	+350		1.97			13.59	
	TP_3					14.173	
4	TP_3	1.724		1.281	15.897	14.173	JD_2
	+384		1.58			14.32	(14.618)
	+391		1.53			14.37	
	+400		1.57			14.33	
	BM_2					14.616	

三、路线纵断面图的绘制及施工量计算

纵断面图表示中线方向的地面起伏，可在其上进行纵坡设计，是线路设计和施工的重要

资料。

断面图以中桩的里程为横坐标、以中桩高程为纵坐标进行绘制。常用的里程比例尺有1∶2 000、1∶1 000，为了明显地表示地面起伏，一般取里程比例尺的10～20倍作为高程比例尺。纵断面图一般从左至右绘制在透明毫米方格纸的背面，以防止在修改图纸过程中破坏毫米方格。

图10-2为路线设计纵断面图，图的上半部，从左至右绘有贯穿全图的两条线，细折线表示中线方向的地面线，是根据中平测量的中桩地面高程绘制的；粗折线表示纵坡设计线。此外，上部还注有以下资料：水准点编号、高程和位置；竖曲线示意图及其曲线元素等。

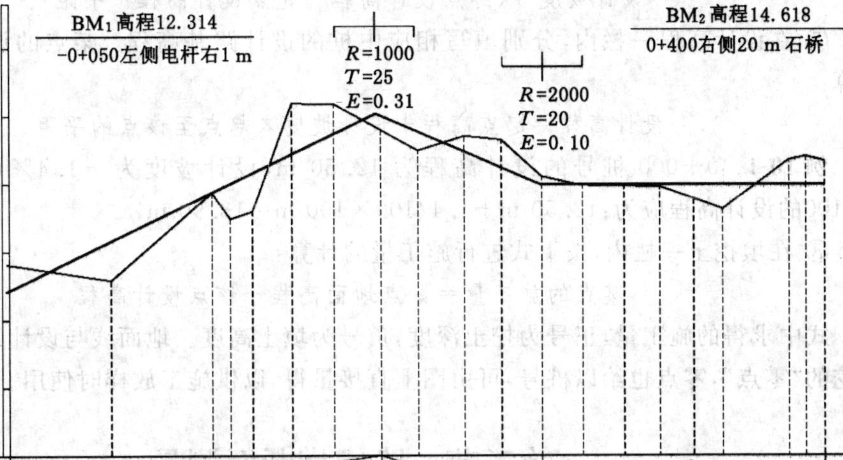

坡度与距离		1.40 / 180							1.25 / 80				0 / 140								
设计高程		12.50	13.20	13.90	14.01	14.18	14.46	14.74	15.02	14.77	14.51	14.27	14.02	14.02	14.02	14.02	14.02	14.02	14.02	14.02	14.02
地面高程		12.89	12.61	13.89	13.48	13.60	15.16	15.14	14.84	14.46	14.65	14.60	14.08	14.01	14.00	13.99	13.79	13.59	14.32	14.37	14.33
填挖土	填		0.59	0.01	0.53	0.58			0.18	0.31				0.01	0.02	0.03	0.23	0.43			
	挖	0.39					0.70	0.40			0.14	0.33	0.06						0.30	0.35	0.31
桩号		0+000	+050	+100	+108	+120	+140	+160	+180	+200	+221	+240	+260	+280	+300	+320	+335	+350	+384	+391	+400
直线与曲线		JD₁ 0+221.70　Δ																			

图10-2　路线纵断面图

图的下部几栏表格，注记以下有关测量和纵坡设计的资料：

① 在图纸左面自下而上填写直线与曲线、桩号、填挖土、地面高程、设计高程、坡度和距离等栏，上部纵断面图上的高程按规定的比例尺注记，但先要确定起始高程(如图中0＋000桩号的地面高程)在图上的位置，且应参考其他中桩的地面高程，使绘出的地面线处于图上的适当位置。

② 在“桩号”栏中，自左至右按规定的里程比例尺注上各中桩的桩号。

③ 在“地面高程”栏中，注上对应各中桩桩号的地面高程，并在纵断面图上按各中桩的地面高程依次展绘其相应位置，用细直线连接各相邻点位，即得中线方向的地面线。

④ 在“直线与曲线”栏中，应按里程桩号标明路线的直线部分和曲线部分。曲线部分用直角折线表示，上凸表示路线右偏，下凹表示路线左偏，并注明交点编号及其桩号，注明 Δ、R、T、L、E 等曲线元素。

⑤ 在上部地面线部分进行纵坡设计。设计时，要考虑施工时土石方量最小、填挖方尽量平衡及小于限制坡度等有关道路设计的技术规定。

⑤ 在坡度和距离一栏内，分别用斜线或水平线表示设计坡度的方向，线上方注记坡度数值(以百分比表示)，下方注记坡长，水平线表示平坡。不同的坡段以竖线分开。某段的设计坡度值按下式计算：

$$设计坡度=(终点设计高程-起点设计高程)/平距$$

⑦ 在设计高程一栏内，分别填写相应中桩的设计路基高程。某点的设计高程按下式计算：

$$设计高程=起点高程+设计坡度\times起点至该点的平距$$

例 10-1 0+000 桩号的设计高程为 12.50 m，设计坡度为 +1.4%(上坡)，则桩号 0+100的设计高程应为：12.50 m+1.4/100×100 m=13.90 m

⑧ 在填挖土一栏内，按下式进行施工量的计算：

$$某点的施工量=该点地面高程-该点设计高程$$

式中求得的施工量，正号为挖土深度，负号为填土高度。地面线与设计线的交点为不填不挖的“零点”，零点也给以桩号，可由图上直接量得，以供施工放样时使用。

第三节 路线横断面测量

横断面测量是测定中线上各里程桩两侧垂直于中线方向的地面各点高程和到里程桩的距离，绘制横断面图，供路基、边坡的设计、计算土石方量使用。横断面测量的宽度，由路基宽度及地形情况确定，一般在中线两侧各测 15～50 m，高程、距离的读数取位至 0.1 m。横断面测量应逐桩施测，其方向应与路线中线垂直。

一、横断面方向的测定

横断面方向一般采用方向架测定。方向架的结构如图 10-3(a)所示，它是由相互垂直的照准杆 aa'、bb' 组成的十字架和定向杆 cc' 构成，支承十字架的杆件高约 1.2 m。

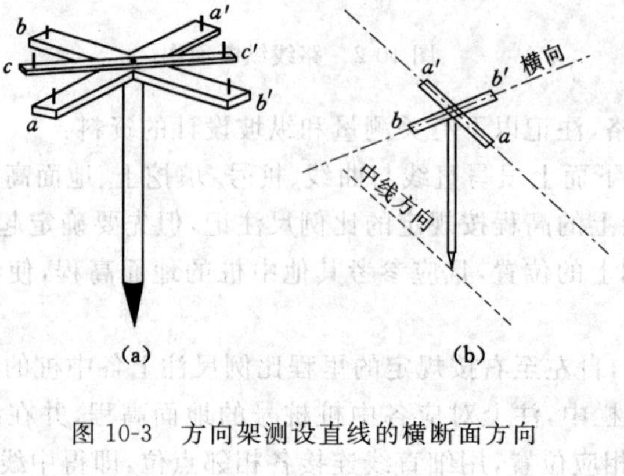

图 10-3 方向架测设直线的横断面方向

(1) 直线段横断面方向的测设

将方向架置于中线桩点上，使照准杆 aa' 方向与路线中线重合，则照准杆 bb' 方向便是中线的横断面方向，如图 10-3(b)所示。

(2) 圆曲线横断面方向的测设

圆曲线上任意细部点横断面方向都是指向圆心，如图 10-4 所示，确定方法如下：

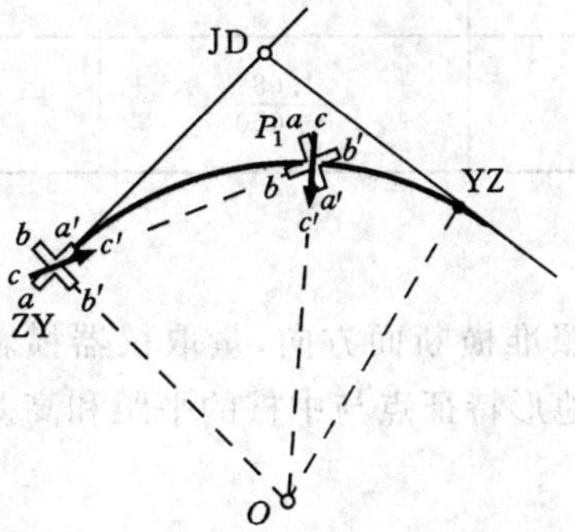

图 10-4　方向架测设圆曲线的横断面方向

① 将方向架置于 ZY 点，使照准杆 aa' 指向交点 JD，这时照准杆 bb' 的方向指向圆心。

② 旋松定向杆 cc' 的制动钮，使其照准圆曲线上的另一个细部点 P_1，旋紧定向杆 cc' 的制动钮。

③ 将方向架置于 P_1 点，使照准杆 bb' 指向 ZY 点，这时定向杆 cc' 所指的方向就是圆心方向。

二、横断面测量

横断面测量一般采用水准仪皮尺法、经纬仪视距法或全站仪法。由于横断面上中桩的地面高程已在纵断面测量时完成，所以横断面测量只需测量横断面上各地形特征点相对于中桩的平距和高差。

1. 水准仪皮尺法

此法适用于施测横断面较宽的平坦地区。如图 10-5 所示，在横断面方向附近安置水准仪，以中桩地面高程点为后视，中桩两侧横断面方向地形特征点为前视，分别测量地形特征点的高程，水准尺读数至厘米。用皮尺分别测量出地形特征点至中桩点的平距，量至分米。

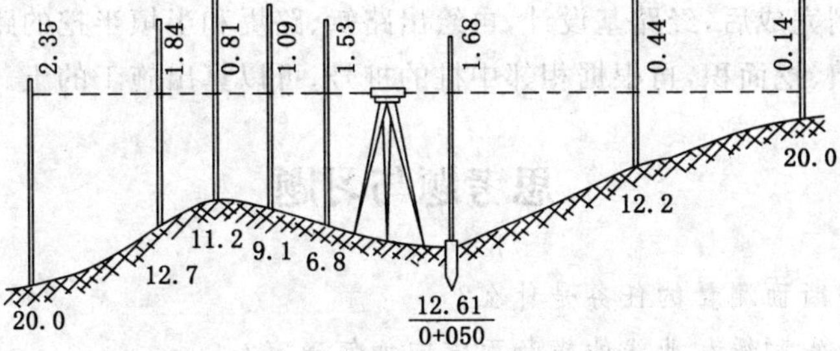

图 10-5　水准仪皮尺法测量横断面

测量记录格式见表 10-3,表中按路线前进方向分左、右侧记录,以分式表示各测段的前视读数和平距。

表 10-3　　横断面测量记录

$\frac{前视读数}{距离}$(左侧)	$\frac{后视读数}{桩号}$	(右侧)$\frac{前视读数}{距离}$
$\frac{2.35}{20.00}$ $\frac{1.84}{12.7}$ $\frac{0.81}{11.2}$ $\frac{1.09}{9.1}$ $\frac{1.53}{6.8}$	$\frac{1.68}{0+050}$	$\frac{0.44}{12.2}$ $\frac{0.14}{20.0}$

2. 经纬仪视距法

将经纬仪安置在中桩上,照准横断面方向,量取仪器横轴至中桩地面的高度作为仪器高,用视距测量的方法测量出地形特征点与中桩的平距和高差。该法适用于地形困难、山坡陡峻路线的横断面测量。

3. 全站仪法

全站仪法的操作方法与经纬仪视距法相同,其区别在于使用光电测距的方法测量出地形特征点与中桩的平距和高差。该法适用于任何地形条件。

4. 横断面图的绘制

根据横断面测量得到的各点间的平距和高差,一般采用同一比例尺(1∶100 或 1∶200)在毫米方格纸上绘出各中桩的横断面图。如图 10-6 中的细实线所示,绘制时,先标定中桩位置,由中桩开始,逐一将特征点画在图上,再直接连接相邻点,即绘出横断面的地面线。

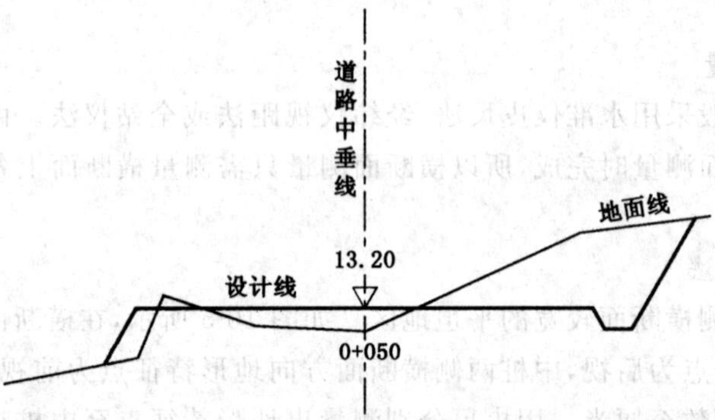

图 10-6　横断面与设计路基图

横断面图绘制完成后,经路基设计,再绘出路堑、路堤和半填半挖的路基设计线,就可以计算出横断面的填、挖面积,再根据相邻中桩的桩号,可以算出施工的土、石方量。

思考题与习题

1. 路线纵、横断面测量的任务是什么?
2. 直线、圆曲线和缓和曲线的横断面方向如何确定?
3. 完成下表中的中平测量记录的计算。

测 点	水准尺读数/m			视线高程/m	高程/m
	后视	中视	前视		
BM_5	1.426				417.628
K4+980		0.87			
K5+000		1.56			
K5+020		4.25			
K5+040		1.62			
K5+060		2.30			
ZD_1	0.876		2.402		
K5+080		2.42			
K5+092.4		1.87			
K5+100		0.32			
ZD_2	1.286		2.004		
K5+120		3.15			
K5+140		3.04			
K5+160		0.94			
K5+180		1.88			
K5+200		2.00			
ZD_3			2.186		

第十一章 道路施工测量

【本章要点】 本章主要介绍道路施工测量的主要工作,包括恢复道路中线、测设施工控制桩、路基边桩、竖曲线和路线竣工测量等基本内容。

第一节 施工控制桩的测设

从路线勘测,经过道路工程设计到开始道路工程施工这段时间内,往往有一部分道路中线点被碰动或者丢失。为了确保路线中线位置的正确无误,施工前,应该进行一次复核测量,将已经丢失或者碰动过的交点桩、里程桩等恢复和校正好,方法与中线测量相同,因此这里不再赘述。

由于路线中线桩在施工中要被挖掉或被推埋,为了在施工过程中控制中线位置,需要在不易受施工破坏、便于引测、易于保存桩位的地方测设施工控制桩,方法如下。

一、平行线法

在设计的路基宽度以外,测设两排平行于中线的施工控制桩,如图 11-1 所示,控制桩的间距一般取 10～20 m。

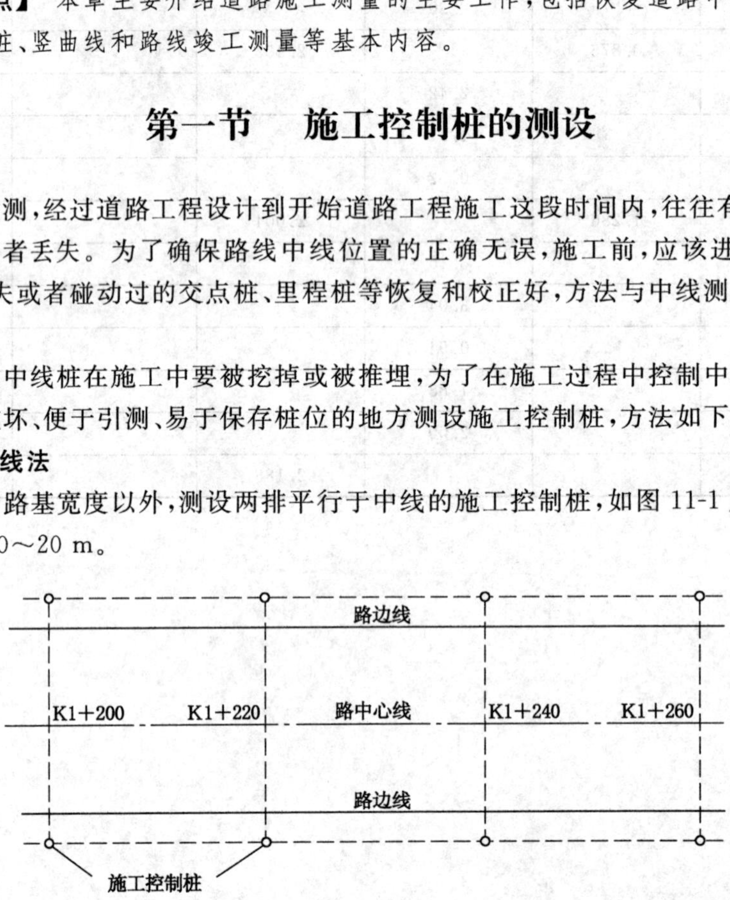

图 11-1 平行线法测设施工控制桩

二、延长线法

在路线转折处的中线延长线上以及曲线中点 QZ 至交点 JD 的延长线上测设施工控制桩,如图 11-2 所示。量出控制桩至交点的距离并记录。

第二节 路基的测设

路基施工前,要将设计路基的边坡与原地面相交的点测设出来。该点对于设计路堤为

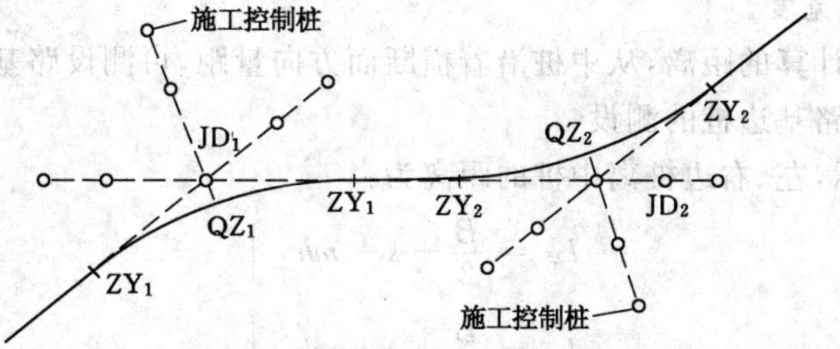

图 11-2　延长线法测设施工控制桩

坡脚点，对于设计路堑为坡顶点。路基边桩的位置按照填土高度或者挖土深度、边坡设计坡度及横断面的地形情况而定，其方法如下。

一、图解法

道路设计时，地形横断面及路基设计断面都已经绘制在厘米纸上，路基边桩位置可用图解法求得，即在横断面设计图上量取中桩至边桩的距离，然后到实地在横断面方向用皮尺量出其位置。

二、解析法

通过计算求得路基中桩至边桩的距离。在平地和山区，计算和测设的方法不同，下面分别介绍。

(1) 平坦地段路基边桩的测设

填方路基成为路堤[图 11-3(a)]，挖方路基成为路堑[图 11-3(b)]。路基边桩至中桩的距离为：

$$l_{左} = l_{右} = \frac{B}{2} + mh \tag{11-1}$$

式中　B——路基设计宽度；

m——路基边坡坡度；

h——填土高度或挖土深度。

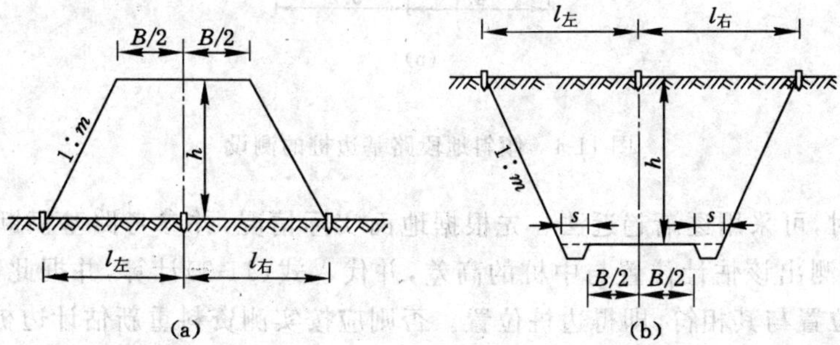

图 11-3　平坦地段路基边桩的测设

(a) 路堤；(b) 路堑

路堑边桩至中桩的距离为：

$$l_{左} = l_{右} = \frac{B}{2} + s + mh \tag{11-2}$$

式中，s 为路堑边沟宽度。

根据式(11-1)计算的距离，从中桩沿着横断面方向量距，可测设路基边桩。

(2) 倾斜地段路基边桩的测设

如图 11-4 所示，左、右边桩离中桩的距离为：

$$\left.\begin{aligned} l_{左} &= \frac{B}{2} + s + mh_{左} \\ l_{右} &= \frac{B}{2} + s + mh_{右} \end{aligned}\right\} \tag{11-3}$$

式中，B、s、m 均由设计确定，所以 $l_{左}$、$l_{右}$ 随 $h_{左}$、$h_{右}$ 而变；$h_{左}$、$h_{右}$ 为左右边桩处地面与设计路基面的高差，由于边桩位置是待定的，故 $h_{左}$、$h_{右}$ 事先并不知道。

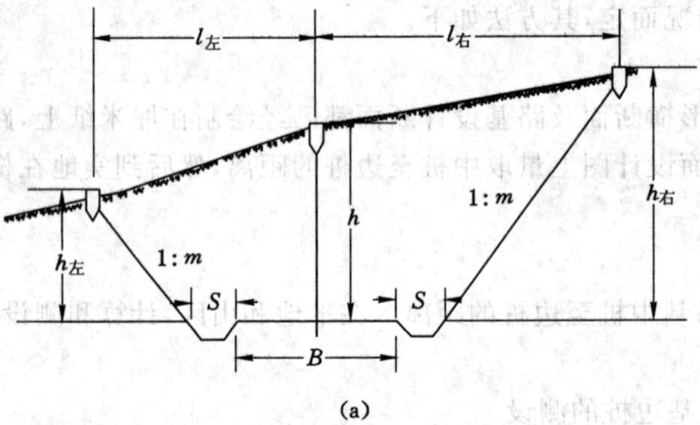

(a)

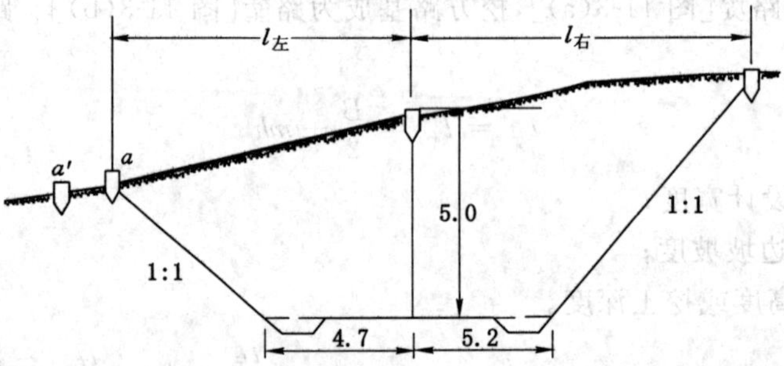

(b)

图 11-4　倾斜地段路基边桩的测设

实际测设时，可采用逐渐趋近法。先根据地面实际情况，并参考路基横断面图，估计边桩的位置，然后测出该估计位置与中桩的高差，并代入式(11-3)计算，并据此在实地定出其位置。若估计位置与其相符，即得边桩位置。否则应按实测资料重新估计边桩位置，重复上述工作，直至相符为止。

第三节　竖曲线的测设

为了行车的平稳和满足视距要求，在路线纵断面的变坡处应以圆曲线相接，这种曲线为竖曲线。竖曲线按其变坡点在曲线的上方或下方分别称为凸形或者凹形竖曲线。如图

11-5所示，路线上有3条相邻纵坡 i_1(+)、i_2(-)和 i_3(+)，在 i_1 和 i_2 之间设置凸形竖曲线；在 i_2 和 i_3 之间设置凹形竖曲线。

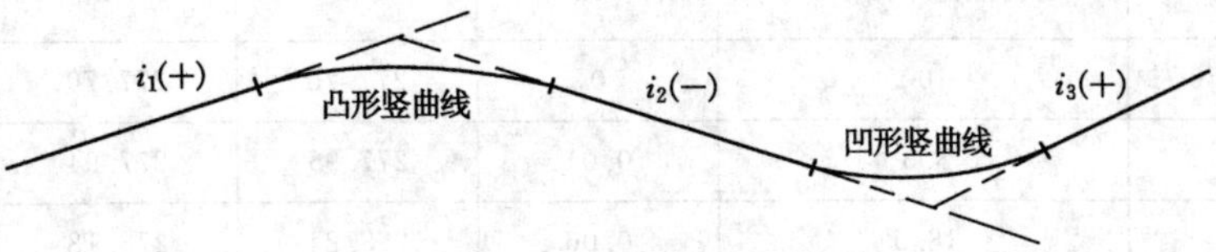

图 11-5　竖曲线

根据路线相邻坡道的纵坡设计值 i_1 和 i_2(图 11-5)，计算曲线的坡度转角 α。鉴于 α 角一般很小，而竖曲线的设计半径较大，计算时可以作一些简化处理，如：

$$\alpha = \arctan i_1 - \arctan i_2 \approx (i_1 - i_2) \times \frac{180^\circ}{\pi} \tag{11-4}$$

竖曲线的计算元素为切线长 T、曲线长 L 和外距 E，可以采用平面圆曲线计算主点测设元素同样的公式计算。顾及到式(11-4)，可得竖曲线元素的计算公式为：

$$\left.\begin{aligned} T &= \frac{1}{2}R(i_1 - i_2) \\ L &= R(i_1 - i_2) \\ E &= \frac{T^2}{2R} \end{aligned}\right\} \tag{11-5}$$

同理，可导出竖曲线上任意点 P 按直角坐标测设的 y_P 计算公式为：

$$y_P = \frac{x_P^2}{2R} \tag{11-6}$$

式中，x_P 为竖曲线上任意点 P 到竖曲线起点或者终点的水平距离。

例 11-1　竖曲线半径 R=3 000 m，相邻坡段的坡度分别为 i_1=+2.9%，i_2=+1.0%，变坡点的里程桩号为 K8+660 m，其高程为 278.53 m。曲线上每隔 10 m 设置一桩，计算竖曲线上各桩高程。

解：① 由式(11-5)计算竖曲线测设元素：

$$L = 57\ \text{m} \quad T = 28.5\ \text{m} \quad E = 0.14\ \text{m}$$

② 计算竖曲线起点、终点桩号及高程：

起点桩号　K8+(660−28.5)=K8+631.50

起点高程　278.53−28.5×2.9%=277.70

终点桩号　K8+(660+28.5)=K8+688.50

终点高程　278.53+28.5×1.0%=278.82

③ 计算各桩竖曲线高程，如表 11-1 所示。

竖曲线起点、终点的测设方法与圆曲线相同。竖曲线上点的测设，实质上是在曲线范围内的里程桩测出竖曲线的高程。因此，在实际工作中，测设竖曲线一般与测设路面高程桩一起进行。测设时，只需将已经算得的各点坡道高程再加上或者减去相应点上的标高改正值即可。

表 11-1　　竖曲线高程计算表

桩号	至竖曲线起点或者终点的平距/m	高程改正值/m	坡道高程/m	竖曲线高程/m	备注
起点　K8+631.50	0	0	277.70	277.70	
+640	8.5	0.01	277.95	277.94	
+650	18.5	0.06	278.24	278.18	
变坡点 K8+660	28.5	0.14	278.53	278.39	
+670	18.5	0.06	278.63	278.57	
+680	8.5	0.01	278.73	278.72	
终点　K8+688.50	0	0	278.82	278.82	

第四节　路线竣工测量

路线竣工测量的目的是最后确定路线中线、检查建筑限界及标高是否满足设计要求，主要内容是中线测量、高程测量、横断面测量等。

一、中线测量

利用施工放样的护桩恢复线路施工前原有的控制桩，进行线路中线贯通测量。还应该检核桥梁、隧道建筑中线与线路中线是否一致，若出现不相一致时，应从桥梁或隧道的中线向两端引测。如出入较大则需进行中线调整，做到使桥梁或隧道建筑限界与路基建筑限界均符合规范要求。

竣工中线测量，应先定出直线方向，然后用相邻直线重新测绘交点。在高路堤、深路堑和地形困难地段可沿路基设置副交点，新测得的曲线偏角与原定测（或复测）偏角较差在±30″以内时，仍采用原偏角。对曲线的切线长、控制点、直线转点间的距离应进行丈量，新丈量结果与原定测（或复测）结果的误差应在$\frac{1}{2\,000}$以内时，仍采用原测结果，曲线横向闭合差应不超过±5 cm。

竣工中线测量完成后的基桩埋设，一般规定：直线地段每300～500 m埋设混凝土包铁芯的基桩；曲线地段的曲线始终点、缓圆点、曲线中点、圆缓点、曲线交点或副交点均应埋设混凝土包铁芯的基桩。

竣工测量的里程应采用全线换算后的连续里程，在施工过程中和施工设计图中的断链应予取消。

二、水准基点位移测量

竣工测量完成后应将临时水准点通过水准测量移设于桥台上、涵洞帽石上、隧道洞口边墙上或临近线路的岩石上，也可沿线路埋设混凝土水准基点，作为运营维修时掌握线路标高的依据。水准点位移后，应详细注明编号、位置、地物特征、标高并绘制草图附于水准基点表内。

三、横断面测量

横断面测量的目的是检查路基宽度、边沟、排水沟、边坡、路基加固和防护工程是否符合设计要求。横向尺寸误差均不应超过±5 cm。

思考题与习题

1. 简述测设路基边桩的方法。

2. 路基边桩放样如何进行?

3. 某变坡点的桩号为 K3＋680,该点的高程为 24.88 m,其相邻直线的坡度为 $i_1=+1.041\%$,$i_2=-0.658\%$,$R=5\ 000$ m,曲线上每隔 10 m 设置一桩,计算竖曲线上各桩高程。

4. 路线竣工测量的目的是什么? 主要内容包括哪些?

第十二章 桥涵施工测量

【本章要点】:本章主要介绍桥涵施工测量的主要工作,包括桥梁控制网布设、桥梁施工测量和涵洞施工测量等内容。

第一节 桥涵施工测量概述

桥梁是公路和铁路最重要的组成部分之一。在道路建设中,无论从投资比重、施工期限、技术要求等诸方面看,桥梁都居于十分重要的位置。桥梁可以是公路桥、铁路桥、铁路公路两用桥。本节以公路桥梁为主,介绍桥梁施工测量的主要内容和方法。

桥梁施工测量的主要内容包括桥位勘测和桥梁施工测量两部分。要经济合理地建造一座桥梁,首先要选好桥址。桥位勘测的目的就是为选择桥址进行设计提供地形和水文资料.这些资料提供得越详细、全面,就越有利于选出最优的桥址方案和做出经济合理的设计。对于中小型桥及技术条件简单、造价比较低廉的大桥,其桥址位置往往服从于路线走向的需要,不单独进行勘测,而是包括在路线勘测之内。但对于特大桥梁或技术条件复杂的桥梁,由于其工程量大、造价高、施工期长,则桥位选择合理与否,对造价和使用条件都有极大的影响,所以路线的位置要服从桥梁的位置,为了能够造出最优的桥梁,通常需要单独进行勘测。

在桥梁的勘测设计阶段,需要广泛收集已有的国家小比例尺地形图,如1∶5万、1∶2.5万或1∶1万地形图,收集有关水文、气象、地质、农田水利、交通网规则、建筑材料等各项已有的资料;需要测绘各种比例尺的桥位地形图、河床断面图及其他必要的图纸资料。

桥梁在施工阶段,为了保证施工质量达到设计要求,就必须采用正确的测量方法进行施工测量。主要测量工作包括建立桥梁施工平面控制网和高程控制网;进行桥墩、桥台定位和梁的架设等施工测量;为了保证桥梁的安全运营,还需要定期对桥梁进行变形监测,为桥梁管道等提供准确可靠的数据。

第二节 桥梁控制网布设

桥梁控制网主要包括平面控制网布设和高程控制网布设。

一、桥梁平面控制网的建立

1. 桥梁平面控制网布设形式

在桥梁施工中,桥梁的主要任务在于测定桥轴线的长度,并精确地放样桥墩、桥台的位置和跨越结构的各个部分,同时要随时检查施工质量。一般来说,对于中小型桥,由于河窄水浅,桥台、桥墩间的距离可以用直接丈量的办法进行放样,或者利用桥址勘测阶段的测量控制作为施工放样的依据。但对于大桥或者特大桥来说,必须建立平面和高程专用控制网作为施工放样的依据。

按观测要素的不同，桥梁平面控制网可布设成三角网、边角网、精密导线网、GPS网等。

根据桥长、施工需要和地形条件，桥梁三角网可以布设成图12-1的形式，图(a)为双三角形，图(b)为四边形，图(c)为较大河流上采用的双四边形。桥位三角网布设时应满足如下要求：满足三角点选点的一般要求；控制点要选在不被水淹、不受施工干扰的地方；桥轴线应与基线一端连接且尽可能正交；基线长度一般不小于桥轴线长度的7/10，困难地段不小于1/2。

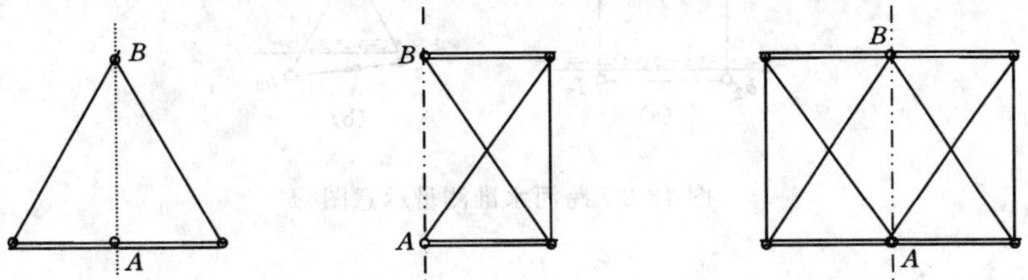

图12-1 桥位平面控制网

(a) 双三角形；(b) 四边形；(c) 双四边形

2. 平面控制测量的外业工作

外业测量工作包括实地选点、造标埋石及水平角测量和边长测量等工作。

桥位三角网的主要技术要求应符合表12-1的规定。

表12-1 **桥梁三角网主要技术指标**

等级	桥轴线长度/m	测角中误差/(″)	桥轴线相对中误差	基线相对中误差	三角形闭合差/(″)
五	501～1 000	±5.0	1/20 000	1/40 000	±15.0
六	201～500	±10.0	1/10 000	1/20 000	±30.0
七	≤200	±20.0	1/5 000	1/10 000	±60.0

桥位三角网基线观测采用精密量距的方法或测距仪测距的方法，三角网水平角观测采用方向观测法。

二、桥梁高程控制网的建立

桥梁的高程控制，是指在路线上通过水准测量的方法设立一系列水准点，以指导桥梁施工。在由河的一岸到另一岸时，由于跨河路线较长，两岸水准点的高程应采用跨河水准测量的方法建立。桥梁在施工过程中，还必须加设施工水准点。所有桥址高程水准点不论是基本水准点还是施工水准点，都应根据其稳定性和应用情况定期检测，以保证施工高程放样测量和以后桥梁墩台变形观测的精度。检测间隔期一般在标石建立初期应短一些，随着标石稳定性逐步提高，间隔期亦逐步加长。桥址高程控制测量采用的高程基准必须与其连接的两端路线所采用的高程基准完全一致，一般多采用国家高程基准。跨河水准跨越的宽度大于300 m时，必须参照《国家三、四等水准测量规范》(GB/T 12898—2009)，采用精密水准仪观测。

跨河水准测量采用两台水准仪同时对向观测，两岸测站点和立尺点布设形式如图12-2所示，图中 I_1、I_2 为立尺点，b_1、b_2 为测站点，要求 I_1b_2 和 I_2b_1 的距离基本相等，I_1b_1 与 I_2b_2 的距离也基本相等，且 I_1b_1 和 I_2b_2 不小于 10 m。

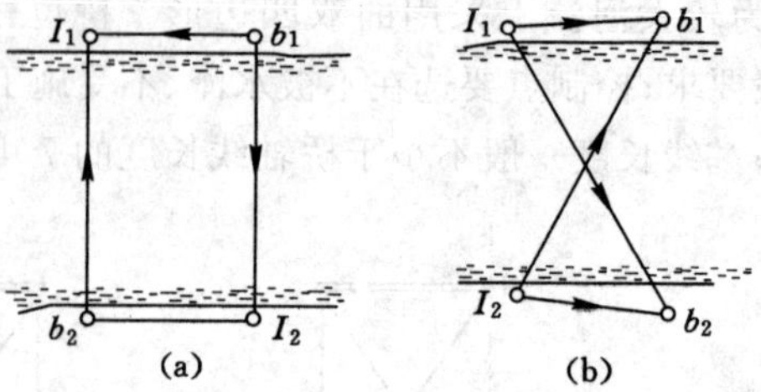

图 12-2　跨河水准测量示意图

第三节　桥梁施工测量

桥梁施工测量就是将图纸上的结构物尺寸和高程测设到实地上，其内容主要包括基础施工测量，墩、台身施工测量，墩、台顶部施工测量，上部结构安装测量，附属工程测量。

一、基础施工测量

1. 明挖基础

根据桥台和桥墩的中心线定出基坑开挖边界线。基坑上口尺寸应根据挖深、坡度、土质情况及施工方法而定。

如图 12-3 所示，在地面上已定出桥墩台中心位置 O 及纵横轴线 ZA、HD。若已知基坑地面尺寸长 30 m，宽 8 m，挖基深度为 6 m，基坑坑壁坡度为 1∶1.5，试放样基坑的开挖边线 $PQRS$。

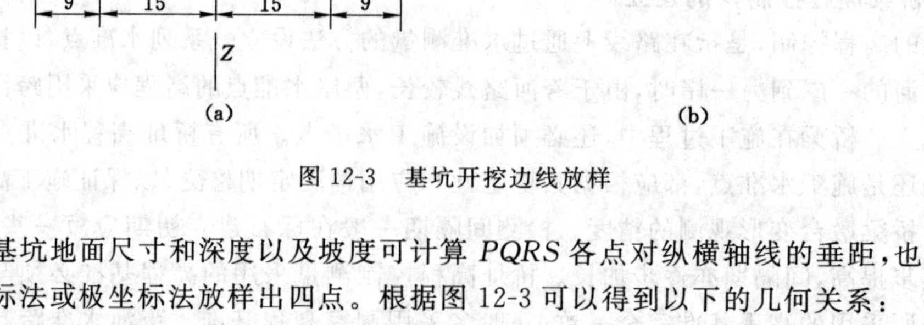

图 12-3　基坑开挖边线放样

根据基坑地面尺寸和深度以及坡度可计算 $PQRS$ 各点对纵横轴线的垂距，也就是可以按直角坐标法或极坐标法放样出四点。根据图 12-3 可以得到以下的几何关系：

P 点对纵轴的垂距：$PB=15+6\times1.5=24$ m

P 点对横轴的垂距：$PC=4+6\times1.5=13$ m

当基坑开挖到一定深度后，应根据水准点高程在坑壁上测设基底设计面为一定高差的水平桩，作为控制挖深及基础施工中掌握高程的依据。当基础开挖到设计标高以后，应进行基底平整或基底处理，再在基底上放出墩台中心及其纵横轴线，作为安装模板、浇筑混凝土基础的依据。

基础完工后，应根据桥位控制桩和桥台控制桩用经纬仪或全站仪在基础面上测设出桥台、桥墩中心线，并弹出墨线作为砌筑桥台、桥墩的依据。

基础或者承台模板中心偏离墩台中心不得超过±20 mm，模板上同一高程的限差为±10 mm。

2. 桩基础

桩基础测量工作有测设桩基础的纵横轴线、测设各桩的中心位置、测定桩的倾斜度和深度以及承台模板的放样等。桩基础纵横轴线按前面所述的方法测设，各桩中心位置的放样以基础的纵横轴线为坐标轴，用支距法测设，限差为±20 mm。如果有设计坐标，也可以用全站仪按极坐标法或坐标法进行放样。放出的桩位可用经鉴定后的钢尺检核，经检核符合限差后进行基础施工。每个钻孔桩或挖孔桩的深度用测绳测定。打入桩的深度根据桩的深度推算。在钻孔过程中测定钻孔导杆的倾斜度，用以测定孔的倾斜度。

桩顶上做承台按控制的标高进行。先在桩面上弹出轴线作为支承台模板的依据，安装模板时，使模板中心线与轴线重合。

二、桥墩、台身施工放样

1. 墩、台身轴线和外轮廓线的放样

基础施工后，墩台中心再用交会法或坐标法等放出；然后在墩台中心利用经纬仪放出纵横轴线，有条件时可设定护桩，以方便使用。同时检查基顶高程，其精度满足四等水准测量要求。

圆头墩身平面放样，如图 12-4 所示设计墩身平面图。

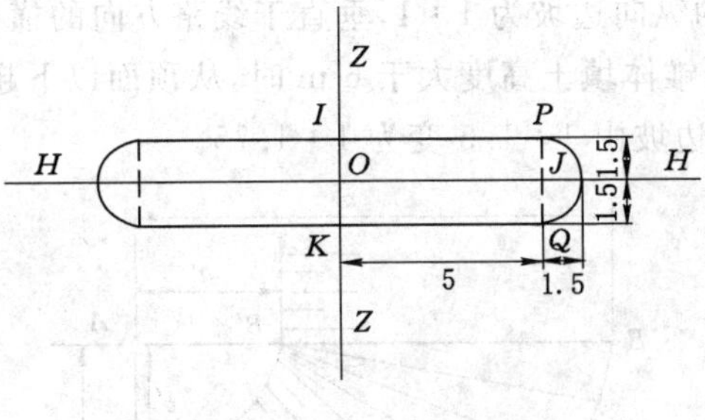

图 12-4　圆头墩身放样

从图中可以看出，墩身断面尺寸为长 13 m，宽 3 m，圆头半径为 1.5 m；墩中心和轴线已放出，细部过程如下：

以墩心 O 为准，沿纵轴 ZZ 方向钢尺两侧各放出 1.5 m 得 I、K 两点。再以 O 点为准，沿横轴 HH，用钢尺放出 5 m 得圆心 J 点。然后分别以 I、J 和 K、J 点用距离交会法测出 P、Q 点，并以 J 点为圆心，以 $JP=1.5$ m 为半径，作圆弧得弧上相应各点。用同样的办法可放出桥墩另一半。

2. 垂直度校正及轴线投测

① 吊垂线法：用一锤球悬吊在砌筑到一定高度的墩台身顶边缘各侧。当锤球尖对准基础面上的轴线时，锤球线在墩台身边缘的位置即为轴线的位置，划短线做标记，经检查尺寸合格后方可施工。

② 经纬仪投测法：将经纬仪架设在纵横轴线控制桩上，仪器距墩台的水平距离应大于墩台的高度。仪器严格整平后，瞄准基准面上的轴线，用正倒镜分中法将轴线投测到墩台身并作标记。

3. 模板标高测量

墩在桩身模板垂直度校正好后，在模板外侧测设一标高线作为量测柱顶标高等各种标高的依据。标高线一般比地面高 0.5 m，每根墩柱不少于两点，点位要选择便于测量、不易移动、标记明显的位置上，并注明标高数值。

三、桥墩、台顶部的施工测量

墩帽、台帽施工时，应根据水准点用水准仪控制其高程(误差应在±10.0 mm 以内)。再根据控制点投测轴线(偏差应在±10.0 mm 以内)。墩台间距要用鉴定后的钢尺检查，精度应高于 1/5 000。

四、上部结构安装测量

架梁是桥梁施工的最后一道工序。桥梁梁部结构较复杂，要求对墩台方向、距离和高程用较高的精度测定，作为架梁的依据。架体就位时，其支座中心线对准钢垫板中心线。初步就位后，用水准仪检查梁两端的高程，偏差应在±5.0 mm 以内，因此在架梁之前，测定各墩台中心的实际坐标及其间距，进行检查性的水准测量，检查垫石及墩帽各处的高程，丈量墩台各部分的尺寸。

五、桥台锥体护坡坡脚放样

桥台锥体护坡一般为椭圆截锥体的 1/4，如图 12-5 所示锥体的坡度，平行于线路方向(桥台纵向中心线方向)的纵向边坡为 1∶1，垂直于线路方向的横向边坡与桥台后路基边坡一致，一般为 1∶1.5。当锥体填土高度大于 6 m 时，从顶面以下超过 6 m 部分，纵向边坡由 1∶1 变为 1∶1.25，横向边坡由 1∶1.5 变为 1∶1.75。

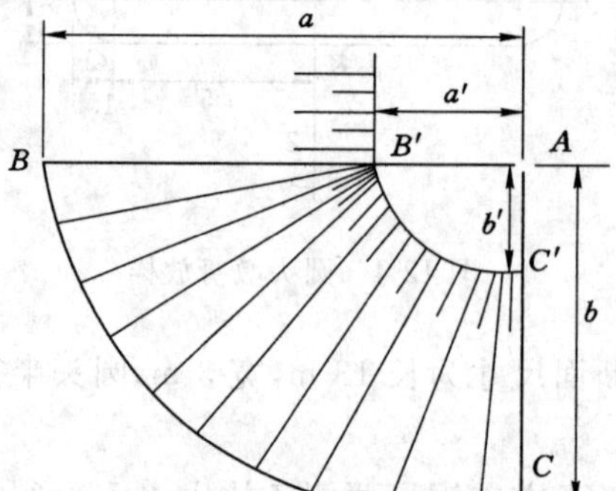

图 12-5 桥台锥体护坡

椭圆截锥体的顶面长半径 $a'(AB')$ 等于桥台后路基宽度差值的一半；短半径 $b'(AC')$ 等于桥台侧边人行道顶面与路基面的高差，但不小于 0.75 m，锥体底面长半径 $a(AB)$ 等于

顶面长半径 a' 加上横向边坡的水平距离；短半径 $b(AC)$ 等于顶面短半径 b' 加上纵向边坡的水平距离。

当锥体填土高度 $h<6$ m 时：

$$a = a' + 1.5h \tag{12-1}$$

$$b = b' + h \tag{12-2}$$

$h>6$ m 时：

$$a = a' + 1.75h - 1.5 \tag{12-3}$$

$$b = b' + 1.25h - 1.5 \tag{12-4}$$

锥体护坡施工时，只放样锥体护坡坡脚轮廓线（椭圆的 1/4 圆周），修筑工作自坡脚开始，依纵横边坡向上进行，坡脚轮廓线根据设计给出，并经上述方法计算的长、短半径 a、b 放样，一般有双点双距图解法、纵横等分图解法、双圆垂直投影图解法和支距法。下面介绍纵横等分图解法放样过程。

如图 12-6 所示，先按 a、b 长度绘制 AB、AC 两线互相垂直，再自 B、C 两点各作与 AC、AB 的平行线，交于 D 点。将 BD、AC 各分成相等的等分，在垂直于 BD 的方向上量出相应的 $a-y$ 值（y 值在图纸上可以图解，并依比例得到），即可设出椭圆曲线的点。

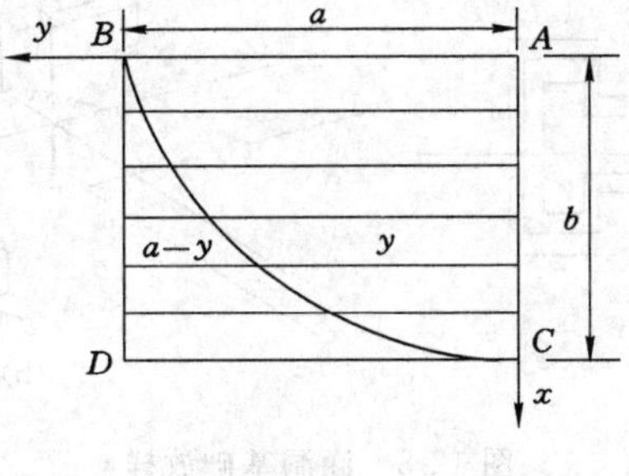

图 12-6　纵横等分图解法放样

在实地放样时注意各个点位，包括椭圆曲线上的及 A、B、C、D 基线上的，应处于相近的高程平面上，最好是在锥体底面设计高程面上，而不易高差悬殊。

第四节　涵洞施工测量

涵洞施工测量时要首先放出涵洞的轴线位置，即根据设计图纸上涵洞的里程，放出涵洞轴线与路线中线的交点，并根据涵洞轴线与路线中线的夹角，放出涵洞的轴线方向。

放样直线上的涵洞时，依涵洞的里程，自附近测设的里程桩沿路线方向量出相应的距离，即得涵洞轴线与路线中线的交点。若涵洞位于曲线上，则采用曲线测设的方法定出涵洞与路线中线的交点。依地形条件，涵洞轴线与路线有正交的，也有斜交的。将经纬仪安置在涵洞轴线与路线中线的交点处，测设出已知的夹角，即得涵洞轴线的方向，如图 12-7 所示。涵洞轴线用大木桩标志在地面上，这些标志桩应在路线两侧涵洞的施工范围以外，且每侧至少两个。自涵洞轴线与路线中线的交点处沿涵洞轴线方向量出上下游的涵长，即得涵洞口的位置，涵洞口要用小木桩标出来。

涵洞基础及基坑的边线根据涵洞的轴线测设，在基础轮廓线的转折处都要钉设木桩，如

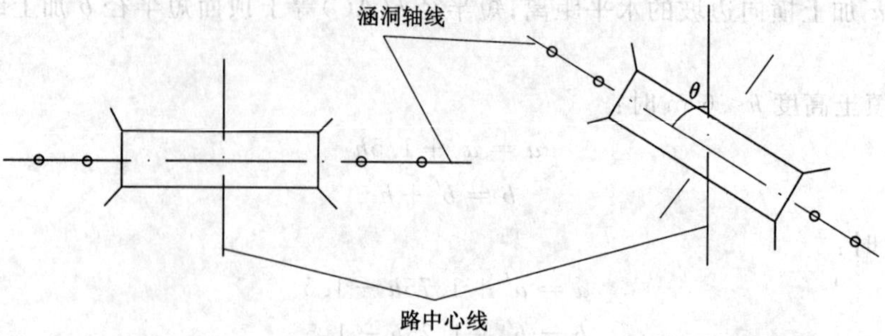

图 12-7　涵洞轴线放样

图 12-8(a)所示。为了开挖基础，还要根据开挖深度及土质情况定出基坑的开挖界线，即所谓的边坡线。在开挖基坑时很多桩都要挖掉，所以通常都在离基础边坡线 1～1.5 m 处设立龙门板，然后将基础及基坑的边线用线绳及垂球投放在龙门板上，并用小钉加以标志。当基坑挖好后，再根据龙门板上的标志将基础边线投放到坑底，作为砌筑基础的根据，如图 12-8(b)所示。

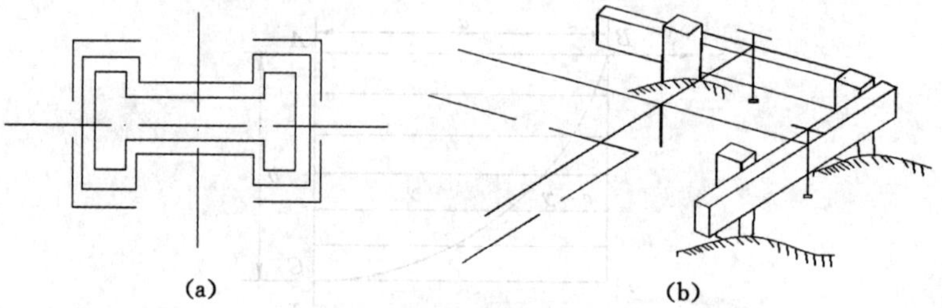

图 12-8　涵洞基础放样

在基础砌筑完毕，安装管节或砌筑墩台身及端墙时，各个细部的放样仍以涵洞的轴线作为放样的依据，即自轴线及其与路线中线的交点，量出各有关的尺寸。

涵洞细部的高程放样，一般是利用附近的水准点用水准仪测设或采用光电测距三角高程测量的方法进行。

涵洞施工测量的精度要求比桥梁施工测量的精度要求低。在平面放样时，主要是保证涵洞轴线与公路轴线保持设计的角度，即控制涵洞的长度。在高程放样时，要控制洞底与上、下游的衔接，保证水流顺畅。不要造成洞底积水，保证洞底纵坡与设计图纸一致。

思考题与习题

1. 为什么要进行桥梁施工控制测量？有哪些方法？如何进行？

2. 试述桥梁高程控制测量的作用和实测方法。

3. 何谓桥梁墩台中心定位？常用的方法有哪些？如何实施？

4. 若已知基坑底面尺寸长 25 m，宽 6 m，挖基深度为 7 m，基坑坑壁坡度为 1：1.25，试计算利用轴线控制放样基坑开挖边界线的相关数据。

第十三章　管线工程测量

【本章要点】：本章主要介绍管线工程中线测量和施工测量的主要方法。中线测量主要包括主点测设、中桩测设、转向角测量以及纵断面测量的基本方法；施工测量主要包括图纸准备、槽口放线、施工控制桩测设以及顶管施工测量等的基本内容。

在城镇及工矿企业中常见的管线可分为给水、排水、燃气、热力、工业、电力、电信等管线(沟)和电力、电信等直埋电缆。这些地下管线种类多，相互纵横交错组成复杂的综合管网。

管线工程测量的任务是为管线工程设计提供地形图及纵、横断面图并将设计的管线位置测设到实地上。管线工程各阶段所需的具体测量工作包括以下几项：

① 收集确定区域内大中比例尺地形图、控制点资料、原有各种管线的平面图及断面图等。

② 地形图测绘。根据初步规划的线路，实地测量管线附近的带状地形图或修测原有地形图。

③ 管线中线测量。根据设计要求，在地面上标定出管线中心线的位置。

④ 纵、横断面图测量。测绘管线中心线和垂直于中心线方向的地面高低起伏情况。

⑤ 管线施工测量。根据定线成果及设计要求，测设施工过程中所需要的各种标志。

⑥ 竣工测量。将施工成果通过测量绘制成图，反映实际施工情况，作为使用期间维修、管理的依据。

为了保证各种地下管线的安全输送、城市卫生的要求等，有关部门对各种管线间的水平距离、垂直交叉净距及覆土深度等都有明确规定。施测前必须充分了解工程的全貌，收集已有的资料，制订合理的施测方案。测量工作必须采用城市或厂区统一的坐标和高程系统，以保证各种地下管线平面位置和竖向标高按规划意图测设到实地，方便于城市规划建设。管线测量的精度要求与管线的性质和施工方法等因素有关，重力自流排水管线工程对高程的精度要求较严，而压力给水管线和容易歪曲的电力电缆、电信电缆等，对高程精度要求不高；开槽施工对平面控制精度要求偏低，而长距离的顶管施工或盾构法施工对平面和高程控制精度要求较高，以控制贯通误差。因此，测量工作应依据工程的不同特点和要求进行，并且做到步步有检核，才能保证施工质量。

第一节　管线中线测量

管线中线测量是将设计的管线位置在地面上测设出来，并沿确定的管线中心线丈量距离、测设里程桩。其主要内容是主点测设、中桩测设及转向角测量等。

一、主点测设

管线的起点、终点和转折点统称为主点。主点位置是设计时确定的。主点测设数据可用图解法或解析法求得。

1. 图解法

当管线规划设计图的比例尺较大，而且管线交点附近又有明显可靠的地物时，可采用图解法，交点桩的测设可按几何关系取得数据。如图 13-1 所示，A、B 是原有管线检修井位置，1、2、3 是新建居民区排水管交点。欲在地面上测设出 1、2、3 点，可根据比例尺在图上直接量出 d_1、d_2、d_3、d_4 和 d_5，即得测设数据。

2. 解析法

当管线规划设计图上已给出主点坐标(或在图上求出主点坐标)，而且主点附近有控制点时，可以用解析法求测设数据。如图 13-2 所示，A、B、C 为管线主点，1、2、3、4 为控制点。根据控制点坐标和管线主点的坐标，按坐标反算计算公式即可得到测设数据。根据相应的放样方法测设主点。主点测设完毕必须进行检核，检核方法通常用钢尺丈量两相邻主点间的水平距离，看其是否与设计长度相符。

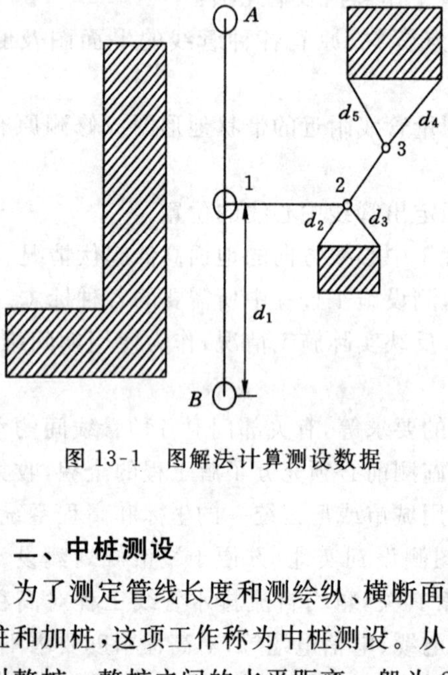

图 13-1 图解法计算测设数据

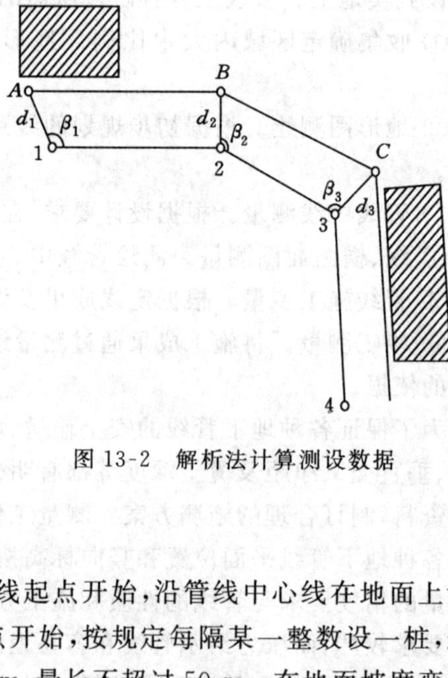

图 13-2 解析法计算测设数据

二、中桩测设

为了测定管线长度和测绘纵、横断面图，从管线起点开始，沿管线中心线在地面上设置整桩和加桩，这项工作称为中桩测设。从管线起点开始，按规定每隔某一整数设一桩，这个桩叫整桩。整桩之间的水平距离一般为 20 m、30 m，最长不超过 50 m。在地面坡度变化处或穿越道路、河流等重要建筑物处应设置加桩。

整桩和加桩均应注明该桩的里程，为了防止测量时漏桩，应在桩的另一面按照 1～10 的顺序号循环编号。

不同管线中线量距确定里程桩时的里程起算点是不同的，如给水管线以水源作为起点，煤气、热力管线以来气、来热方向为起点，电力、电信线路以电源作为起点，排水管线以水口作为起点。

三、转向角测量

管线转变方向时，转变后的方向与原方向之间的夹角称为转向角。管线工程对转向角的测设有较严格的要求，它直接影响施工质量及管线的正常使用。某些管线的转向角满足定型弯头的转角要求，如给水管线使用的铸铁管弯头转角有 90°、45°、22.5°、11.25°等几种类型。如果管线交点之间距离较短，对于管径大于 500 mm 的线路转向角与定型弯头的转角差不应超过 1°，管径小于 500 mm 可放宽 2°。即使管线交点间距较大时，其差值也不应过大。排水管线支线与干线交汇处转向角不应大于 90°，否则就会有阻水现象。

四、纵断面测量

管线纵、横断面测量是在管线中线测量和中线桩高程测量基础上进行的。纵断面图的测绘方法同道路工程测量所述。其绘图比例尺在建筑区一般纵向为 1∶50，横向为 1∶500；一般地区为纵向为 1∶100，横向为 1∶1 000。当线路较长或地形变化较大时，也可采用纵向为1∶200，横向为 1∶2 000。纵断面的横向比例尺应与线路带状地形图比例尺一致。图 13-3 为下水管线纵断面图。

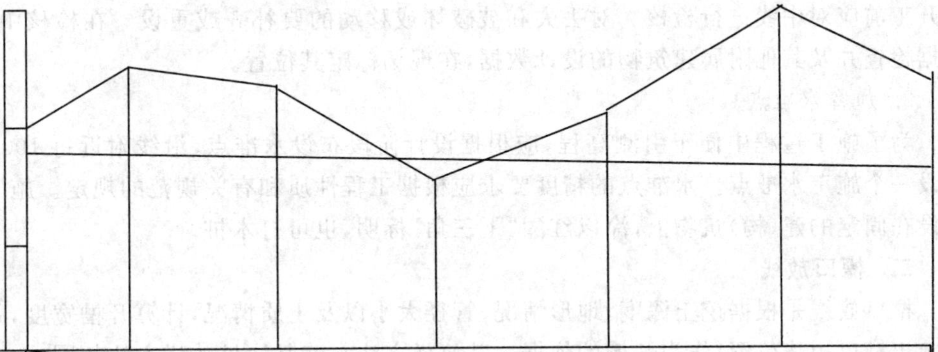

坡度	1%						
地面高程	57	57.59	57.40	56.42	57.31	58.17	57.31
设计高程	56.8	56.79	56.78	56.77	56.76	5675	56.74
挖深	0.2	0.8	0.62		0.55	1.42	0.57
填高				0.35			
里程	0+000	0+025	0+061	0+100	0+142	0+185	0+202
直线及曲线							45

图 13-3　下水管线纵断面图

由于地下管线埋设不深或开挖较窄，一般不测绘其横断面图。

第二节 管线施工测量

在纵断面图上完成管线设计后，即可着手进行管线施工测量。

一、准备工作

1. 熟悉图纸和现场情况

施工前要收集、了解有关管线的设计资料和测量资料，掌握管线的施工情况及要求，其中包括管线的平面图，横、纵断面图，管线起点、转折点、终点及各井位坐标、间距和标高，施工现场的平面及高程控制点的分布情况，各桩点的位置等，并且根据现场情况拟定测量方案。

2. 检核管线中线

中线测量时钉设的各桩位，施工时有可能被碰动或丢失。为了保证中线位置的准确性，在开工前应对中线进行检核。对丢失和被破坏或移动的要补齐或重设。在检核中线时，应根据检查井及其他附属建筑物的设计数据，在现场标定其位置。

3. 加密水准点

为了施工过程中便于引测高程，应根据设计阶段布设水准点，沿线附近每 100～150 m 增设一个施工水准点。水准点的精度要求应根据工程性质和有关规范的规定。施工水准点可设在固定的建(构)筑物上，涂以红漆“下三角”标明，也可打木桩。

二、槽口放线

槽口放线是根据挖土深度、地形情况、管径大小以及土质情况，计算开槽宽度，并在地面上定出槽口边线位置，作为开槽的依据。其放样方法与路基边桩放样方法相同。

当地面平缓时，如图 13-4 所示，开槽宽度按下式计算：

$$B = b + 2mh \tag{13-1}$$

当地面有起伏时，如图 13-5 所示，中线两侧槽口并不一致，半槽口宽度可用下式计算：

$$\left.\begin{aligned} B_1 &= \frac{b}{2} + m(h - h_1) \\ B_2 &= \frac{B}{2} + m(h + h_2) \end{aligned}\right\} \tag{13-2}$$

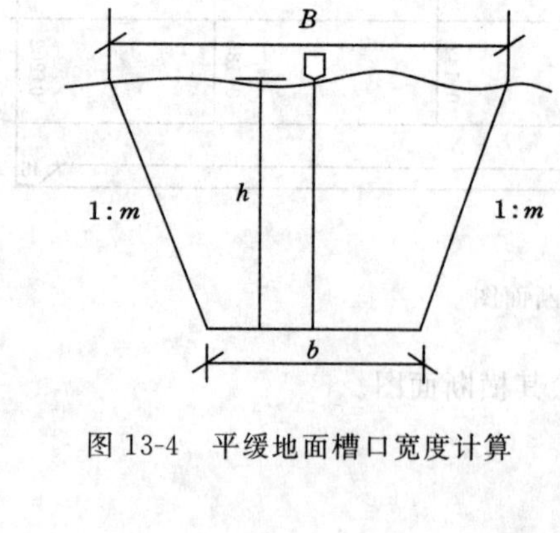

图 13-4 平缓地面槽口宽度计算

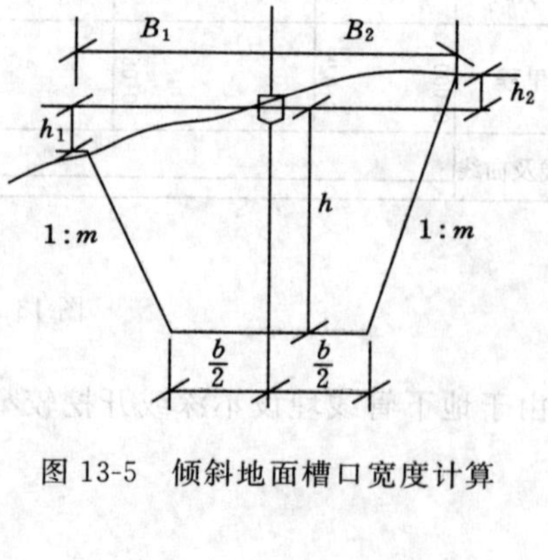

图 13-5 倾斜地面槽口宽度计算

三、施工控制桩测设

管线施工测量的主要任务是根据工程进度要求，测设控制管线中线和高程位置的施工控制桩。其方法有坡度板法和平行轴腰桩法(平行轴桩控制中线，其对应之槽坡腰桩控制坡度)，今以坡度板法为例予以说明。

1. 设置坡度板和测设中心钉

管线的埋设要按设计的中线和坡度进行，因此，在开挖管槽之前应设置施工测量标志。通常采用埋设坡度板、测设中心钉的方法控制管线的平面位置。

管线中心主点及检查井中心的位置在地面确定之后，根据检查井的尺寸、管径大小、埋设深度以及土质情况，决定管槽的开挖尺寸，并撒上灰线作为施工的依据。

在管线开挖时，管线中心线上各桩通常被挖掉，为了控制开挖后中线方向和管线的设计高程每隔 10～15 m 埋设一块坡度板。遇到有检查井、支线等构筑物时，应予以加设。坡度板埋设要牢固可靠，板的顶面应保持水平，如图 13-6 所示。

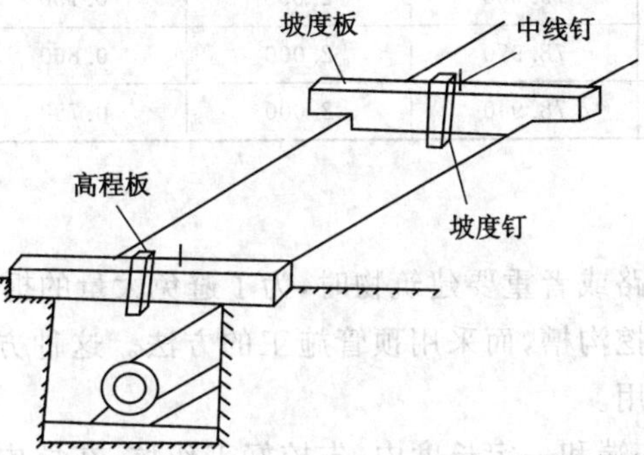

图 13-6　坡度板和中心钉测设

坡度板埋好后，将经纬仪安置在中线的控制桩上，照准远处一个中线控制桩，将中线方向投到坡度板上，并钉上中心钉。各坡度板上中心钉的连线即为中线方向。

2. 测设坡度钉

管线要求有一定的高程和坡度。施工时，为了控制管线的埋设深度和坡度，还需测设出中线上各坡度板顶部的高程。板顶高程与相应的管底设计高程之差，就是从板顶向下挖土的深度。由于地面有高低起伏变化，故每块坡度板处向下挖的深度都不一样，在施工中则用坡度钉来控制。如图 13-6 所示，管槽挖到一定深度，在坡度板上中线一侧钉一高程板(也称坡度立板)，在高程板上测设一坡度钉，使各坡度钉的连线平行于管线设计坡度线，并距管底设计高程为一整分米，这称为下反数。利用下反数，检查和控制管线的坡度和高程。坡度钉的测设方法较多，常用的是“应读前视法”，其做法如下：

后视水准点，求得视线高程。

选定下反数，计算坡度钉的“应读前视”：

$$应读前视=视线高程-(管线设计高程+下反数)$$

在坡度板顶部立尺，读出板顶前视读数，算出测设坡度钉需要的改正数：

$$改正数=板顶前视-应读前视$$

或在高程板侧面上下移动尺子，直至尺子读数为应读前视值时，在尺子底缘划线，此线即是坡度钉位置。

式中，若改正数为正，表示由顶向上量距打钉，若改正数为负，表示由板顶向下量距打钉。

钉好坡度钉后，再检测一次，误差应为±2 mm以内。

表13-1为"应读前视法"测设坡度钉记录计算表实例。

表13-1　　用"应读前视法"测设坡度钉记录计算实例

工程名称 ××污水　　设计坡度 −3%　　水准点 BM_1 高程 80.465 m

测点板号	后视/m	视线高/m	管底设计高程/m	坡度钉下反数/m	坡度钉实读数/m	坡度钉应读数/m	改正数 ΔH/m
1	2	3	4	5	6	7	8=6−7
BM_1	1.357	81.822					
0+000			79.000	2.000	0.750	0.822	−0.072
0+010			78.970	2.000	0.860	0.852	+0.008
0+020			78.940	2.000	0.788	0.882	−0.094

四、顶管施工测量

当管线穿越铁路、公路或者重要建筑物时，为了避免大量的拆迁工作和保证原有建筑物不被破坏，往往不允许开挖沟槽，而采用顶管施工的方法。这种方法，随着机械化施工程度的提高，已经被广泛地采用。

此方法是在管道的一端和一定长度内，先挖好工作坑，在坑内安置导轨，将管筒放在导轨上，然后用顶镐将管筒沿管线方向顶进土中，并挖出管内泥土。顶管施工比开挖沟槽施工复杂，精度要求高。顶管施工中测量工作的主要任务是掌握好管道中线方向、高程和坡度。

1. 顶管测量的准备工作

(1) 设置中线桩

中线桩是工作坑放线和控制管道中线的依据。首先根据设计图上管道的要求，利用经纬仪将中线桩分别测设在工作坑的前后，让前后两个中线桩互相通视，然后确定工作坑开挖边界。工作坑的开挖尺寸一般为4 m×6 m或5 m×7 m(可根据管径、管长和顶管机械而定)，开挖边界取决于坑的深度和开槽坡度(开槽坡度取决于土质)，开挖边界用白灰线表示。

工作坑开挖到设计高程时，可将中线桩引测到坑壁上，并钉立大钉或木桩，此桩称为顶管中桩线，以此标定顶管的中线位置，如图13-7所示。

(2) 设置坡度板和水准点

在工作坑开挖到一定深度后，即可在坑的两端牢固埋设坡度板，然后根据中线桩把管道中线测设在坡度板上，并钉上中心钉。再钉高程板，按设计要求放样出坡度钉的位置。中心钉是管道顶进过程中的中线依据，坡度钉是控制挖槽深度和安装导轨的依据。

为了控制管道按设计高程和坡度顶进，需要在工作坑内设置临时水准点，一般要求设置两个，其高程误差不大于±5 mm，以便相互检核。

(3) 导轨的计算与安装

顶管时，坑内要安装导轨，以控制顶进方向和高程。导轨一般安装在混凝土垫层上，垫层面的高程及坡度都应符合设计要求。

如图 13-8 所示，顶管半径为 R，导轨间距为 A_0，则可求得轨道接触处到顶管中心的高差 h'，或到管底的高差 $R-h'$，由此可求得轨顶高程应为：

$$\text{轨顶高程} = \text{管底设计高程} + (R - h')$$

据此，便可确定导航的高度和坡度，再根据中线钉确定导轨中线位置。

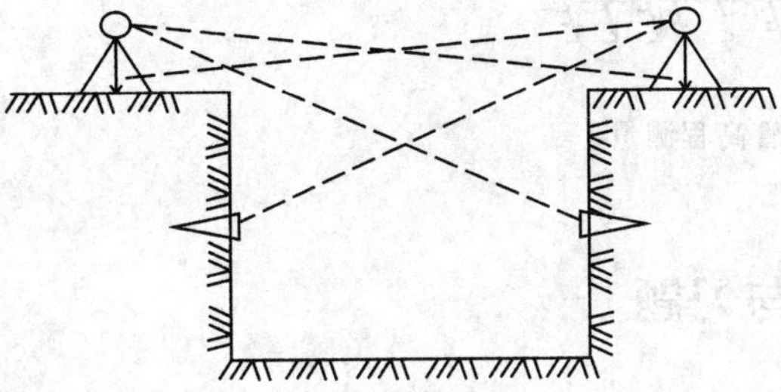

图 13-7　顶管中线位置标定

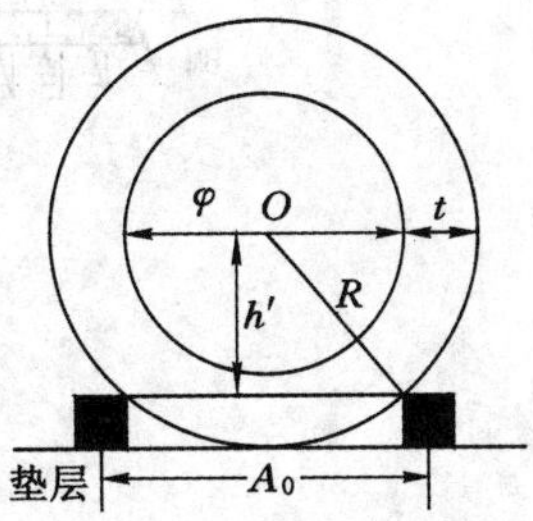

图 13-8　轨顶高程计算

2. 顶进中的测量工作

在顶管施工过程中，测量的主要任务是控制中线方向、高度和坡度。

(1) 中线测量

如图 13-9 所示，在坑内两个中线桩之间拉一条细线，并在细线上挂两个垂球，两个垂球的连线即为顶管中心方向。在管内设置一把横放水平尺，尺长略小于管的内径，尺上有刻划及中心钉。顶管时用水准器将尺放平，通过管外两垂球，投入管内一条细线，与水平尺的中心钉作比较，即可测量出顶管中心是否有偏差。若偏差超过 1.5 cm，则需要校正管子。

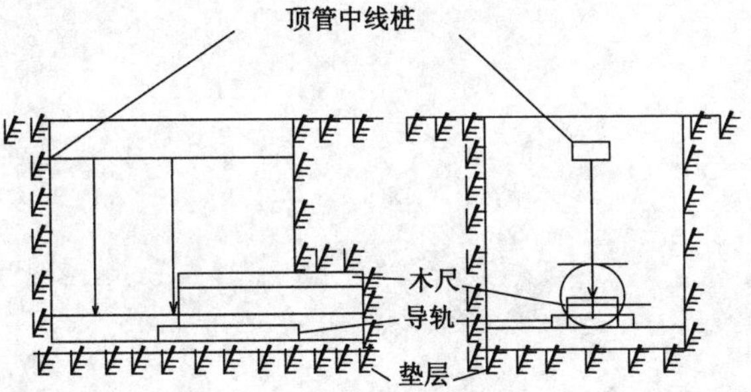

图 13-9　顶管中线测量

此法适用于短距离顶管施工，若距离较长，可分段进行。

(2) 高程测量

将仪器安置在工作坑内，后视临时水准点，前视标尺立于管内待测点上，即可测得各点高程，与相应的管底设计高程比较，便可得到校正顶管坡度的数值，如图 13-10 所示。

此外，也可用测比高的方法来测定管底坡度，为此，在坑内设一临时水准点，使其高程等于顶管起点的管底高程。这样，水准仪的后视读数和前视读数之差，就是前视点和顶管起点的坡降值，并和设计坡度值比较，其差值一般不应超过±1 cm，否则，立即进行改正。

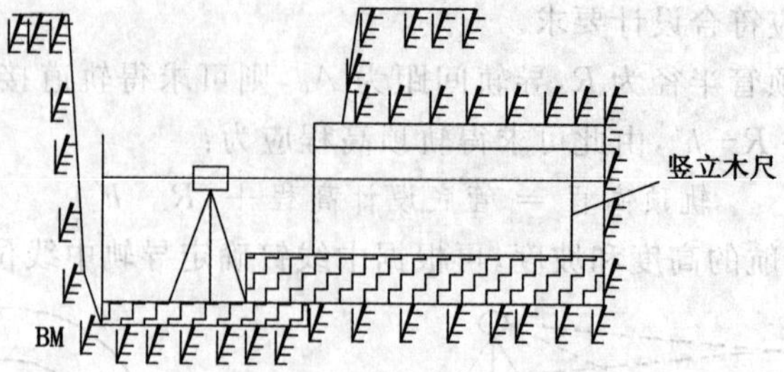

图 13-10　顶管高程测量

思考题与习题

1. 管线工程各阶段的测量工作有哪些？
2. 管线中线测量的主要内容包括哪些？
3. 如何进行管线主点测设？
4. 管线施工测量前的准备工作有哪些？
5. 如何进行管线施工的槽口放线？
6. 管线施工控制桩测设的主要方法有哪些？以坡度板为例具体说明其作业过程。
7. 如何进行顶管施工测量？

第十四章　输电线路测量

【本章要点】：本章主要介绍架空送电线路设计测量和施工测量的基本方法，包括线路方案的选择、选(定)线测量、交叉跨越测量、平断面测量、杆(塔)定位测量、线路施工复测、补桩测量以及基坑测量等的基本方法。

第一节　输电线路施工设计测量

架空送电线路(以下简称送电线路或线路)勘测设计是一项综合性的技术工作，它涉及测量、地质、水文、电气、结构等专业，而其中设计测量是这项工作的主要内容，包括选线测量、定线测量、断面测量、交叉跨越测量和定位测量。本章仅介绍送电线路的测量顺序以及它的测量方法。

一、线路路径方案的选择

线路路径的选择称为选线，是勘测设计工作的一个重要环节。选线的目的要全面符合国家项目建设的有关规范，解决所涉及与其他建设项目相互地理位置之间的协议关系，充分研究比较线路所经区域的地形、水文、地质条件，在满足上述条件的情况下，选择线路长度最短、施工方便、运行安全、便于维护的路径方案。

1. 室内选线

根据线路规划建设的要求和已知起讫点的地理位置，利用地形图或者航摄像片，选择线路的路径走向。在选线的过程中，首先在起讫点间或重要拐点间划一条直线，目的是使路径的走向围绕这条直线前进。在线路所途经区域要考虑如下因素：

① 已有地上、地下的建筑物和规划建设中各项工程设施的影响，如军事设施、重要工矿区域、农林建设、无线电台(站)等。

② 考虑城镇、乡村规划区。

③ 避开洼地、冲刷地带、不良地质和地形复杂地带。

④ 与重要的通信设施的跨越或平行情况。

⑤ 综合考虑安全运行、施工及维护、交通条件、转角和跨越以及线路长度等因素。

⑥ 预留规划中其他线路路径走廊。

根据上述因素选择几个初步方案，经过经济、技术、安全及环保等方面的综合比较，最后确定一两个在各方面都比较优越的路径方案，并在地形图上标定出线路路径的走向和起讫点及转角位置。如果采用 GPS 方式定位，可根据地形图图根坐标，计算出各拐点的坐标。该图称为“线路路径图”，这项工作就是室内定线。

2. 实地勘察

实地勘察是根据线路路径图上已经选出的初步方案到现场逐点地察看，核实地形、地貌的变化情况，确定方案的可行性。在实地勘察的过程中用罗盘仪或经纬仪初测线路转角。并在线路必须通过的位置留下标记，作为以后定线测量时的测量目标。对于大跨越点或拥挤地段的重要位置还要绘制平面图。同时对施工运输的道路、航道，受线路影响范围内的通信线路和其他跨越物，以及线路所经地带的地质、水文等情况，进行详细调查。对路径影响范围内各方面的技术原则落实之后，且经现场勘查该路径方案的技术性可行，并经设计审查通过，最后路径方案才能正式确定。然后再进行终勘定线、断面测量及杆塔定位等工作。

二、选定线测量

1. 选线测量

选线测量是根据已经确定的路径方案，采用经纬仪将线路中心的起点、直线点、转角点和终点的位置逐点在实地确定，并用标志物标定方向，作为定线测量的依据。

测定线路中心线和转角位置，并沿线进行钉桩、测角、量距，把线路中心线在地面上标定出来，作为断面测量依据。

2. 定线测量

定线是根据选线测量所确定的路径，将线路中心线的起点、转角点和终点间各线段，用标桩精确地固定于地面上。定线测量一般有下列几种方法。

(1) 直接定线

直接定线是采用经纬仪正(盘左)、倒(盘右)镜分中法延长直线，称为正倒镜分中法，如图 14-1 所示。

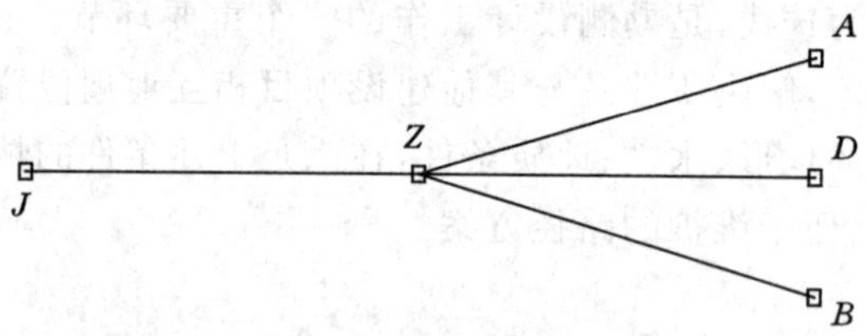

图 14-1 正倒镜分中法

将仪器安置在 Z 直线桩上，对中整平后，正镜对准线路后视目标 J，倒转望远镜在线路前方定出 A 点。放松照准部制动螺旋，用望远镜重新对准后视目标 J(即倒镜位置)，再倒转望远镜又定出线路前方 B 点。若 A、B 两点重合，该点就是 JZ 直线延长线上的一点；如 A、B 两点不重合，应取 A、B 连线(且 $ZA=ZB$)的中点定桩 D，则 D 桩为 JZ 直线延长线上的一个直线桩。

(2) 间接定线

线路前视方向有房屋等障碍物不能通视时，采用矩形法或三角形法等间接方法延长直线。

① 矩形定线法。如图 14-2 所示，AB 直线前视方向视线被房屋挡住，即采用矩形法延长 AB 直线。将仪器安置在 B 点，以 A 点为后视方向，测出$\angle B=90°$，在视线方向上，越过障碍物测设 C 点，量取 BC 距离。将仪器移至 C 点安置，后视 B 点，测出$\angle C=90°$，在视线方向同样量取 CD 距离，测得图中的 D 点。然后将仪器再移至 D 点安置，依同法测得 E 点。最后，将仪器安置于 E 点，定出直线 AB 的延长线 EF，且在 F 点钉直线桩。

为保证直线方向，要求 $BC=DE$，并用钢尺量距法往返量取距离，相对误差不大于

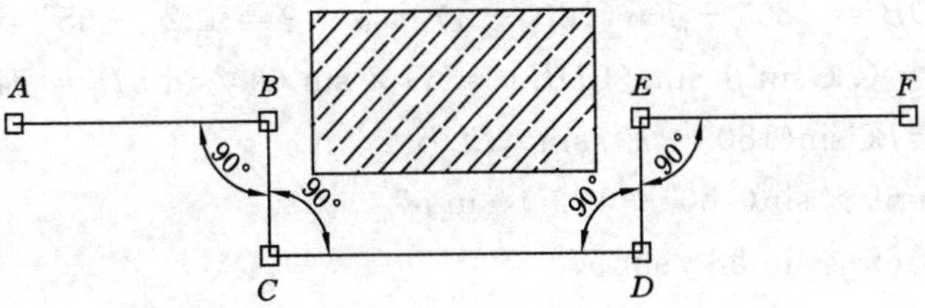

图 14-2　矩形定线法

1/2 000。CD 边可用视距法测量,各转角点的水平角为∠B=∠C=∠D=∠E=90°。采用水平角的测回法施测一测回,半测回之差应符合测量技术规定。施测时,应将望远镜的十字丝瞄准木桩小钉子,以避免偏心误差。

采用全站仪(光电测距法)施测时,各线段长度可用光电测距,为减少棱镜的偏心误差,应将棱镜直接放置在木桩小钉子上。

② 三角形法定线。用三角形法延长直线的测量方法如图 14-3 所示,直线 AB 的前视方向不通视,可采用三角形法测定出 AB 的延长线,其施测方法及要求与矩形法施测相同。施测时尽可能采用等腰三角形方法,如因地形条件限制也可采用任意三角形法,其测量程序完全相同。

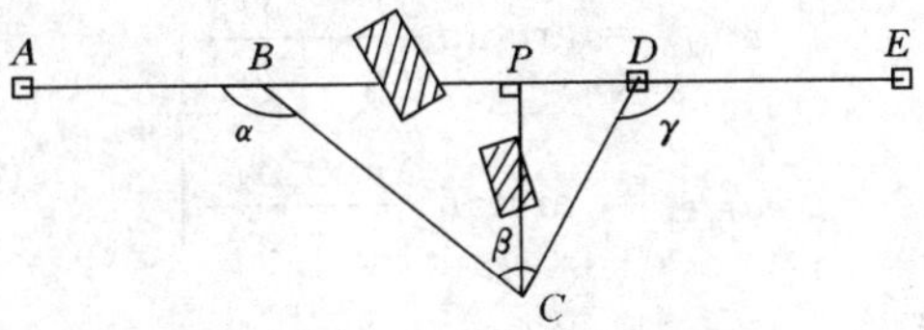

图 14-3　三角形法定线

将仪器安置于 B 点,转角 α 测设 BC 线段,BC 线长要越过障碍物。然后在 C 点安置仪器,后视 B 点,测设∠BCD 为 β。计算 CD 长度,测定 D 点。最后,根据∠CDE 的角度 γ,测定出的 DE 即为直线 AB 的延长线。

例 14-1　如图 14-3 所示,已知 $\alpha=122°$,$\beta=65°$,$BC=69$ m。求解角度 γ、距离 CD、BD。

解法一:过 C 点作 BD 的垂线,垂足为 P,将任意三角形△BCD 分解成两个三角形 Rt△BCP和 Rt△CDP,则:

$$\angle BCP = 90° - (180° - \alpha) = 90° - (180° - 122°) = 32°$$

$$BP = BC\sin 32° = 69 \times \sin 32° = 36.564(\text{m})$$

$$CP = BC\cos 32° = 69 \times \cos 32° = 58.515(\text{m})$$

$$\angle DCP = \beta - \angle BCP = 65° - 32° = 33°$$

$$PD = CP\tan\angle DCP = 58.515 \times \tan 33° = 38.000(\text{m})$$

$$CD = CP/\cos\angle DCP = 58.515/\cos 33° = 69.771(\text{m})$$

$$BD = BP + PD = 36.564 + 38.000 = 74.564(\text{m})$$

$$\gamma = 90° + \angle DCP = 90° + 33° = 123°$$

解法二:采用任意三角形公式求解,则:

$$\angle CDB = 180° - \beta - (180° - \alpha) = \alpha - \beta = 122° - 65° = 57°$$

$$BD = (BC\sin\beta/\sin\angle CDB) = 69 \times \sin 65°/\sin 57° = 74.565(\text{m})$$

$$\begin{aligned} CD &= BC\sin(180° - \alpha)/\sin\angle CDB \\ &= 69 \times \sin(180° - 122°)/\sin 57° \\ &= 69 \times \sin 58°/\sin 57° \\ &= 69.772(\text{m}) \end{aligned}$$

$$\gamma = 180° - \angle CDB = 180° - 57° = 123°$$

在实际施测中确定角度 β 或者距离 CD 往往根据 D 点地形要求进行，所以解法一比较简洁。当仪器移至 C 点安置后，直角三角形 $\text{Rt}\triangle BCP$ 已经确定，只要计算 $\text{Rt}\triangle CDP$ 的边角关系便可达到目的，计算直角三角形比任意三角形要简单。

(3) 坐标定线

当线路穿越城镇规划区或拥挤地段时，转角的位置往往提供坐标数据，并且已获得附近控制点（导线点或三角点）的坐标数据，我们可以根据已知点的坐标数据反算其方位和距离，并利用控制点测定线路转角桩的位置。

如图 14-4 所示，P_1、P_2 为已知控制点，J_1、J_2 为要测设点。从图中可以看出，P_1 到 J_1 的方位角为：

$$\left.\begin{aligned} \alpha_{P_1J_1} &= \arctan\frac{y_{J_1} - y_{P_1}}{x_{J_1} - x_{P_1}} \\ \alpha_{P_1P_2} &= \arctan\frac{y_{P_2} - y_{P_1}}{x_{P_2} - x_{P_1}} \end{aligned}\right\} \tag{14-1}$$

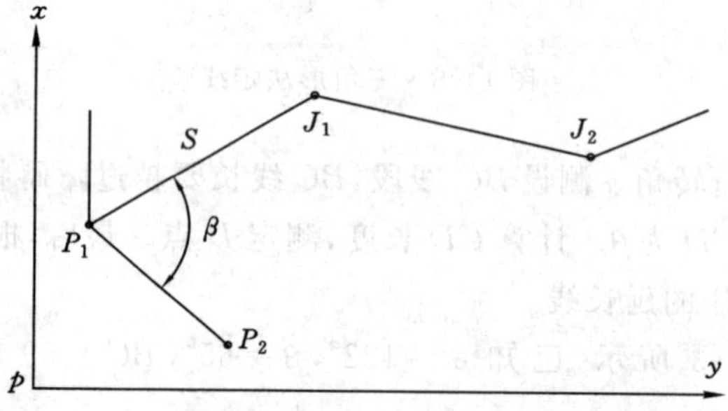

图 14-4 坐标定线法

求得 P_2P_1 与 P_1J_1 两边夹角 β：

$$\beta = \alpha_{P_1P_2} - \alpha_{P_1J_1} \tag{14-2}$$

P_1 到 J_1 的距离 S 按下式计算：

$$S = \sqrt{(x_{P1} - x_{J1})^2 + (y_{P1} - y_{J1})^2} \tag{14-3}$$

定线时，将仪器安置于 P_1 点上，后视 P_2 点转 β 角，并量取 S 距离，即测定出 J_1 点的位置。依同法可定出 J_2 及其他各点。

距离 S 采用钢尺进行往返测量，相对误差不大于 1/2 000，或采用全站仪（光电测距）直接测量。角度 β 用测回法施测一测回，半测回之差不大于 $\pm 1'$。

例 14-2 如图 14-4 所示，已知 P_1 坐标 $x = 500$ m，$y = 1000$ m，P_1P_2 边的方位角 $\beta =$

131°42′47″，J_1 坐标 $x_1=913.970$ m，$y_2=1694.810$ m。求 β 和 S。

解：按式(14-1)、式(14-2)和式(14-3)，有：

$$\alpha_{P_1J_1}=\arctan\{(1694.810-1000)/(913.970-500)\}=59°12'48''$$

$$\beta=131°42'47''-59°12'48''=72°29'59''$$

$$S=\{(913.970-500)^2+(1694.810-1000)^2\}^{1/2}=808.784(\mathrm{m})$$

(4) GPS 定线

① GPS 坐标系统——GPS 采用 WGS－84 坐标系统，其坐标原点位于地球质心，X 轴和 Y 轴在赤道平面内正交 Z 轴，并与 X、Y 轴构成右手坐标系。它们可以有两种表达方式：纬度、经度与高程的地理坐标方式，或者由 X、Y 和 Z 组成地心坐标方式。

② 坐标系转换——我国目前广泛采用的大地测量坐标系是 1954 年北京坐标系，或者以此为基准建立起来的地方坐标系。在 GPS 测量中，为了使塔位符合规划要求，经常要进行坐标系转换，坐标系转换就是不同基准间的转换。转换方法很多，其中，最常用为七参数转换法，七个转换参数为 3 个平移参数、3 个旋转参数和 1 个尺度参数。

③ 定线施测——GPS 施测有两种模式：一是测量，即将地面上的点通过 GPS 采集以获得该点的坐标值；二是放样，即通过已知坐标值，由 GPS 确定该坐标值的地面点。

由于 GPS 定线不需要点与点之间通视，而且实时动态地显示当前的位置，所以施测过程中非常容易控制线路走向以及与其他构筑物的几何关系。如图 14-5 所示，K_1 和 K_2 是两个线路中心的控制点，首先用 GPS 流动站分别在这两个点上进行测量，获得 K_1、K_2 坐标信息，将 K_1、K_2 设置成直线，然后以该直线作为参考线，根据 GPS 的实时指示放样线段中间各点，即可完成 J_1 至 J_2 段的定线施测。

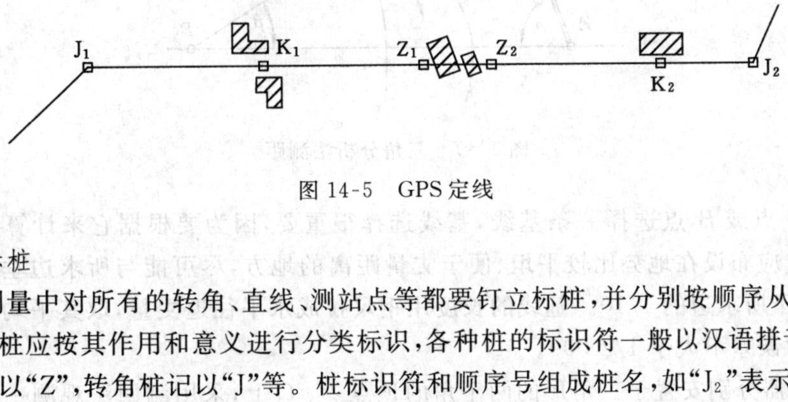

图 14-5　GPS 定线

3. 钉标桩

定线测量中对所有的转角、直线、测站点等都要钉立标桩，并分别按顺序从线路起点开始编号。标桩应按其作用和意义进行分类标识，各种桩的标识符一般以汉语拼音字母表示。如直线桩记以“Z”，转角桩记以“J”等。桩标识符和顺序号组成桩名，如“J_2”表示第 2 个转角桩，桩名在同一工程中是唯一的。

桩位应尽量选在便于安置仪器，能控制地形方便断面测量的位置，并保证线段之间各桩互相通视。

4. 测水平转角

直线桩和转角桩的水平角，一般以测回法观测一个测回，取其平均值，半测回之差不大于±1′。

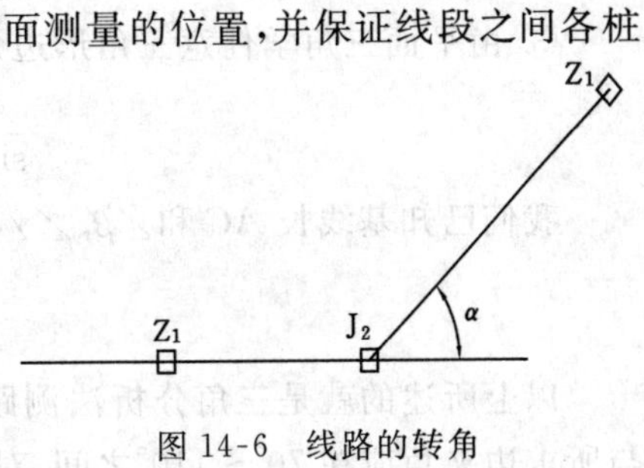

图 14-6　线路的转角

线路的转角是指转角点两侧线路中心线之间水平夹角的补角，即转角点的线路前进方向与原线路的延长线方向之间的水平夹角，如图 14-6 所示。转角 α 折向原线路延长线的左边，称为左转；α 角在延长线的右边，成为右转。

施测线路转角 α 的方法是在转角的顶点安置仪器，如图中 J_2 桩上，瞄准线路后视方向（如图中 Z_1）为依据，用测回法测定线路转角。

采用 GPS 测量，线路转角是通过两条线段的方位角计算获得。

5. 距离及高程测量

距离及高程测量是要测出各桩位间的水平距离以及他们之间的高差。当采用视距法测量时，在平地时应不超过 400 m，在丘陵地带应不超过 600 m，在山区应不超过 800 m；当透视条件不好时，还应适当减少视距长度或停止观测。当采用光电测距时，测距长度与仪器测程和棱镜组有关。采用 GPS 相位差分测量与观测到的卫星数量、轨道分布和与基站间距离有关，而与桩间距离无关。

当视距测量有困难或测量精度无法满足要求时，可采用三角分析法、横基线法等方法。

三、三角分析法测距

当线路跨越河流、山谷或其他障碍物，两点间的距离又较远，用直接丈量方法和视距测量有困难或测量精度无法满足要求时，在线路测量中常采用三角分析法测距。

如图 14-7 所示，A、B 两点间的距离为待测距离，A、C 是根据现场地形布设测定基线。施测程序和要求如下：

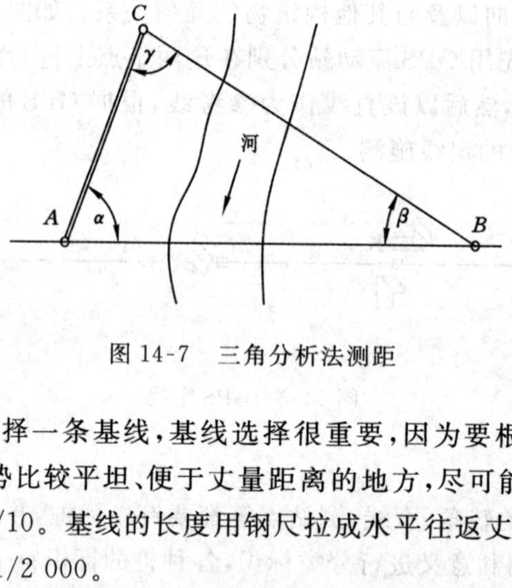

图 14-7　三角分析法测距

① 在 A 点或 B 点选择一条基线，基线选择很重要，因为要根据它来计算所要测的距离，所以基线应布设在地势比较平坦、便于丈量距离的地方，尽可能与所求边垂直。基线的长度不宜小于所求边的 1/10。基线的长度用钢尺拉成水平往返丈量，取其平均值作为测量成果，其相对误差不大于 1/2 000。

② 将仪器分别安置于三角形的两个角的顶点 B、C 上，采用测回法观测一个测回施测其水平角 β、γ 的角值。半测回之差不大于 $\pm 30''$。

③ 由平面三角学任意三角形边角关系的正弦定理知：

$$\frac{AB}{\sin\gamma} = \frac{AC}{\sin\beta} = \frac{BC}{\sin\alpha}$$

我们已知基线长 AC 和 $\angle\beta$、$\angle\gamma$，则 AB 距离为：

$$AB = AC\,\frac{\sin\gamma}{\sin\beta} \tag{14-4}$$

以上所述的就是三角分析法测距的原理。线路测量技术规定：小角应不小于 1°，基线与所求边夹角应在 70°～110°之间，对两个小角需进行实测。

四、横基线法测距

横基线法测距是利用视差角的原理进行的测距方法，它适用于待测距离间有河流、山丘等不便直接丈量的地形。

施测方法如图 14-8 所示。待测 A、B 两点间的水平距离 D，MN 是一把专用的横基线尺，其标准长度一般为 2 m。将仪器安置于 A 点，整平，对中。在 B 点安置一个三脚架，在架面上水平放置一把横基线尺 MN，其长度为 l，尺长的中心对准 B 点，并使尺 MN 与 AB 线垂直。将仪器分别瞄准尺子两端，测出 M、N 两端间的水平夹角 α，这个夹角称视差角。则 A、B 两点间的水平距离 D 可由下式求出

$$D = \frac{l}{2}\cot\frac{\alpha}{2} \tag{14-5}$$

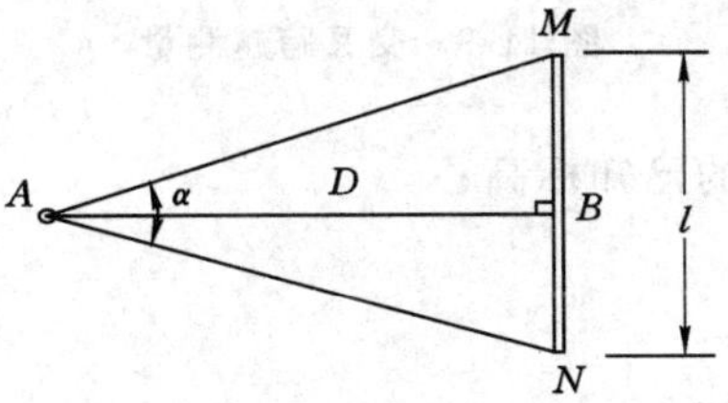

图 14-8　横基线法测距

横基线法测距的精度取决于横基线尺长度是否正确、测量距离的远近以及测角的精度等因素。为保证测量成果的精度，测视差角应用精度较高的仪器，应测两个测回，取其平均值，但单角角差不应大于 5″。其基线尺与待求距离长度之比，不应大于 1/250。

五、交叉跨越测量

送电线路与河流、电力线、弱电线(指电话线、有线电视、光纤等通信线)、铁路，公路以及地上地下构筑物交叉跨越时，都必须进行交叉跨越测量。测定与被跨物交叉点的位置，以及被跨越物的标高，作为确定该档档距和弧垂设计的参考依据。

当线路跨越河流时，除施测断面外，还要测量河岸、滩地和航道的位置，以确定跨河杆塔定位范围。

当线路跨越铁路、公路时应施测线路中心线与铁路、公路中心线的交叉角，以及轨顶标高或路面标高，并注明铁路或公路交叉点的里程。

当线路与电力线或弱电线交叉时，除施测被跨越物的标高外，对一、二级通信线应测交叉角，并将附近通信线杆的位置绘于图上。

如图 14-9 所示，以跨越送电线路为例，介绍其施测方法。图中 A 点为新建送电线路中心线一测站点，被跨越物是一送电线路，其最高点为一根避雷线，因此，应测量线路中心线与被跨越避雷线交叉点的避雷线标高。

将仪器安置在线路中心线测站 A 点上，已知其标高 i，B 点为线路中心线与避雷线交叉点在地面的投影。将视距尺(或棱镜)立于 B 点上，用视距测量法测出 AB 之间的水平距离 D。然后上旋望远镜，以中丝对准避雷线，用一测回法测出仰角 α 值。采用全站仪测量，可由内置软件遥测高程程序直接计算悬高 H_x。则避雷线的标高(即相对高程)按下式求出：

$$\left.\begin{aligned} H_B &= H_A + H_x + i \\ H_B &= H_A + D\tan\alpha + i \end{aligned}\right\} \tag{14-6}$$

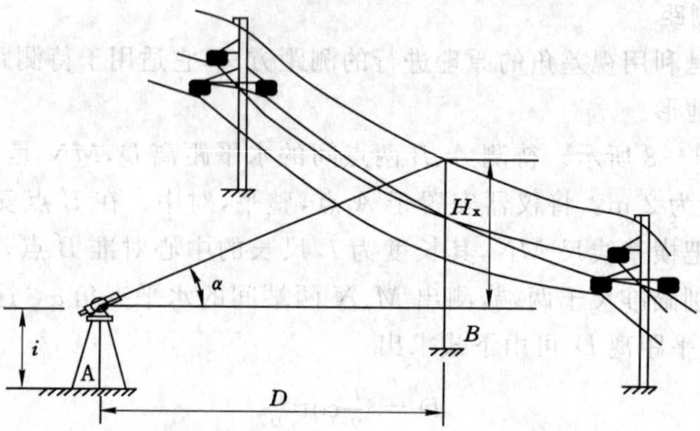

图 14-9 交叉跨越测量

式中 H_A——观测点(测站)的已知标高；

H_x——悬高；

i=仪器高度；

α——竖直角观测平均值；

D——观测点至交叉点的水平距离。

施测时应注意：

① 图中交跨点位于线路中心，当被跨越避雷线的左、右侧存在高差时，还需测出线路边线与避雷线较高侧交叉点的标高；同理，当线路穿越已有线路时，应测出本线路的避雷线与已有导线较低侧交叉点的标高。

② 重要交跨应在前视方向和后视方向各施测一次，彼此校核。

③ 当新建线路完工后，在试运行之前，需对跨越电力线路、重要通信线及铁路、公路、架空管索道等重要交叉跨越处的实际垂直高度，按交叉跨越的施测方法进行实测，并将实测数据，换算成导线最大弧垂状态时与被跨越物的最小垂直距离，并校核是否能满足规程规定的要求。

六、平断面测量

当线路定线测量工作完成后，接下来的工作就是要对沿线路通道范围内进行平面和断面的测量。平、断面测量的目的在于掌握线路通道内地物、地貌的分布情况，利用这些技术资料确定杆塔的形式和位置，计算导线与地安全电气距离，为线路的电气设计和结构设计提供切实的基础技术资料。

1. 平面测量

平面测量就是测出线路中心两侧各 50 m 通道范围内的所有地形地物的标高及平面分布位置，称为平面测量。对 220 kV 及以下送电线路，要求测量线路中心两侧各 20 m 以内的地物；对 220 kV 以上送电线路，要求测量线路中心两侧各 30 m 以内的地物。

对线路中心两侧各 50 m 范围内的河流、建筑物、构筑物、经济作物、自然地物，以及通信线、电力线路进行平面测量，对交叉跨越测量应与平面测量、断面测量同时进行。

2. 断面测量

测出沿线路中心线及两边线方向或垂直方向的地形起伏特征变化点的高度和距离，这种测量称为断面测量。沿线路中心线施测各点地形变化状态，叫纵断面测量；沿线路中心线的垂直方向施测各点的变化状态，叫横断面测量。

架空送电线路的横断面测量中，主要测定地物、地貌特征点的里程和高程，对高程的精度要求不太高，而且主要是测定各特征点与送电线路导线间的相对距离，所以没有必要使用水准仪测定。使用普通光学经纬仪的视距法、全站仪的光电测距和 GPS 的全球定位测定线路断面，不但速度快，而且在测量精度方面也能满足线路测量的技术要求。

下面主要介绍视距法测量的方法。

(1) 纵断面测量

线路纵断面测量是施测线路中心线的地形断面，其目的是为了绘制纵断面图，以确定杆塔的形式、高度以及杆塔的位置，从而设计导线的弧垂对地、对被跨物的垂直距离是否符合规程所规定的电气距离的要求。

1) 断面点的选择

高低不平的地形，理论上有无数个断面点，所以，观测断面点数的多少，决定了地形起伏状态的详略。断面点测得越多，绘制的断面图就越接近实际。由纵断面测量的目的可知，对于地形无明显变化或明显不能立杆塔的地面点，以及对导线的弧垂没有影响的地面点，可以尽量不测。对线路跨越的地面建筑物、通信线、电力线、架空管道、水渠、冲沟以及旱地、水田、果园、桑地、沼泽地的边界等，这些点将会影响导线弧垂和杆塔位置的确定，同时又能反映地形变化特征，都必须施测出来。对导线弧垂与地面距离有密切影响的地段，应适当加密线路中心观测点或者施测边导线的断面点。所以断面点的选择应以控制主要地形变化为原则进行因地制宜的取舍。

2) 断面点的施测

如图 14-10 所示，以视距测量为例，介绍其施测方法及操作步骤。

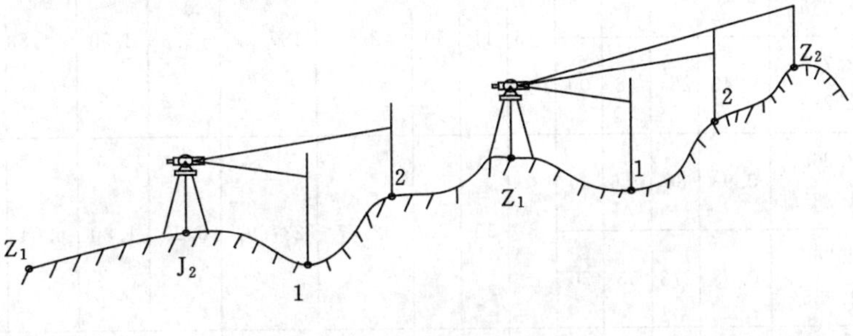

图 14-10　纵断面测量

① 将经纬仪安置在 J_2 桩上，并整平、对中，量取仪器高 i，依线路后视直线桩为依据，测定出线路前视方向，或者指挥司尺人员立标志杆于前视方向 Z_1 桩上，以标定测量方向。

② 线路方向标定后，锁定水平制动，观测员指挥司尺员立尺于图中断面点 1 上，使望远镜对准视距尺或棱镜。测出 J_2 与 1 点之间的视距、竖直角的读数，并将观测值记入记录簿(表 14-1)。然后依同法再观测图中 2 和 Z_1 的视距和竖直角。

③ 将仪器移至 Z_1 桩上安置，以后视 J_2 或前视 Z_2 为依据，测定出线路前视方向，按上述方法继续施测 Z_1 与 Z_2 间的各地形变化特征点。

④ 根据在观测站对各断面点的观测记录，分别计算观测站与断面点间的水平距离、高

差及标高并记录于表 14-1 中。

表 14-1　　　　　　　　　　视距断面记录

测站 仪高	测点	上丝读数 下丝读数	视距 间隔	竖角读数 °	′	″	平均竖角 °	′	″	水平 距离	里程	始算 高差	中丝 读数	高差	标高	备注
	1	1.865 1.335	0.53	96	15	20	−6	15	10	52.37	52.37	−5.74	1.6	−5.84	94.16	J 标高 100 m
J_2	1	1.865 1.335	0.53	263	45	00										
	2	1.98 1.02	0.96	87	16	00		43	50	95.78	95.78	4.57	1.5	4.57	104.57	
	2	1.98 1.02	0.96	272	43	40										
1.5	Z_1	2.335 0.865	1.47	83	54	20	6	05	30	145.34	145.34	15.51	1.6	15.41	115.41	
	Z_1	2.335 0.865	1.47	276	05	20										
	(1)	0.63 0.57	0.06							6.00			0.6	0.95	116.31	左边相
	(1)	0.63 0.57	0.06													
Z_1	1	2.715 2.285	0.43	95	11	40	−5	11	50	42.65	187.99	−3.88	2.50	−4.83	110.58	
	1	2.715 2.285	0.43	264	48	00										
1.55	2	2.265 1.335	0.93	86	0.6	40	3	53	20	92.57	237.91	6.29	1.80	6.04	121.45	
	2	2.265 1.335	0.93	273	53	20										
	Z_2	2.98 1.43	1.56	83	31	00	6	28	50	154.01	299.35	17.49	2.20	16.84	132.25	
	Z_2	2.98 1.42	1.56	276	28	40										

3）纵断面图的绘制

在送电线路测量中的断面图绘制，为了使排杆定位和其相互之间的距离直观明了，一般采用方格纸(毫米纸)绘制。根据断面记录计算出的各断面点的里程、标高，在方格纸的纵线上画标高，横线上画里程，并将各断面点以线连接即成纵断面图，如图 14-11 所示。

为了突出地形变化的特点，纵向比例尺常大于横向比例尺。送电线路断面图通常采用纵向 1∶500、横向 1∶5 000 的比例尺绘制。在城市规划区，往往档距比较小，且地物和交跨较复杂，断面图绘制时一般要放大比例尺，采用纵向 1∶200、横向 1∶2 000 的比例尺。

为配合现场杆塔定位，断面图一般采用随测随画作业方式，对于非主要地形控制点进行目测现场画断面图，构成一幅完整的送电线路纵断面图，作为线路设计的基础资料。

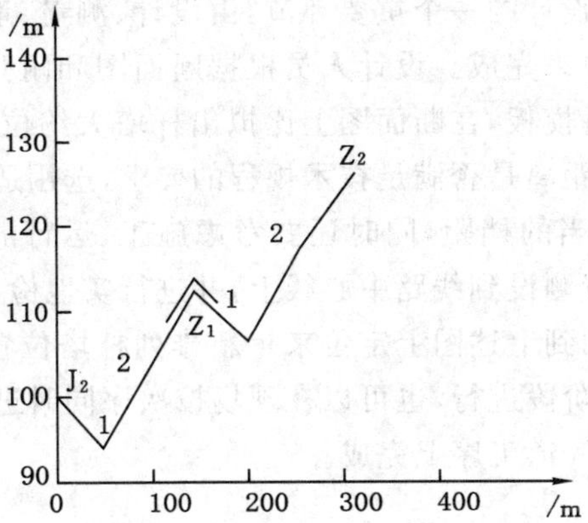

图 14-11　纵断面图测量

(2) 横断面测量

测量横断面是为了考虑线路两侧边导线对地的安全距离，以及杆塔基础的施工基面，是否符合架空送电线路技术规范的要求，如图 14-12 所示。一般规定在边导线地面高出中线 0.5 m 时，或线路在大于 1∶4 的斜坡上通过时，除测线路中心线断面外，还需测出边导线的纵断面和横断面的点。在进行边导线断面测量时，应注意边导线位置的准确性。进行横断面测量时，自中心线向两侧测出的距离，要根据线路电压等级和斜坡坡度确定。

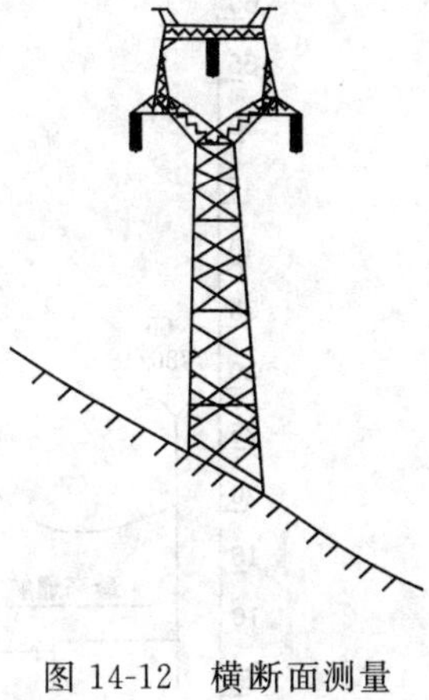

图 14-12　横断面测量

1) 施测方法

测量方法与纵断面测量相同，将仪器安置在线路的中心线上，测量线路垂直方向上各断面点间的距离和高差。横断面施测长度一般测 30 m 左右，也可近似地按下式计算：

$$\delta = S_1 + (f + \lambda)\sin\alpha + S_2 \tag{14-7}$$

式中　λ——绝缘子串长度；

f——大风时导线的弧垂；

S_1——线路中心与所测边导线间的距离；

S_2——安全距离；

α——导线风偏角。

2) 横断面图的画法

其画法及比例尺都与纵断面图相同。横断面图也画在纵断面图上，如图 14-11 所示，其位置在纵断面图连线的上、下方。横断面的中心线应与施测处纵断面的中心线同在一竖线上。为区分两侧边导线的断面图，左边导线以虚线表示，右边导线以点划线表示。

七、杆塔定位测量

杆塔定位测量是根据已测绘的线路断面图，设计线路杆塔的型号和确定杆塔的位置，然后把杆塔位置测设到已经选定的线路中心线上，并钉立杆塔位中心桩作为标志。

1. 杆塔定位

杆塔定位是送电线路设计的一个重要环节，由设计、测量、地质和水文专业人员相互配合，经图上定位和现场定位来完成。设计人员根据断面图和耐张段长度以及平面位置估列代表档距，选用相应的弧垂模板，在断面图上比拟出杆塔大约位置，看模板上导线对地的安全距离和对交跨物的垂直距离是否满足技术规程的要求，选用适当的塔型和高度，并最大限度地利用杆塔强度设置适当的档距，同时还要考虑施工、运行的便利和安全。在图上定位后，现场把图上的杆塔位置测设到线路中心线上，并进行实地检查验证。当发现塔位不合适时，可及时进行修正。再回到上述图上定位来重新排列杆塔位置，反复进行直至满足要求。图上定位和现场定位可分阶段进行，也可以在现场按次序同时进行。一般采用后者，将测断面、定位、交桩三项工作在一道工序上完成。

2. 定位测量

当杆塔的实地位置测设后，需对杆塔位的地面标高、杆塔位之间的距离（档距）及杆塔位的施工基面进行测量。最后将杆塔位、杆塔高度、杆塔型号、杆塔位序号档距弧垂的确定数据标画于断面图上。图 14-13 为送电线路的平断面图。

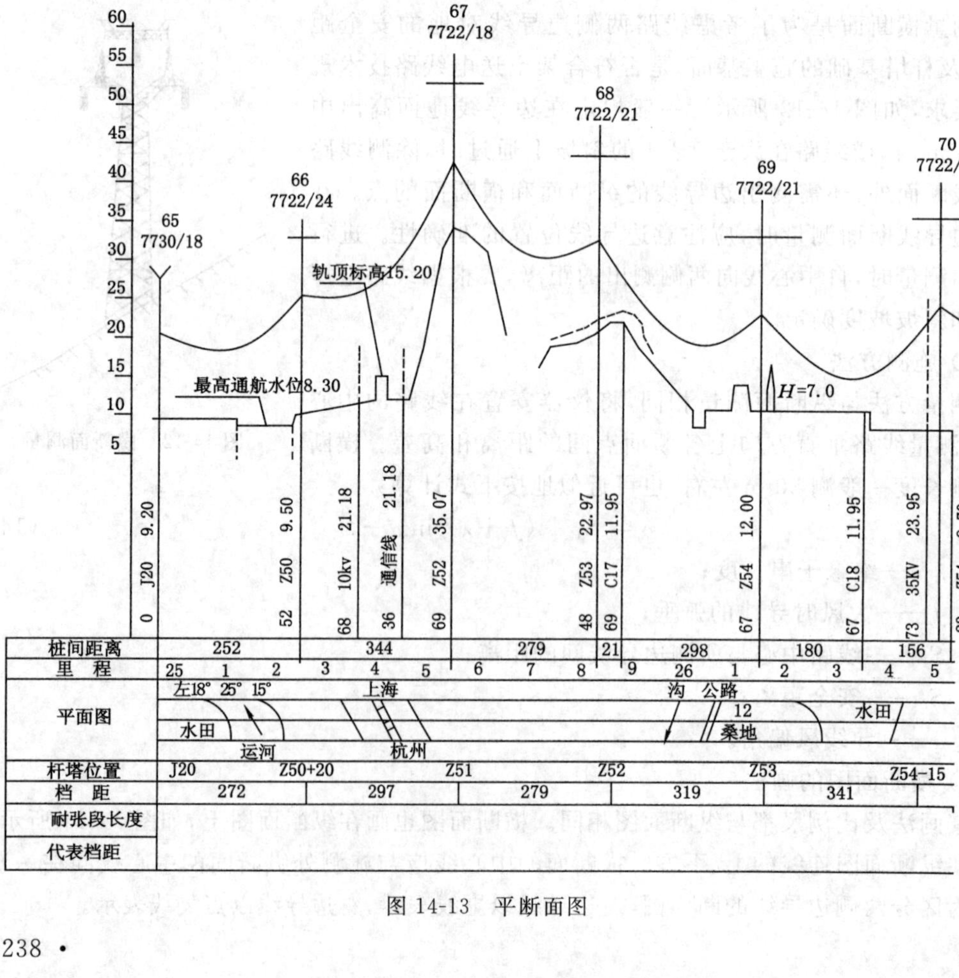

图 14-13　平断面图

第二节 输电线路施工测量

输电线路施工测量主要包括施工复测和分坑测量。施工前，根据施工图纸提供的线路中心线上各直线桩、杆塔位中心桩及测站桩的位置、桩间距离、档距和高程，进行复核测量。桩位以及相互距离和高差，其误差不许超过允许范围。若超出允许范围则应查明原因并予以纠正。当杆塔位置校核完成并无误后，根据盖塔的基础类型进行基础位置的测定及坑口的放样，这项工作称为分坑，而前项工作称为复测。通常把这两项工作合称为复测分坑。

一、线路杆塔桩复测

送电线路杆塔位中心桩的位置，是由设计人员经设计测量绘制的线路断面图，根据架空线的弧垂以及地物、地貌、地质、水文等有关技术参数精心设计确定的。由于设计定位到施工，需经过电气、结构的设计周期，往往间隔一段较长的时间。在这段时间里，因农耕或其他原因发生杆塔桩位偏移或杆塔桩丢失等情况。甚至在线路的路径上又新增了地物，改变了路径断面。所以在线路施工前，应按照有关技术标准、规范，对设计测量钉立的杆塔位中心桩位置进行全面复核。对于桩位偏移或丢桩情况，应补钉丢失桩。复测的目的是避免认错桩位、纠正被移动过的桩位和补钉丢失桩，使施工与设计相一致。施工复测的施测方法与设计测量所使用的测量方法完全相同。

1. 直线杆塔桩位的复测

直线杆塔桩位复测，是以两相邻的直线桩为基准，采用正倒镜分中法来复测杆塔位中心桩位置是否在线路的中心线上，如图 14-14(a)所示。图中 Z_1、Z_2 为直线桩，2 号为直线杆塔中心桩。将仪器安置在 Z_2 桩上，正镜后视 Z_1 桩上的标杆，然后竖转望远镜，前视 2 号杆塔桩测得 A 点；沿水平方向旋转望远镜，即倒镜瞄准 Z_1 桩，再竖转望远镜前视 2 号杆塔桩测得 B 点，量取 AB 之中点 C，如 C 点与 2 号桩重合，表明该直线杆塔桩位是正确的。如不重合时，量取 C 至 2 号桩的水平距离 D，D 为杆塔桩的横线路方向偏移量，偏移量应符合测量技术规程要求，如不超过限值，则为合格；超过时，应将杆塔位移至 C 点上，以 C 点作为改正后的杆塔桩位。

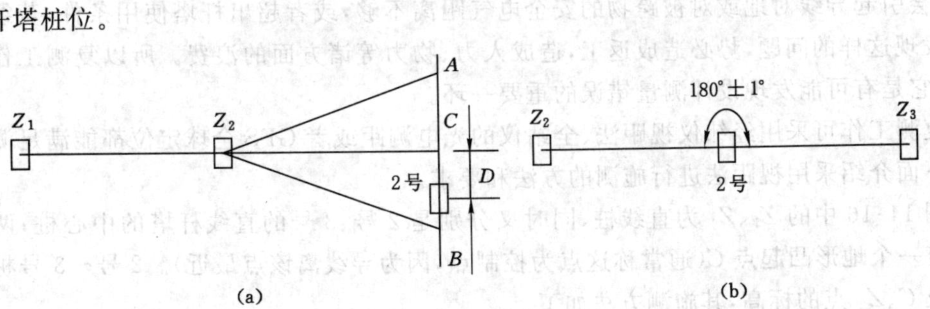

图 14-14 直线桩复测

另一种方法是用测水平角的测回法来确定，如图 14-14(b)所示。图中 Z_2、Z_3 为直线桩，2 号为直线杆塔中心桩。将仪器安置在 2 号桩上，依据后视 Z_2 桩为基准，复合盘左、盘右测水平角 $Z_2$2 号 Z_3 的平均角度值是否为 180°。如实测水平角平均值在 180°±1°以外时，则杆塔中心桩位置发生了偏移，根据角度和桩间距离可计算出偏移值。如横线路方向偏移值超出允许值，需采用正、倒镜分中法予以纠正。

2. 转角杆塔位的复测

转角杆塔桩位的复测，采用一测回法复测线路转角的水平角度值，其复测值是否与原设计的角度值相符合。一般往往存在一定的偏差，但偏差量不应大于1′30″。

如图14-15所示，将仪器安置在J_2转角桩上，瞄准后视方向直线桩Z_5（或转角桩），前视直线桩Z_6（或转角桩），测其右转角β，用测回法施测一测回。如所测角度值不大于误差规定值，则认为合格；如误差超过规定值，则应重新复测。如角度有错误应立即与设计人员联系，研究改正。

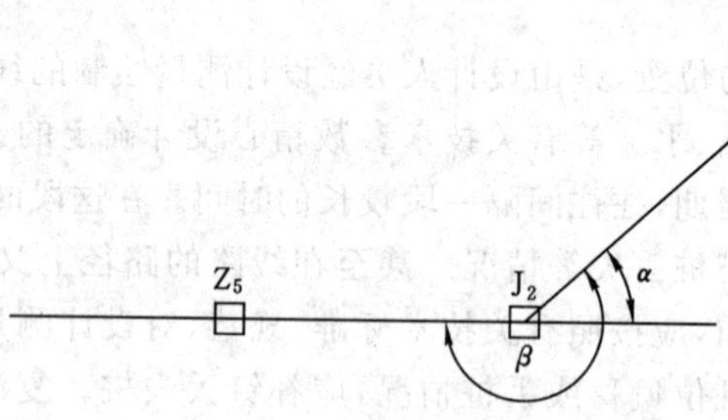

图14-15　转角杆塔位的复测

送电线路转角杆塔桩的角度，是指转角桩的前一直线的延长线与后一直线的夹角，即图14-15中的α。在前一直线延长线左侧的角叫左转角，右侧的角叫右转角。当测得的水平角值小于180°时，其角值为$\alpha=180°-\beta$，得到右转角值；若水平角值大于180°时，角值为$\alpha=\beta-180°$，得到左转角值。图14-15中的α角就是线路的左转角度。复测时用这个角值与设计图纸提供的角值对比，判定转角桩的角度是否符合要求。

3. 档距和标高的复测

送电线路杆塔的高度是依据地形、交跨物的标高和导线最大弧垂以及杆塔的使用条件来确定的。因此，若相邻杆塔桩位间的档距及杆塔位置、断面标高发生测量错误或误差较大，将会引起导线对地或对被跨物的安全电气距离不够，或者超出杆塔使用条件，若线路竣工后发现这样的问题，势必造成返工，造成人力、物力等诸方面的浪费。所以复测工作非常重要，它是有可能发现设计测量错误的重要一环。

复测工作可采用经纬仪视距法、全站仪的光电测距或者GPS全球定位都能满足测量要求。下面介绍采用视距法进行施测的方法和要求。

图14-16中的Z_1、Z_2为直线桩，同时又分别是2号、3号的直线杆塔的中心桩；两杆塔之间有一个地形凸起点C（通常称这点为控制点，因为导线离该点最近）。2号～3号桩间的档距及C、Z_2点的标高，其施测方法如下。

如图14-16所示，将仪器安置于Z_1桩位（也可安置在C点）上，量取仪器高i，使望远镜瞄准前视Z_2桩上的标杆，若前方不通视，则以后视直线桩位标定出线路前视方向。指挥司尺员沿前视立视距尺C点上，转动望远镜使十字丝对准视距尺上的切尺读数s。用正、倒镜先后测出竖直角θ_1及视距间隔的平均值，计算出Z_1～C点间的平距D_1和两点间的高差h_1，由已知Z_1的标高，则C点的标高为$H_{Z1}+h_1$。

再将仪器移至C点安置上，在Z_2桩位竖立视距尺，依上述同法观测，测出俯角θ_2及视

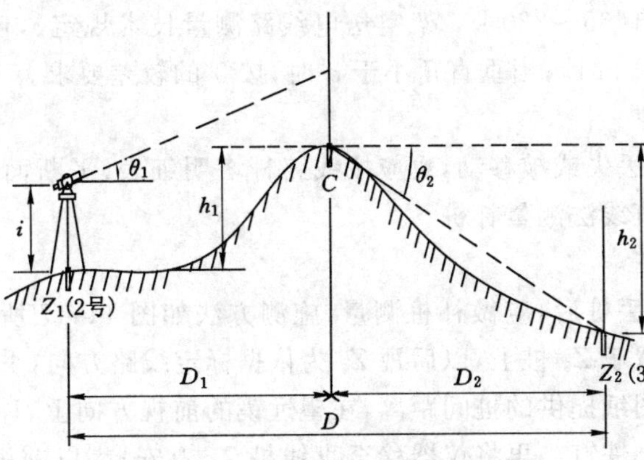

图 14-16　档距和标高的复测

距间隔的平均值，并计算出 $C\sim Z_2$ 间的平距 D_2 及负高差 h_2，则 2 号～3 号杆塔桩位之间的档距为 $D=D_1+D_2$，Z_2 桩位处的地面标高为 H_C+h_2。

最后根据复测后各桩间的档距和标高与原设计值进行比较，档距误差一般要求应不大于设计档距的±1%，高差应不超过±0.3 m。如误差超过允许范围时，应查明原因，予以纠正。

送电线路的地形是非常复杂的，而且没有重复性，所以施测方法也要因地制宜，灵活运用。如遇档距较大、凸起点多或中间还有交跨物时，应增加测站，分段观测，还可采用往返测来保证在复测中不发生错误。

4．补桩测量

有两种情况需要补桩：一是由于设计测量到施工测量要经过一段时间，因外界影响，当杆塔桩丢失或移位时，需要补桩测量，称为丢桩补测；二是设计时某杆塔位桩由某控制桩位移得到，如 5 号的杆塔位置为 Z_5+30，即 5 号位置由 Z_5 桩前视 30 m 定位，这种补桩测量称为位移补桩。补桩测量应根据塔位明细表、平断面图上原设计的桩间距离、档距、转角度数进行补测钉桩。

(1) 丢桩补测

1) 补直线桩

直线桩丢失或被移动，应根据线路断面图上原设计的桩间距离，用正、倒镜分中延长直线法测定补桩。其测量精度应满足下列要求。

① 直线量距。用经纬仪视距法测距时，两次量距之差不应超过下列规定：

对向观测 1/150，同向观测 1/200。

② 高差测量的技术要求。高差测量采用视距高程和光电测距三角高程两种方法，每百米距离的两次较差值应满足表 14-2 的规定。

表 14-2　　**高差较差规定**

竖直角/(°)	3	4	5	6	8	10	12	14	16	18	20
高差较差/cm	4	5	6	7	9	11	12	14	16	18	20

上表技术要求，摘自《35～220 kV 架空送电线路测量技术规定》，仅供参考。表中当距离小于 100 m 时，按 100 m 计；当垂直角小于 3°时，按 3°的较差要求。

2）补直线杆塔位桩

直线杆塔位中心桩丢失或被移动，也应按线路杆塔明细表、平断面图上原设计的档距、采用正、倒镜分中延长直线法测量补桩。

3）补转角杆塔位桩

当个别转角杆塔位丢桩后，应做补桩测量，施测方法如图 14-17 所示。设图中 J_2 为丢失的转角桩，将仪器安置于 Z_5 桩上，以后视 Z_4 为依据标定线路方向，采用正、倒镜分中延长直线的方法，根据设计图纸提供的桩间距离，在望远镜的前视方向上，J_2 的前后分别钉 A、B 两个临时木桩，并钉上小铁钉。再将仪器移至直线桩 Z_6 上安置，以前视直线桩 Z_7 为依据，依上述同法，分别钉立 C、D 临时木桩。

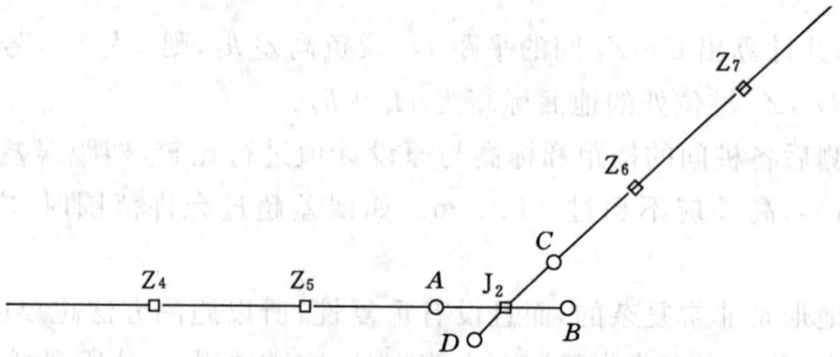

图 14-17　补转角杆塔位桩的测量

四个临时木桩应选在丢失的转角桩 J_2 附近，钉桩高度适中。然后用细线分别扎在 A、B、和 C、D 上小铁钉上，并且拉紧扎牢，AB 与 CD 两线相交点即为 J_2 转角桩中心位置，补钉上 J_2 转角桩，再用垂球线沿交点放下，垂球尖对准桩面的点，钉上小铁钉标记，则完成补转角桩测量。

若补测的转角桩 J_2 周围地形较平，且仪器安置在 Z_6 直线桩时，通过望远镜能清楚看到 A、B 两钉连接的细线，也可不打 C、D 临时木桩，用望远镜十字丝与 A、B 细线的交点直接钉木桩和钉小铁钉。

（2）位移补桩

位移杆塔位中心桩绝大部分都是直线杆塔位桩，但是，线路位于规划区，路径由规划确定情况下，遇到水塘等在设计测量时无法钉立转角杆塔位桩时，设计通过两线段来计算转角交点或规划提供杆塔位坐标，也需通过位移确定转角杆塔位桩。施测时根据线路杆塔明细表、平断面图上的设计位移值，采用正、倒镜分中延长直线法测量补桩。测量方法与上述补直线杆塔位桩和补转角杆塔位桩相同。

5．钉辅助桩

当线路杆塔中心桩复测确定后，应及时在杆塔中心桩的纵向及横向钉立辅助桩。钉立辅助桩的目的是以备施工时标定仪器的方向；当基础土方开挖施工或其他原因使杆塔中心桩覆盖、丢失或被移动时，可利用辅助桩位恢复杆塔位中心桩原来的位置；再则还可来检查基础根开、杆塔组立质量。因此辅助桩被称为施工控制桩。

直线杆塔辅助桩的测钉方法如图 14-18 所示。将仪器安置在杆塔位中心桩上，用望远镜瞄准前后杆塔桩或直线桩，指挥在视线方向上离本杆塔桩位不远处的合适位置钉立 A 辅助桩，倒镜视线上钉立 C 辅助桩，通常 A、C 称为顺线路或纵向辅助桩；然后将望远镜沿水平方向旋转 90°角，再在线路中心线垂直方向上钉立 B、D 两辅助桩，则称为横向辅助桩。

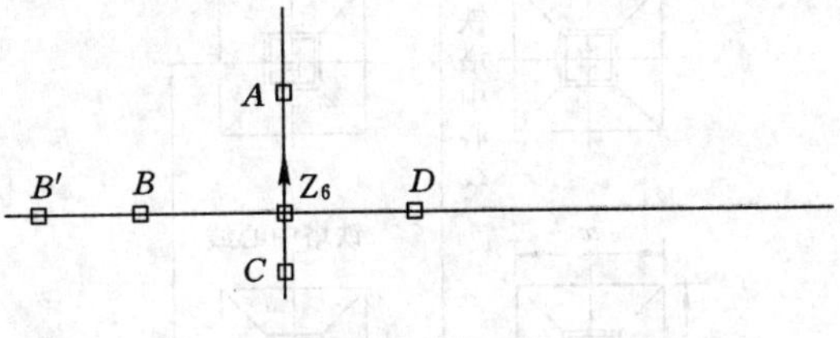

图 14-18　直线杆塔辅助桩的测钉

辅助桩的位置应根据地形情况和杆塔的高度而定，距杆塔中心桩一般为 20～30 m。若地形较为平坦，其距离可选在大于杆塔高度。位置应选择在较稳妥又不易受碰动的地方为宜。当遇有特殊地形不便在杆塔桩两侧钉立桩时，也可以在同一侧钉两个桩，转角杆塔桩的辅助桩测钉方法，将在下面杆塔基础分坑测量中叙述。

6. 线路复测注意事项

线路复测是线路施工的一道重要的工序，也是发现和纠正设计测量错误的重要环节，所以它关系到整个线路工程的质量。因此，在复测中应注意以下事项：

① 在线路施工复测中使用的仪器和量具都必须经过检验和校正。

② 在复测工作中，应先观察杆塔位桩是否稳固，有无松动现象，如有松动应先将杆塔位桩钉稳固后，再进行复测。

③ 复测后的杆塔位桩上，应清楚注记文字或符号，并涂与设计测量不同颜色来标识，以示区别和确认复测成果。

④ 废置无用的桩应拔掉，以免混淆。

⑤ 在城镇或交通频繁地区，在杆塔桩周围应钉保护桩，以防碰动或丢失。

二、杆塔基础坑的测量

杆塔基础坑测量，就是我们通常所说的分坑测量，是把杆塔基础坑的位置测设到线路制定的杆塔位上，并钉立木桩作为基坑开挖的依据。分坑测量包括分坑数据计算、坑位测量两个步骤。

1. 分坑数据计算

一条线路上有多种杆塔类型和基础形式，同一类型的杆塔，由于配置基础形式的不同，其分坑数据也不同，所以两者组合的分坑数据繁多。

分坑测量是依据施工图设计的线路杆塔(基础)明细表的杆塔类型，查取基础根开(相邻基础中心距离)与其配置的基础形式，获得基础底面宽和坑深。在坑口放样时，还需考虑基础施工中的操作余度和基础开挖的安全坡度，从而计算出分坑测量的数据。图 14-19 是铁塔基础图的一种，图中上部分为正面图，下部分为平面布置图。

坑口尺寸是根据基础底面宽、坑深、坑底施工操作余度以及安全坡度进行计算，如图 14-20 所示。坑口尺寸可通过下式计算：

$$a = D + 2e + 2fH \tag{14-8}$$

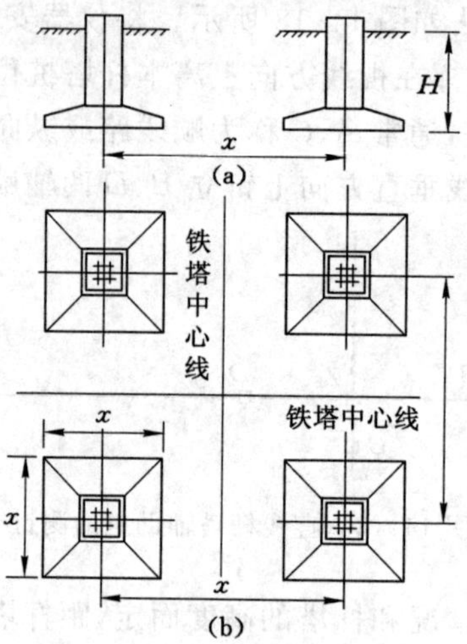

图 14-19 铁塔基础图

式中 a——坑口放样尺寸；

D——基础底面宽度，设基础底面为正方形；

e——坑底施工操作余度；

f——安全坡度；

H——设计坑深。

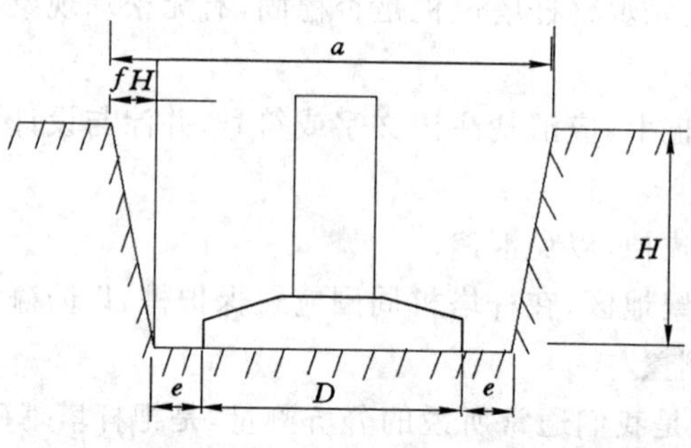

图 14-20 铁塔基础坑剖视图

图 14-20 是一个铁塔板式基础的剖视图，图中 D 和 H 是基础施工图中分别给定的基础设计宽度和埋深，e 是为施工安装模板而增加的操作余度，f 与土壤的安全角有关，也就是坑壁土坡稳定的安全坡度，根据不同的土壤性质和坑深，取值也不同。坑深在 3 m 以内不加支撑的安全坡度 f 和操作余度 e 可参考表 14-3 取值。

表 14-3　　一般基坑开挖的安全坡度和施工操作余度

土壤类别	沙土、砾土、淤泥	砂纸黏土	黏土	坚土
安全坡度 f	1∶0.67	1∶0.50	1∶0.30	1∶0.22
坑底施工操作余度 e/m	0.30	0.20	0.20	0.10～0.20

例 14-3　如图 14-20 所示，设基础底面为正方形，宽度 $D=3.4$ m，埋深 $H=2.2$ m，土质为黏土，查表 14-2 得 $e=0.20$，$f=0.3$，试求坑口宽 a 的值。

解：按式(14-8)，则：

$$a = D + 2e + 2fH = 3.4 + 2 \times 0.20 + 2 \times 0.3 \times 2.2 = 5.12(\text{m})$$

2. 基础坑位的测量

杆塔基础坑位的形式多种多样，坑位测定的方法也各有差别。按其类型主要有杆塔基础坑和拉线基础坑两大类。下面将介绍杆塔基础坑的测量方法。

(1) 单杆基础坑的测量

单杆基础包括电杆、拉线塔以及钢管杆的主杆基础。施测方法如图 14-21 所示，将仪器安置在杆位中心桩 O 上，瞄准前后杆塔桩或直线桩，以确定线路前进方向，钉立 A、B 辅助桩，将水平度盘置零，即把水平度盘读数调到 0°位置。水平旋转望远镜使读数处于 45°位置，将皮尺或钢卷尺的零刻划对准杆位中心桩的小铁钉标记，在望远镜的视线方向上量取 $\sqrt{2}a/2$ 长度得点 1。此后依次顺时针旋转照准部，水平度盘读数分别为 135°、225°和 315°的望远镜的视线方向量取同样的距离，分别得到点 2、3 和 4，并在各点上钉立木桩，这四点即为单杆基础坑的四个顶点标志，则分坑测量完成。

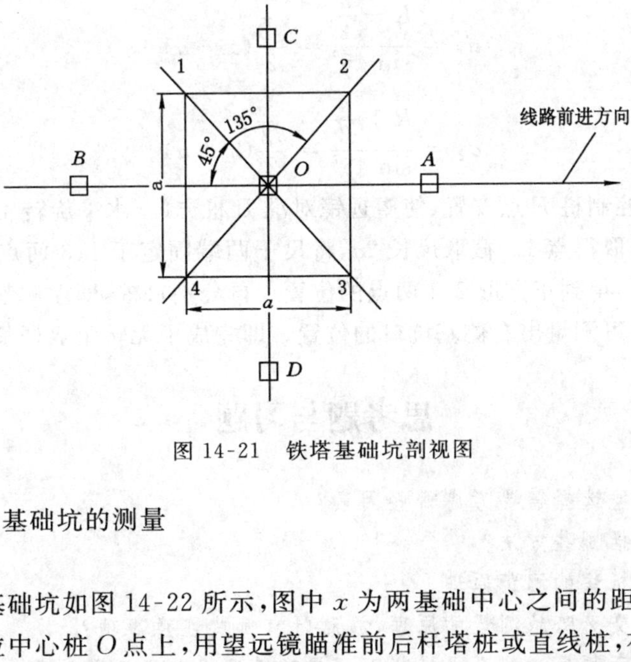

图 14-21　铁塔基础坑剖视图

(2) 直线双杆基础坑的测量

1) 方法一

双杆(双腿)基础坑如图 14-22 所示，图中 x 为两基础中心之间的距离，称基础的根开。将仪器安置于杆位中心桩 O 点上，用望远镜瞄准前后杆塔桩或直线桩，在顺线路钉 A、B 辅助桩。水平旋转望远镜 90°，在横线路方向钉 C、D 辅助桩。在横线路方向上用皮尺或钢卷尺从杆位中心桩点起，量取坑外侧距离 $l_1=(x+a)/2$ 和坑内侧距离 $l_1=(x-a)/2$ 的长度，得到图中的 M 和 N 点。将视距尺横放在地上，使它的某整数对准 M 点，指挥司尺员使尺呈水平，并在视距尺的边缘线与望远镜十字横丝重合。自 M 点向尺的两边各量取 $a/2$ 距离，钉 3、4 两桩；再将视距尺移至 N 点，依同法钉 1、2 两桩，此时左侧基坑测量完毕。然后倒转望远镜，重复上述操作方法，即可测量出右侧基坑口的位置。

2) 方法二

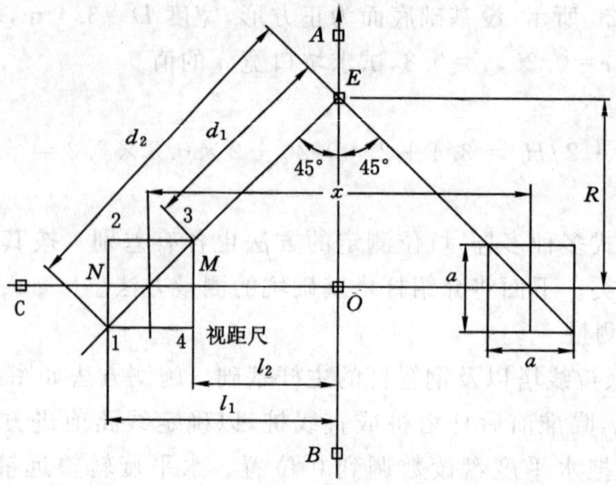

图 14-22　直线双杆基础坑的测量

通过基坑顶点 1、3 对角线与线路方向交点来进行基坑的测定，如图 14-22 所示。在顺线路方向上钉立分坑控制桩 E，设 $R=OE=x/2$，则：

$$d_1=\frac{R-\frac{a}{2}}{\sin 45^\circ}=\frac{\sqrt{2}}{2}(x-a) \tag{14-9}$$

$$d_2=\frac{R+\frac{a}{2}}{\sin 45^\circ}=\frac{\sqrt{2}}{2}(x+a) \tag{14-10}$$

仪器移至分坑控制桩 E 点安置，使望远镜对准 B 桩方向，水平旋转 45°角值，量取 d_1 距离得到点 3；d_2 距离取得点 1。截取尺长 $2a$，将尺子两端固定于 1、3 两点上，使其中点处构成直角，并拉紧拉平，得到正方形 2、4 两点的位置。再分别钉桩，即左侧基坑口放样工作。

重复上述方法，可测量出右侧基坑口的位置。即完成了无转角双杆基础坑的测量工作。

思考题与习题

1. 线路路径方案选择需要考虑哪些因素？
2. 定线测量包括哪些方法？
3. 说明三角分析法的测距原理。
4. 说明全站仪交叉跨越测量的原理，施测时有哪些注意事项？
5. 什么是纵断面测量？什么是横断面测量？简述纵断面测量的作业过程。
6. 为什么要进行线路杆塔位复测？线路杆塔位复测包括哪些内容？

参考文献

[1] 党星海，郭宗河，郑加柱. 工程测量[M]. 北京：人民交通出版社，2006.
[2] 谷达华. 土木工程测量[M]. 北京：中国林业出版社，2008.
[3] 郭卫彤，杨鹏源. 土木工程测量[M]. 北京：中国电力出版社，2007.
[4] 国家质量技术监督局. 城市测量规范：CJJ/T8－2011[S]. 北京：中国建筑工业出版社，2011.
[5] 李华东等. 工程测量学[M]. 成都：西南交大出版社，2009.
[6] 李玉宝，沈学标，吴向阳. 控制测量学[M]. 南京：东南大学出版社，2013.
[7] 李征航，黄劲松. GPS 测量与数据处理[M]. 2 版. 武汉：武汉大学出版社，2010.
[8] 潘正风等. 数字测图原理与方法[M]. 武汉：武汉大学出版社，2004.
[9] 唐云岩. 输电线路测量[M]. 北京：中国电力出版社，2014.
[10] 熊跃华，李国太，杨乔. 建筑工程测量[M]. 北京：地质大学出版社，2011.
[11] 岳建平，陈伟清. 土木工程测量[M]. 武汉：武汉理工大学出版社，2006.
[12] 张坤宜. 交通土木工程测量[M]. 武汉：华中科技大学出版社，2008.
[13] 张新全. 土木工程测量实践教程[M]. 北京：机械工业出版社，2008.
[14] 张正禄. 工程测量学[M]. 武汉：武汉大学出版社，2005.
[15] 中华人民共和国国家标准. 1∶500、1∶1000、1∶2000 地形图图式：GB/T 20257.1－2007[S]. 北京：中国标准出版社，2007.
[16] 中华人民共和国国家标准. 工程测量规范：GB 50026－2007[S]. 北京：中国计划出版社，2007.
[17] 中华人民共和国国家标准. 全球定位系统(GPS)测量规范：GB/T 18314－2009[S]. 北京：中国标准出版社，2009.
[18] 中华人民共和国交通部. 公路工程技术标准：JTG B01－2014[S]. 北京：人民交通出版社，2015.
[19] 中华人民共和国行业标准. 公路勘测规范：JTG C10－2007[S]. 北京：人民交通出版社，2007.
[20] 中华人民共和国行业标准. 公路勘测规范：JTG/T C10－2007[S]. 北京：人民交通出版社，2007.
[21] 中华人民共和国住房和城乡建设部. 城市道路工程设计规范：CJJ 37－2012[S]. 北京：中国建筑工业出版社，2012.
[22] 周相玉. 建筑工程测量[M]. 武汉：武汉理工大学出版社，2010.
[23] 朱林等. 工程测量基础[M]. 北京：中国水利水电出版社，2010.
[24] 邹永廉. 土木工程测量[M]. 北京：高等教育出版社，2005.